OLDENBOURG
GRUNDRISS DER
GESCHICHTE

OLDENBOURG
GRUNDRISS DER
GESCHICHTE

HERAUSGEGEBEN
VON
LOTHAR GALL
KARL-JOACHIM HÖLKESKAMP
HERMANN JAKOBS

BAND 39

VON DER REFORMATION ZUM WESTFÄLISCHEN FRIEDEN

VON
ALFRED KOHLER

OLDENBOURG VERLAG
MÜNCHEN 2011

Bibliografische Information der Deutschen Nationalbibliothek

Die Deutsche Nationalbibliothek verzeichnet diese Publikation in der Deutschen
Nationalbibliografie; detaillierte bibliografische Daten sind im Internet
über <http://dnb.d-nb.de> abrufbar.

© 2011 Oldenbourg Wissenschaftsverlag GmbH, München
Rosenheimer Straße 145, D-81671 München
Internet: oldenbourg-verlag.de

Das Werk einschließlich aller Abbildungen ist urheberrechtlich geschützt. Jede Verwertung
außerhalb der Grenzen des Urheberrechtsgesetzes ist ohne Zustimmung des Verlages unzulässig
und strafbar. Dies gilt insbesondere für Vervielfältigungen, Übersetzungen, Mikroverfilmungen
und die Einspeicherung und Bearbeitung in elektronischen Systemen.

Umschlaggestaltung: hauser lacour, www.hauserlacour.de
Gedruckt auf säurefreiem, alterungsbeständigem Papier (chlorfrei gebleicht).

Satz: le-tex publishing services GmbH, Leipzig
Druck und Bindung: Grafik+Druck GmbH München

ISBN 978-3-486-59803-2

VORWORT DER HERAUSGEBER

Die Reihe verfolgt mehrere Ziele, unter ihnen auch solche, die von vergleichbaren Unternehmungen in Deutschland bislang nicht angestrebt wurden. Einmal will sie – und dies teilt sie mit anderen Reihen – eine gut lesbare Darstellung des historischen Geschehens liefern, die, von qualifizierten Fachgelehrten geschrieben, gleichzeitig eine Summe des heutigen Forschungsstandes bietet. Die Reihe umfasst die alte, mittlere und neuere Geschichte und behandelt durchgängig nicht nur die deutsche Geschichte, obwohl sie sinngemäß in manchem Band im Vordergrund steht, schließt vielmehr den europäischen und, in den späteren Bänden, den weltpolitischen Vergleich immer ein. In einer Reihe von Zusatzbänden wird die Geschichte einiger außereuropäischer Länder behandelt. Weitere Zusatzbände erweitern die Geschichte Europas und des Nahen Ostens um Byzanz und die Islamische Welt und die ältere Geschichte, die in der Grundreihe nur die griechisch-römische Zeit umfasst, um den Alten Orient und die Europäische Bronzezeit. Unsere Reihe hebt sich von anderen jedoch vor allem dadurch ab, dass sie in gesonderten Abschnitten, die in der Regel ein Drittel des Gesamtumfangs ausmachen, den Forschungsstand ausführlich bespricht. Die Herausgeber gingen davon aus, dass dem nacharbeitenden Historiker, insbesondere dem Studenten und Lehrer, ein Hilfsmittel fehlt, das ihn unmittelbar an die Forschungsprobleme heranführt. Diesem Mangel kann in einem zusammenfassenden Werk, das sich an einen breiten Leserkreis wendet, weder durch erläuternde Anmerkungen noch durch eine kommentierende Bibliographie abgeholfen werden, sondern nur durch eine Darstellung und Erörterung der Forschungslage. Es versteht sich, dass dabei – schon um der wünschenswerten Vertiefung willen – jeweils nur die wichtigsten Probleme vorgestellt werden können, weniger bedeutsame Fragen hintangestellt werden müssen. Schließlich erschien es den Herausgebern sinnvoll und erforderlich, dem Leser ein nicht zu knapp bemessenes Literaturverzeichnis an die Hand zu geben, durch das er, von dem Forschungsteil geleitet, tiefer in die Materie eindringen kann.

Mit ihrem Ziel, sowohl Wissen zu vermitteln als auch zu selbständigen Studien und zu eigenen Arbeiten anzuleiten, wendet sich die Reihe in erster Linie an Studenten und Lehrer der Geschichte. Die Autoren der Bände haben sich darüber hinaus bemüht, ihre Darstellung so zu gestalten, dass auch der Nichtfachmann, etwa der Germanist, Jurist oder Wirtschaftswissenschaftler, sie mit Gewinn benutzen kann.

Die Herausgeber beabsichtigen, die Reihe stets auf dem laufenden Forschungsstand zu halten und so die Brauchbarkeit als Arbeitsinstrument über eine längere Zeit zu sichern. Deshalb sollen die einzelnen Bände von ihrem Autor oder einem anderen Fachgelehrten in gewissen Abständen überarbeitet werden. Der Zeitpunkt der Überarbeitung hängt davon ab, in welchem Ausmaß sich die allgemeine Situation der Forschung gewandelt hat.

Lothar Gall   Karl-Joachim Hölkeskamp   Hermann Jakobs

INHALT

Vorwort XI

I. Darstellung 1

  1. Einleitung 1
     1.1 Zum Verständnis der Epoche 1
     1.2 Europa im globalhistorischen Kontext 2
     1.3 Staat und Staatensystem, Stereotypen und Propaganda . . . 9
     1.4 Wirtschaft und Gesellschaft 15
     1.5 Kultur und Religion 20

  2. Europa in der Epoche der Reformation 26
     2.1 Die Anfänge der reformatorischen Bewegung:
         Martin Luther und Huldrych Zwingli 26
     2.2 Der Beginn des Kampfes um die europäische Hegemonie . 33
     2.3 Vom Bauernkrieg zur landeskirchlichen und politischen
         Konsolidierung des Luthertums im Heiligen Römischen
         Reich 37
     2.4 Die Ausbreitung der Reformation in Europa 44
     2.5 Das Papsttum und die beginnende Erneuerung
         der katholischen Kirche 50
     2.6 Die Monarchia universalis Karls V. zwischen Erfolg und
         Scheitern 53
     2.7 Das Ergebnis: Politischer und kirchlicher Pluralismus
         im Heiligen Römischen Reich und in Europa 59

  3. Die konfessionellen und politischen Konflikte in der Epoche
    des spanischen Universalreiches 66
     3.1 Neue konfessionelle Kräfte: Calvinismus und tridentinische
         Reform 66
     3.2 Die spanische Monarchie unter Philipp II. 70
     3.3 Das Heilige Römische Reich im Zeichen des Augsburger
         Religionsfriedens 72
     3.4 Die Hugenottenkriege bis zur Bartholomäusnacht und
         der Aufstand in den Niederlanden 76
     3.5 Englands Entwicklung unter Elisabeth I. – Die Reformation
         in Schottland 81
     3.6 Das Scheitern der Politik Philipps II. und der Aufstieg
         der Französischen Monarchie 84
     3.7 Nord- und Osteuropa: Herrschaft über die Ostsee und
         Schwedens Aufstieg 88

4. Der Dreißigjährige Krieg 94
    4.1 Habsburg, das Heilige Römische Reich und Italien vor dem
        Dreißigjährigen Krieg: Krise und Polarisierung der Kräfte . 94
    4.2 Vom Aufstand in Böhmen zum Restitutionsedikt und
        zum Mantuaner Erbfolgekrieg 98
    4.3 Die Fortsetzung des Krieges und der lange Weg zum Frieden 102
    4.4 Der Westfälische Friede – Die Ergebnisse der Epoche und
        irreversible soziokulturelle Folgen 105

II. Grundprobleme und Tendenzen der Forschung 111

    1. Fragen zur Epoche 111

    2. Europa zwischen Expansion und Bedrohung 114

    3. Entwicklung des frühneuzeitlichen Staates, Nationsbildung,
       Staatsräson 117

    4. Humanismus – Reformation – Konfessionalisierung 124

    5. Bauernkrieg, Revolten und bäuerliche Reformation 137

    6. Stadt und Reformation, Täuferbewegung 140

    7. *Monarchia universalis* und europäisches Staatensystem 143

    8. Kaiser, Reich und Territorien 153

    9. Papsttum – katholische Reform – Gegenreformation 159

   10. Die Reformation als Medienereignis und die Folgen 162

   11. Zur Problematik des Dreißigjährigen Krieges 167

   12. Die Bedeutung der Westfälischen Friedensverträge für Europa . . 176

III. Quellen und Literatur 179

    1. Quellen 179
       1.1 Heiliges Römisches Reich 179
       1.2 England 184
       1.3 Frankreich 184
       1.4 Spanien 184
       1.5 Italien 185
       1.6 Quellen zur Kirchen- und Religionsgeschichte 185
       1.7 Werkausgaben und Korrespondenzen 187
       1.8 Europäische Expansion 190

    2. Darstellungen 191
       2.1 Hilfsmittel, Epoche, Interpretation 191

2.2 Allgemeines: Reihenwerke und Handbücher 192
2.3 Allgemeines: Übergreifende Darstellungen
und Sammelbände 193
2.4 Wirtschafts-, Sozial- und Verfassungsgeschichte 194
2.5 Kirchen- und Religionsgeschichte 197
2.6 Kultur-, Bildungs- und Wissenschaftsgeschichte 204
2.7 Europäische Expansion 207
2.8 Heiliges Römisches Reich 208
2.9 Niederlande 221
2.10 England, Schottland und Irland 222
2.11 Frankreich 223
2.12 Spanien, Portugal 224
2.13 Italien 225
2.14 Eidgenossenschaft 225
2.15 Ungarn 226
2.16 Skandinavien 226
2.17 Polen-Litauen 226
2.18 Russland 227
2.19 Osmanisches Reich 227

Anhang 229

   Abkürzungen 229

   Zeittafel 230

Register 235

   1. Personen- und geographisches Register 235

   2. Sachregister 248

VORWORT

Der von Heinrich Lutz 1979 in erster Auflage publizierte Band 10 des „Oldenbourg Grundriss der Geschichte" hat sich lange bewährt, auch wenn sich in den über drei Jahrzehnten nicht nur die Probleme und Perspektiven der Geschichtswissenschaft(en) sehr verändert haben, sondern natürlich auch die Forschungslage. Am Ende von fünf Auflagen, die das „Profil der 1970er Jahre" nicht verleugnen konnten, war es nun aber nahe liegend, den Band völlig neu zu schreiben.

Heinrich Lutz war zweifellos einer der bedeutendsten Historiker des 20. Jahrhunderts. Aufgrund meiner langen Zusammenarbeit mit ihm bis zu seinem frühen und unerwarteten Tod im Jahr 1986 wird am vorliegenden neuen Band so manche Affinität und Ähnlichkeit in den Auffassungen erkennbar sein, dazu hat nicht zuletzt die jahrelange Betreuung des ursprünglichen Bandes beigetragen. Auch sollte das exzellente Werk von Heinrich Lutz nicht einfach der Vergessenheit anheimfallen. So wurden viele seiner unverwechselbaren und bis heute gültigen Ansichten rezipiert und teilweise auch in Form von Zitaten wörtlich belassen. Der Darstellungsteil ist ja auch in vieler Hinsicht nicht einfach als überholt zu bezeichnen. Hierbei fand ich es zweckmäßig und sinnvoll, die Gliederung von Heinrich Lutz nicht grundlegend zu verändern, sondern zu modifizieren. Auch wenn gerade hier das Werk von Lutz mit voller Absicht „durchschimmert", d.h. in vielfacher Weise erkennbar ist, so ist meine Konzeption auch einer globalgeschichtlichen Perspektive verpflichtet; deshalb fühlt sich mein Band auch nicht an die „Epochengrenze" von 1520 gebunden, die ja keine wirkliche ist, die jedoch das Werk von Heinrich Lutz gekennzeichnet hat. So schien mir ein punktueller Rückgriff auf Phänomene des 15. Jahrhunderts, wie der Beginn der europäischen Expansion, die für das 16. Jahrhundert von eminenter Bedeutung werden sollte, unabdingbar. Von besonderer Wichtigkeit erschien mir auch die Beschäftigung mit den bis heute zu wenig beachteten mediengeschichtlichen Aspekten der Reformation.

Teil II (Grundprobleme und Tendenzen der Forschung) musste schon deshalb ganz neu geschrieben werden, weil sich sowohl die „methodische Gewissheit" der Geschichtswissenschaften seit der ersten Auflage des Grundrissbandes von Heinrich Lutz als auch die Forschungsleistungen fundamental zum Besseren geändert haben. Das Konstatieren einer Methodenkrise und eines Theoriedefizits der Geschichtswissenschaft (damals noch im Singular) in den 1970er Jahren ist mir noch deutlich vor Augen. Meines Erachtens ging es weit mehr um den Paradigmenwechsel von der politischen Geschichte zur Sozialgeschichte. Vor einigen Jahren wurde ein neuer Wechsel der Paradigmen vollzogen; nun stehen viele Forschungsansätze unter dem Paradigma der Kulturgeschichte und Kulturwissenschaften. Doch hat sich seit den 1970er Jahren auch die Entwicklung von *der* Geschichtswissenschaft zu *den* Geschichtswissenschaften vollzogen, was schon insofern von Bedeutung ist, als damit wohl eines signalisiert wird – jedenfalls hoffe ich dies: dass es um die Methodenpluralität geht und nicht um die „Mission" aller historischen Perspektiven und methodischen Zugangsweisen, die vom jeweils „aktuellen Paradigma" ausgeht, wie dies in den 1970er Jahren sehr spürbar gewesen ist.

Die Herausgeber der „Grundriss"-Reihe haben keine speziellen inhaltlichen Vorgaben gemacht. Das ist für den Bandautor zweifellos von Vorteil, enthebt ihn jedoch nicht, zu seinem Zugang und seiner Schwerpunktsetzung Hinweise zu geben: Die konzeptionelle Grundstruktur fühlt sich der politisch-konfessionellen Thematik und der daraus entstehenden Konflikte sowie der staatlichen Entwicklung nach innen und außen verpflichtet. Der einleitende erste Teil nimmt diese Aspekte und Bereiche systematisch auf (Darstellung I.1); in den folgenden Teilen (I.2–I.4) werden diese vom Beginn der Reformation bis zu den Westfälischen Friedensverträgen anhand der Entwicklung im Einzelnen exemplifiziert und analysiert.

Weiterführende Gespräche und wertvolle Anregungen verdanke ich Friedrich von Waitz (Kassel), vielseitige Unterstützung meiner bewährten Mitarbeiterin Martina Fuchs (Wien). Meine Kollegin Marija Wakounig (Wien) am Wiener Institut für Osteuropäische Geschichte hat mir, wie immer, wertvolle Einsichten in die Geschichte Ost- und Südosteuropas vermittelt und mein Wissen einer wohlwollenden Überprüfung unterzogen. Nicht unerwähnt bleiben sollen die zahlreichen Anregungen, die ich der universitären Lehre verdanke. Sie haben mir vor allem jene Probleme vermittelt, die Studierende bei der Aneignung von Überblickswissen und Forschungsdiskussionen haben können. Dabei ist grundsätzlich zu bedenken, dass die gegenwärtigen soziokulturellen Entwicklungen unserer Gesellschaft Einblicke und Verständnis für die enge Beziehung zwischen Religion und Politik im 16. und 17. Jahrhundert eher erschweren, mit anderen Worten die Voraussetzungen von Kenntnissen heute weniger gegeben sind. Darauf habe ich in meinen Ausführungen zu reagieren versucht.

Dieses Buch widme ich Waltraud Lutz in aufrichtiger Dankbarkeit und langjähriger Verbundenheit.

Wien, im Oktober 2010   Alfred Kohler

I. Darstellung

1. EINLEITUNG

1.1 Zum Verständnis der Epoche

Seit einigen Jahren konzentrierten sich die europäischen Geschichtswissenschaf- Geschichte Europas
ten vermehrt auf europäische Perspektiven im Sinne einer Geschichte Europas;
zahlreiche Werke gelten dieser Thematik. Dabei werden Fragen der Einheit und
Vielfalt der europäischen Entwicklung nur selten hinreichend geklärt, ebenso
die der regionalen Abgrenzung. Europa war seit Langem in einzelne politische
Beziehungs- und Handlungsräume aufgegliedert – in einen west-, süd-, mittel-,
nord-, ost- und südosteuropäischen. Im Zuge hegemonialer Herrschaftskonzepte
gewannen auch gesamteuropäische Beziehungs- und Handlungsräume an Bedeutung; sie trugen zur Entstehung eines europäischen Staatensystems bei. Im
Zuge der Expansion fand der Aktionsraum Europas im 16. und 17. Jahrhundert
eine erhebliche Erweiterung; so vor allem auf dem amerikanischen Kontinent,
aber auch in Afrika und Asien. Ihr stand die Bedrohung Süd- und Osteuropas seitens des Osmanischen Reiches und einzelner Tatarenkhanate gegenüber.
Während der Europabegriff vor allem von geographischer Relevanz war, stand
der Begriff der *Christianitas* (Christenheit, *chrétienté*, *christendom*) für die Gemeinsamkeit von Lebensformen und Werten. Die europäische Expansion führte
zur zunehmenden Bedeutung globalgeschichtlicher Perspektiven und Kontexte;
ohne ihre Einbeziehung lässt sich auch eine europäische Geschichte nicht mehr
betrachten bzw. schreiben.

Die „Frühe Neuzeit", die Epoche der europäischen Geschichte von etwa Frühe Neuzeit
1500 bis zur Französischen Revolution, hat sich während der letzten Jahrzehnte
im Rahmen der Geschichtswissenschaft(en) etabliert, gerade weil es gelang,
diese Geschichte „Alteuropas" als Einheit erscheinen zu lassen. Für das 16. und
17. Jahrhundert eignen sich die traditionellen Epochenbegriffe „Reformation"
und „Gegenreformation" sowie „Dreißigjähriger Krieg" noch immer, wenn
dabei bedacht wird, dass damit komplexe Vorgänge in Gesellschaft und Staat
erklärt werden können. Daneben hat das Paradigma der Konfessionalisierung
seinen festen Platz, auch wenn es, viel diskutiert, die traditionellen Begriffe nicht
völlig ablösen konnte.

Die Methodendiskussionen in der Geschichtswissenschaft der 1970er und
1980er Jahre mögen rückblickend auch als Diskussion über einen Paradigmen-

Sozialgeschichte, Kulturgeschichte, politische Geschichte

wechsel von der politischen Geschichte zur Sozialgeschichte erscheinen. Inzwischen hat das kulturgeschichtliche Paradigma das sozialhistorische der 1970er und 1980er Jahre abgelöst. Seitdem findet Kulturgeschichte auch als gesamtgeschichtliche Sichtweise Verwendung. Die politische Geschichte hat ihren Platz im Rahmen der verschiedensten Aspekte und Zugänge behaupten können, auch wenn dieses Faktum nicht selten bestritten wird. Ferner konnte sich das Beziehungsfeld der Internationalen Beziehungen – nicht nur als Diplomatiegeschichte im engeren Sinn, sondern in einem weiteren Sinn als Geschichte der politischen Kommunikation verstanden, neu etablieren. Hingegen wurde die Auseinandersetzung mit marxistischen Geschichtsinterpretationen zurückgenommen; diese Interpretamente sind seitdem kaum mehr von Bedeutung.

1.2 Europa im globalhistorischen Kontext

Europäische Expansion seit dem 15. Jahrhundert

Aufbauend auf den mittelalterlichen Erfahrungen der Conquista auf der Iberischen Halbinsel und unterstützt durch die italienischen Seerepubliken und ihre langjährigen Aktivitäten seit den Kreuzzügen im Orient, wurde Afrika im 15. Jahrhundert zum ersten Experimentierfeld der europäischen Expansion portugiesischer Prägung, von der sich viele, auch Christoph Kolumbus, beeindrucken ließen.

Motive

Die Motive und Beweggründe der europäischen Expansion der iberischen Mächte sind vielschichtig: Wohl aus dem empfundenen Mangel heraus suchten sie den Handel mit Gewürzen und vielen, teils sprichwörtlichen Reichtümern, unter Umgehung der Zwischenhandelsposition der Muslime, unter Kontrolle zu bringen. Individuelles und staatliches Gewinn- und Expansionsstreben wirkten wechselseitig und motivierten zu militärischen und expeditiven Unternehmungen über große Distanzen hinweg, wobei auch die Missionsidee von Anfang an gegeben war.

Östlicher und westlicher Seeweg

Von großer Bedeutung ist die Koinzidenz von zwei Richtungen der europäischen Expansion am Ende des 15. Jahrhunderts: die Auffindung des östlichen Seeweges nach Indien und Südostasien durch Vasco da Gama und der von Kolumbus und sehr bald auch von anderen Seefahrern eingeschlagene Westweg, der nach Asien führen sollte, tatsächlich aber die „Entdeckung" Amerikas, der Neuen Welt, ermöglichte. Schon 1415 hatte Portugal in Nordafrika Ceuta, den Gibraltar gegenüberliegenden Endpunkt einer wichtigen transsaharischen Handelsroute, erobern können und geglaubt, sich den direkten Zugang zum afrikanischen Gold von Timbuktu aus der westafrikanischen Region zu sichern. Doch dauerte es noch Jahrzehnte, bis nach langwierigen Flottenunternehmungen an der Küste Westafrikas Sklaven und Gold direkt eingehandelt und regelmäßig nach Portugal gebracht werden konnten (Errichtung von São Jorge da Mina 1471–1481). Aus strategischen und machtpolitischen Gründen war es den Portugiesen anfänglich nur möglich, eine Reihe von Handelsstützpunkten, ein Faktoreisystem, zu etablieren. Das gilt für Afrika, Indien und Südostasien. In Amerika hingegen boten sich der spanischen Expansion weitreichendere Möglichkeiten. Hatte Kolumbus noch an eine Kombination von Handelsstützpunkten und Siedlungsgebieten gedacht, so wurde der amerikanische Kontinent, von der Karibik ausgehend, für die spanische Monarchie das größte Siedlungs- und Missionsgebiet seit der Antike. Das haben schon viele Zeitgenossen so klar gesehen. Somit war Amerika einer europäischen Kolonisation und Christianisierung ausgesetzt. Darin liegt die weltgeschichtliche Bedeutung der „Entdeckung" von Christoph Kolumbus.

In Mittel- und Südamerika nahmen Spanien und Portugal (letzteres in Brasilien) bis ins späte 16. Jahrhundert dominante Herrschaftspositionen ein, die gegenüber den Expansionsversuchen anderer europäischer Nationen wie Frankreich, die Niederlande und England resistent blieben. Damit war auch die Verfügbarkeit über die Reichtümer Amerikas zunächst allein für Spanien und Portugal gegeben. Die Zugriffe auf Edelmetalle und Nutzpflanzen, um nur die wichtigsten Bereiche zu nennen, stellten die entscheidenden Faktoren für die globale Vorteilsposition Europas dar. Dort, wo Europäer auf Schwächere trafen, wie in Afrika, Amerika und teilweise auch in Asien, fühlten sie sich den indigenen Bevölkerungen überlegen und spielten ihr Superioritätsgefühl konsequent aus. Diese Haltung führte in der Regel zu Kolonisation, wirtschaftlicher Ausbeutung sowie Missionierung und hatte eine Vielzahl neuer Untertanen zur Folge. Allerdings gelang dies nicht durchweg. So scheiterte in Afrika Ende des 15. Jahrhunderts das portugiesische Kongoprojekt, und in Indien und auf den Gewürzinseln Südostasiens kamen die Portugiesen über ein System von Handelsstützpunkten nicht hinaus. In Japan und China hatten Europäer bis zum 19. Jahrhundert kaum Chancen, sich auf Dauer festzusetzen. Im Atlantik hingegen gab es keine Konkurrenz für die „christliche Seefahrt", vielmehr behinderten sich die west- und südeuropäischen Handelsnationen und Handelsflotten gegenseitig, wobei Portugal und Kastilien ihre Dominanz zunächst sichern konnten.

Der Aufbau des spanischen und portugiesischen Kolonialreiches musste für die übrigen seefahrenden Nationen und Staaten Westeuropas eine große Herausforderung darstellen, besonders weil sie sich zunächst ausgegrenzt fühlen mussten, seitdem sich die beiden iberischen Mächte gemeinsam mit dem Papst 1493 und 1494 (Bulle „Inter cetera" Papst Alexanders VI. und Vertrag von Tordesillas zwischen Portugal, Kastilien und Aragón) auf eine exklusive „Teilung der Welt" geeinigt hatten. Portugal baute von Indien aus, das Vasco da Gama 1498 erreicht hatte, ein Faktoreisystem, den *Estado da India*, in Asien auf, das bis Malakka (1511), den Molukken bzw. den Gewürzinseln und bis nach China (Macau) und Japan reichte. Die Voraussetzung für die Errichtung des Regierungssitzes eines portugiesischen Vizekönigs (Afonso de Albuquerque, 1510) war der erfolgreiche Kampf gegen die indischen und arabischen Flotten (zuletzt wurde 1509 bei der Diu-Insel eine ägyptisch-indische Flotte vernichtet); damit waren die wichtigen Konkurrenten Portugals im Gewürzhandel mit Südostasien beseitigt. Charakteristisch war ein portugiesisches System von befestigten Handelsstützpunkten an Küsten und auf vorgelagerten und entsprechend geschützten Inseln, das einen geregelten Handel mit den zahlreichen in Europa überaus geschätzten Gütern

Auftreten der Europäer

erlaubte. Nur in Brasilien ging die portugiesische Krone zum Schutz der Handelsstützpunkte seit den 1530er Jahren zu Siedlungsprojekten über.

Eroberung des amerikanischen Festlandes

Ansonsten blieb diese Methode der europäischen Expansion zunächst Spanien vorbehalten. Seit Christoph Kolumbus stand die karibische Inselwelt im Zentrum dieser Bemühungen. Besonders grausam, verbunden mit hohen Verlusten der Indio-Bevölkerung, verlief die Conquista der großen und kleinen Antillen. Schon bald geriet auch Mexiko in den Blickpunkt der spanischen Conquistadoren, als Hernán Cortés 1519 von Kuba aus eigenmächtig zur Erkundung und Eroberung des Aztekenreiches in Mexiko (1519–1522) aufbrach. Dieses tributäre Großreich wies aufgrund innerer Gegensätze erhebliche Schwächen auf, die Cortés erkannte und nützte, um es mit großer Hilfe abtrünniger Tributvölker wie der Tlaxcalteken, die Cortés als Befreier begrüßten, zu erobern. An der Landenge von Panamá, die Vasco Núñez de Balboa schon 1513 durchquert und wo er das „Mar del Sur", das später als Pazifik bezeichnete Meer, gesichtet hatte, erfuhren spanische Conquistadoren von der Existenz des Inkareiches. Die Brüder Pizarro konnten den Bruderzwist zwischen den Inkaherrschern Atahualpa und Huascar nützen, um dieses Reich zu erobern.

Auswirkungen der Conquista auf die Indigenen

Unbestritten sind die negativen Auswirkungen der Conquista auf die indigenen Bevölkerungen, vor allem was ihre Dezimierung anlangt, die nicht so sehr auf die Kampfhandlungen zurückzuführen sind als auf die durch die Europäer eingeschleppten Krankheiten wie Pocken, Pest, Typhus, Malaria, Gelbfieber, Grippe, Masern, Mumps und Diphtherie. Bereits 1493 schleppte Kolumbus auf seiner zweiten Reise eine Grippe ein, der mindestens die Hälfte der Ureinwohner Santo Domingos zum Opfer fiel. Die Bevölkerung der Karibikinsel Hispaniola war innerhalb von dreißig Jahren fast zur Gänze dezimiert – ein Faktum, das schon Las Casas beobachtete, dem aber nur wenig Glauben geschenkt wurde. Die Spanier, die „wie Wölfe, Tiger und Löwen" unter die „sanften Schafe" der Indigenen einfielen [2.7: LAS CASAS, zit. nach BITTERLI, Alte Welt – neue Welt, 93], verursachten die rasche Entvölkerung der Insel. Im Lauf des 16. Jahrhunderts wanderten etwa 240 000 bis 300 000 Spanier zu, von denen allerdings nicht alle in Amerika geblieben sind. Die indigene Bevölkerung Mittel- und Südamerikas ging, nach Regionen differenziert, bis zur Mitte des 17. Jahrhunderts um 80 bis 98 Prozent zurück; dies gilt als sicher, auch wenn die Schätzungen zur „altamerikanischen" Bevölkerung vor der Ankunft der Europäer höchst verschieden sind und sich in einer Bandbreite zwischen 7,5 Millionen und 100 Millionen bewegen. So nahm die Bevölkerung beispielsweise in Mexiko, um einen Mittelwert zu nehmen, von etwa 12 Millionen (1492) auf 3,72 Millionen (1570) ab. Diese demographische Katastrophe hatte ihre Ursache auch in den Arbeitsverhältnissen der indigenen Bevölkerung seit der Conquista.

Die selbstverständliche Besitzaneignung im Zuge der Landnahme seitens der Europäer war mit Zwangsarbeit, Zerstörung der indigenen Familienstruktur und Sklaverei verbunden. Schlechtere Ernährungsbedingungen als Folge der Rekrutierung von männlichen wie weiblichen Arbeitskräften und zusätzliche, bislang ungewohnte Arbeitsbelastungen in der Landwirtschaft und im Bergbau erhöhten die Anfälligkeit für Epidemien. Hinzu kam die Versklavung von Indios vor allem in der Karibik und in Mittelamerika in der Größenordnung von 450 000 Menschen in den Jahren zwischen 1527 und 1536, also in zeitlicher Parallele zur afrikanischen Zwangseinwanderung von Sklaven nach Amerika mit etwa 51 000 Menschen in der Zeit von 1521 bis 1594. Das wirtschaftliche und soziale Problem Amerikas bestand auch unter Karl V. weiterhin darin, dass sowohl die Conquista als auch der *repartimiento* bzw. die *encomienda*, kurz gesagt, die Zuweisung indianischer Arbeitskräfte an spanische Siedler, die Indio-Gesellschaften Amerikas existentiell aufs Höchste bedrohten. Deshalb versuchte die Krone, nach den von den Theologen aufgestellten Prinzipien zu verfahren und gleichzeitig für die wirtschaftlichen Belange eine tragbare Lösung zu finden. „Praktisch bedeutete ‚encomienda' aber hemmungslose Ausbeutung der Indianer mit gewaltsamer Rekrutierung der Arbeitskräfte, Frauen- und Kinderarbeit unter Zerreißung der Familien, brutaler Terror bei Widersetzlichkeit oder auch nur Flucht, wobei häufig nicht einmal das Existenzminimum an Nahrung gewährt wurde" [2.7: REINHARD, Expansion Bd. 2, 60]. Im Grunde war dieses Problem unlösbar, wie die Versuche der folgenden Jahrzehnte zeigen. Schon die „Leyes de Burgos" vom 27. Dezember 1512 hatten versucht, wenigstens die ärgsten Missstände des *encomienda*-Systems zu beseitigen. Kardinal Cisneros schickte 1516 eine Delegation des Hieronymitenordens nach Hispaniola, um zu untersuchen, ob die Institution der *encomienda* beibehalten werden sollte. Die Hieronymiten sprachen sich zwar nicht für deren Beseitigung aus, plädierten aber immerhin für den verbesserten Schutz der Indios vor der Willkür der spanischen Kolonisten. Eine Möglichkeit, die Indios von harter körperlicher Arbeit zu befreien, sahen sie in der Einfuhr schwarzer Sklaven aus Guinea, vor allem zum Einsatz in den Bergwerken. Las Casas war also nicht unbedingt der erste, der ähnliche Vorschläge machte, diese aber, im Gegensatz zu vielen anderen, später bereuen sollte. Die Verfügung, dass die einer *encomienda* angehörenden Indios in eigenen Dörfern angesiedelt sein sollten, konnte die Misshandlung der Indios nicht verhindern. Deshalb verlangte die Krone 1523, die Indios nicht einfach mit Waffengewalt unter die spanische Herrschaft zu zwingen; die Vornahme von *repartimientos* und die Einrichtung von *encomiendas* wurden verboten. Doch Cortés hielt sich nicht daran. Erst seit 1526 wurde jedem Vertrag (*capitulación*) mit einem Conquistador die „Provisión de Granada" beigefügt, in der die Rechte der Conquistadoren den Indios gegenüber eingeschränkt wurden und deren Versklavung unter Strafandrohung verboten wurde. Nur drei Kriegsgründe sollten künftig gelten: Behinderung der Mission, Verweigerung des Gehorsams gegenüber der Krone sowie Behinderung des Abbaus von Bodenschätzen. Von einer Abkehr vom Gedanken der Conquista und ihrer negativen Auswirkungen auf die Bevölkerung konnte also nicht die Rede sein; erst in den „Leyes nuevas" von 1542 versuchte Karl V. die Conquista zu beschränken und jede Art von Sklaverei zu unterbinden.

Aufgrund ihrer Exklusivrechte und Handelsmonopole (*mare clausum*) rechtfertigten Portugal und Spanien die Verfolgung jedes fremden Eindringlings, den sie als Rechtsbrecher betrachteten. Die ausgeschlossenen Nationen wiederum

mare clausum oder *mare liberum*?

betrieben – meist inoffiziell, d.h. von ihren Regierungen nicht gedeckt und verantwortet – Beutezüge, wobei es vor allem um die amerikanisch-europäischen Handelsrouten, mit besonderem Augenmerk auf die spanischen Silberflotten etc., ging. Aufgrund dieser Erfahrungen entwickelten England, Frankreich und die Niederlande den Grundsatz der Freiheit der Meere, der später Hugo Grotius als Grundlage seiner neuen völkerrechtlichen Theorie des *mare liberum* dienen sollte. Diese drei Staaten traten schon im 16. Jahrhundert mit großen und konkurrenzfähigen Flottenverbänden an vielen Stellen gegen die alten See- und Kolonialmächte Spanien und Portugal auf. Damit entstanden den „ersten" Kolonialmächten Portugal und Spanien zur See im Atlantik Konkurrenten. Die karibischen Inseln, Westindien genannt, entwickelten sich einerseits zum Refugium von Piraten, andererseits eröffneten sie England, Frankreich und den Niederlanden die Möglichkeit zur Landnahme einzelner Inseln. In der ersten Hälfte des 16. Jahrhunderts war es Spanien allerdings noch gelungen, französische Festsetzungen an der Nordküste Floridas – Fort La Caroline 1564 war noch dazu eine Hugenottengründung – innerhalb kurzer Zeit (1565) zu zerstören. Seit 1562 bis 1569 schaltete sich der Seefahrer John Hawkins aus Plymouth in den Sklavenhandel von Afrika (Sierra Leone) in die Karibik ein, zunächst inoffiziell, dann mit finanzieller Beteiligung von Königin Elisabeth I. und der Hocharistokratie, was eine Provokation darstellte, weil dies in Spanien als Verletzung des Exklusivrechtes und somit als Schmuggel betrachtet wurde. Aber die Aktivitäten von Hawkins waren nicht erfolgreich; danach agierten englische Seefahrer (wieder) als Freibeuter. Unternehmungen dieser Art sind vor allem mit der Person von Francis Drake verbunden. Er erbeutete Silber an der kolumbianischen Küste (in Nombre de Díos und Panamá); nach der Umsegelung des Kap Hoorn plünderte er die pazifische Küste, gelangte bis Kalifornien und kehrte 1580 über Ostindien nach Europa zurück, wo er als erster englischer Weltumsegler gefeiert wurde. 1585/86 segelte Drake wieder in die Karibik und überfiel Santo Domingo und Cartagena. 1595 gelang ihm erneut die Einnahme von Panamá, von wo aus er die Eroberung von Peru plante, doch scheiterte Drake und starb. Insgesamt nahm die Zahl der nach Amerika gesegelten englischen Flotten bis 1600 jedoch zu.

Die Karibik Seit der dynastischen Union zwischen Portugal und Spanien (1580) hatte sich die „Angriffsfläche" der beiden „ersten" Kolonialreiche für dessen Gegner Frankreich, England und die Niederlande erweitert, vor allem waren die portugiesischen Gebiete mehr als zuvor gefährdet. Bis 1605 segelten etwa 100 große Schiffe pro Jahr in die Karibik, wo sie Schmuggelgüter absetzten und Salz an der venezolanischen Küste eintauschten, das man früher aus Portugal bezogen hatte. 1634 eroberten die Niederlande die vor Venezuela gelegene Insel Curaçao, ein Jahr später setzte sich Frankreich auf den Inseln Martinique und Guadeloupe fest; England hatte schon 1627 die Insel Barbados eingenommen. Der Anbau von Tabak und Zuckerrohr machten die Karibikinseln interessant und teilweise auch lukrativ; die als Arbeitskräfte benötigten Sklaven holte die Niederländische Westindische Handelskompanie aus Westafrika. Diese Entwicklung zeigt, dass es am Rande des spanischen Kolonialreiches in Mittel- und Südamerika die Möglichkeit gab, sich auf einzelnen Antilleninseln, vor allem den kleineren, festzusetzen, was allerdings militärische Konflikte mit Spanien zur Folge hatte.

Ganz andere Entfaltungsmöglichkeiten zeigten sich für Frankreich, England und die Niederlande in Nordamerika, also in jenen Regionen und Gebieten, die zwar formaliter zur spanischen Zone gehörten, de facto sich jedoch der Kontrolle der spanischen Krone entzogen. Hier unternahm Frankreich seit den 1530er Jahren Siedlungsversuche, so war Jacques Cartier 1535 und 1541 bis 1543 bis zum heutigen Montreal und Quebec vorgedrungen, aber die Unternehmen waren nicht erfolgreich, und die erhoffte Durchfahrt (Nordwestpassage) nach Asien konnte von Neufundland aus nicht gefunden werden. Was diese Region um den Sankt-Lorenz-Strom hingegen zunehmend interessant machte, war der Eintausch von Biberpelzen, die sich in Europa gut verkaufen ließen. Seit 1581 gingen von den Häfen der Normandie aus Pelzhandelsexpeditionen nach Nordamerika ab. 1604 nahm Samuel de Champlain die Idee von Cartier wieder auf und gründete 1608 Quebec als Handelskontor und Mittelpunkt der Nouvelle France, das allerdings von England immer wieder bedroht und zeitweise auch zerstört wurde, so 1628/29, obwohl es von der französischen Krone privilegiert und die Einrichtung von Handelsgesellschaften gefördert wurde. So ist es nicht überraschend, dass sich dieses französische Überseegebiet bis zur Mitte des 17. Jahrhunderts nur wenig entwickeln konnte.

Nordamerika

Die englischen Bemühungen in der zweiten Hälfte des 16. Jahrhunderts, südlich der Chesapeake Bay, an der 1607 Jamestown gegründet werden sollte, Stützpunkte zu errichten und Siedlungsprojekte zu fördern, waren nicht erfolgreich. Dies gilt für die Initiativen Walter Raleighs am Roanoke Island (1584/85) und das zu Ehren von Königin Elisabeth I. genannte „Virginia". Eine Änderung trat hier erst 1606 nach der Gründung der Virginia Company sowie von James Fort/Jamestown als Siedlungskolonie ein, auch wenn diese von Anfang an mit großen Problemen zu kämpfen hatte. Erst die Unterstützung durch Handelskompanien und die Ausweitung ihres Rechtsgebietes, verbunden mit der Aussicht auf neue Siedlungsprojekte (1612 erfolgte von hier aus die Besiedlung der Bermudas), sicherte Jamestown eine gedeihliche Entwicklung, die sich vor allem auf den Anbau von Tabak stützte. Weiter nördlich, mit Blick auf Neufundland, das Humphrey Gilbert 1583 für England in Besitz genommen hatte, kam es in den ersten Jahrzehnten des 17. Jahrhunderts zu einigen Gründungen: Plymouth (Pilgrim Fathers, 1620) und Boston (1630), in der Kolonie Massachusetts, um die beiden wichtigsten zu nennen. Die Kolonie Massachusetts entwickelte sich zunächst am besten; in sie wanderten zwischen 1629 und 1640 pro Jahr durchschnittlich über 1000 Menschen ein. Allerdings gab es für Neuengland bis zur Mitte des 17. Jahrhunderts vor allem noch die Konkurrenz der Niederlande, denkt man nur an das 1624 gegründete Neu Amsterdam. Erst in den englisch-niederländischen Kriegen bereitete England diesem Stützpunkt ein Ende (1664), der nach seinem neuen Eigentümer, dem Herzog von York, dem Bruder König Karls II., seinen Namen „New York" erhielt.

Englische Initiativen

Niederländische Kaufleute in Südostasien

„Es versteht sich von selbst, daß das niederländische Handelskapital auch am Gewürzgeschäft interessiert war. Doch ging man offenbar den damit verbundenen Risiken solange ganz gerne aus dem Weg, als man die Möglichkeit besaß, direkt oder indirekt an Portugals Profiten zu partizipieren. Aber als der Todfeind der Republik, Philipp II. von Spanien, 1580 auch König von Portugal wurde, schien diese Möglichkeit in Frage gestellt [...] durch Philipps Kontrakte mit internationalen Konsortien ohne Beteiligung der Niederländer. Das hätte für sie den Ausschluß vom Markt bedeutet. Daher der Versuch, direkte Verbindung mit den ostindischen Erzeugern aufzunehmen" [2.7: REINHARD, Expansion Bd. 1, 111]. Zuvor hatten die Niederländer bei den Portugiesen spioniert, so Jan Huygen van Linschoten (1563–1611), der nach kaufmännischen Geschäften in Spanien (seit 1579) als Schreiber des Erzbischofs von Goa tätig war und im Zuge dessen Informationen über den *Estado da India* gesammelt und 1595/96 sogar publiziert hatte. Er war 1592 in die Niederlande zurückgekehrt. Nachdem sich die Alternativroute durch die Magellanstraße nicht bewährt hatte, finanzierten Amsterdamer Kaufleute eine Flotte für den konventionellen Weg durch die portugiesische Exklusivzone nach Ostindien (Java, Bantam, Malaya und Japan). Die Gewürzladung brachte großen Gewinn (1595–1600). Seit der Gründung und Privilegierung der Vereenigde Oost-Indische Compagnie (V.O.C.) 1602 intensivierten sich die kolonialpolitischen Bemühungen der Niederlande. Da es der Handelskompanie in Indien wegen des Widerstands von Portugal und England zunächst nicht gelang, Stützpunkte zu errichten, richtete sie ihr Interesse vor allem auf den Malaiischen Archipel, insbesondere auf die Gewürzinseln in engeren Sinn, wie Ternate, Tidore oder Amboina, und versuchte, mit den eingeborenen Machthabern Monopolverträge abzuschließen. Was bis 1609/11 noch fehlte, war eine zentrale Leitung der niederländischen Handelsgeschäfte in Asien. Als der Herrscher von Jakarta der Kompanie die Anlage einer Faktorei gestattete, die zunächst unbefestigt blieb, entstand Batavia, wo die Generalgouverneure ihren Sitz hatten und von wo aus sie den Gewürzhandel dirigierten. Einer der ambitioniertesten war Jan Pieterszoon Coen (1619–1623 und 1627–1629); er gründete 1619 Batavia neu und plante nach Ablauf des Waffenstillstandes mit Spanien 1621 die Eroberung von Malakka, Macau (dem portugiesischen Stützpunkt bei Hongkong) und Manila auf den spanischen Philippinen. Eine Einigung mit England 1619, in deren Folge die Niederlande England ein Drittel des Gewürzhandels überließen, schien dazu gute Voraussetzungen zu bieten. Doch lehnten die Teilhaber bzw. Aktionäre der Ostindischen Kompanie dieses offensive und kostspielige Programm ab und setzten weiterhin auf die Form des Handelskolonialismus. In den nächsten Jahren erwuchs mit England ein ernstzunehmender Konkurrent; die Folge war eine Reihe von Auseinandersetzungen, die ihren traurigen Höhepunkt im Massaker von Amboina im Jahr 1623 fand, als Coen zehn Engländer, denen eine Verschwörung gegen die Niederlande vorgeworfen wurde,

Englands Position in Indien

hinrichten ließ. Zukunftsweisender erwies sich Englands Position hingegen auf dem Indischen Subkontinent, allerdings erst seit der Mitte des 17. Jahrhunderts. Eine wichtige Voraussetzung dafür war der Besitz von Bombay/Mumbai, das die portugiesische Gattin Karls II., Katharina von Braganza, 1661 als Mitgift in die Ehe einbrachte. Diese ideal gelegene Hafenstadt lief dem ursprünglichen englischen Verwaltungsmittelpunkt Surat den Rang ab.

Konflikte unter den europäischen Staaten in außereuropäischen Gebieten, neben Asien und Afrika vor allem in Amerika, wurden zur Regel und spielten mit den Konflikten in Europa zusammen. Ob es sich um Gebiete handelte, die durch einen permanenten Kriegszustand geprägt waren, oder nur um die „Negativseite der europäischen Friedensordnung" [2.7: REINHARD, Expansion Bd. 2, 311 Anm. 4]: Nach Jörg FISCH [2.7: 145] spricht alles dafür, „daß im 16. und 17., und selbst noch im 18. Jahrhundert, Feindseligkeiten in Friedenszeiten zwischen Europäern in Übersee häufiger waren als in Europa". Seit dem Beginn des 17. Jahrhunderts beförderte die machtpolitische Neuverteilung unter den europäischen Staaten auch eine machtpolitische Verschiebung ihres außereuropäischen Machtpotenzials und Einflusses. Spanien und Portugal mussten zur Kenntnis nehmen, dass ihre alten Exklusivrechte nicht mehr akzeptiert wurden. Insgesamt blieben jedoch „die Grundfragen, die schon im 16. Jahrhundert die Hypothek der Herrschaft des weißen Mannes bezeichneten: Eingeborene und Einwanderer, Ausbeutung und Erschließung, Europäisierung und autochthone Kultur" [2.3: LUTZ, 61]. Diese kritische Bemerkung, insbesondere im Hinblick auf den „weißen Mann" im Rahmen der Geschichte der europäischen Expansion, könnte der Ausgangspunkt sein für eine weitergehende Auseinandersetzung mit diesem überaus weitreichenden und tiefgreifenden Phänomen der europäischen und globalen Geschichte.

Europäische Mächte und außereuropäisches Konfliktpotenzial

Kolonialpolitische Entwicklung seit dem 17. Jahrhundert

1.3 STAAT UND STAATENSYSTEM, STEREOTYPEN UND PROPAGANDA

In engem Konnex mit den kirchlich-religiösen Entwicklungen entstand im 16. und 17. Jahrhundert der frühneuzeitliche Staat. Bereits seit dem 15. Jahrhundert konnte sich in weiten Teilen Europas die Monarchie eine starke Stellung sichern. Das gilt insbesondere für West- und Südeuropa. Fast überall in Europa standen dem Fürsten, der seine Legitimierung meist aus dynastischer Erblichkeit und kirchlicher Sanktionierung herleitete, die Stände als Vertreter des Landes, auch „Landschaft" genannt, mit dem Anspruch auf Teilhabe an Regierungsgewalt und Verwaltung, Steuerbewilligung etc. gegenüber. Zugleich suchte der Fürst eine zentrale Verwaltung und eine das gesamte Land umfassende Behördenorganisation aufzubauen und sich aus der fiskalischen Abhängigkeit der Stände zu befreien. Auf dem militärischen Sektor versuchte es der Fürst mit dem Aufbau eines stehenden Heeres. In Europa gab es mindestens drei Formen von Ständeversammlungen: ein Dreikuriensystem mit Geistlichkeit, Adel, Städten, ein Vierkuriensystem, wo der höhere Adel – „Grafen und Herren" – eine eigene Gruppe bildete, und das Zweihäusersystem des englischen Parlaments.

Im Zuge seiner Bestrebungen, die Ehe mit Katharina von Aragón für nichtig erklären zu lassen, konnte König Heinrich VIII. das englische Parlament für

Fürst und Stände

England

eine nationalkirchliche Konzeption und entsprechende verfassungsändernde Beschlüsse gewinnen. Das Parlament wandelte sich von einer Beschwerdeinstanz zu einem Regierungsinstrument, vor allem unter Thomas Cromwell, der die großen Staatsreformen, verbunden mit Staatskonsolidierung und nationaler Integration, beschließen ließ („siebenjähriges Reformparlament", 1529–1536). Böhmen hatte sich unter den Jagiellonenherrschern zu einem starken Ständestaat entwickelt; Herren- und Ritterstand übten die praktische Macht aus, wobei die häufige Absenz der Könige zu Hilfe kam. Erst Ferdinand I. sollte das Königtum wieder stärken und eine von den Ständen unabhängige Verwaltung aufbauen. In Ungarn hatte das „Tripartitum" (1514) die Gewohnheitsrechte („Freiheiten") des Adels festgeschrieben. In den nordischen Königreichen war die Kalmarer Unionskrise ein folgenreicher Konflikt zwischen dem von Dänemark getragenen Unionskönigtum und der Aristokratie, wobei der Reichsverweser in Schweden zum Sammelpunkt der ständischen Opposition wurde und die Etablierung eines „nationalen Königtums" ermöglichte (1523). In Polen-Litauen hatte das dauernde Engagement der Jagiellonen in den Königreichen Böhmen und Ungarn eine Schwächung des Königtums zur Folge, das in zahlreichen Zugeständnissen an den Adel zum Ausdruck kommt.

Böhmen und Ungarn

Skandinavische Länder

Polen-Litauen

Frankreich

In Frankreich und in den spanischen Königreichen war die Monarchie am weitesten entwickelt. Im französischen Königreich entstanden im 15. Jahrhundert aus der Versammlung königlicher Vasallen die Generalstände (États généraux). Sie setzten sich aus Klerus, Adel und dem Dritten Stand (*Tiers état*), in dem auch die Bauern vertreten waren, zusammen. Die Wahl in die Ständeversammlung war durch ein Wahlsystem geregelt, doch variierte die Zahl ihrer Abgeordneten von Versammlung zu Versammlung (1576: 326 Deputierte, 1614: 484). Das wichtigste Recht der Generalstände bestand in der Steuerbewilligung. Mit dem Erstarken der Monarchie, symbolisiert durch die Errichtung des Conseil du Roi, nahm die Zahl der Versammlungen ab: in der zweiten Hälfte des 15. Jahrhunderts und im 16. Jahrhundert gab es nur sieben Versammlungen, 1614/15 nur mehr eine Einberufung. Auch auf der Ebene der Provinzen existierten Ständeversammlungen – Provinzialstände (États provinciaux) –, die in ihrem Aufbau den États généraux entsprachen. In den Provinzialständen konnte sich zwar, im Gegensatz zu den Generalständen, das Prinzip der Periodizität durchsetzen, sie verloren jedoch im Laufe des 16. Jahrhunderts stark an Bedeutung.

Burgundische Niederlande

Für die Burgundischen Niederlande, jene weitläufigen Herrschaftsgebiete der Herzöge von Burgund, war der Konflikt zwischen den Herzögen und den großen Handelsstädten – im Grunde bis zum Aufstand in Gent 1539 – typisch. Über die Schaffung zentraler Behörden für Justiz, innere und äußere Angelegenheiten sowie Finanzen versuchten die Herzöge, und seit 1530 die Statthalterin Maria von Ungarn, der Macht der Städte entgegenzuwirken. Die dynastische Union zwischen Kastilien und Aragón, zunächst repräsentiert durch die Katholischen Könige (Isabella von Kastilien und Ferdinand von Aragón, 1474–1516), hat in den spanischen Königreichen zur Stärkung der Monarchie geführt. Zur Schaffung gemeinsamer Institutionen kam es allerdings kaum; die neue Behörde der Inqui-

Spanien und Portugal

sition (seit 1478/80) blieb die Ausnahme. Stattdessen schritt die Zentralisierung der Behörden und Gerichte in Kastilien voran, man denke an den Consejo Real als Höchstgericht und oberste Behörde, den Consejo de la Cámara de Castilla für innere Angelegenheiten, den Consejo de la Hacienda für Finanzangelegenheiten und an den Consejo de Estado (seit 1524). In Kastilien war die Krone von den Ständen (*cortes*) unabhängiger, abgesehen von der Bewilligung außerordentlicher Steuern. In Aragón war die politische Bedeutung der *cortes* größer, schon allein wegen der Mehrzahl von Ständeversammlungen in den Königreichen Aragón und Valencia sowie in der Grafschaft Barcelona. Auch in Portugal ging das Königtum aus dem Konflikt mit dem Adel gestärkt hervor. Selbst die Mittel- und Kleinstaaten Italiens waren da und dort von diesen Tendenzen nicht frei. Bezeichnend ist die Entwicklung der republikanischen Staatsform zur Oligarchie bzw. zum Prinzipat der Medici in Florenz, deren Sturz, die Rückkehr zur Republik (1494) und die erneute Restitution der Medici (1530).

Italien

Wesentlich komplexer gestaltete sich das Verhältnis zwischen dem Kaiser und den Fürsten als Reichsständen (Reichsebene) sowie zwischen den Fürsten und den Landständen (Landes-/Territorialebene) im Heiligen Römischen Reich. Auf der Reichsebene hatten die Kurfürsten eine herausragende Position inne. Sie gründete sich auf die „Goldene Bulle" (1356), die den Kurfürsten eine herausgehobene verfassungsrechtliche und politische Position im Reich verbürgte. Dies galt für die Ausübung einstmals königlicher Regalien wie Berg- und Münzrechte ebenso wie für die Gerichtshoheit und die Unteilbarkeit der Kurfürstentümer. Dies war insofern von Bedeutung, als zur gleichen Zeit in vielen Fürstenhäusern Besitzteilung üblich wurde und damit neue Herrschaftslinien entstanden und mit ihnen wiederum Probleme gemeinsamer fürstlicher Politik und der Vormundschaft, die zur Schwächung territorialfürstlicher Positionen führen konnten.

Heiliges Römisches Reich

Der verfassungsmäßig garantierte Vorrang der Kurfürsten wurde bei jeder Königswahl manifest. Die Kurfürsten nützten diese Situationen, um neben Geldgeschenken Privilegien und Zöllen Reichspfandschaften bestätigt oder verliehen zu bekommen. Wie die zwischen den kandidierenden Persönlichkeiten und den Kurfürsten vorweg abgeschlossenen Wahlkapitulationen seit dem Jahre 1519 zeigen, verstanden sie sich als Repräsentanten des gesamten Reiches bzw. aller Reichsstände. Die „Goldene Bulle" regelte die Wahl des Königs im Reich, das den Charakter eines Wahlreiches hatte. Danach übten die sieben Kurfürsten das Wahlrecht bei der Wahl des Römischen Königs aus, und zwar Mainz, Köln, Trier, Sachsen, Pfalz, Brandenburg und Böhmen, sie wählten den römischen König, der zur Erlangung des Kaisertitels der Krönung durch den Papst bedurfte (nach Karl V. durch ein päpstliches Schreiben – „erwählter Kaiser" – ersetzt). Geregelt waren in der „Goldenen Bulle" ferner der Wahlort (Frankfurt am Main – Abweichungen im Hinblick auf einen anderen Wahlort waren bei epidemischen Krankheiten durchaus gestattet), der Krönungsort (Aachen) und der Ort des ersten Reichstages (Nürnberg). Vorgesehen war auch der Romzug des Gewählten zum Zwecke der Krönung durch den Papst in Rom. Karl V., der

Königswahl und Krönungsrecht

letzte gekrönte Kaiser, wurde allerdings 1530 vom Papst in Bologna gekrönt, Ferdinand I. wurde 1558 in Frankfurt am Main nur proklamiert.

Die Reichsstände hatten, mit Ausnahme der Reichsritterschaft, die sogenannte Reichsstandschaft inne im Sinne einer Teilnahme am Reichstag, dem Gesetzgebungs- und Beschlussorgan, das der Kaiser im Einvernehmen mit den Kurfürsten einberief. Ihre Zahl wurde in der Wormser Matrikel von 1521 erstmals genau festgestellt und festgeschrieben. Dem Kurfürstenrat gehörten drei geistliche Kurfürsten (Mainz als Erzkanzler, Köln als Erzkanzler durch Italien, Trier als Erzkanzler durch Gallien und das Königreich Arelat) und vier weltliche Kurfürsten (Pfalz als Erztruchsess, Sachsen als Erzmarschall, Brandenburg als Erzkämmerer, Böhmen als Erzschenk) an; seit 1526 ruhte in der Regel die Ausübung der böhmischen Kur. Von den genannten, seit dem Mittelalter existierenden, meist bei der Römischen Königswahl aktivierten Ehren-(Erz-)ämtern war nur das des Mainzer Erzkanzleramtes von politischer Bedeutung.

Kurfürstenrat

Der Fürstenrat bestand aus vier Erzbischöfen (Salzburg, Magdeburg, Besançon, Bremen), 46 Bischöfen (u. a. Bamberg, Würzburg, Augsburg, Regensburg, Passau, Speyer, Worms, Straßburg, Basel, Trient, Brixen, Münster, Osnabrück, Lüttich, Utrecht, Toul, Metz, Verdun, Naumburg, Meißen, Merseburg), 83 Prälaten (Äbte, Äbtissinnen, Ordensballeien), 24 weltlichen Fürsten (u. a. Bayern, Österreich, Württemberg, Baden, Hessen, Geldern, Jülich-Kleve, Holstein, Braunschweig, Mecklenburg, Pommern, Sachsen, Lothringen, Savoyen) und 145 Grafen und Herren (Wetterauische, Schwäbische, Fränkische und Westfälische Grafen). Den Vorsitz innerhalb des Fürstenrates führten alternierend Salzburg und Österreich. Virilstimmen, d.h. Einzelstimmen besaßen nur die geistlichen und weltlichen Fürsten; Grafen und Herren besaßen nur Kuriatstimmen, d.h. sie stimmten gemeinsam als sogenannte Grafenbank.

Fürstenrat

Die Städtebank bzw. später der Städterat umfasste 85 Reichsstädte (u. a. Frankfurt am Main, Worms, Speyer, Nürnberg, Augsburg, Regensburg, Heilbronn, Esslingen, Memmingen, Konstanz, Ulm, Nördlingen). Den Vorsitz der Städtebank führte die Reichsstadt, in welcher der Reichstag stattfand. Die Reichsritterschaft war beim Reichstag nicht vertreten.

Städtebank

In institutioneller Hinsicht hatte das Heilige Römische Reich seit den 1480er Jahren einen Modernisierungsschub zu verzeichnen. Damals entwickelte sich der Reichstag aus dem Hoftag als gesetzgebende Institution mit fester, definierter Teilnehmerzahl. Die zwischen König und Reichsständen diskutierte und verabschiedete Reichsreform (Wormser Reformreichstag 1495) brachte weitreichende Ergebnisse: u. a. das Ende des Fehderechts bzw. den Ewigen Landfrieden, die Errichtung des Reichskammergerichts als von Kaiser und Reichsständen beschicktes Höchstgericht sowie die Einteilung des Reiches in Kreise (anfänglich zehn, seit 1512 zwölf) zur Wahrung des Landfriedens und zur Koordination gemeinsamer Reichsaufgaben wie die Steuererhebung; dies zeigt sich besonders am Projekt des Reichsregiments, mit dem die Reichsstände das Ziel eines ständigen zentralen Regierungsgremiums verfolgten. Es kam zwar zustande, wurde aber nach zwei Jahren wieder aufgelöst, weil die Reichsstände sich zu wenig

Administrative Modernisierung des Reiches

darum kümmerten und seine Finanzierung nicht sicherten. Maximilian I. hatte seit der Neugestaltung des Reichskammergerichts ein permanentes (zweites) Höchstgericht installiert: den Reichshofrat; er setzte damit quasi die Tradition des kaiserlichen Hofgerichts fort. So existierten fortan zwei Höchstgerichte im Reich, eine Entwicklung, die sich im Zuge der Reformation und Konfessionalisierung des Reiches als Vorteil für katholische Reichsstände und Untertanen erwies, die beim Reichshofrat Recht zu bekommen versuchten. Im Übrigen entschied der Reichshofrat in der Regel rascher als das Reichskammergericht.

Die Landesherrschaft war „als ‚Kumulation von Herrschaftsrechten', aus der Kombination originär adliger Herrschaft, dem Erwerb oder der Usurpation königlicher Rechte und Regalien sowie der Unterwerfung anderer Herrschaftsträger entstanden. Bevor die Allodifikation, d.h. der Übergang zum Eigentum, einsetzte, mußte der König dieses Rechtekonglomerat als Gesamtherrschaft verleihen. Fürstliches Erbrecht überlagerte königliches Lehensrecht. Die relativ selbständigen reichsständischen Herrschaftskomplexe sind weniger ein Produkt des Zerfalls von Reich oder Königsherrschaft als eine Reaktion auf neue Anforderungen – vor allem die Friedenswahrung. Da Fehden und Selbsthilfe nie unterbunden werden konnten, wuchs den mächtigen Dynasten eine zentrale Aufgabe zu. Die langsame Durchsetzung des Gewaltmonopols bedeutete zugleich eine enorme Stärkung und Effektivierung fürstlicher Herrschaft, weil alle konkurrierenden Gewalten sukzessive untergeordnet oder ausgegrenzt wurden" [2.8.1: SCHMIDT, 17f.]. Allerdings gelang es dem Landesherrn nie, souveräner Gesetzgeber zu werden, denn einerseits beriefen sich die Untertanen und Stände der Fürsten auf das tradierte Recht, andererseits musste der Fürst Bestimmungen der Reichsabschiede und kaiserlichen Dekrete, also Reichsrecht, umsetzen. Der Territorialstaatsbildung stand dort nichts im Wege, wo alle Herrschaftsrechte in der Hand des Fürsten zusammenfielen. Dies galt für das sogenannte fürstliche Kammergut und auch dort, wo der Landesherr über kirchliche Vogteirechte verfügte. *Landesherrschaft*

Das dynastische Phänomen war ein konstitutives Element der Politik. Die Bedeutungssteigerung dynastischer Politik führte zu einer höheren Bewertung des dynastischen Prinzips überhaupt. Das Prekäre daran lag aber in der Unberechenbarkeit menschlicher, physischer und psychischer Faktoren (Fertilität, Sterilität und Mortalität). Im Rahmen der Internationalen Beziehungen Europas erfuhr das dynastisch-hereditäre Konfliktfeld eine besondere Akzentuierung. So dienten dynastische Ehen häufig der Vertiefung des gegenseitigen Einvernehmens von Fürstenhäusern und der politischen Konvergenz von Staaten; auf diese Weise wurden Menschen zum politischen Unterpfand. Dynastische Politik war aber auch mit neuen Kriegsrisiken, Kriegsvorwänden und -legitimationen, vor allem mit Erbfolgekriegen, verbunden. Erbansprüche dienten als Legitimation für offensive Gewaltanwendung, auch für die Verteidigung der angestammten Dynastie eines Landes waren sie höchst bedeutsam. Es ist problematisch, familien- und erbrechtliche Begründungen als „friedliche" und politisch am ehesten berechtigte Herrschaftsansprüche sehen zu wollen und die Legitimität des fürstlichen Erbrechts unkritisch zu akzeptieren. *Dynastische Politik*

Diplomatie

Sowohl der Umgang der Fürstenhöfe miteinander als auch die Praxis der zwischenstaatlichen Beziehungen erhielt durch die Anfänge der neuzeitlichen Diplomatie eine neue Form. Man kann die Umwandlung der zweckbestimmten, zeitlich limitierten Missionen in ständige Gesandtschaften als „die größte Mutation in der Geschichte der Diplomatie überhaupt" verstehen [2.12: OCHOA BRUN]. Ständige, auf Gegenseitigkeit beruhende diplomatische Vertretungen hatten sich zuerst in Italien im 14. Jahrhundert entwickelt, denn der Friede von Lodi (1454) hatte hier zur ständigen Kontaktnahme und gegenseitigen Beobachtung der den Frieden garantierenden Mächte der Pentarchie geführt. Am weitesten entwickelt – unter Einbringung älterer Erfahrungen – war neben dem kurialen Nuntiatursystem das venezianische Gesandtenwesen, für das eine intensive Berichterstattung in Form der *dispacci* und *relazioni* typisch wurde. Besonders die für jeden, in der Regel nach zwei Jahren zurückkehrenden Diplomaten vorgeschriebene Finalrelation, ein stundenlanger Vortrag vor dem Dogen und dem Rat, der auch schriftlich abgefasst wurde, war Ausdruck der politischen Verantwortlichkeit eines republikanischen Systems. Neben dem an Wichtigkeit gewinnenden System der ständigen Gesandtschaften wurden ältere Formen der Diplomatie notwendigerweise beibehalten, und zwar in Form von Einzel- bzw. Sondergesandtschaften und Kollektivgesandtschaften mit zwei und mehreren Diplomaten. Das Erfordernis der größeren Repräsentation etwa beim Abschluss von Waffenstillständen oder Friedensverträgen hatte in der Regel einen größeren personellen und zeremoniellen Aufwand zur Folge.

Hegemonie Karls V.

Der in der italienischen Staatenwelt des Quattrocento entwickelte Gedanke der *bilancia* (Gleichgewicht) als regulatives Prinzip des staatlichen Zusammenlebens setzte sich in der europäischen Staatenwelt erst im 17. Jahrhundert durch. Das 16. Jahrhundert hingegen war von Hegemoniebestrebungen bzw. hegemonialen Herrschaftskonzepten geprägt. Der beherrschende Konflikt dieser Zeit war der Hegemoniekampf zwischen dem französischen Königtum und Karl V., geprägt von Perspektiven weiträumigen politischen Handelns, gestützt auf neue Techniken und Möglichkeiten im Finanz-, Transport-, Kriegs- und Nachrichtenwesen. Dabei schien der französischen Monarchie seit dem Neapelfeldzug im Frieden von Noyon (1516) nochmals ein Interessenausgleich mit Habsburg zu gelingen, den Erasmus als Anbruch der *aurea aetas* des europäischen Friedens feierte. Doch spätestens seit der Wahl Karls V. zum Kaiser (1519) hatte das Haus Habsburg bessere Chancen auf die Durchsetzung einer Hegemonie in Europa, und seitdem waren König Franz I. und später Heinrich II. von Frankreich in die Rolle von Verteidigern der europäischen und reichsfürstlichen Freiheit gegen die habsburgische „Tyrannei" gedrängt und ergriffen jede Möglichkeit zur Opposition gegen den Kaiser. Bis 1559 lief ein irreversibler Konflikt ab, an dessen Ende die spanische Vorherrschaft in Italien stand, was jedoch nicht bedeutete, dass der Versuch Karls V., eine *monarchia universalis* in Europa zu errichten, erfolgreich gewesen wäre, wie dies Gattinara 1519 proklamiert hatte (Karl V. sei zur Weltherrschaft und zum Friedensherrscher berufen) und dafür sogar einen christologischen Vergleich (Hirte – Herde) bemühte. Allerdings war es für

Karl V. schwierig, seine zahlreichen Herrschaftsgebiete zu vereinheitlichen – im Sinne einer imperialen Einheit –, und beispielsweise eine gemeinsame Münze, Zollordnung und Gesetzgebung einzuführen (ein Vorschlag von Großkanzler Gattinara); zu unterschiedlich waren die herkömmlichen Rechtsgewohnheiten und Regierungsformen. Stattdessen errichtete der Kaiser ein spanisches Sekretariat, das auch für Italien zuständig war, und ein burgundisches Sekretariat, dem die für das Heilige Römische Reich zuständige Reichskanzlei untergeordnet war.

Zweifellos hatten die europäischen Nationen im 16. Jahrhundert ihre Eigen- und Fremdbilder, die einerseits auf das Mittelalter zurückgingen, andererseits eng mit dem Humanismus verbunden waren. Letzteres gilt zweifellos für die „deutsche Nation" (siehe Kapitel I.1.5.) Antifranzösische Stereotype wurden sowohl von den politischen Eliten im Heiligen Römischen Reich als auch in Spanien und Italien gebraucht, sie waren Ausdruck der politischen Gegensätze und Konkurrenz unter den Monarchien. Instruktive Beispiele sind Mercurino Gattinaras antifranzösische Urteile und Einschätzungen, die aus seinen Erfahrungen als verhandelnder Diplomat resultieren. Er warf den „Franzosen", wie er zu sagen pflegte, „betrügerisches Verhalten", „Täuschungsmanöver", „heuchlerische Friedensbeteuerungen" und „Machenschaften" vor [1.1.4: KODEK, 125]. Ähnlich antifranzösisch agierte auch die spanische Elite, als Karl V. seine Herrschaft in den spanischen Königreichen antrat, wie das Beispiel von Manrique de Lara, zeigt, wenn dieser behauptet: „die Franzosen halten sich, mit Respekt gesagt, weder an Wahrheit noch an Freundschaft, am wenigsten gegenüber dem Prinzen, unseren Herrn, wegen der Eifersucht, daß er ein größerer und mächtiger Herrscher ist als ihr Herr" [2.8.9: KOHLER, Karl V., 61].

Stereotype und Propaganda

Antifranzösische Stereotype

Von Interesse sind auch die in der Mitte des 16. Jahrhunderts in Sebastian Münsters kosmographischem Werk vorhandenen Stereotype zu Spanien und Frankreich. Sie scheinen repräsentativ für die zu dieser Zeit gebräuchlichen Vorstellungen der „Franzosen", „Spanier" und „Engländer" zu sein. Dabei fällt der direkte Vergleich zwischen Spanien und Frankreich auf, wenn es u. a. heißt: „In kriegen sind die Spanier vil kluger vnd rhatschlegiger weder die Frantzosen/ vnd dargegen die Frantzosen stercker dan die Spanier. [...] Die Frantzosen empfahen di gest gar früntlich/ vnd bieten es jnen wol/ aber die Spanier seind onwürs gegen den frembdlingen/ das auch die bilger gezwungen werden jre narung zusuchen von hauß zu hauß. [...] Die Spanier haben eine ruhe sprach/ aber der Frantzosen sprach ist früntlicher" [1.1.1: MÜNSTER, 75]. Positiva und Negativa sind klar verteilt.

Sebastian Münster

1.4 WIRTSCHAFT UND GESELLSCHAFT

Wirtschaft und Gesellschaft weisen vielfache Rückbezüge zum späten 15. Jahrhundert auf. So begann die für das „lange 16. Jahrhundert" typische Bevölkerungszunahme schon wesentlich früher, nämlich seit etwa 1470. Sie war

Bevölkerungswachstum und Preisentwicklung

aufs Engste verbunden mit der sogenannten Preisrevolution, dem kontinuierlichen Preisanstieg bei gleichbleibenden Löhnen. Diese demographische Entwicklung hatte vor allem auf die unteren Bevölkerungsschichten gravierende Auswirkungen und drängte diese nicht selten an den Rand der Gesellschaft (Existenzminimum). So konnte ein Bauarbeiter (sein „Ecklohn" ist aussagekräftig) in Augsburg mit einer fünfköpfigen Familie 1500 von seinem Lohn den 1,5fachen, 1530 nur mehr den einfachen Mindestbedarf bestreiten. Nach den Rezessions- und Stagnationsphasen des 14. und 15. Jahrhunderts ist in der Folgezeit ein starkes und kontinuierliches Wachstum der Gesamtbevölkerung festzustellen. Die Zahlen, über die wir verfügen, sind sehr unvollständig und mit großer Vorsicht zu benützen, doch die Tendenz ist eindeutig. Für Sizilien wird für 1501 eine Einwohnerzahl von 600 000 angenommen, für 1548 sind es 850 000, eine Million im Jahre 1570. In Mitteldeutschland hat man detaillierte Berechnungen angestellt. Sie ergeben für den Durchschnitt der Jahre 1520 bis 1530 die sehr hohe jährliche Zunahme von 0,71 Prozent, um die Mitte des Jahrhunderts 0,62 Prozent, am Ende des Jahrhunderts 0,33 Prozent, im Durchschnitt des Zeitraums von 1520 bis 1600 0,55 Prozent. Dabei ist die enorme Kindersterblichkeit in Betracht zu ziehen (bis zu 50 Prozent). Gleichzeitig begann in vielen Teilen Europas der Anteil der städtischen Bevölkerung anzusteigen; er dürfte aber insgesamt unter 10 Prozent geblieben sein, wobei der überwiegend agrarische Charakter vieler kleinerer Städte nicht übersehen werden darf. Die Bevölkerungsdichte ist regional sehr verschieden; für Frankreich wurden 35 Einwohner pro Quadratkilometer berechnet, für Deutschland 20, für den Osten wesentlich weniger.

Die folgende Übersicht der Bevölkerungsentwicklung Europas gibt Schätzwerte in Millionen an. Die Unklarheiten der geographischen Abgrenzungen liegen auf der Hand. Die Gesamtzahl zeigt die Zunahme der gesamteuropäischen Gesellschaft zwischen 1500 und 1700, die während des 16. Jahrhunderts besonders deutlich ausfiel. Regional betrachtet, lassen sich allerdings große Unterschiede ablesen: Kontinuierliche Steigerungen verzeichneten Frankreich, die Britischen Inseln, die Schweiz, Polen und Russland. Die Stagnation im 17. Jahrhundert betraf die Iberischen Länder, Italien, Deutschland und Skandinavien.

Städtewachstum   Im Wachstum bzw. der Stagnation der Bevölkerungszahlen der europäischen Städte wird die gegensätzliche Entwicklung zwischen Süd- und Westeuropa evident. Dahinter steht der Ausbau der atlantischen Handelswege, der in engem Konnex zur europäischen Expansion Portugals, Kastiliens bzw. Spaniens sowie später Frankreichs, Englands und der Niederlande zu sehen ist und Westeuropa langfristig einen ökonomischen Vorsprung gegenüber den Mittelmeerländern sicherte, auch wenn zu beobachten ist, dass dieser Prozess langsam und kontinuierlich vor sich ging. Paris und ganz besonders London nehmen zu und erreichen Ende des 17. Jahrhunderts Einwohnerzahlen, die über 400 000 liegen. Der Mittelmeerraum fällt hingegen zurück: Im 17. Jahrhundert stagnieren beispielsweise Venedig und Neapel, Mailand sinkt sogar ab. Auch Lissabon und Sevilla mit ei-

Tabelle I.1: Bevölkerungszahlen in der Frühen Neuzeit [nach 2.4.2: MOLS, 81]

Bevölkerungszahlen (geschätzt)	um 1500	um 1600	um 1700
Spanien und Portugal	9,3	10,0	11,3
Italien	10,5	13,3	13,3
Frankreich (mit Lothringen und Savoyen)	16,4	18,5	20,0
Beneluxländer	1,9	2,9	3,4
Britische Inseln	4,4	6,8	9,3
Skandinavische Länder	1,5	2,4	2,8
Deutschland	12,0	15,0	15,0
Donauländer	5,5	7,0	8,8
Schweiz	0,8	1,0	1,2
Polen	3,5	5,0	6,0
Russland	9,0	13,5	17,5
Balkan	7,0	8,0	8,0
Europa insgesamt	81,8	104,7	115,3

ner Bevölkerung bis zu 150 000 bleiben zurück. Anders gelagert ist die positive Entwicklung von Konstantinopel/Istanbul mit über 400 000 Einwohnern, das Ende des 17. Jahrhunderts in der Kategorie der großen westeuropäischen Städte zu finden ist.

Am Beispiel der sozialen Strukturen kommt die Kontinuität zwischen Mittelalter und Früher Neuzeit am deutlichsten zum Ausdruck. Das gilt für die geburtsständische Gliederung und für die Dominanz des Adels. Jeder bzw. jede wurde in einen Stand – Adel, Bürgertum, Bauerntum – hineingeboren, dessen Mitglied er/sie in der Regel auch sein/ihr ganzes Leben lang blieb. Familie, Klientelverhältnisse, Berufs- und Standeskorporationen waren das Zentrum der sozialen Existenz. Doch gab es auch das Phänomen des sozialen Aufstiegs, auch wenn der Adel zur Abschließung gegenüber neuen Mitgliedern tendierte. Sozialen Aufstieg bot die kirchliche Laufbahn oder der Zuzug in die Städte mit der Möglichkeit, Bürger zu werden und an Handel und Gewerbe zu partizipieren. Besonders dicht war die Städtelandschaft der Burgundischen Niederlande (Gent, Brüssel, Antwerpen etc.), weniger dicht und vielfach verzahnt mit anderen Herrschaftsformen von Fürsten und Herren im Heiligen Römischen Reich (Reichsstädte), die italienischen Kommunen entwickelten sich zu fürstlichen Residenzen weiter (Mailand, Florenz etc.). In vielen Gebieten Europas, z. B. in Ost- und Nordeuropa, Spanien und Portugal, spielte das Bürgertum zahlenmäßig kaum eine Rolle.

Sozialstruktur

Betrachtet man den Bauernstand zu Beginn des 16. Jahrhunderts näher, so fällt auf, dass seine rechtliche wie tatsächliche Situation höchst unterschiedlich war. Der größte Teil der europäischen Bauern war unfrei und adeligen und kirchlichen Grundherren untertan. Grundherrschaft war durch die Kombination von

Bauernstand und Agrarstruktur

niederer Gerichtsbarkeit, Polizeiaufsicht, Kirchenpatronat und Steuereinhebung charakterisiert. Selten ist hingegen ein freier Bauernstand, wie in Tirol, anzutreffen. In der Regel produzierte der Bauer für den Eigenbedarf. Seine rechtliche und wirtschaftliche Situation war sehr verschieden; sie wurde im Laufe des 16. Jahrhunderts schlechter, weil es den Grundherren gelang, die Bindungen der Bauern an die Scholle, verbunden mit Fron, zu sichern, so etwa in Ungarn, wie das „Tripartitum" von 1514 zeigt, die inoffizielle Zusammenfassung des Gewohnheitsrechtes des Adels, das der Protonotar und Oberstlandrichter Stefan Verböczy verfasste [2.2: KOHLER, 219]. Für die Gebiete östlich der Elbe waren die Vergrößerung der adeligen Eigenwirtschaft und das Entstehen geschlossener agrarischer Verwaltungsbezirke typisch; diese zur Gutsherrschaft tendierende Entwicklung ging zu Lasten der Bauern. Gerade die Mehrheit der Bauern, die nur für den persönlichen Bedarf produzierte, konnte keine Gewinne aus den steigenden Getreidepreisen (um 300 Prozent im Lauf des 16. Jahrhunderts) ziehen.

In den meisten Regionen Europas war die regionale Bedarfsdeckung dominant, gerade deswegen spürten die ärmeren Schichten, die am Existenzminimum lebten, jede Verschlechterung der Versorgungslage (Wetterunbilden, winterliche Kälte, Missernten und daraus resultierende Teuerung) und waren auch von Hungersnot und Seuchen bedroht. Es gab auch Regionen in Europa, die vom Import von Agrarimporten abhängig waren; dazu gehörten Ober- und Mittelitalien, die Getreide aus Sizilien und zum Teil auch aus dem Schwarzmeerbereich einführten, ähnliches gilt für Spanien, das auch Getreide aus Sizilien bezog; die Niederlande wiederum importierten Agrarprodukte aus dem Baltikum. Neben Spanien gehörten die Burgundischen Niederlande zu den importabhängigsten Gebieten Europas; sie mussten nicht nur Getreide, sondern auch Holz, Häute, Wachs, Salz, Wolle und vieles mehr einführen. Aus Ungarn und Polen erfolgte der Rinderexport vorwiegend als Lebendexport von Rinderherden nach Österreich und weiter nach Westen. Englands Landwirtschaft machte eine Sonderentwicklung durch, indem Ackerland durch die *enclosures* (Einhegungen) in Weideland für die Schafzucht umgewandelt wurde und die damit verbundene lukrative Wollproduktion die Entwicklung des Textilgewerbes und Handels förderte und zugleich den Bauernstand dezimierte.

Adel   In fast allen Ländern Europas war der Adel noch vor der Kirche und der Krone der größte Grundbesitzer. Dies hing schon damit zusammen, dass der Adel in sozialgeschichtlicher Hinsicht die bedeutendste Gruppe einer geburtsständisch gegliederten Gesellschaft darstellte. In politischer Hinsicht stellte er die wichtigste Gruppe der Ständeversammlungen dar: auf den Landtagen, Reichstagen, in Frankreich als Mitglied der États généraux, in England im Parlament etc.; überall stand er dem Landesfürsten bzw. König als Verhandlungspartner gegenüber. In seinen Grundherrschaften übte er die niedere Gerichtsbarkeit aus.

Handel und Gewerbe   Zentren von Handel und Gewerbe waren die Städte, die im 16. Jahrhundert an wirtschaftlicher Bedeutung gewannen. Es gab auch richtiggehende Städtelandschaften wie in den Niederlanden (Brügge, Antwerpen, Brüssel, Gent etc.). Diese bedeutenden Handelsstädte entfalteten permanent Widerstand gegen die Bestrebungen der burgundischen Herzöge, die einzelnen Provinzen und Gebiete der Burgundischen Niederlande einer fürstlichen Zentralverwaltung unterzuordnen, die zu Krisensituationen und finanzieller Überforderung der Städte führten. Die Reichsstädte wiederum suchten Schutz und Hilfe beim Kaiser als ihrem obersten Stadtherrn gegenüber dem aufkommenden Fürstenstaat. Doch konnten sie ihr ökonomisches Potenzial in politischer Hinsicht nicht nützen, um größeren politischen Einfluss auf den Reichstagen zu entfalten. Die Überlegenheit des Fürstenstaates gegenüber den Städten zeigte sich auch im Zuge der konfessionellen Auseinandersetzungen. Auch hier brachte ihr frühes Engagement für die Reformation den Städten keinen politischen Vorteil. Viele Städte waren vom Konflikt zwischen Patriziat und Zünften geprägt, für den vielfach die Verschärfung finanzieller und vermögensrechtlicher Gegensätze den Anlass gab; während die Spitzenvermögen anstiegen, nahmen die besitzlosen Unterschichten in den Reichsstädten zu und umfassten 30 bis 60 Prozent der Bewohner. *Innerstädtische Konflikte*

Die Tendenz der gewerblichen Produktion war in vielen Regionen Europas stark expansiv. Dies gilt nicht nur für die westeuropäische Textilerzeugung oder für das neue Gewerbe des Buchdrucks, das als „deutsche Kunst" sehr rasch in Europa rezipiert wurde, sondern auch für den Bergbau im Heiligen Römischen Reich, zieht man die Förderung von Silber (mit Steigerungsraten von 500 Prozent zwischen 1450 und 1540), Kupfer und Eisen und das damit verbundene Wachstum Metall verarbeitender Gewerbe und Werkstätten für die Waffenproduktion in Betracht. Diese Steigerungsraten waren nur durch technologische Neuerungen zu erreichen, so erlaubten etwa mit Wasser betriebene Pumpwerke Abteufungen bis zu 400 Metern. Nach 1540 nahmen dann die Silberimporte aus Mittel- und Südamerika massiv zu und verursachten in ganz Europa die „Preisrevolution" des 16. Jahrhunderts. Im ersten Jahrzehnt erreichten diese Einfuhren einen Wert von etwa 200 000 Pesos pro Jahr, in den 1530er Jahren schon etwa 920 000, um in den 1550er Jahren die Zweimillionengrenze zu erreichen und im letzten Jahrzehnt sogar den Wert von 11 Millionen Pesos zu überschreiten. „Der Reichtum Spaniens wird somit zur Ursache für seine Armut, eine Entwicklung, die besonders im 17. Jahrhundert sichtbar werden sollte" [EDELMAYER, Die spanische Monarchie der Katholischen Könige und der Habsburger (1474–1700), in: 2.12: SCHMIDT, 165]. *Steigerung der gewerblichen Produktion*

Seit dem 15. Jahrhundert entwickelte sich der Handelskapitalismus, insbesondere das Imperium Karls V. bot einen weiträumigen Wirtschaftsraum, der über Europa erheblich hinausreichte, vor allem Mittel- und Südamerika umfasste und den Handelskapitalismus begünstigen musste. Dagegen gab es Widerstand einer noch überwiegend naturalwirtschaftlich denkenden und organisierten Gesellschaft und Öffentlichkeit. Sie polemisierte gegen monopolistische Firmen wie die der Fugger und Welser in Augsburg und gegen „die Kombination von Warenhandel, Bergbau, Metallverarbeitung, Textilgeschäft und Bank- und Transportleistungen in der Unternehmensform der Familiengesellschaft (offene Handelsgesellschaft mit Depositengeldern)" mit Faktoreien in Europa und Außereuropa [2.3: LUTZ, 10]. Weitere Voraussetzungen großräumiger *Handelskapitalismus*

Waren- und Finanzgeschäfte waren die Erfindung der doppelten Buchführung und bargeldlose Zahlungsmethoden wie der Wechsel in Italien. Allerdings stellten die Geschäfte mit den frühneuzeitlichen Staaten und deren unsichere Liquidität ein erhebliches Risiko dar; das Phänomen des Staatsbankrotts war keine Seltenheit, wie die Beispiele Spanien und Frankreich zeigen. Die neuen Formen des Welthandels und des Kapitalverkehrs bestanden seit der zweiten Hälfte des 16. Jahrhunderts und vor allem seit dem 17. Jahrhundert aus staatlich lizenzierten Handelskompanien, Aktiengesellschaften und dem Börsengeschäft, wobei die Republik der Niederlande zeitweise eine führende Position einnahm. Eine Verbesserung der Verkehrswege war ebenso eine wichtige Voraussetzung wie die Schaffung neuer Kommunikationsstrukturen durch die Organisation des Postverkehrs, der etwa den weit auseinanderliegenden habsburgischen Herrschaftsgebieten – österreichische Erbländer, Burgund, später Spanien – eine bessere Kommunikation ermöglichte. So war es von großer Wichtigkeit, dass die Familie Thurn und Taxis im Dienste des Hauses Habsburg seit 1492 Postwesen und Nachrichtenübermittlung weiträumig organisierte.

1.5 Kultur und Religion

Die spätmittelalterliche Kirche — Es ist ein merkwürdiges Phänomen, dass die Kirchenkrise und vor allem die Reformation auf eine der kirchenfrömmsten Epochen folgte, denkt man nur an die Kirchenbauten der Spätgotik und die zahlreichen gotischen Flügelaltäre, beides Ergebnisse des regen Kirchenbaues und der Altarstiftungen. Eine Analyse der religiös-kirchlichen Zustände vor der Reformation verlangt eine methodische Vorbemerkung: Die zeitgenössische Beschreibung der Zustände oder Missstände hing sehr vom Standpunkt des Einzelnen ab. War er ein Befürworter der Reformation, so betonte er die Missstände; sogar Luther hat hier einen Meinungswandel mitgemacht, indem er etwa das Klosterleben in späteren Jahren nur mehr negativ sah. Man nahm subjektive Rückprojektionen vor, um das eigene reformatorische Anliegen zu begründen und zu rechtfertigen. Standen die Zeitgenossen jedoch auf Seiten der Altgläubigen, so hatten sie wenig Verständnis für die Forderungen der Reformation. Daher ist es insgesamt schwierig, ein schlüssiges Bild zu entwerfen. Sicher ist wohl, dass sich in den letzten Jahrzehnten vor der Reformation ein Syndrom krisenhafter Erscheinungen herausgebildet hatte. Das wird an der Kritik der Laien deutlich, die dem klerikalen System galt und Säkularisierungen kirchlicher Wohltätigkeitsstiftungen wie Laienbruderschaften und das Eingreifen staatlicher Instanzen bei der Besetzung und Verwaltung kirchlicher Institutionen zur Folge hatte.

Fehlentwicklungen der kirchlichen Praxis — Versucht man die Zustände der vorreformatorischen Kirche im Heiligen Römischen Reich zu charakterisieren, wie sie die Zeitgenossen empfunden haben mögen, so lässt sich Folgendes feststellen: Die höheren kirchlichen Stellen waren dem Adel vorbehalten, Domkapitel und Klöster dienten als Versorgungsinstitutionen für seine nachgeborenen Söhne. In der Reichskirche, dem „Spital des

Adels", herrschten profane Lebensformen vor und war die Pfründenhäufung weitverbreitet; es gab noch keine Residenzpflicht wie später seit dem Tridentinum. Diese Entwicklung hatte die Deformation der pastoralen Aufgaben zur Folge, indem ein schlecht ausgebildeter und minder bezahlter niederer Klerus die Seelsorge vor Ort übernahm, der für kirchlich-religiöse Leistungen rücksichtslos Gebühren verlangte. Dieser Klerus lebte häufig im Konkubinat und betrieb Geschäfte und Gastwirtschaften, um finanziell überleben zu können. Deshalb gab es seit Längerem die Forderung nach der „freien" Pfarrerwahl, auch in den Landgemeinden.

Ferner lässt sich eine Verdinglichung und Fehlentwicklung der kirchlichen Praxis feststellen. Dies gilt für das Sakramentsverständnis, etwa bei Buße und Eucharistiefeier. So wurde die Elevation der Hostie nicht selten als magische Handlung verstanden (auch Luther hatte damit seine Probleme), und die quantitative Aufrechnung des „Gnadenschatzes" des Messopfers hatte das vielfache Lesen von Messen für Verstorbene zur Folge, unter den Fürsten entstand deswegen ein wahrer Prestigekampf. So kam es dazu, dass für verstorbene Fürsten tausende Messen gelesen wurden, um ihr Seelenheil zu erwirken. An manchen Fürstenhöfen, wie dem kursächsischen in Wittenberg, nahm auch der Reliquienkult unbeschreibliche Formen an; so verfügte Kurfürst Friedrich der Weise, der Landesherr und Beschützer Martin Luthers, über die größte Reliquiensammlung unter den Reichsfürsten (und überhaupt im Reich), die er im Wittenberger Allerheiligenstift aufbewahrte und verehren ließ, wogegen Luther polemisieren sollte. Noch 1522 hatte Kurfürst Friedrich der Weise seine Sammlung vergrößert, ehe er 1522/23 sein über 19 000 Reliquien umfassendes „Wittenberger Heiligtum" zum letzten Mal zur Verehrung ausstellen ließ. Unter seinem Nachfolger Kurfürst Johann dem Beständigen verschwanden 1526/28 die Reliquien, ihre silbernen und goldenen Behälter wurden eingeschmolzen und flossen in die „Staatskasse", die Edelsteine und Perlen wurden einzeln verkauft. Im Chorherrenstift Neustift bei Brixen, um ein anderes Beispiel zu zitieren, stiegen die Messstiftungen bis 1490 auf jährlich 5630 Messen an.

Die Verdinglichung im Bereich des Bußsakraments führte zur hohen Wertschätzung des Ablasserwerbs und des Ablasshandels und kam der Fiskalisierung und Kommerzialisierung der kirchlichen, insbesondere der kurialen Verwaltung in der römischen Zentrale, entgegen. Nun gaben die Einnahmen im Zuge von Ablässen in der Regel die finanzielle Basis für die notwendige Renovierung oder den Neubau von Kirchen ab. Dagegen wurde kaum polemisiert. Die Ablasspraxis erhielt ihre politische, kirchliche und religiöse Brisanz erst im Zuge päpstlicher Ablässe, die u. a. zur Finanzierung des Neubaus von St. Peter in Rom dienten, und die deshalb geeignet waren, um die seit Längerem existenten „antirömischen Affekte" zu unterstützen, politisch zu instrumentalisieren und Widerstand gegen das umfassende fiskalische römische System zu mobilisieren. Um die finanzielle Seite ging es 1517 dem sächsischen Kurfürsten, der das Geld seiner Untertanen ins benachbarte brandenburgische Territorium fließen sah, als der Ablassprediger Johann Tetzel dort agierte. Überdies wurden 10 000 Gulden, die der neubestellte

Der Ablass

Erzbischof Albrecht von Mainz für seinen römischen Dispens wegen des weiteren Innehabens der Bistümer Magdeburg und Halberstadt brauchte – Albrecht war ein klassischer Pfründenhäufer –, über einen Ablass finanziert. Martin Luther ging es allerdings um die grundsätzliche Problematik des Ablasses, weswegen er sich am 31. Oktober 1517 an den Mainzer Erzbischof als seinen obersten Vorgesetzten wandte, verbunden mit beigelegten 95 Thesen.

Reformhumanismus   Das europäische Bildungswesen vor der Reformation war einerseits von scholastischen Schultraditionen geprägt, andererseits entstand diesen durch den Renaissance-Humanismus starke Konkurrenz. Dieser hatte sich am frühesten in Italien entwickelt und konnte sich als Bildungsbewegung in der gesamten lateinischen Christenheit etablieren. Sie ging über das philologisch-antiquarische Interesse hinaus und vertrat einen weltgewandten Reformismus und eine „Öffentlichkeit". Die kirchlichen, sozialen, politischen und wirtschaftlichen Entwicklungen der Gegenwart wurden mit der klassischen Vergangenheit, der Antike, verglichen und an den Idealen des frühen Christentums gemessen. Darin bestand das Außergewöhnliche am Humanismus. Über das Ausmaß der inneren Kohärenz dieser Vorgänge mag man streiten; eines ist jedoch klar zu beantworten: Ohne Humanismus keine Reformation. Zu welchen Ergebnissen der humanistische Reformismus ohne Reformation geführt hätte, bleibt eine hypothetische Frage.

Kirchenregiment   Die Ausübung des Kirchenregiments durch Fürsten und Reichsstädte im Reich war um 1500 schon vielfach gegeben – ein Entwicklungsstand, der zweifellos der Reformation den Weg ebnete und der aus der Perspektive der Reformation als bedeutendes Rahmenelement gelten kann. Das hieß konkret, dass in zahlreichen Reichsstädten die meisten geistlichen Institutionen in die städtische Verwaltung integriert waren. Das landesfürstliche Kirchenregiment hatte genauso die viel kritisierte Pfründenhäufung und Besetzung kirchlicher Pfründen mit unqualifizierten Personen zur Folge, die wenig Wert auf Residenz und Pastorale legten, sondern sich durch schlecht bezahlte Hilfspriester vertreten ließen; das galt auch für katholisch gebliebene Reichsfürsten wie Bayern. Kaiser Friedrich III. hatte sich im Wiener Konkordat von 1448 die Hälfte aller frei werdenden österreichischen Kirchenpfründen gesichert. Der österreichische Adel vergab jede siebte und bevogtete jede zweite Pfarrkirche – daran wird die Bedeutung der Vogtei- und Patronatsrechte deutlich. Dadurch sollte sich dem Adel im Zuge der Reformation die Möglichkeit eröffnen, die Pfarrstellen mit evangelischen Prädikanten zu besetzen. Die Visitationen, ursprünglich ein kirchliches Instrument, die im 16. Jahrhundert von der weltlichen Gewalt in Anspruch genommen wurden – auch im katholischen Bereich gegen den Widerstand der geistlichen Stände (Salzburg/Österreich) –, hatten keineswegs nur die kirchlich-religiösen Zustände bzw. Missstände im Blick, sondern auch die wirtschaftliche Rentabilität der kirchlichen Pfründen – Klöster und Pfarren. Das ließe sich am Beispiel Ferdinands I. instruktiv vorführen. Die Niederlande Karls V. waren von geistlichen Territorien wie den Bistümern Utrecht und Lüttich durchsetzt. Das Bistum Utrecht musste dem Kaiser als Landesfürst die

Temporalien übertragen, also die weltlichen Hoheitsrechte, weil der Bischof auf dessen militärische Hilfe angewiesen war und 1527 deshalb alle weltlichen Güter an Karl V. hatte verpfänden müssen.

In Frankreich, der neben Kastilien und Aragón wichtigsten westeuropäischen Monarchie, hatte der König seit dem Konkordat von 1516 die Besetzung fast aller höheren kirchlichen Stellen, das waren etwa 120 Bistümer und 600 Abteien, inne. In den nordischen Königreichen gehörte die dänische Kirche zu den größten Grundbesitzern Dänemarks, hatte also große ökonomische Macht. Auch die schwedische Kirche war von Rom unabhängig, und kirchliche Pfründen wurden in der Regel an Einheimische vergeben. Die Bischöfe verfügten über eigene Burgen, Bürokratie und Militär; sie waren unabhängige Herrschaftsträger auf regionaler und lokaler Ebene. *Frankreich, Dänemark, Schweden*

An den nur beispielhaft vorgeführten vorreformatorischen Rahmenbedingungen sollte deutlich geworden sein, welche Möglichkeiten und Chancen für die Reformation bzw. die Reformatoren gegeben waren. Sie lieferten die Grundlage, auf der sich die Reformation entwickeln konnte und sollte. Doch bedarf es noch eines weiteren Schritts zur Erklärung des Phänomens der Reformation. Zunächst lässt sich seit den 1470er Jahren in vielen Lebensbereichen eine neue Dynamik feststellen, die zu den vorangegangenen Jahrzehnten kontrastiert. Die Hauptursache kann in der Bevölkerungsvermehrung seit der zweiten Hälfte des 15. Jahrhunderts gesehen werden, die einen Bevölkerungsdruck zur Folge hatte. „Das [Heilige Römische] Reich wurde – eigentlich überraschend – auf dem Gebiet der ‚Wachstumsindustrien' zum führenden Land Europas. Diese Spitzenstellung beobachtet man von der Grundstoffverarbeitung im Bergbau bis zur diffizilen Feinmechanik und in ganz neuen, bis dahin nicht vorstellbaren Techniken; das klassische Beispiel hierfür ist der Buchdruck" [2.8.1: MORAW, 392]. Gemeint ist die Erfindung der beweglichen Lettern durch Johannes Gensfleisch, genannt Gutenberg (1400–1468), in Mainz und die rasche Verbreitung des Buchdrucks als „deutsche Kunst" in ganz Europa. Ohne Buchdruck keine Reformation – die Reformation war ein „Medienereignis", wie dies der Augsburger Historiker Johannes Burkhardt vor einigen Jahren festgestellt hat. Ohne das neue Printmedium wären reformatorische Anliegen nicht so rasch in die Öffentlichkeit gebracht worden, wäre die reformatorische Agitation nicht so erfolgreich gewesen, vor allem in der Weise, dass Martin Luther und seine Mitstreiter jede Handlung und Erfahrung dokumentieren konnten – und dies sehr rasch durch die Wittenberger Schnellpresse – und auf diese Weise ihre Gegner zum reagierenden Teil geradezu degradierten. Agieren und Reagieren waren in den ersten Jahren der Reformation völlig einseitig verteilt, und das brachte der Reformation erhebliche Vorteile. *Johannes Gutenberg*

Nun kann man natürlich kritisch einwenden, das Ausmaß der Alphabetisierung in Europa zu Beginn der Reformation sei nur gering gewesen. So nimmt man an, dass zumindest in einigen Gebieten des Reiches wenigstens mehr als 10 Prozent der Bevölkerung Lesen und meist auch Schreiben konnten, nämlich in urbanen Gebieten, wo es städtische Schulen gab, in denen in der Landes- *Analphabetentum und Alphabetisierung* sprache unterrichtet wurde, oder Lateinschulen, die in der Regel im Verband kirchlicher Institutionen, z. B. Domschulen, existierten. Für die damalige Zeit war das aber schon viel. Im Zuge der Reformation nahm der Anteil der Analphabeten ab. Gleichzeitig stieg die Buchproduktion enorm an, einschließlich kurzer Flugschriften und Einblattdrucke. Die Zahl der im deutschen Sprachbereich im 16. Jahrhundert gedruckten Titel wurde früher auf 100 000 geschätzt, heute nimmt man 200 000 an. Von Luthers ‚Kleinem Katechismus' wurden zwischen 1529 und 1563 über 100 000 Exemplare gedruckt. Von seiner Übersetzung der gesamten Bibel wurden zwischen 1534 und 1574 fünf Auflagen (mit insgesamt 100 000 Stück) veranstaltet. Das waren enorme Auflagensteigerungen, zugleich jedoch eine Konzentration auf religiöses Schrifttum und ein Paradigmenwechsel von lateinischen zu deutschsprachigen Werken.

Selbstbewusstsein der „deutschen Nation"

Hinzu kam ein anderes, die Verbreitung der Reformation unterstützendes Phänomen. An Tacitus orientiert, maßen deutsche Humanisten wie Konrad Celtis und Ulrich von Hutten, ein wenig früher schon Hartmann Schedel, ihre eigene Gegenwart an der Antike, um zu bemerken, die „deutsche Nation" habe sich seit damals zu einer besseren und überlegenen Nation gewandelt. Der Kontrast könne nicht größer sein; Gefühle nationalen Stolzes sind unübersehbar. Daraus wird klar ersichtlich, dass die humanistische Elite im damaligen Heiligen Römischen Reich deutscher Nation Einstellungen und Ansichten vorgab, die im Zuge der Reformation, insbesondere von Martin Luther und anderen, aufgegriffen und weiterentwickelt werden sollten. Im Gegensatz zu Cochlaeus plädierten Luther, Wimpfeling und Hutten, in Anknüpfung an die Gravaminabewegung, für eine vollständige Trennung von Rom. War damit die Einheit von Nation und religiösem Bekenntnis intendiert? Vertrat Luther eine nationalkirchliche Lösung? Deutlich ist, dass der Reformator die „Gravaminastimmung", die schon auf dem letzten von Kaiser Maximilian 1518 nach Augsburg einberufenen Reichstag zu bemerken war, aufgriff und für seine Anliegen nützte. Es passte in dieses Erwartungsbild der „deutschen Nation", wenn im Vorfeld der Königs- bzw. Kaiserwahl von 1519 vom künftigen Amtsinhaber keine universale, sondern eine „nationale" Politik erwartet wurde. Deshalb verlangte man von den Wahlwerbern Karls V. im Voraus, dass der künftige Kaiser sich in einer Wahlkapitulation verpflichtete, „die teutsche nation, das heilig Römisch reiche und die churfursten, als die vordristen gelider desselben, auch ander fursten, grafen, herren und stende bei iren hochichsten wirden, recht und gerechtigkaiten" bleiben zu lassen [1.1.4: KOHLER, 53].

Gegenkräfte der Reformation

Auf altkirchlicher Seite versuchten Karl V. und Ferdinand I. in Kooperation mit Fürsten wie den Herzögen von Bayern, mit und ohne das Papsttum, gegenzusteuern. Karl V. entwickelte mehrere Modelle im Umgang mit der reformatorischen Politik: erstens eine strikte Ablehnung der Reformation mit Bezugnahme auf das Wormser Edikt von 1521, zweitens einen Modus Vivendi bis zu einer Konzilsentscheidung, verbunden mit einer kompensatorisch-selbständigen, vom Papsttum unabhängigen kaiserlichen Religionspolitik, drittens die Unterwerfung der protestantischen Stände durch Krieg, eine Möglichkeit, die im Schmalkaldischen Krieg 1546/47 erst spät zum Zug kam, weil der Kaiser zunächst mehrmals gescheitert war, die altkirchlichen Reichsstände militärisch zu mobilisieren. Wie tief die Gegensätze damals schon waren, zeigt die Kriegspropaganda im Schmalkaldischen Krieg, die auf beiden Seiten nicht nur sehr aufwendig war, sondern viele Vorurteile und die Verteufelung des Gegners propagandistisch zuspitzte, um vor allem die eigene Seite zu mobilisieren.

Die aufgezeigten Rahmenbedingungen der Reformation erklären wohl vieles, eines aber nicht: die Dynamik, die von den Persönlichkeiten, den Reformatoren und Predigern, welche die Reformation getragen haben, ausging. Prophetische Menschen mit großer Überzeugungskraft, mit Charisma, Konsequenz und Härte und mit einer großen Gefolgschaft. Das war eine unglaubliche, einmalige und irreversible Entwicklung, die sich von den sogenannten Ketzerbewegungen des Mittelalters deutlich unterschied.

2. EUROPA IN DER EPOCHE DER REFORMATION

2.1 Die Anfänge der reformatorischen Bewegung: Martin Luther und Huldrych Zwingli

Das 16. Jahrhundert war einerseits geprägt von der europäischen Expansion, der größten, die es in der europäischen Geschichte wohl je gegeben hat, andererseits war es eine Epoche der Ängste und der Endzeiterwartung, religiöser Diskussionen und Konflikte. Diese Gegenläufigkeit der Entwicklung ist typisch, wobei von der Wiederentdeckung und Auseinandersetzung mit der Antike eine katalysatorische Wirkung auf viele Lebensbereiche ausging. Humanismus bedeutete die Besinnung auf das Urchristentum, die Beschäftigung mit den biblischen Texten in der griechischen Originalsprache, sie definierte und profilierte u. a. jedoch auch das „Eigene" gegenüber dem „Fremden". Der Humanismus war ambivalent: einerseits war er eine europäische Bildungsbewegung, andererseits verstärkte er die eigene „nationale" Identität. Auf dem religiös-kirchlichen Gebiet waren es die Suche nach dem persönlichen Heil und die Suche nach Gott, die im Zentrum des geistig-kulturellen Horizonts der Zeitgenossen standen. Um diese zentralen Fragen ging es auch allen jenen, die sich berufen fühlten, die „alte Kirche" zu verändern – evolutionär oder revolutionär. Doch bedurfte es sowohl charismatischer Persönlichkeiten als auch eines aufgestauten Reformpotenzials. Martin Luther, Huldrych Zwingli, Johannes Calvin, aber auch Ignatius von Loyola sind nur aus der Zeit heraus zu verstehen, die mit der Frage nach den spätmittelalterlichen Rückbezügen aufs Engste verbunden ist. Es geht im Folgenden um die politisch-sozialen Implikationen, die Luther und andere Reformatoren ebenso interessant erscheinen lassen wie ihre theologischen Anliegen und Grundzüge ihrer Theologie. Dies hat für die Darstellung zur Folge, dass vor allem die Anfänge Luthers, Zwinglis und Calvins, von ihrem ersten öffentlichen Auftreten an, zur Sprache kommen.

Martin Luther

Martin Luther wurde 1483 in Eisleben als Kind einer Aufsteigerfamilie geboren, so war sein Vater im Mansfelder Kupferbau vom Grubenarbeiter zum Kleinunternehmer aufgestiegen. (In der Regel wird der 10. November 1483 als Geburtstag angenommen; doch weiß man nur seinen Taufnamen Martin, dessen Namenstag am 11. November gefeiert wird.) Daher war es naheliegend, dem Sohn das Jurastudium zu empfehlen, das Martin Luther 1505 an der Artistenfakultät der Erfurter Universität auch begann, aber nicht weiterführte. „Die Erfahrung der in einem überwältigenden Naturereignis [im Zuge des Gewitters bei Stotternheim nordöstlich von Erfurt] begegnenden transzendenten göttlichen Macht führte Luther die Schutzlosigkeit seines eigenen Lebens vor Augen und bekehrte ihn, ähnlich der Paulus vor Damaskus widerfahrenden Begebenheit". Luther rief die Hl. Anna, die Mutter Marias, an und leistete ein Gelübde, weil ihn „der Vernichtungsschlag Gottes […] nicht getroffen hatte" [2.5.3.5: Kaufmann, 33]: Das war die „biographische Wende" im Leben Luthers. Er trat in das

Biographische und reformatorische Wende

strenge Erfurter Augustinereremitenkloster ein und wurde 1507 zum Priester geweiht; danach studierte er in Erfurt und an der neu gegründeten kursächsischen Landesuniversität Wittenberg Theologie. Seit 1512 hatte er hier den Lehrstuhl für Altes und Neues Testament inne. In dieser Funktion vollzog Luther seinen tiefgreifenden theologischen und seelischen Wandlungsprozess, der in der Römerbriefvorlesung von 1515/16 fassbar wird. Das *sola fide*-Prinzip, das Luther entwickelte, sollte zum wichtigsten Unterscheidungskriterium des Luthertums zu anderen Religionen bzw. Konfessionen werden.

Wegen des Ablasshandels ging Luther 1517 in die Öffentlichkeit. Dabei handelte es sich um ein spezielles Ablassgeschäft, das mit der Kandidatur Albrechts von Brandenburg für den Mainzer Erzstuhl zu tun hatte und von der Firma Fugger vorfinanziert wurde. Die Einnahmen aus diesem Ablass, der acht Jahre lang verkündet werden konnte, sollten zur Hälfte dem Neubau der Peterskirche in Rom zugutekommen; die andere Hälfte diente der Begleichung der Schulden, vor allem der Romzahlungen des Mainzer Hochstifts und seiner Dispensgebühren wegen der Kumulation mehrerer Bischofssitze, zu deren Begleichung sich Albrecht hatte verpflichten müssen; es ging um eine Gesamtsumme von 29 000 Gulden, die im Stil eines „frühkapitalistischen Bankgeschäfts" aufgebracht werden sollte. Die Ablassprediger reisten gemeinsam mit einem Fuggerschen Beamten durch die Länder, und der Konnex zwischen Ablass, dem dafür zu zahlenden Geld und dem dafür vorgesehenen Kasten, d.h. der Geldkasse, sollte im Zuge der lutherischen Reformationspropaganda zu einer wichtigen Metapher werden („Wenn das Geld im Kasten klingt, die Seele aus dem Fegefeuer springt"). Aufgrund seiner pastoralen Praxis erhielt Luther Einblicke in diese Ablassaktivität, zumal viele Einwohner Wittenbergs im benachbarten Brandenburg den St.-Peters-Ablass für sich und ihre verstorbenen Angehörigen erwarben, auch wenn der sächsische Kurfürst in seinem Land das Einheben der Ablassgelder verboten hatte. Luther wandte sich mit seiner Anklage über diese Ablasspraxis an seinen kirchlichen Vorgesetzten, Erzbischof Albrecht von Mainz, in Form vom 95 (natürlich lateinisch formulierten) Thesen, die er wohl nicht als Einladung zu einer akademischen Disputation an die Schlosskirche zu Wittenberg angeschlagen hat – wenn, dann hätte das nach den Vorschriften der Universität der zuständige Pedell getan! –, doch ist anzunehmen, dass er in seinen regelmäßigen Predigten in der Wittenberger Pfarrkirche darauf einging. „Die theologische Prinzipienfrage wird deutlich in Luthers 95 Thesen über den Ablass, die nun an die Öffentlichkeit kommen. Die kommerzielle Ausbeutung einer deformierten kirchlichen Lehre über den Nachlaß zeitlicher Sündenstrafen verstieß zutiefst gegen Luthers Glaubens- und Bußbewußtsein" [2.3: LUTZ, 25]. Schon die ersten beiden Thesen lehnen eine finanziell berechenbare Buße ab und verweisen auf eine neue Bußtheologie: „1. Da unser Herr und Meister Jesus Christus sagt: ‚Tut Buße' usw., wollte er, dass das ganze Leben der Gläubigen Buße sein sollte. 2. Dies Wort kann nicht von der sakramentalen Buße verstanden werden, d.h. nicht von der Beichte und der Genugtuung, die durch das priesterliche Amt vollzogen wird" [zit. nach 2535: LEPPIN, 121]. Die mit diesem Angriff auf die Ablasspra-

Der St.-Peters-Ablass

xis verbundene grundsätzliche Kritik am Bußsakrament fand in breiten Kreisen der Bevölkerung im Reich eine bereitwillige Aufnahme, getragen von einer wohl national motivierten Romfeindlichkeit, wie sie zuvor schon an der reichsständischen Gravaminabewegung zu erkennen war, die Klage über die finanzielle Abhängigkeit der Reichskirche von Papst und Kurie führte. Luther war auf dem Weg, zum „Medienstar" der deutschen Nation zu werden; und viele seiner späteren Gegner sahen ihn damals (noch) innerhalb der kirchlichen Lehrmeinung und keineswegs als Begründer einer „neuen Kirche". Handelte es sich um ein grandioses Missverständnis der Zeitgenossen, denen die Radikalität der lutherischen Theologie und Schriften damals (noch) nicht bekannt war?

Die Leipziger Disputation

In der Tat entstanden in den Jahren 1518 bis 1520, parallel zum römischen Glaubensprozess, der allerdings aus politischen Gründen erst nach der Kaiserwahl von 1519 wieder aufgegriffen wurde, weil sich Papst Leo X. bei Kurfürst Friedrich von Sachsen um dessen Gegenkandidatur zu Karl V. bemühte, eine Reihe wichtiger Schriften Luthers. Parallel dazu gab es 1518/19 ein Gespräch und eine Disputation mit Luther. So hatte der päpstliche Legat Cajetan schon 1518 in Augsburg im Umfeld des Reichstages ein Gespräch mit dem Reformator gesucht, aber entscheidend wurde erst die von Herzog Georg von Sachsen initiierte Leipziger Disputation, eine „akademische Großveranstaltung", im Juni/Juli 1519 zwischen Luther, Karlstadt und dem Kontroverstheologen Johannes Eck. Hier gelang es Eck, durch konsequentes Nachfragen nach den innerkirchlichen Autoritäten Luthers Ansichten in die Nähe der Häretiker Wyclif und Hus zu rücken, vor allem, wenn Luther meinte, auch Konzilien könnten irren. Für Eck war klar, dass Luther im Begriff war, die Kirche zu verlassen. Hinzu kam bei Luther noch eine andere entscheidende Erkenntnis, die man als „apokalyptische Enthüllungsbotschaft" bezeichnen kann: Der Papst sei der Antichrist, er sei der Protagonist der antichristlichen kirchlichen Strukturen. Diese auf den Apostel Paulus (Zweiter Thessalonicherbrief) zurückgehende Ankündigung des Antichristen (am Ende der Welt) griff Luther auf und identifizierte den Papst damit – eine Meinung, die bei Luther zwischen 1518 und 1520 ihre Konkretisierung gewann. Es ist kein Zufall, dass Eck bei der Beratung der Bannandrohung eine herausragende Rolle spielte.

Luthers reformatorisches Programm 1520

Luther verfasste und publizierte 1520 seine drei „reformatorischen Hauptschriften": erstens „An den christlichen Adel deutscher Nation", zweitens „De captivitate Babylonica ecclesiae" („Von der Babylonischen Gefangenschaft der Kirche") und drittens „Von der Freiheit eines Christenmenschen". Alle drei Schriften sind der Freiheitsthematik verpflichtet, auch wenn dies in der zweiten Schrift nur *per negationem* erschließbar ist, und treten aus der engeren Theologie heraus, indem sie sozialpolitische Veränderungen propagieren. In der an den Adel des Reiches gerichteten Schrift mündet die Kritik an den Sonderrechten des geistlichen Standes in die Aufforderung an den weltlichen Stand zur handelnden Verantwortung für die Kirchenreform. Im Übrigen schloss Luther auch den jungen Kaiser ein, den er als „edles blut Carolus" apostrophierte. Dabei konnte der Appell an die „deutsche Nation" auch als Aufforderung zur

Bildung einer Nationalkirche verstanden werden. In seiner zweiten Schrift, die vor allem an die Gelehrten und Theologen gerichtet war, propagierte Luther eine völlige Neugestaltung der Sakramentenlehre. Die herkömmlichen sieben Sakramente reduzierte er auf zwei – Taufe und Abendmahl. In der dritten, populär gehaltenen, aber von den Zeitgenossen oft missverstandenen Schrift geht es Luther um die Auslegung der Doppelthese: „Eyn Christen mensch ist eyn freyer herr über alle ding und niemandt unterthan. Eyn Christen mensch ist eyn dienstpar knecht aller ding und yderman unterthan." Es ging ihm nicht um soziale und politische Freiheit, wie später die Bauern vermeinten, sondern um die innere Befreiung des Menschen davon, „sich selbst durch eigenes Tun erlösen zu müssen" [2.5.3.5: LEPPIN, 162].

Nach dem politisch begründeten Stillstand im römischen Prozess gegen Luther kam es nach der Kaiserwahl Karls V. zu dessen Wiederaufnahme; am 20. Juni 1520 erging die Bannandrohungsbulle mit 60tägiger Widerrufsfrist. Doch dachte Luther damals wie später in Worms an keinen Widerruf, im Dezember desselben Jahres setzte er den provokanten Akt, als er die Bulle, Bücher des Kanonischen Rechts und Schriften seiner Gegner im Beisein seiner Studenten vor dem Elstertor in Wittenberg verbrannte. Nun verfügte die römische Bulle „Decet Romanum Pontificem" vom 3. Januar 1521 die Exkommunikation Luthers. Kurfürst Friedrich der Weise, Luthers Landesfürst, konnte für den Reichstag in Worms das freie Geleit erlangen, um seinem Universitätsprofessor optimalen Schutz zu gewähren, denn das Schicksal von Jan Hus stand den Zeitgenossen noch vor Augen. Die Anreise Luthers nach Worms wurde ein Triumphzug mit großem Medienecho. Der päpstliche Nuntius Hieronymus Aleander fühlte sich bedroht. Im Zuge der Bannandrohung und der Problematik des Widerrufs bekam die Beschäftigung mit der „Causa Lutheri" allerdings eine kirchenrechtliche Stringenz, die nicht nur den Blick auf die Bedeutung der Theologie Luthers verstellen sollte, sondern auch eine weitere Disputation mit Luther auf dem Wormser Reichstag von 1521 ausschloss. Dieser erste Reichstag Karls V. wurde zeitweise von der Lutherfrage beherrscht, mit Luthers Positionen sollte nur in pauschaler Weise umgegangen werden – Widerruf ja oder nein. Am 17./18. April verweigerte der Reformator vor Kaiser und Reichsständen den Widerruf; Karl V. antwortete mit einer persönlichen Erklärung gegen Luther, in der er sich auf den Glauben seiner Vorfahren bezog und meinte: „Denn es ist sicher, daß ein einzelner Mönch irrt, wenn er gegen die Meinung der ganzen Christenheit steht, da sonst die Christenheit tausend Jahre oder mehr geirrt haben müßte" [zit. nach 2.8.1: LUTZ, Das Ringen um deutsche Einheit, 214]. Damit war aber noch nicht das letzte Wort gesprochen, denn der Kaiserhof ließ weitere Verhandlungen der Reichsstände mit Luther zu, um eine Lösung des Konflikts auf dem Wege eines kaiserlich-ständischen Schiedsgerichts, eines Generalkonzils oder einer Gelehrtenkommission im Sinne der Vorschläge des Erasmus zu erreichen. Doch führte die Initiative der Reichsstände zu keinem Ergebnis. So erließ Karl V. im Mai 1521 das Wormser Edikt – er machte also von der Möglichkeit eines kaiserlichen Edikts Gebrauch, wohl um sich vom Reichstag freizuspielen –, das über

Bann gegen Luther und die Folgen

Das Wormser Edikt

die persönliche Verhängung der Reichsacht über Luther hinausging und auch alle seine Anhänger und ihn begünstigenden Personen, die seine Schriften druckten und verkauften etc., einschloss. Was waren die Konsequenzen der Wormser Entscheidung Karls V. gegen Luther? Zunächst einmal, dass Kurfürst Friedrich von Sachsen Luther auf der Rückreise aus Worms „kidnappen" und auf die Wartburg bringen ließ, um ihn effektiv zu schützen. Die Durchsetzung des Wormser Edikts wurde für den Kaiser zum eigentlichen Problem, war er doch dabei auf die Obrigkeiten – Fürsten und Städte – im Reich angewiesen und konnte nicht sicher sein, dass die rigiden Bestimmungen des Edikts auch wirklich umgesetzt wurden. Als größtes Hindernis stellte sich die Absenz des Kaisers und dessen Konzentration auf den Hegemoniekampf mit dem französischen König dar; erst 1530 sollte er ins Reich zurückkehren, um in der Luthersache wieder aktiv zu werden. Diese instabilen politischen Verhältnisse ermöglichten dem Luthertum seine Entfaltung in den Territorien und Reichsstädten – diese Phase wurde später nicht selten als „Sturmjahre der Reformation" bezeichnet. Damit war eine Situation geschaffen, hinter die man Ende der 1520er Jahre kaum zurück konnte. Der politische Umgang mit dem Wormser Edikt seitens der Reichsstände schwankte zwischen strikter Durchführung und, mit Blick auf ein künftiges Konzil, einer willkommenen Projektionsmöglichkeit einer „milden" und persönlichen Umgangsweise der zum Luthertum tendierenden Reichsfürsten mit dem Edikt, wie 1526. Die Herzöge von Bayern waren die ersten weltlichen katholischen Fürsten, die in ihrem Territorium die lutherische Bewegung erfolgreich bekämpften und im Einklang mit geistlichen Fürsten wie Salzburg ein kirchliches Reformprogramm entwickelten. Eine dritte, humanistisch orientierte Gruppe wiederum hoffte auf die Erhaltung der kirchlichen Einheit unter den Vorzeichen einer Reformkirche.

Huldrych Zwingli Der wichtigste Reformator neben Martin Luther war Huldrych Zwingli in der Eidgenossenschaft. Er führte die Reformation in Zürich ein und hatte mit seiner Bewegung große Erfolge nicht nur in der Eidgenossenschaft, sondern darüber hinaus, denkt man an die oberdeutschen Reichsstädte. Doch starb er relativ früh (1531 – Heinrich Bullinger wird sein Werk fortsetzen –) in der Schlacht von Kappel im Kampf gegen die katholischen Urkantone, sodass Zeit und Raum seines reformatorischen Wirkens begrenzt blieben. Zwinglis theologischer und politischer Werdegang vollzog sich in der nördlichen Eidgenossenschaft. 1484 in Glarus geboren, studierte Zwingli in Wien, wo er den Titel eines Magisters erwarb, und in Basel, wo er sich allerdings nur kurze Zeit dem Studium der Theologie widmete. 1506 bis 1516 wirkte er in Glarus und bis 1518 in Einsiedeln als Pfarrer. Er war vor allem ein Mann des Selbststudiums. Durch Erasmus fand er einen neuen, befreienden Zugang zur Heiligen Schrift und zum Pazifismus. Diese Überzeugung wurde durch seine eigenen Erfahrungen als Feldprediger der Glarner Truppen und Teilnehmer am Pavierzug und an den Schlachten von Novara (1513) und Marignano (1515) gefestigt; hier wurde er buchstäblich zum Zeugen des Erasmus-Sprichworts „Dulce bellum inexpertis" („Süß erscheint der Krieg nur denen, die ihn nicht erfahren haben"). Zwingli blieb fortan ein Gegner des Solddienstes, wie ihn die Eidgenossen für den französischen König damals praktizierten; an dieser Linie sollte er auch später als Reformator Zürichs festhalten.

Von zentraler Bedeutung für sein weiteres Leben und Wirken wurde 1519 seine Berufung als Leutpriester (mit 35 Jahren) an das Großmünster in Zürich. Im Zuge dieser neuen Aufgabe, in deren Zentrum die Predigt stand, vollzog Zwingli den Weg zur reformatorischen Theologie, d.h. zum Schriftprinzip und zur fundamentalen Kritik an Papst und Kirche, vor allem an den verpflichtenden kirchlichen Vorschriften. Dies gilt u. a. für den Zölibat, das Fasten, das überladene tägliche Frömmigkeitsleben oder die Zehnleistungen. Anders als Luther, von dem er nicht nachhaltig beeinflusst wurde, vertrat er die „Freiheit des Christenmenschen" als Freiheit im Hinblick auf menschliche Gebote und Ordnungen. Dies hatte auch eine Trennung von Erasmus zur Folge, der an der Abschaffung der „Missbräuche" durch die kirchlichen Institutionen festhielt. Sein Weg vom erasmischen Christentum zur reformatorischen Theologie – wie vollzog er sich? Seit seiner Pesterkrankung im Jahr 1519 und dem Jahr 1522 vollzog sich Zwinglis Weg vom erasmischen Christentum zur reformatorischen Theologie: Seitdem handhabt er das Schriftprinzip in einer Weise, „daß er die Voraussetzungen des humanistischen Reformprogramms verwirft, welches unter Beibehaltung der traditionellen Autorität (Schrift, Dogma, Konzilien, Papstgewalt) eine Erneuerung der Kirche anstrebte. An deren Stelle setzt Zwingli die reformatorische Überzeugung von der Schrift als alleinige Grundlage für Lehre und Leben. Die Lehrautorität von Papst und Konzilien, welche über den rechten Bibelgebrauch wacht, anerkennt Zwingli seit 1522 nicht mehr. Jedermann steht die Schrift offen" [2.5.3.8: GÄBLER, 49]. In seinen Predigten rief Zwingli zur sittlichen und kirchlichen Besserung auf. Ursprünglich hatte er nur mit einer katholischen Opposition um Konrad Hofmann, dem Chorherrn des Großmünsters – sozusagen im eigenen Haus – zu tun. Wenig später zeichnete sich auch eine radikale innerprotestantische innerzürcherische Opposition ab, die zur Bewegung der Täufer bzw. zur Vorgeschichte der Täufer führte und mit dem Namen von Konrad Grebel verbunden ist. Er war ursprünglich ein Weggenosse Zwinglis, bis er dessen Forderungen als nicht weitgehend genug kritisierte und sich vor allem gegen die Entscheidungskompetenz des Rates wandte.

Am Beginn der öffentlichen Auseinandersetzung stand das demonstrative und provokante Wurstessen am Abend des ersten Fastensonntags (9. März 1522) im Haus des Buchdruckers Christoph Froschauer, an dem Zwingli allerdings nur passiv teilnahm, die Aufregung darüber aber zum Anlass nahm, über das kirchliche Fastengebot zu predigen und zu verlangen, dass jeder die „christliche Freiheit" haben sollte, über das Fasten selbst zu entscheiden. Im Zuge der Fastendiskussion griff auch der Zürcher Rat autoritär ein, er wollte bis zur allgemeinen Klärung Fastenübertretungen bestrafen und übernahm die Aufgabe zur Regelung und Entscheidung in kirchlichen Fragen. Deshalb schickte der Konstanzer Bischof auch einen Vertreter nach Zürich (1522). Doch erkannte der Zürcher Rat die Verantwortung für kirchliche Fragen und Zwingli als

Predigtamt am Zürcher Großmünster

Durchsetzung der Reformation

gleichberechtigten Verhandlungspartner an. Das war eine nicht zu überschätzende Entwicklung mit Folgewirkungen. Zwingli wuchs damals in die Rolle des tonangebenden Prädikanten Zürichs hinein. Der Zürcher Rat entschied in kirchlich-theologischen Fragen künftig eigenmächtig, wobei Zwingli die richtungsweisende Rolle zukam; das galt nicht nur für die Auseinandersetzung mit dem Bischof von Konstanz, sondern vor allem für die „reformatorische Wende" in Zürich nach zwei Disputationen, die der Rat 1523 durchführen ließ. Die eidgenössische Tagsatzung hatte sich im Dezember 1522 gegen die Neuerungen Zwinglis ausgesprochen. Nun wollte der Große Rat ein definitives Urteil in dieser Frage fällen und lud für 29. Januar 1523 zu einer Disputation, der etwa 600 Personen Folge leisteten. Der Bischof von Konstanz entsandte eine Abordnung unter der Leitung von Johannes Fabri. Dem Mangel an Disputationsthesen leistete Zwingli mit seiner Aufstellung der „67 Artikel" Abhilfe. Darin erteilt er dem kirchlichen Lehramt eine scharfe Absage. „Tatsächlich fasst Zwingli seine Verkündigung in den zwei bekannten Schlagworten ‚sola scriptura' (allein durch die Schrift) und ‚solus Christus' (Christus allein) apologetisch und polemisch zusammen. Der Alleingültigkeitsanspruch von Schrift und Christologie wird in Gegensatz zum kirchlichen Lehramt und zu den kirchlichen Gebräuchen gesetzt, wodurch er seine Schärfe erhält" [2.5.3.8: GÄBLER, 63]. Während Fabri die Entscheidung beim Konzil sieht, entgegnet Zwingli mit dem Urteilsvermögen der versammelten christlichen Gemeinde und sieht in den Ratsherren deren legitime Vertreter. Die Erste Disputation konnte keine Entscheidung zugunsten Zwinglis herbeiführen, erst die Zweite Zürcher Disputation vom 26. bis 28. Oktober 1523, an der etwa 900 Personen teilnahmen, brachte den Durchbruch für die Reformation: der Große Rat entschied sich für die Abschaffung des traditionellen Kirchenwesens, nur der Zeitpunkt der Auflösung stand noch zur Diskussion. Parallel zur kirchlichen Neugestaltung in Zürich in den Jahren 1524 bis 1526 bekam die Stadt auf der Tagsatzung den Widerstand der katholischen Eidgenossen zu spüren; Anlass dazu gaben u. a. die Hinrichtung des aus Zürich verbannten Bilderstürmers Klaus Hottinger in Luzern im März 1524 und der Sturm auf die Kartause Ittingen, der als Landfriedensbruch geahndet wurde und zu weiteren Todesurteilen in Baden führte.

<small>Ausstrahlung der Lehre Zwinglis</small> Zwingli errichtete, ganz im Gegensatz zu Luther, eine synodale Kirchenverfassung auf der Grundlage der städtischen Selbstverwaltung, die Vorbild für andere eidgenössische Städte wie Bern, Basel und Genf werden sollte; überdies ist auch eine Ausstrahlung auf süddeutsche Reichsstädte zu beobachten, u. a. auf Straßburg und Konstanz. Hier erfuhr das „obrigkeitliche Kirchenregiment in Form der Kirchen- oder Sittenzucht seine schärfste Ausprägung" [2.8.1: RABE, 239]. Die Befürchtungen auf habsburgischer Seite im Hinblick auf den Export (eid)genossenschaftlich-politischer Organisationsformen waren eingetreten. Doch hatte Zwinglis Einfluss im Reich seine Grenzen; das gilt für die politisch-soziale Bewegung der Ritterschaft und deren Aufstand unter Sickingen und Hutten (1522/23) ebenso wie für den Bauernkrieg, und letztlich scheiterte in den späten 1520er Jahren eine politische Koordination zwischen Zwinglianis-

mus und Luthertum, die Landgraf Philipp von Hessen 1529 in Marburg an der Lahn versuchte, an theologischen Fragen.

Der Reformation hatte vor allem ein wichtiger weltlicher Reichsstand Einhalt gebieten können, nämlich Bayern; das war jedoch eher die Ausnahme. Auf altgläubiger Seite kam es erst 1524 in Regensburg zu politischen Bemühungen, um die Reformation aufzuhalten. Hier fand mit Unterstützung des päpstlichen Legaten Campeggio erstmals eine Gruppe süddeutscher Fürsten und Bischöfe (u. a. Ferdinand I., der damals nicht nur die österreichischen Herrschaftsgebiete innehatte, sondern auch Karl V. im Reich vertrat, die Herzöge von Bayern und der Erzbischof von Salzburg) zu einem Abwehrbund gegen die reformatorische Bewegung zusammen. Prohibitivmaßnahmen sollten Hand in Hand mit innerkatholischer Reform gehen. Die Regensburger Verabredung konnte freilich die langanhaltende Schwäche der altkirchlichen Positionen nicht überwinden, im Gegenteil, die strukturellen Missstände in der alten Pastoralorganisation und das Ausbleiben überzeugender Reformimpulse angesichts der Haltung der Bischöfe und der Kurie blieben typisch. Dazu kam die defensive Schwäche der publizistischen und theologischen Verteidiger des alten Systems, die auf keine Reform der Papstkirche verweisen konnten. Die Forderung nach einem allgemeinen Konzil war in Deutschland weit verbreitet. Als die Reichsstände schließlich für den Herbst 1524 eine Art von Nationalkonzil planten – immer noch in der Vorstellung, eine Spaltung in „Religionsparteien" hintanhalten zu können –, kam aus Spanien ein Veto des Kaisers. Er konnte wohl das Nationalkonzil verbieten, aber die voranschreitenden Basisprozesse, die zur weitgehenden Auflösung bzw. Umformung des alten Kirchensystems führten, keineswegs aufhalten.

Erste katholische Reformbemühungen

2.2 Der Beginn des Kampfes um die europäische Hegemonie

In der „weltgeschichtlichen Situation" von 1519, als nach dem Tod Kaiser Maximilians I. die Kaiserwahl anstand, gab es zwei Kandidaten: Karl, Herzog von Burgund, König von Kastilien und Aragón und Erbe der österreichischen Länder, und Franz I., König von Frankreich, Sieger von Marignano (1515). Die Frage, die sich angesichts der beiden Bewerber stellte, wer die europäische Suprematie, die *monarchia universalis*, das *dominium mundi*, gewinnen würde, ging über alle früheren und späteren Wahl- und Sukzessionskämpfe weit hinaus, zumal beide Seiten die Idee einer Universalmonarchie bzw. eines Hegemonialsystems verfolgten und propagierten, dass die politische Vorherrschaft eines einzigen Herrschers sowohl den Frieden innerhalb der Christenheit zu sichern vermöge als auch zur Mobilisierung von Abwehrkräften gegen die osmanische Bedrohung imstande sei. Es gelang der habsburgischen Propaganda, Karl als einen „deutschen" Fürsten zu präsentieren, der als König der spanischen Reiche gegen das reichsfeindliche Frankreich und den Papst auftreten würde. In der Tat erblickten die Kurfürsten in Karl einen potenziellen „Mehrer des Reiches" und ein vermögendes Reichsoberhaupt. Allerdings versuchten sie von Anfang an, die Macht

Ausgangssituation

des künftigen Reichsoberhauptes vertraglich zu beschränken. Deshalb ließen sie Karls Wahlwerber eine Wahlkapitulation unterzeichnen, um die Eigenständigkeit des Reiches gegen eine monarchische Umbildung abzusichern, so forderten sie u. a. die Einrichtung eines Reichsregiments, die Einbeziehung der Kurfürsten in die Bündnispolitik und die Besetzung der Reichsämter mit „gepornen Teutschen". Unabhängig von der Frage, ob Karl V. diese Zusagen künftig einhalten würde bzw. diese einklagbar waren – was wohl nicht der Fall war –, musste die starke Stellung der Reichsstände der Konzeption der *monarchia universalis* ebenso widersprechen wie die Rolle des Königreichs Frankreich und seiner Könige – Franz I. als der 1519 Unterlegene verstand es von Anfang an, eine antihabsburgische Politik mit Hilfe von Verbündeten in ganz Europa und darüber hinaus (osmanischer Sultan) zu organisieren.

Beginn des militärischen Konflikts

Schon während des Wormser Reichstages begann der militärische Konflikt Karls V. mit dem französischen König Franz I., der in den nächsten Jahren in drei Regionen ausgetragen werden sollte: im niederländisch-französischen Grenzgebiet, in Navarra und in Mailand. Eröffnet wurde der Krieg durch Frankreichs Parteigänger an der mittleren Maas bei Sedan und Mézières und der oberen Schelde bei Tournai. In Italien waren die Fronten durch das Bündnis zwischen Karl V. und Papst Leo X. abgesteckt: Es diente dem Ziel, die französischen Truppen aus dem Herzogtum Mailand zu vertreiben und Parma und Piacenza für den Kirchenstaat zu erwerben. Die englische Vermittlungspolitik Kardinal Wolseys in Calais im Sommer 1521 scheiterte, weil sich weder die kaiserliche Delegation unter der Leitung Gattinaras noch die französische unter Kanzler Duprat seinen Vorschlägen unterwarf; stattdessen gab man sich gegenseitig die Schuld am Krieg, um England für die eigene Seite zu gewinnen. Der Krieg begann 1522/23 für den Kaiser erfolgreich, so konnte in Italien Mailand zurückerobert werden, England trat auf die habsburgische Seite, und es ergab sich sogar eine Chance, das Königtum Frankreich von innen heraus zu sprengen, weil Herzog Charles de Bourbon zur Rebellion bereit war, als König Franz I. Güter seiner verstorbenen Gattin Susanne aus dem Haus Beaujeu einzog. Doch scheiterte der umsichtig geplante Aufstandsversuch und zwang Bourbon zur Flucht. 1524 marschierte er an der Spitze eines kaiserlichen Heeres von Italien aus in Südfrankreich ein, doch vor Marseille endete die Invasion ergebnislos. Frankreich hatte den Vorteil der inneren Linie nützen können.

Kaiserlicher Sieg bei Pavia 1525

Noch einmal wendete sich das Blatt zugunsten des Kaisers, als am 24. Februar 1525, an dessen Geburtstag, in der Schlacht von Pavia Franz I. mit seinem Ritterheer durch deutsche und spanische Fußknechte besiegt und gefangen genommen wurde. Ließ sich der militärische Erfolg politisch umsetzen? Die Voraussetzungen schienen zunächst günstig zu sein, doch verschlechterten sie sich sukzessive. Dies zeigte sich schon in der Tatsache, dass der französische König nach Spanien, in die Nähe des kaiserlichen Hofes, gebracht wurde. Am Kaiserhof wurden politische Überlegungen anhand einer umfangreichen „Consulta" Gattinaras angestellt. Wie immer waren dessen Erörterungen weitgespannt und scharf in der Argumentation. Dabei erscheint besonders beachtenswert, dass sich der Großkanzler grundsätzlich dafür aussprach, den französischen König bis zur Erfüllung der kaiserlichen Forderungen gefangen zu halten, und zwar in Neapel oder im Kastell von Mailand. In den Verhandlungen solle sich der Kaiser großmütig zeigen, auch nicht nachtragend sein, doch unbedingt auf dem burgundischen Erbe gemäß den Verträgen von Arras (1435), Conflans (1465) und Péronne (1468) beharren. Diese Conditio sine qua non, die Karl V. sich rasch zu Eigen machte, sollte sich für die Zukunft als kontraproduktiv erweisen. Der französische König konnte darauf nur zum Schein eingehen. Im Frieden von Madrid am 14. Januar 1526 verpflichtete sich Franz I. zur Restitution des Herzogtums Burgund und zum Verzicht auf Mailand, Genua, Neapel und die Lehenshoheit über Artois und Flandern. Eleonore, die Schwester des Kaisers, sollte mit Franz I. verheiratet werden. Der französische König stellte seine beiden Söhne als Geiseln. Als Einziger sah Gattinara die Undurchführbarkeit des Friedens voraus: Franz I. erklärte sogleich nach seiner Rückkehr nach Frankreich, der Vertrag sei ihm aufgezwungen worden, er denke nicht an die Rückgabe von Burgund. Die von ihm initiierte und gegen den Kaiser gerichtete Liga von Cognac mit Clemens VII., Mailand, Venedig und Florenz kam schon am 22. Mai 1526 zustande. Der habsburgisch-französische Antagonismus drohte nicht nur zu einem Dauerkonflikt zu werden, sondern auch immer weitere Kreise zu ziehen, auch jenseits der christlichen Staaten. So suchte der französische König eine Kooperation mit dem Sultan und Johann Szapolyai, dem Gegner Ferdinands I. in Ungarn (als sogenannter Gegenkönig). Dafür bestanden gute Chancen, als das Osmanenreich unter Sultan Suleyman II., „dem Prächtigen", im Mittelmeer und in Südosteuropa sein Herrschaftsgebiet erweitern konnte, denkt man an den Fall Belgrads (1521), an die Eroberung von Rhodos, die Niederlage Ludwigs II. von Ungarn bei Mohács (1526) und die Belagerung Wiens durch die Osmanen (1529).

Die militärischen Entscheidungen zwischen Kaiser Karl V. und dem König von Frankreich fielen jedoch in Italien. Hier kam die französisch-italienische Koalition über militärische Anfangserfolge nicht hinaus, die kaiserliche Armee erhielt keinen Sold und zog plündernd in Mittelitalien umher, bevor sie sich 1527 unter der Führung des Herzogs von Bourbon auf Rom zubewegte. Der Papst unterschätzte die Gefahr für die Ewige Stadt. Am Morgen des 6. Mai durchbrachen deutsche Landsknechte und spanische Truppen den Befestigungsgürtel der Leostadt. Dabei fiel der Herzog von Bourbon; Benvenuto Cellini, der als Künstler damals in päpstlichen Diensten stand, behauptete später, am Tod des Kommandanten beteiligt gewesen zu sein. Der Papst floh in die Engelsburg. Zum zweiten Mal seit 1525 hatte die kaiserliche Armee einen „prominenten Gefangenen" in ihrer Hand. Die Plünderung der Stadt hatte verheerende Folgen, bis zu 30 000 Menschen dürften umgekommen sein. Neben der Bartholomäusnacht (1572) war der *Sacco di Roma* das größte Massaker Europas im 16. Jahrhundert. Der Papst schätzte die Summe der während der etwa eine Woche andauernden Plünderungen erbeuteten Schätze auf 10 Millionen Dukaten. Gewöhnlich bringt man mit dem *Sacco di Roma* das Ende des von der Renaissance geprägten Lebens in Rom in Verbindung. Die meisten Zeitgenossen werteten dieses Ereignis als

Sacco di Roma 1527

gerechte Strafe Gottes an Papst und Kurie als den Hauptverantwortlichen für die Versäumnisse einer Kirchenreform.

Wie nach der Schlacht von Pavia zog Karl V. auch nach dem *Sacco di Roma* keine radikalen Konsequenzen, sondern ging auf vielfach bedingte Kompromisse ein, die vom Schutz der Institution des Papsttums und der Wiederherstellung der 1527 gestürzten Herrschaft der Medici in Florenz geprägt waren. Doch brachten sie zunächst weder Konzil und Kirchenreform in Gang noch den europäischen Frieden, denn der Krieg in Italien ging weiter, wobei die antihabsburgische Koalition so lange Erfolge verzeichnen konnte, bis Genua mit seiner Flotte unter Andrea Doria, nach gröberen Unstimmigkeiten mit dem französischen König 1527/28, auf die kaiserlichen Seite überging. Gattinara dürfte in persönlichen Geheimverhandlungen diese Umorientierung herbeigeführt haben. Andrea Doria beendete die Blockade Neapels und sicherte fortan die kaiserliche Seeherrschaft im westlichen Mittelmeer und damit den Getreidehandel zwischen Süditalien, Sizilien und der Iberischen Halbinsel. Auch als Kreditgeber standen die Bankhäuser Genuas für den Kaiser wieder bereit. Am Ende der militärischen Auseinandersetzungen konnte Karl V. im Sommer 1529 sowohl mit dem französischen König als auch mit dem Papst Verträge abschließen, die ihm endlich seinen Italienzug ermöglichten, um sich zum Kaiser krönen zu lassen: Der Friede von Cambrai (3. August 1529) bestätigte den von Madrid, unter Verzicht auf einige Artikel, nicht aber im Hinblick auf den grundsätzlichen Rechtsanspruch Karls V. auf die Restitution Burgunds. Die französische Seite erkannte die Souveränität Karls über Flandern und das Artois an und verzichtete auf ihre Ansprüche im Hinblick auf Mailand, Genua und Neapel, somit auf ihre seit Jahrzehnten betriebene Italienpolitik. Für die Freigabe seiner in Geiselhaft befindlichen Söhne sollte Franz I. ein Lösegeld von zwei Millionen Soleils zahlen. Die Heirat von Karls Schwester Eleonore mit Franz I. war als Bekräftigung des Friedensvertrages gedacht, eine Zusage, die sich als vorteilhaft erweisen sollte, zumal der Kaiser in Zukunft in seiner Schwester eine Vertrauensperson am französischen Hof hatte, die in entscheidenden Momenten einen gewissen Einblick in die Pläne des Königs vermittelte. Nun schien der Weg für eine Kooperation der beiden mächtigsten Fürsten der Christenheit in den vordringlichsten europäischen Fragen – dem Krieg gegen das Osmanische Reich, der Auseinandersetzung mit der Reformation und der Kirchenreform – unter der Ägide der habsburgischen Politik frei.

Der Friede von Barcelona am 29. Juni 1529 mit Clemens VII. sicherte dem Papst Ravenna, Cervia, Modena, Reggio und Rubiera zu; Karls Investitur mit Neapel und das Verleihungsrecht kirchlicher Benefizien wurden erneuert. Der Kaiser und sein in den Frieden einbezogener Bruder Ferdinand versicherten, gegen die Häretiker vorzugehen. Ein weiteres Entgegenkommen des Papstes lag darin, die englische Ehescheidungsangelegenheit bzw. die von Heinrich VIII. verfolgte Trennung von seiner ersten Gattin Katharina an sich zu ziehen. Dem Kaiser brachte die Anerkennung der habsburgischen Hegemonie durch das Papsttum vor allem die Aussicht auf die Kaiserkrönung und eine Defensivallianz. Anlässlich der Krönung in Bologna am 24. Februar 1530 versuchte Karl V. vom Papst Zusagen hinsichtlich einer baldigen Konzilsberufung zu erhalten; das war für den Kaiser eine wesentliche Voraussetzung zur Lösung der „Lutherfrage". Diese Erwartungen sollten sich schon deshalb nicht erfüllen, weil Papst Clemens VII. vor allem wegen seiner unehelichen Geburt seine Absetzung durch ein künftiges Konzil befürchtete.

2.3 Vom Bauernkrieg zur landeskirchlichen und politischen Konsolidierung des Luthertums im Heiligen Römischen Reich

Das Heilige Römische Reich geriet in den Jahren 1524 bis 1526 in eine politischsoziale Krise, die eine große Gefahr für die bestehende Ordnung darstellte. Diese Vorgänge des Bauernkrieges umfassten den größten Teil von Südwestdeutschland, Salzburg, Tirol, Franken, Sachsen und Thüringen und endeten mit der grausamen Niederwerfung der bäuerlichen Bewegung. Diese sozialen Unruhen unterschieden sich schon dadurch von den spätmittelalterlichen Bauernrevolten in der Tradition des „Bundschuhs" und des „armen Konrads" in Württemberg von 1514, dass zur Begründung der bäuerlichen Beschwerden nicht nur das „alte Recht" herangezogen wurde, sondern auch die auf Martin Luther zurückgehende Argumentation des „göttlichen Rechts", gegründet auf das Evangelium und die „Freiheit eines Christenmenschen". Dies war neu.

Die Ursachen des Bauernkrieges bestehen aus einem „Syndrom konfliktträchtiger Spannungen" als Folge der „sich intensivierenden Territorialherrschaft", besonders dort, wo deren Herren „gerade jetzt die Erweiterung ihrer grund- und leibherrlichen Rechte gegenüber den Bauern zum Fundament einer allererst zu etablierenden, möglichst geschlossenen Territorialherrschaft zu machen suchten". Unbestritten ist der ursächliche Zusammenhang zwischen Bauernkrieg und Reformation; dies gilt vor allem für die entstandene Unsicherheit vieler traditioneller Ordnungen und die Ablehnung herkömmlicher materieller und geistlicher Ansprüche – etwa die „Bestreitung der Existenzberechtigung der Klöster, mit deren grundherrlichen Ansprüchen ja so viele Bauern konfrontiert waren." Gegen Klöster richtete sich dann auch die Gewalt der Bauern – das Kloster Weingarten ist ein instruktives Beispiel dafür [2.8.1: Rabe, 192f.]. Zweifellos gab es jedoch tiefgreifende regionale Unterschiede, wenn man bedenkt, dass zahlreiche Landschaften vom Bauernkrieg unberührt blieben, etwa im Nordwesten des Reiches. Andererseits gelang es der Obrigkeit, wie in Bayern, es erst gar nicht zur Erhebung kommen zu lassen.

Ursachen und regionale Ausprägung des Bauernkrieges

Der Bauernkrieg begann im Juni 1524 in der Herrschaft Stühlingen im südlichen Schwarzwald. Es ging um Streitigkeiten der Stühlinger Bauern mit der Grundherrschaft, wobei die Bauern durch die Bürger von Waldshut Unterstützung erhielten, die ihrerseits wegen der reformatorischen Predigt ihres Pfarrers Balthasar Hubmaier, eines Schülers von Huldrych Zwingli, einen Konflikt mit ihrem habsburgischen Stadtherrn austrugen. Darin ist auch einer der Gründe zu sehen, warum Ferdinand I. vom Bauernkrieg von Anfang an betroffen war und so heftig reagierte. Zum offenen Konflikt kam es auch in der Fürstabtei Kempten, wo der Fürstabt die Rechte seiner bäuerlichen Untertanen beschnitt (Leibeigenschaft) und deswegen von bäuerlicher Seite die folgenreiche Forderung nach Wiederherstellung und Wahrung ihres alten Rechts erhoben und zunächst der Rechtsweg beschritten wurde; schon kurz danach kam es in Kempten zum Aufstand, der sich zu einer allgemeinen Erhebung der Bauernschaft im Allgäu ausweitete. Im Umkreis der Memminger Bauernschaft entstand Ende Februar 1525 die wichtigste Programmschrift des Bauernkrieges, die „Zwölf Artikel der Bauernschaft in Schwaben". Sie stammt von dem Memminger Kürschnergesellen und Feldschreiber des Baltringer Haufens Sebastian Lotzer und von Christoph Schappeler. „Die Zwölf Artikel forderten den ersatzlosen Wegfall der Leibeigenschaft; die Grundherrschaft dagegen sollte nur gemildert, nicht aufgehoben werden. Wahl und Entsetzung des Pfarrers sollten der Gemeinde zustehen, ebenso die Verwaltung des großen oder Kornzehnten, der – erst seit kurzem üblich gewordene – kleine oder Viehzehnt sollte als unbiblisch abgeschafft werden. Von der Herrschaft eingezogene Äcker und Wiesen sollten restituiert, auch die freie Nutzung von Wald und Gewässern sollte wieder hergestellt werden. Ein eigener Artikel wandte sich überdies gegen Unregelmäßigkeiten in der Gerichtsbarkeit und besonders gegen die Festsetzung neuer Strafbestände – gemeint waren wohl vor allem die zunehmend unter Strafe gestellten Fischerei-, Jagd- und Holzfrevel –; doch wurde anderseits die Bereitschaft zum Gehorsam gegenüber der Obrigkeit ‚in allen gebührenden und christlichen Sachen' ausdrücklich hervorgehoben" [2.8.1: RABE, 195].

Im März 1525 folgte die Ausweitung des Konflikts in Süddeutschland, wo sich Baltringer, Allgäuer und der Seehaufen zur Christlichen Vereinigung mit einer gemeinsamen Bundesordnung zusammenschlossen, die sich auf Franken, Württemberg, die Pfalz, das Elsass, Tirol, die Steiermark, Salzburg und Thüringen in Mitteldeutschland ausbreitete. Nach zeitgenössischen Schätzungen befanden sich im April 1525 etwa 300 000 Bauern im Aufstand, eine Zahl, die dadurch relativiert wird, dass keine überregionalen militärischen Aktivitäten entstanden. Unter diesen Voraussetzungen wäre der Bauernkrieg mit weitreichenden soziopolitischen Folgen verbunden gewesen. Doch die regional operierenden Bauernhaufen, die keine gemeinsame Strategie entwickelten, hatten gegen die von den Fürsten engagierten Söldnerheere keine Chance. In sozialer, politischer wie ideologischer Hinsicht war es von großem Nachteil für die bäuerliche Bewegung, dass es nur selten gelang, Adel und Städte für ihre Ziele zu gewinnen. Florian Geyer und Götz von Berlichingen aus der Ritterschaft waren ebenso Ausnahmen wie die Reichsstädte Rothenburg und Heilbronn oder kleine Landstädte in den Aufstandsgebieten wegen ihres hohen Anteils an Ackerbürgern. Nur die Mehrheit der Bergknappen in Tirol, in der Steiermark und in Thüringen stieß zu den Bauern, weil sie mit den rechtlichen und sozialen Bedingungen des Berg- und Hüttenwesens unzufrieden war. Zur Neugestaltung der sozialen Verhältnisse schufen einige Führer des Bauernkriegs Utopien eines christlichen

Die „Zwölf Artikel"

Staates, insbesondere der Tiroler Michael Gaismair hat in der sogenannten Zweiten Tiroler Landesordnung von 1526 ein Modell entwickelt, das weder Stände, Landesfürst oder vorrangige Berufsstände kannte, sondern ein Regiment, dessen Mitglieder aus den einzelnen Landesteilen und von den Bergknappen gewählt werden und das Bergbau und Gewerbe kontrollieren sollte, im Gegensatz zur Praxis des Frühkapitalismus. Wäre diese Ordnung realisiert worden, so hätte sie Tirol wirtschaftspolitisch völlig isoliert.

Für Luther war der Weg der Gewalt völlig unannehmbar, das galt für die Bauern wie die Fürsten. Anfangs versuchte er beide vom Weg der Gewalt abzuhalten, später bezog er mit seiner Schrift „Wider die räuberischen und mörderischen Rotten der Bauern" eindeutig Stellung gegen die Aufständischen, indem er die Obrigkeiten zum politisch-militärischen Eingreifen ermunterte. Luthers Polemik richtete sich auch gegen Thomas Müntzer, der an der Spitze des Thüringer Aufstands stand und eine radikale politisch-eschatologische Konzeption vertrat. So glaubte er im Aufstand der Bauern ein göttliches Strafgericht über die Gottlosen zu erkennen und „drängte seine Anhänger zum Dreinschlagen": „Fangt an und streitet den Streit des Herrn! Es ist hohe Zeit. [...] Die Bösewichter sind frei verzagt wie die Hunde. [...] Sehet nicht an den Jammer der Gottlosen! Sie werden Euch so freundlich bitten, greinen, flehen wie die Kinder. Lasset Euch nicht erbarmen! [...] Dran, dran, dieweil das Feuer heiß ist! Lasset Euer Schwert nicht kalt werden!" [zit. nach 2.8.1: Rabe, 198]. Später kritisierte er das harte Strafgericht der Fürsten im Gefolge der Niederschlagung des Bauernaufstandes, der sich in wenigen Wochen im Mai und Juni 1525 vollzogen hatte, zuerst durch Georg Truchseß von Waldburg, den Befehlshaber des Schwäbischen Bundes, bei Böblingen in Württemberg (12. Mai), gefolgt von der Niederlage der Bauern bei Zabern im Elsass und des Taubertaler und Odenwälder Haufens. Die Entscheidung in Thüringen war gefallen, als ein gemeinsames Heer Philipps von Hessen und Georgs von Sachsen am 15. Mai 1525 die Bauern bei Frankenhausen vernichtend schlug, Müntzer gefangen nahm und hinrichten ließ. In Salzburg begannen die Unruhen unter den Bergknappen erst im Mai 1525, noch am 3. Juli errangen die Salzburger Bauern einen wichtigen militärischen Sieg bei Schladming. In Tirol aber gelang es Ferdinand I. auf dem Landtag in Innsbruck, im Sommer 1525, die Forderungen der Bauern zurückzudrängen und Gaismair zur Rückkehr nach Brixen zu bewegen. Damit verlor die radikale Gruppe an Einfluss. Ende August wurde auch in Südtirol der Aufstand niedergeschlagen, Gaismair flüchtete nach Graubünden und bereitete von dort aus in Salzburg eine neue Erhebung vor, die allerdings erfolglos blieb. Luthers Stellungnahme gegen die Bauern konnte jedoch nicht verhindern, dass seine Gegner den Konnex „Reformation – Bauernkrieg – Sturz der Obrigkeit – Chaos" propagandistisch aufbereiteten und verwendeten. Einerseits folgten den militärischen Siegen der Fürsten überall harte Strafgerichte mit Todesurteilen und vielen Geldstrafen, andererseits brachten die Regelungen auf dem Speyrer Reichstag 1526 die grundsätzliche Bereitschaft der Reichsstände zur Verbesserung der bäuerlichen Situation zum Ausdruck.

Martin Luther und der Bauernkrieg

Landeskirchliche Konsolidierung des Luthertums

Seit 1525 war Luthers Reformation stärker auf die weltliche Obrigkeit angewiesen. Seine ursprüngliche Absicht, die Kirche aus den Gemeinden heraus zu erneuern, hatte der Reformator sukzessive aufgegeben und sich seit dem gescheiterten Bauernkrieg immer mehr auf die landesfürstliche Autorität verlassen, einschließlich der Funktion des Fürsten als „Notbischof". Das war die theoretische Legitimation für eine die einzelnen Gemeinden übergreifende Ordnung des reformatorischen Kirchenwesens. Noch 1523 hatte Luther gemeint: „Die weltliche Obrigkeit sollte für äußeren Frieden und Recht sorgen [...]; die geistliche Obrigkeit dagegen, die Amtsträger der Kirche, sollte das Wort Gottes verkündigen und die Sakramente verwalten, und ihre Autorität sollte allein auf das Wort gründen" [2.8.1: RABE, 238]. Doch die weltlichen Obrigkeiten, ob in Kursachsen oder anderswo, griffen in die Organisation des neuen Kirchenwesens ein und nahmen es als ihr Recht wahr, versprach doch der Zuwachs an geistlicher Jurisdiktion und kirchlichen Gütern (Klosteraufhebungen) politischen und wirtschaftlichen Gewinn, der allerdings zum Teil für die kirchliche Organisation (Besoldung der Pfarrer) und schulische Zwecke verwendet werden musste, zumal das Bildungswesen seit der Reformation und dem Zusammenbruch der Klöster stark gelitten hatte. Die Gründung der Universität Marburg an der Lahn durch Landgraf Philipp von Hessen im Jahr 1527 wäre ohne Rückgriff auf säkularisiertes Kirchengut wohl nicht so rasch zustande gekommen.

Mit der Konsolidierung des lutherischen Kirchenwesens in den Fürstentümern und Reichsstädten ging eine scharfe Abgrenzung gegen die Täuferbewegung ebenso einher wie in der zwinglischen Eidgenossenschaft und bei katholischen Obrigkeiten, insbesondere Ferdinands I. in seinen österreichischen Erbländern. Täufergemeinden hatten sich seit 1524/25 in vielen Orten Süddeutschlands, der Eidgenossenschaft, Österreichs, Nordwestdeutschlands und der Niederlande gebildet; sie lehnten sowohl die weltliche Obrigkeit als auch die reformatorischen Kirchen ab, gerade diese Umstände forderten die hergebrachten Obrigkeiten zur Verfolgung der Täufer heraus, obwohl diese sich mehrheitlich dem Pazifismus verpflichtet fühlten. Das rigide, von der Endzeiterwartung geprägte kurze Täuferreich zu Münster von 1534/35, das von katholischen und evangelischen Fürsten gemeinsam niedergeworfen wurde, bildete eine Ausnahme zu den tief religiösen und irenischen Zügen der Täuferbewegung.

Luther und Zwingli

Auf der Ebene des Reiches gelang es dem Luthertum nicht, einen politischen Zusammenschluss mit Huldrych Zwinglis „Schweizerischer Reformation" herzustellen. Zu groß waren die theologischen Differenzen. Das Marburger Gespräch zwischen Luther und Zwingli, das der früh für die Reformation gewonnene Landgraf Philipp von Hessen 1529 vermittelte, scheiterte. Trotzdem hatte sich das Luthertum seit dem Speyrer Reichstagsabschied von 1526 ständig ausgebreitet. In Speyer hatte man sich auf eine milde Formel in Sachen der Glaubensfrage geeinigt: Bis zu einem Konzil sollten sich die Stände in der Frage des Wormser Edikts so verhalten, „wie ein jeder solches gegen Gott und kaiserliche Majestät hofft und vertraut zu erhalten" [zit. nach 2.3: LUTZ, 37]. Diese Verwässerung des

Edikts ermöglichte der evangelischen Bewegung die weitere Ausdehnung, doch war sie damals auch noch umkehrbar im Sinne einer strikten Anwendung, wie sich 1529 zeigen sollte.

Das Auftreten Karls in Italien als Friedensfürst sowie dessen Kaiserkrönung im Jahr 1530 waren ein wesentlicher Vorgang kaiserlicher Reputation und eine Verbesserung seiner Position gegenüber den Reichsfürsten. Jedoch musste ihn sein Bruder Ferdinand noch im Januar 1530 dazu überreden, rasch ins Reich zu kommen. Das war umso wichtiger, als Ferdinand I. auf dem Speyrer Reichstag 1529 durch einen Beschluss der katholischen Mehrheit auf die Linie des Wormser Edikts zurückgegangen war und damit den für die Reformation günstigen Reichsabschied von 1526 unterlaufen hatte. Dagegen hatte eine Gruppe evangelischer Stände – der Kurfürst von Sachsen, Landgraf Philipp von Hessen, Markgraf Georg von Brandenburg-Ansbach, Ernst von Lüneburg und Wolfgang von Anhalt sowie 14 Reichsstädte – offiziell protestiert; seitdem nannte man sie seitens ihrer Gegner „Protestanten". Sie verwahrten sich dagegen, in Gewissensfragen Mehrheitsbeschlüsse akzeptieren zu müssen, da „in Sachen Gottes Ehre und der Seelen Seligkeit belangend ein jeglicher Stand für sich selbst vor Gott stehen und Recht geben muß" [zit. nach 2.3: Lutz, 37]. *Die Rückkehr Karls V. ins Reich*

Karl V. setzte auf religiösen Ausgleich, zumal er im Vorfeld des Augsburger Reichstages von 1530 zusagte, „die Zwietrachten hinzulegen [...], vergangene Irrsal unserem Seligmacher [Christus] zu ergeben [...], eines jeglichen Gutbedünken, Opinion und Meinung [...] in Liebe und Gütigkeit zu hören, zu verstehen und zu erwägen, diese zu einer einigen christlichen Wahrheit zu bringen und zu vergleichen" [zit. nach 2.8.9: Kohler, Karl V., 208]. Das war in Kürze das Programm einer kirchlichen Concordia, in dem sich der Kaiser als Schiedsrichter sah, ohne die Verurteilung Luthers zu erwähnen oder sich auf die päpstliche Autorität zu beziehen. Karl V. erhoffte auf der Basis einer theologischen Concordia seine Position im Reich sowie seine Macht gegenüber Frankreich zu sichern. Die evangelischen Stände nützten diese Chance und legten ihre später „Confessio Augustana" genannte Schrift vor, die Philipp Melanchthon in versöhnlichem, ausgleichsbereitem Geist formuliert hatte; nach dem Augsburger Reichstag trug sie entscheidend zur Bekenntnisbildung bei. Die heterogene altgläubige Mehrheit der Reichsstände bereitete sich nicht, wie die evangelische Seite, mit einer Schrift über ihre Glaubenslehre auf den Reichstag vor. Sie verstand die Ankündigung des Kaisers nicht als Aufforderung zur Erläuterung der eigenen Position, sondern zur Widerlegung der aus ihrer Sicht häretischen Sätze (daher die spätere Verwendung des Begriffs der „Confutatio") der lutherischen Lehre mit „Beweisketten" aus Schrift und Tradition. Johann Ecks „404 Artikel", bestehend aus 380 „häretischen Sätzen" der gegnerischen Partei und 24 eigenen Thesen, war die bekannteste Schrift dieser Art am Vorabend des Augsburger Reichstages. *Augsburger Reichstag 1530*

Die katholische Antwort („Confutatio") verließ den Weg des Ausgleichs. Nach ausgiebigen theologischen Verhandlungen, die zu keiner Einigung führten, sah sich der Kaiser von der Rolle des Vermittlers auf die katholische Mehrheitspartei zurückgeworfen. Die Alternative Konzil oder Ketzerkrieg war schon vor dem Reichstag erörtert worden. Zum Ketzerkrieg waren die katholischen Stände nicht bereit; das Konzil, das Karl V. von Clemens VII. jetzt wiederum forderte, wurde von Rom nicht ernstlich in Aussicht genommen. Der erste Augsburger Reichstagsabschied vom 23. September markiert wohl das Ende der kaiserlichen Friedens- und Versöhnungspolitik: Die „Confessio Augustana" galt als widerlegt; bis zum Konzil hatten die Protestanten zum alten kirchlichen Zustand zurückzukehren. Nur die Einräumung einer Bedenkzeit – bis zum 15. April 1531 –, um den Protestanten die Möglichkeit zu geben, sich den reichsgesetzlichen Bestimmungen und dem Konzil zu unterwerfen, bewahrte noch einen knappen Verhandlungsspielraum, der eine Wiederaufnahme von Gesprächen ermöglichte. Insofern ergibt sich der Eindruck einer gewissen Elastizität und Offenheit der kaiserlichen Politik bis zum zweiten Reichstagsabschied vom 19. November. Dieser definierte „überhaupt jedweden Akt reformatorischer Veränderung, auch wenn er ohne jede Gewaltanwendung geschehen würde, als Landfriedensbruch und unterstellte ihn damit den scharfen Sanktionen des Landfriedensrechts" [2.8.1: RABE, 216]. Diese seit dem Beginn des Augsburger Reichstages grundsätzlich veränderte Lage musste die Gefahr der Bedrohung durch Kaiser und Katholiken erhöhen und die Diskussion über das Widerstandsrecht am sächsischen Hof gegen eine das Luthertum bedrohende Politik des Kaisers und der katholischen Reichsstände provozieren. Dies war umso wichtiger, als der Abendmahlstreit zwischen Luther und Zwingli (1529) eine politische Zusammenfassung der reformatorischen Kräfte um Luther und Zwingli illusorisch erscheinen ließ und die evangelischen Reichsstände das Recht in Anspruch nahmen, sich gegenüber dem von ihnen gewählten Kaiser in Sachen der Religion ihrer Untertanen zu behaupten.

Konfessionalisierung der Reichspolitik

Die Folge dieser für die Protestanten bedrohlichen Entwicklung im Reich nach dem Augsburger Reichstag von 1530 war eine zunehmende Konfessionalisierung der Reichspolitik und die bündnispolitische Formierung protestantischer Reichsstände. Nach der gescheiterten Friedenspolitik Karls V. auf dem Augsburger Reichstag schienen auf die evangelischen Fürsten und Stände jahrelange Prozesse des Reichskammergerichts zuzukommen, weil jede Besitzveränderung zugunsten der Reformation als Landfriedensbruch gewertet und geahndet werden würde. Diese neue rechtlich-politische Situation veranlasste die Protestanten, sich bundespolitisch zu organisieren. Der am 31. Dezember 1530/27. Februar 1531 im thüringischen Schmalkalden geschlossene Schmalkaldische Bund war als Defensivbund angelegt und umfasste neben Kursachsen, Hessen und Braunschweig-Lüneburg-Celle kleinere Fürsten, u. a. die Grafschaft Mansfeld und das Fürstentum Grubenhagen, sowie süddeutsche Reichsstädte wie Straßburg, Ulm, Esslingen, Reutlingen, Biberach, Memmingen, Isny, Lindau und Konstanz; in Mitteldeutschland die Städte Göttingen, Einbeck, Goslar, Braunschweig und Magdeburg sowie die Hansestädte Bremen und Lübeck. Mitte der 1530er Jahre kam es zu einer bedeutenden Erweiterung: im Süden kamen das Herzogtum Württemberg (1534) und die Reichsstädte Frankfurt (1536), Heilbronn (1538), Schwäbisch Hall (1538) und Augsburg (1536) dazu, im Norden das Herzogtum

Pommern (1536), die Markgrafschaft Brandenburg-Küstrin (1538) und die Städte Minden, Hannover (1536) und Hildesheim (1543). Außerdem kam es zu Bündnissen mit dem Königreich Dänemark, den Herzogtümern Schleswig und Holstein (1538) und der Grafschaft Nassau-Dillenburg (1536). Darüber hinaus gelang es jedoch nicht, weitere Mitglieder im Reich oder beispielsweise England, Frankreich oder Johann Szapolyai als Bündnispartner zu gewinnen. Die bestimmenden Mitglieder waren jedoch Kursachsen und Hessen mit differierenden Meinungen zu den politischen Aktivitäten des Bundes. Während das kaisertreue Kursachsen an der Defensivstrategie strikt festhielt, sah dies Landgraf Philipp von Hessen anders; er entwickelte eine europäische Strategie gegen das katholische Lager – Kaiser Karl V. und die katholischen Reichsstände –, unterstützt von den französischen Königen Franz I. und Heinrich II., auch wenn diese in ihrem eigenen Königreich protestantische Bewegungen verfolgten.

Als Reaktion gegen die am 5. Januar gegen den Protest Kursachsens durchgesetzte Wahl Ferdinands I. zum Römischen König existierte zwischen 1531 und 1534 der sogenannte Wahlgegnerbund, dem neben den schmalkaldischen Fürsten Kursachsen und Hessen auch die altgläubigen Bayernherzöge angehörten. Am 26. Mai 1532 schlossen die „Wahlgegner" in Scheyern einen Allianzvertrag mit dem französischen König, der Subsidien versprach. Dieses Bündnis ist ein Beispiel dafür, dass der Gegensatz zwischen Ständen und Reichsoberhaupt unter gewissen Umständen doch noch mehr Gewicht hatte als der konfessionelle Gegensatz. Allerdings hatte die Aussöhnung zwischen den Bayernherzögen und Ferdinand I. bzw. Sachsen, Hessen und Ferdinand I. im Jahr 1534 das Ende des Wahlgegnerbundes zur Folge. Sie war eine Reaktion auf die Rückeroberung des Herzogtums Württemberg durch Landgraf Philipp von Hessen (Schlacht bei Lauffen im Mai 1534) und dem damit einhergehenden Ende der österreichischen Herrschaft und Beginn der Protestantisierung des Herzogtums durch den zurückgekehrten Herzog Ulrich.

Wahl Ferdinands I. zum Römischen König

Im Mittelpunkt der kaiserlichen Politik hatten in der ersten Jahreshälfte 1531 die Intensivierung der Kontakte mit Frankreich und die Verfolgung des Konzilsprojekts bei Papst Clemens VII. gestanden; hingegen traten die Reichsprobleme in den Hintergrund. Karl V. hielt am Status quo fest, d.h. er ging von dem befristeten Aufschub der Exekution des Augsburger Reichsabschiedes bis April 1531 aus. Mit diesen Problemen war sein Bruder Ferdinand als neugewählter, aber nicht allseits anerkannter Römischer König konfrontiert. Ferdinand gelangte zu der Auffassung, dass mit den Protestanten über die seit dem Augsburger Reichstag 1530 anstehenden religionspolitischen Probleme verhandelt werden müsse. In Anbetracht dieser Problemlage gewannen die Initiativen konfessionsneutraler Reichsstände (zunächst Mainz und Pfalz, später Kurbrandenburg und Jülich) an Bedeutung. Sie sahen die Integrität des rechtlich-politischen Ordnungssystems – „Friede und Recht" pflegten die Zeitgenossen zu sagen – im Reich gefährdet. Zwei Möglichkeiten einer Einigung zwischen altgläubigen und protestantischen Reichsständen waren denkbar: ein theologischer oder ein politischer Kompromiss. Der Vorschlag, den Mainz und Pfalz machten, lief darauf

Der Weg zum Nürnberger Religionsfrieden

hinaus, die Augsburger Verhandlungen, wie sie 1530 in Augsburg geführt worden waren, wiederaufzugreifen. Gerade dies lehnten die Protestanten ab. So modifizierten die Vermittler ihre Vorschläge in Richtung einer politischen Lösung, die den Protestanten bis zu einem Konzil in Fragen der Kommunion, Priesterehe, Messe, Klostergelübde und Restitution kirchlicher Güter ausdrücklich Toleranz zusichern sollte.

Anhand eines Entwurfes, den die Protestanten in Schweinfurt am Main, wo die Vermittlungsverhandlungen seit April 1532 stattfanden, vorlegten, wurde deutlich, dass es ihnen um die vertragliche Absicherung der Dynamik der reformatorischen Bewegung gegenüber Kaiser und Reich ging, d.h. um die Einbeziehung der künftig zum Protestantismus übertretenden Reichsstände in eine Friedensregelung. Deshalb strebten sie nicht nur die vorläufige und eingeschränkte Legalisierung des Status quo bis zu einem Konzil an, sondern auch die Anerkennung ihrer religiös-kirchlichen Reformkonzeption und Theologie, das hieß konkret die Anerkennung der Apologie von 1530, religiöse Freistellung wie im Speyrer Reichsabschied von 1526 und Sistierung der Prozesse um Kirchengüter am Reichskammergericht. Entschieden katholische Reichsstände wie Bayern waren für die Handhabung des Augsburger Reichsabschiedes (1530) und gegen die Aussetzung der Religionsprozesse am Reichskammergericht. Ihre Auffassung stand im Gegensatz zu den Vermittlern und zum Kaiser.

In Anbetracht dieser Patt-Situation innerhalb der Reichsstände fand Karl V. folgenden Ausweg: Ein kaiserliches Mandat vom 3. August 1532 verpflichtete die Reichsstände auf ein Friedensgebot in Religionssachen. Die Suspension der Kammergerichtsprozesse sicherte Karl V. in einer persönlichen Erklärung zu, die den Protestanten von Mainz und Pfalz jedoch nur mündlich mitgeteilt werden durfte. Das Kammergericht beauftragte der Kaiser nicht ausdrücklich mit der Aussetzung der Religionsprozesse. Anderes blieb in den Vereinbarungen bewusst unklar, wie etwa die Begriffe „Glaubenssachen" und „Konzil" oder die Geltungsdauer des Nürnberger Friedstandes (bis zu einem Konzil oder Reichstag). Diese Vorgangsweise des Kaisers war aus mehreren Gründen höchst problematisch: Der reichsrechtliche Charakter dieses „Anstands" war beeinträchtigt, die altgläubigen Reichsstände übernahmen keine Verantwortung, auch war Karl in die Friedensverpflichtung nicht ausdrücklich einbezogen, hingegen fiel den Vermittlern die Hauptverantwortung zu. Erstmals in der Regierungszeit Karls V. geriet das Reich in den Zustand eines verfassungsrechtlichen Provisoriums. Der Protestantismus konnte sich weiter ausbreiten und bündnispolitisch konsolidieren, die konfessionspolitische Polarisierung schritt fort, und die politische Stabilität blieb weiterhin gefährdet.

2.4 Die Ausbreitung der Reformation in Europa

Dänemark Schon in den 1520er Jahren strahlte die lutherische Reformation über die Grenzen des Heiligen Römischen Reiches hinaus; am frühesten in die nordischen bzw.

skandinavischen Königreiche Dänemark, Norwegen und Schweden einschließlich Finnlands. Hier war der konfessionelle Gleichklang zwischen Königen und Ständen bzw. der politischen Elite weitgehend gegeben. König Christian III. von Dänemark und Herzog von Schleswig und Holstein war überzeugter Lutheraner. Die dänische Kirche gehörte zu den größten Grundbesitzern des Königreiches, hatte also große ökonomische Macht. Die dänischen Könige des Spätmittelalters vertraten nationalkirchliche Ambitionen, die unter Christian II. (1513–1523) wieder virulent wurden. Gerade er, der vertriebene König – kein Lutheraner –, versuchte sich als oberster Herr der dänischen Kirche gegen den heftigen Widerstand des hohen Klerus. Die Reformation, die Christian III. 1536 in Dänemark und Norwegen einschließlich Islands durchführte, war keineswegs eine „klassische Fürstenreformation", sondern konnte auf einer breiten evangelischen Bewegung aufbauen, die seit Mitte der 1520er Jahre in den Städten Dänemarks bestand; sie gab eine tragfähige Grundlage für die Einführung der lutherischen Territorialkirche ab. Für Adel und Bürgertum bot die Reformation die Möglichkeit, ihren Besitz auf Kosten der Kirchengüter zu vergrößern. Unter König Friedrich I. (1523–1533), dem Nachfolger des vertriebenen Christian II., war 1526 die bis dahin übliche päpstliche Bestätigung der Bischofswahlen abgeschafft worden; das war ein weiterer wichtiger Schritt zu einer Nationalkirche. König Friedrich ließ die Reformation zu, ernannte aber auch katholische Bischöfe, d.h. der König hatte die oberste Gewalt über beide Glaubensrichtungen inne. Seine nationalkirchlichen Ambitionen kommen in den Bestrebungen zum Ausdruck, kirchliche Pfründen ausschließlich an „Einheimische", und zwar an Mitglieder des dänischen Adels, zu vergeben. Diese „dänisch-norwegische Nationalkirche" war noch nicht vom Luthertum geprägt, doch ließ Friedrich I. seit 1526 evangelische Kirchengemeinden zu. Die Durchführung der Reformation in Dänemark war letztlich eng verknüpft mit den Bestrebungen des Königtums in Richtung Zentralisierung, Bürokratisierung und Steigerung der Einnahmen der Krone, mit anderen Worten ging es um den Ausbau des frühmodernen Staates und damit um die in ganz Europa zu beobachtende Bedeutungssteigerung der Monarchien. 1536 erklärte der dänische Reichstag unter Friedrichs Sohn Christian III. das Luthertum zur „Staatsreligion", verbunden mit der Säkularisierung des Kirchengutes und der Verfolgung widerstrebender Bischöfe. In den nächsten Jahren wurde Johann Bugenhagen nach Kopenhagen berufen, und seine „Kirchenordonanz" von 1539 sollte offiziell als Zwischenlösung bis zur Entscheidung der Religionsfrage durch ein Konzil gelten.

In Schweden erfolgte die Ausbreitung der Reformation über die Handelsstädte, wie Stockholm, wo es deutsche Kaufleute gab. Hier verbreitete sich lutherisches Gedankengut, nicht zuletzt durch Studenten, die aus Wittenberg zurückkehrten. Die früheste Nachricht über die lutherische Lehre in Stockholm stammt aus dem Jahr 1521, als Olavus Petri, dem späteren ersten lutherischen Erzbischof Schwedens, vom König die Predigt erlaubt wurde. 1523 gelang es Gustav Eriksson, ein eigenständiges schwedisches Königtum gegen das dänische Unionskönigtum im Sinne der Kalmarer Union von 1397 gewaltsam durch-

Schweden

zusetzen. Unter seiner Herrschaft fand auf der Reichsversammlung zu Västeras 1527 die entscheidende Wendung zum landesherrlichen Kirchenregiment statt. So befand sich der Kirchenbesitz fortan in der Verfügungsgewalt der Könige, ohne den Bruch mit Rom zu vollziehen, währenddessen die Kirche durch die Einziehung des Klosterbesitzes entmachtet worden war.

Baltikum   In Finnland, Preußen und im Baltikum verbreitete sich schon in den 1520er Jahren das Luthertum. In Finnland war es Mikael Agricola (1508–1557), der in Wittenberg studiert hatte und nach seiner Rückkehr (1539) in Åbo Leiter der Domschule und 1554 Nachfolger Erzbischof Marten Skyttes wurde. Agricola gilt als der Reformator Finnlands und durch seine Bibelübersetzung, die 1548 veröffentlicht wurde, als Begründer der finnischen Schriftsprache und Literatur. In Preußen hatte sich Albrecht von Brandenburg, der Hochmeister des Deutschen Ordens, von Luther beraten lassen; er wandelte den Ordensstaat 1525 in ein weltliches Herzogtum um. Ein Großteil der Ordensherren und Geistlichen heiratete, eine Landes- und Kirchenordnung steckte den politisch-territorialen Rahmen nach innen ab; nach außen sicherte der Lehenseid gegenüber dem polnischen König die Existenz des neuen Staatswesens.

Polen   Die Situation im Königreich Polen unterschied sich von den nordischen Königreichen: Hier glaubte König Sigismund I. (1506–1548) zu Beginn seiner Regierung, mit drastischen Strafen Einfuhr und Besitz lutherischer Schriften, die bei der deutschsprachigen städtischen Bevölkerung auf Interesse stießen, verhindern zu können. Dabei verhielt sich der König durchaus flexibel im Sinne der Vielfalt seiner Herrschaftsgebiete: So stellte er sich im Königlichen Preußen hinter das Verbot, im herzoglichen Preußen jedoch nicht, und duldete damit die Ausbreitung der lutherischen Reformation, allerdings nur so lange, bis 1524 lutherische Prediger nach Danzig berufen wurden und es zur Absetzung des Stadtrates kam. 1526 musste in Danzig die alte Kirche wiederhergestellt werden. Diese Aktivitäten bremsten zwar die Reformation, auch verbot der König das Studium in Wittenberg, aber mit dem Luthertum sympathisierten bald auch der polnische und litauische Adel; so traten in der Schlosskirche in Wilna lutherische Prediger auf. Unter König Sigismund II. August (1548–1572) wuchs die Zustimmung zur lutherischen Reformation im Adel, seit 1548 kamen Böhmische Brüder dazu, die sich vor allem in den Städten Großpolens niederließen, ferner entstanden reformierte Gemeinden in Kleinpolen, Litauen und im Königlichen Preußen. Die Reformation fand weiterhin Resonanz bei Bürgern und Adeligen, die das reformatorische Bekenntnis zur Durchsetzung politischer Forderungen gegenüber dem Königtum ausnützten und 1552 ein „Interim" durchsetzten, das ihnen Glaubensfreiheit bis zu den Entscheidungen eines Nationalkonzils zusicherte; ausgenommen waren allerdings Eingriffe in den kirchlichen Besitzstand sowie die Abschaffung der Ketzergerichtsbarkeit. Einigen Städten gewährte der König Religionsfreiheit, 1559 ließ er im Königlichen Preußen die „Confessio Augustana" zu. Sigismund II. August stand in Briefwechsel mit Melanchthon und Calvin; er war der Hoffnungsträger der Protestanten. Die Offenheit und Aufgeschlossenheit führte trotz seines Festhaltens am Katholizismus zu einer differenzierten Politik: Auch er verbot wiederholt – 1534 und 1540 – das Studium in Wittenberg, was allerdings geringe Wirkung zeigte, schritt jedoch in den preußischen Städten gegen die Reformation nicht ein, sondern erließ im Königlichen Preußen das Privileg der Religionsfreiheit. Nach innen hatte die Reformation somit eine politische Wirkung und wurde zum Katalysator des Adels im Ringen um die Macht mit dem Königtum.

Das Königreich Ungarn existierte seit der verlorenen Schlacht von Mohács von 1526 gegen die Osmanen nicht mehr in seiner alten Form, und seit 1541 zerfiel es endgültig in drei Teile, nachdem offensichtlich geworden war, dass die Osmanen Mittelungarn besetzt hielten und Buda von einem Pascha regiert wurde, der westliche Teil des Königreiches, d.h. West- und Oberungarn, von der habsburgischen Herrschaft geprägt blieb und das Fürstentum Siebenbürgen selbständig weiter existierte, auch wenn es unter osmanischem Einfluss stand. Diese Teilung kam der Ausbreitung der Reformation zweifellos entgegen. Gehörten vor der Schlacht von Mohács, ohne Rücksicht auf Minderheiten, noch etwa 80 Prozent der Bevölkerung des Königreiches der römisch-katholische Kirche an und 20 Prozent der griechisch-orthodoxen Kirche, so war die konfessionelle Situation um 1570, nach zwei Generationen, ganz anders: 50 Prozent bekannten sich zum Calvinismus, 25 Prozent zum Luthertum, die restlichen 25 Prozent teilten sich auf die alte Kirche und auf Minderheiten wie die Antitrinitarier bzw. Unitarier auf. Darin kommt die große Krise des Katholizismus, die u. a. ihren Grund in der spätmittelalterlichen Kirchenpolitik der ungarischen Könige hatte, zum Ausdruck. Dabei setzte sich der Calvinismus vor allem bei den Magyaren und hier wiederum vor allem beim Adel durch, in Siebenbürgen stellte er „ein integrierendes Element im Kampf um die staatliche Selbständigkeit gegenüber den Habsburgern dar, und auf dem türkisch besetzten Gebiet [...] trug er zum erwünschten Abbau feudaler Bindungen und zur Etablierung von Wirtschaftsphänomenen einer frühbürgerlichen Gesellschaft bei" [2.15: FATA, 66]. In den deutschsprachigen Städten des habsburgischen Teiles überwog das Luthertum, von hier strahlte es auf die slowakische Bevölkerung aus. Das Gleiche gilt für die deutsche Bevölkerung in den Städten Siebenbürgens, wie das Wirken des Humanisten und Reformators Johannes Honterus in Kronstadt veranschaulicht.

Im letzten Viertel des 16. Jahrhunderts entfalteten der habsburgische Hof unter Kaiser Rudolf II. und die römische Kurie eine gegenreformatorische Offensive und förderten die Niederlassung von Jesuiten und die Gründung von Jesuitenschulen. „In Siebenbürgen, außerhalb des (unmittelbaren) habsburgischen Machtbereiches, behauptete sich die gesetzlich verankerte Toleranz; der Landtag von Neumarkt 1571 garantierte die ‚freie Ausübung der vier rezipierten Religionen' (Katholiken und die drei oben genannten protestantischen Richtungen), die orthodoxe Kirche, der die rumänische Bevölkerung angehörte, wurde stillschweigend geduldet" [2.3: LUTZ, 73]. Im habsburgischen Teil Ungarns hingegen erreichte erst Stefan Bocskay nach seinem vom protestantischen Adel und vom Sultan unterstützten Aufstand gegen den Kaiser (1604–1606) im Wiener Frieden von 1606 die Religionsfreiheit für Ungarn. Der gleichzeitige

Ungarn

Frieden zwischen dem Kaiser und dem Sultan in Zsitva-Torok bei Komorn stand am Beginn eines längerfristigen Friedens, der den wechselseitigen Beziehungen nicht nur eine neue Qualität gab, sondern im folgenden Dreißigjährigen Krieg die habsburgische Politik vor einem Zweifrontenkrieg bewahrte.

Frankreich Typisch für die Situation in Frankreich war ein Königtum, das am Katholizismus strikt festhielt, obwohl es starke Strömungen eines antiklerikalen biblisch-humanistischen Reformismus (Faber Stapulensis, Guillaume Briçonnet) gab, dessen Anhängerschaft bis in die Königsfamilie reichte; die spirituellen Neigungen von Margarete von Navarra, der Schwester Franz' I., kamen dem Protestantismus nahe.

Im Zuge des Konflikts zwischen Franz I. und Karl V. unterhielt ersterer Kontakte zu protestantischen Reichsfürsten, darüber hinaus auch zu katholischen Reichsfürsten wie Bayern, das auf diese Weise seinerseits auch zur zeitweiligen Kooperation beider konfessioneller Lager im Reich beitrug, wie z. B. im Zuge der Wahlopposition gegen Ferdinand I. in den Jahren zwischen 1531 und 1534. Doch war das Verhältnis des französischen Königs zu den protestantischen Reichsfürsten nicht friktionsfrei. Dies kommt etwa 1534 in der sogenannten *affaire des placards* zum Ausdruck, verursacht durch protestantische Pamphlete gegen die katholische Messe, die im Königreich zur Verfolgung von Protestanten führte. Calvin verließ damals Paris und ging nach Genf und Straßburg, um hier seine Ideen zu verwirklichen; von Genf aus sollten seine Auffassungen die Entwicklung des französischen Protestantismus wesentlich beeinflussen. Heinrich II. setzte die antiprotestantische Linie seines Vaters fort, vor allem gegen die Anhänger Calvins, und plante 1557 die Einführung der Inquisition. An der Politik Franz' I. und Heinrichs II. wird deutlich, dass sich beide ihren Handlungsspielraum durch einseitige konfessionelle Bindungen nicht einschränken lassen wollten, wenngleich beispielsweise die religionspolitischen Probleme Heinrichs II. im Zuge der Kooperation mit den protestantischen Reichsfürsten im Fürstenaufstand von 1552 deutlich erkennbar sind. Ein ähnliches Phänomen war schon während des Schmalkaldischen Krieges aufgetreten, was für die Niederlage der protestantischen Seite mitentscheidend gewesen sein dürfte.

England Mit König Heinrich VIII. (1509–1547) waren folgenreiche kirchliche Umwälzungen in England verbunden; ihr enger Zusammenhang mit persönlichen und dynastischen Fragen des Hauses Tudor und des Königs ist unübersehbar. Heinrich VIII. war ein theologisch und humanistisch gebildeter, wenngleich auf die Herrschaft wenig vorbereiteter Renaissancefürst. In der Politik stützte er sich schon deshalb stark auf seine Räte. Das gilt in außenpolitischen Aufgaben bis 1529 für seinen Kanzler Kardinal Thomas Wolsey und bis 1540 für seinen Staatssekretär Thomas Cromwell. Heinrichs Affäre mit seiner Favoritin Anne Boleyn, welche die Trennung des Königs von seiner Gattin Katharina von Aragón, der Tante Karls V., die zuvor mit Heinrichs Bruder Arthur verheiratet gewesen war, verlangte, führte zu weitreichenden Konsequenzen und politischen Folgen, zunächst zum Bruch mit Papst und Kurie in Rom und zur Abkühlung des Verhältnisses zu Karl V., weil eine Trennung bzw. Scheidung nicht erreicht werden konnte. Thomas Cromwell, ein Mann von machiavellistischer Intelligenz, mobilisierte das Parlament, insbesondere das romkritisch eingestellte Unterhaus. Dieses erklärte die kirchliche Gerichtsbarkeit für widerrechtlich und erreichte, dass der Klerus den König anstelle des Papstes als obersten Gesetzgeber, als *Supreme Head*, anerkannte. Diese Entwicklung mag dem von König und Parlament begünstigten nationalkirchlichen Trend entsprochen haben und war teils durch die starke Einwirkung von König und Parlament auf den Klerus des Spätmittelalters, teils durch die parallele, aber weiter fortgeschrittene Entwicklung der gallikanischen Kirche vorgezeichnet. Doch bei genauer Betrachtung war Heinrichs Stellung als Oberhaupt der anglikanischen Kirche der eines lutherischen Fürsten vergleichbar, allerdings mit dem Unterschied, dass er die englische Kirche weder institutionell, dogmatisch noch liturgisch erneuerte („Act of Supremacy", 1534). Allerdings beanspruchte das Parlament ein Mitspracherecht in kirchlichen Angelegenheiten. Thomas Morus/More, der Wolsey als Kanzler gefolgt war, trat vor dem Hintergrund dieser neuen Entwicklungen zurück. Doch war eine englische Nationalkirche die Voraussetzung für die vom König zwischen 1529 und 1536 im Parlament initiierten grundlegenden Verfassungsänderungen. So wurden 1532 im „Act of Annates" dem Papst die Annaten entzogen; im März 1533 im „Act of Appeals" Appellationen nach Rom in testamentarischen und eherechtlichen Fällen verboten. Damit war in England die Rechtsgrundlage für die Nichtigkeitserklärung der Ehe von Heinrich und Katharina gegeben. Sie erfolgte 1533 durch den neuen, lutherisch beeinflussten Erzbischof von Canterbury, Thomas Cranmer, als der König im Januar dieses Jahres Anne Boleyn schon heimlich geheiratet hatte, weil sie ein Kind von ihm erwartete. 1534 wurden die Untertanen im „Act of Succession" durch einen Eid auf die neue Stellung des Königs, dessen neue Ehe und die geänderte Thronfolge verpflichtet; die Strafen bei Verweigerung des Eids waren rigide. Als Thomas Morus, der frühere Lordkanzler des Königs, den Eid verweigerte, wurde er zum Tod verurteilt und hingerichtet.

Betrachtet man die Reaktionen auf den Bruch von Monarchie und Kirche in England mit Rom, so wird deutlich, dass die weitreichenden kirchlichen Veränderungen in der englischen Bevölkerung erst richtig wahrgenommen wurden, als Cromwell als Generalvikar der Kirche 1536 die kleineren Klöster aufzulösen begann. Er sah darin eine Chance zur Steigerung der königlichen Einnahmen; deswegen ließ Heinrich VIII. einen breit gestreuten Aufstand in Nordengland (*Pilgrimage of Grace*) mit aller Härte niederschlagen, weil sich dieser gegen die Klosterauflösungen gerichtet und die Wiederherstellung der päpstlichen Jurisdiktion gefordert hatte. Cromwell nützte die Situation, um in den Jahren 1538/39 auch die großen Klöster aufzulösen. So konnte aufgrund des Klosterbesitzes das jährliche Kroneinkommen für kurze Zeit verdoppelt werden. Aus diesen Mitteln finanzierte der König auch den Bau neuer Seefestungen in Falmouth, Dartmouth, Portsmouth und anderen Hafenstädten an der südenglischen Küste, um sich gegen Angriffe Karls V. oder Franz' I. besser zu schützen. Cromwell verkaufte auch Güter an den Hochadel sowie an die

Folgen des Bruchs mit Rom

gentry und band dadurch die englische Aristokratie an die Politik des Königs, der im Jahr 1539 auf der Grundlage eines Parlamentsgesetzes sowohl gegen romtreue Katholiken („Hochverräter") als auch gegen Lutheraner („Häretiker") hart vorging und auch vor Todesstrafen nicht zurückschreckte. Im Grunde kam es nie zu einer außenpolitischen Konstellation, die imstande gewesen wäre, die kirchlichen Veränderungen in England zu verhindern.

Die Säkularisation des Kirchenguts hatte irreversible Folgen für Staat und Gesellschaft, die schon daran sichtbar werden, dass auch Maria die Katholische in den 1550er Jahren es nicht riskieren konnte, die Säkularisation rückgängig zu machen. In Europa stellte das englische Schisma einerseits ein neuartiges Phänomen dar; auf der anderen Seite wagten weder Karl V. noch Franz I. zugunsten des englischen Katholizismus offen einzugreifen, auch nicht, als nach dem Tod Heinrichs VIII. im Jahr 1547 in der Zeit der Vormundschaftsregierung für den zehnjährigen Eduard VI. reformatorische Einflüsse um sich griffen. Damals kam der oberdeutsche Reformator Martin Butzer aus Straßburg nach England.

2.5 Das Papsttum und die beginnende Erneuerung der katholischen Kirche

Das Reformanliegen Hadrians VI.

Es war der aus den Niederlanden stammende, ehemalige Erzieher Karls V., Papst Hadrian VI. (1522/23), von dem nicht nur der Kaiser, sondern auch viele Zeitgenossen die fällige Kirchenreform erwarteten. Er entsandte Nuntius Chieregati zum Nürnberger Reichstag 1522/23. Dieser legte vor den Reichsständen ein Schuldbekenntnis ab, das aufhorchen ließ: „Die Heilige Schrift verkündet laut, daß die Sünden des Volkes in den Sünden der Geistlichkeit ihren Ursprung haben. [...] Wir wissen wohl, daß auch bei diesem Heiligen Stuhl schon seit manchem Jahr viel Verabscheuungswürdiges vorgekommen ist: Mißbräuche in geistlichen Dingen, Übertretungen der Gebote, ja daß alles sich zum Ärgeren verkehrt hat. So ist es nicht zu verwundern, daß die Krankheit sich vom Haupt auf die Glieder, von den Päpsten auf die Prälaten verpflanzt hat. Wir alle, Prälaten und Geistliche, sind vom Wege des Rechtes abgewichen, und es gab schon lange keinen einzigen, der Gutes tat (Ps. 13,3)" [zit. nach 2.3: Lutz, 44]. In der Tat versprach der Nuntius eine Kirchenreform, der es in diesen frühen Jahren der Reformation vielleicht gelungen wäre, das Vertrauen in die korrumpierte Institution des Papsttums wiederherzustellen, doch Hadrian VI., fälschlicherweise als „deutscher Papst" bezeichnet, starb am Beginn des zweiten Jahres seines Pontifikats; damit wurden die mit seiner Person verbundenen Reformhoffnungen begraben.

Papst Clemens VII.

Auch unter seinem Nachfolger, dem Mediceer Clemens VII. (1523–1534), kam die Reform noch nicht in Schwung, auch nicht unter dem Eindruck des *Sacco di Roma* (1527), für den zahlreiche Zeitgenossen die Reformverweigerung von Papst und Kurie verantwortlich machten. Erst während des Pontifikats des Farnese-Papstes Paul III. (1534–1549) kam es zu ersten entscheidenden Änderungen, verbunden mit der Einsicht, nur auf dem Weg innerkirchlicher Reformen die Reputation der Institution des Papsttums wiederherstellen zu können. Dabei passt dieser Papst noch genau in das Bild des Renaissancepapsttums: Aus einer alten römischen Familie stammend, erfolgte seine Erhebung zum Kardinal noch durch Papst Alexander VI. Das Faktum, dass er mit einer in seinem Haus lebenden Frau aus der römischen Aristokratie Kinder hatte, war kein Hindernis für seine kirchliche Karriere. Damit verbunden war das System des Nepotismus, das den Kindern und Enkeln des Papstes diente und das die Grundlage für eine familiäre Interessenspolitik abgab. Das war eine nicht zu unterschätzende Belastung für die Glaubwürdigkeit dieses Papstes nach innen und außen. Er wurde zwar erst spät zum Priester geweiht und im Alter von 66 Jahren Papst, doch gehörte er jener Gruppe von Kardinälen an, welche die Dringlichkeit einer Kirchenreform klar vor Augen hatte. Nun, eineinhalb Jahrzehnte nach dem Beginn der lutherischen Reformation, fanden katholischen Reformtendenzen erstmals im Rom maßgebliche Unterstützung, allerdings vertraten die von Paul III. berufenen Männer einer kirchlichen Erneuerung keine einheitliche Konzeption. So vertrat der neu ernannte Kardinal Gian Pietro Caraffa, der spätere Papst Paul IV., eine ältere Reformlinie, die auf einen sittlich-disziplinären Rigorismus und die 1542 neu errichtete römische Inquisition setzte, was wiederum dazu führte, dass reformfreudige Kardinäle, wie Pole und Morone, verfolgt wurden.

Eine neuere Reformversion vertrat hingegen der Venezianer Gasparo Contarini. Er stand ursprünglich in diplomatischen Diensten, war ein Anhänger des Reformhumanismus, hatte Luther auf dem Wormser Reichstag von 1521 erlebt und vertrat eine Reform im Sinne der Urkirche und der Kirchenväter. Er war davon überzeugt, die Protestanten in eine „gereinigte", d.h. in eine an Haupt und Gliedern reformierte Kirche zurückzuführen. In diesem Sinn hatte er für ein Konzil in Rom 1537 für Papst Paul III. die Denkschrift „Consilium de emendanda ecclesia" verfasst. „Mit unerhört kühnem Stoße eröffnet es die Offensive der Reformbewegung gegen die Zitadelle der römischen Kurie, von deren Eroberung das Schicksal der Kirche abhing" [2.5.7: JEDIN Bd. 1, 341]. Contarini sollte die Eröffnung des Konzils in Trient im Jahr 1545 nicht mehr erleben und damit auch nicht die schwindende Zeit für eine Reform der „alten Kirche" in Rom. Es war Contarini, der bei Papst Paul III. die Gründung des Jesuitenordens maßgeblich förderte, indem er 1539 den Entwurf der „Konstitutionen" des Ignatius an den Papst weiterleitete, der in der Bulle „Regimini militantis Ecclesiae" vom 25. September 1540 die Gründung der Gesellschaft Jesu definitiv bestätigte. Die Unterstützung dieser wichtigsten und nachhaltigsten Ordensgründung des 16. Jahrhunderts war auch eine Antwort auf Luthers fundamentale Kritik an monastischen Gemeinschaften, jedoch in einer unkonventionellen Weise, wenn man bedenkt, dass der Jesuitenorden weder eine Ordenstracht oder ein Chorgebet oder einen festen Ort kennt, hingegen einen lebenslang gewählten Oberen und vor allem den bedingungslosen Gehorsam gegenüber dem Papst. Wegen der Entfaltung seiner Aktivitäten seit der Mitte des 16. Jahrhunderts wird der Jesuitenorden in der Regel mit der Epoche der Gegenreformation identifiziert, doch

Contarinis Reformprogramm

Gründung der Gesellschaft Jesu

ist sein Gründer Ignatius von Loyola eigentlich als Zeitgenosse Martin Luthers zu bezeichnen.

Ignatius von Loyola — Íñigo de Loyola bzw. Ignatius von Loyola (1491/1493–1558) stammte aus einer hocharistokratischen baskischen Adelsfamilie; er war das jüngste von 13 ehelichen Kindern. Die Familie hatte enge Beziehungen zu Juan Velásquez de Cuellar, dem obersten Finanzverwalter Kastiliens, der allerdings 1517 beim Herrschaftsantritt Karls V. in Spanien sein Amt verlor. Bis zur Belagerung von Pamplona im Jahr 1521, bei der Ignatius am Bein schwer verwundet wurde, stand er im Dienste von Antonio Manrique de Lara, Herzog von Nájera und Vizekönig von Navarra, und hatte eine Karriere als Kriegsmann und Diplomat zu erwarten. 1521 schwanden diese Perspektiven mit einem Schlag, an ein aristokratisches Leben war nicht mehr zu denken; Ignatius wollte es auch nicht, sondern verließ seine Familie und begann seine Pilgerschaft, die ihn zunächst in die kleine Stadt Manresa führte, wo ihm der Dominikanerorden eine kleine Zelle einräumte, und er wesentliche Teile seines Exerzitienbuches verfasste. Die darin enthaltenen geistlichen Übungen wurden später für alle Ordensmitglieder verbindlich. Im Übrigen lebten Ignatius und seine Gefährten vom Bettel, ein Anlass für die spanische Inquisition, sie der Zugehörigkeit zur Gruppe der heterodoxen *Alumbrados* oder als Juden zu verdächtigen und zu überprüfen. Ignatius war in erster Linie Autodidakt und hat auch später in Paris (1529–1535) seine philosophischen und (eineinhalbjährigen) theologischen Studien wohl nicht sehr intensiv betrieben. Was ihn charakterisierte, war seine Orientierung an der spätmittelalterlichen Frömmigkeit, verbunden mit der Abneigung gegenüber den „spöttischen" Humanisten, voran Erasmus, aber auch gegenüber seinem Landsmann Juan Luis Vives, und sein Sendungsbewusstsein im Umgang mit seinen Gefährten. Darin wird das religiöse Milieu Spaniens deutlich sichtbar, das spätestens seit den Katholischen Königen der „katholischen Orthodoxie" verpflichtet war und sich streng abgrenzte von allen „verdächtigen" anderen Richtungen christlichen Lebens und Bekenntnisses. Ignatius wollte sich auch nie einlassen auf den theologischen Disput oder Streit; so riet er etwa davon ab, sich mit der Prädestinationslehre bzw. mit dem Calvinismus auseinanderzusetzen. Bedingungsloser Gehorsam gehörte zu den wichtigsten Pflichten der künftigen Mitglieder seines Ordens. Loyola ging es um die konsequente Abkehr von einem weltlichen Leben und um das bedingungslose Festhalten an dieser einmal getroffenen Entscheidung, im Einklang mit dem Willen Gottes zu leben. Und „wie sein Zeitgenosse, der deutsche Kirchenvater Martin Luther, gehört Ignatius von Loyola zu den Menschen, die vor Bedrohungen und Gefahren, die von außen kommen, überhaupt keine Angst haben, dafür aber umso mehr den Ängsten ausgesetzt sind, die aus den Tiefen der eigenen Seele kommen" [2.5.8: FELD, 102].

Entfaltung des Jesuitenordens — Der Jesuitenorden als die „Konfessionsfront" in Europa und insbesondere an den katholischen Höfen widmete sich früher der außereuropäischen Mission in Asien und Amerika. „Die Inhalte seiner Pastorale und Pädagogik waren meist wenig neuartig. Das Neue und Wirkungsvolle lag in den Formen und Methoden.

Viele bedeutende Vorkämpfer der katholischen Sache wurden in jungen Jahren durch Jesuiten zur Konversion aus dem Protestantismus gewonnen. Der ‚Weltlichkeit' der Familie (damit konnte Protestantismus oder Indifferenz gemeint sein) trat – vergröbernd ausgedrückt – die spirituelle und kulturelle Werbekraft eines katholischen ‚Männerbundes' entgegen. In welchem Ausmaß dieses selektive Vorgehen zu einer Veränderung des überkommenen Familienprimats in Alteuropa geführt hat, wäre erst noch festzustellen. Gewiss bedeutete die neue Aktivität der Orden eine bedeutende Erweiterung der Wirkweise der kirchlichen Zentrale auf die Gesellschaft. Die alte Bischofsorganisation war ja stark in die Abhängigkeit von staatlichen Instanzen bzw. regionalen Gruppen geraten. Hier traten die Wirkungen des neuen Bischofsideals, das die Reformer erarbeitet hatten, nur langsam ein. Orden wie die Jesuiten arbeiteten zentral, direkt und beweglich. Diese Wirkweise entsprach der steigenden Mobilität und Bildung der europäischen Ober- und Mittelschichten" [2.3: LUTZ, 47f.].

2.6 DIE MONARCHIA UNIVERSALIS KARLS V. ZWISCHEN ERFOLG UND SCHEITERN

Nachdem Sultan Suleyman im Sommer 1532 östlich von Wien keine Feldschlacht angenommen hatte, kehrte der Kaiser rasch nach Spanien zurück. In Bologna traf er mit Papst Clemens VII. ein zweites Mal zusammen, um am 24. Februar 1533 ein Bündnis zur Befriedung Italiens abzuschließen, dem der Papst, Florenz, die Herzöge von Mailand, Mantua und Ferrara ebenso angehörten wie die Städte Genua, Siena und Lucca; nur Venedig fehlte. Es handelte sich um ein gegen Frankreich gerichtetes Defensivbündnis zur Sicherung des gegenwärtigen Besitzstandes in Italien, unter Anerkennung der Verträge von Madrid und Cambrai. Für die Osmanenabwehr sollte der Papst Schiffe und Geld zur Verfügung stellen, geplant war auch die Hilfe der Johanniter in Malta und der Reichsstände.

Osmanenabwehr

Die Neuakzentuierung der französischen Mittelmeerpolitik, die in der politischen Verbindung mit dem Herrscher von Algier und Tlemcen, Chaireddin Barbarossa, bestand, der in diesen Jahren zum wichtigsten Vasallen des Sultans im westlichen Mittelmeer aufstieg, hatte zur Folge, dass auch der Kaiser die mediterranen politischen Traditionen seiner kastilischen und aragonesischen Vorfahren – der Katholischen Könige – wieder aufnahm. Diese hatten einzelne Hafenstädte und Plätze an der Nordküste von Afrika besetzen lassen. Im Frühjahr 1530 ließ Karl die genuesische Flotte unter Andrea Doria eine erfolgreiche Unternehmung gegen das Piratennest Cherchel westlich von Algier durchführen; aber Chaireddin Barbarossas Macht blieb unangetastet. Als dieser im August 1534 den Bey Muley Hassan aus Tunis vertrieb, wurde Karl zunächst auf diplomatischer Ebene aktiv, was indes misslang. So rüstete der Kaiser in Spanien und Italien eine Flotte aus, um Tunis im Juli 1535 anzugreifen und die Macht Chaireddin Barbarossas zu brechen, zumal dieser ja mit Frankreich und dem Sultan kooperierte.

Chaireddin Barbarossa

Tunisfeldzug 1535 Das Tunisunternehmen ist ein gelungenes Beispiel für das Zusammenwirken des Landheeres mit der Flotte, insbesondere mit der Schiffsartillerie. Die Flotte leistete nicht nur die Sicherung des Seeweges, sondern einen wesentlichen Teil des artilleristischen Kampfes gegen die Seefestung Goleta, welche die Hafenbucht von Tunis sicherte. Goleta und Tunis wurden eingenommen, doch Chaireddin Barbarossa konnte fliehen. Trotzdem hatte die Eroberung von Tunis auf Karls Selbstbewusstsein als Herrscher und Heerführer eine unglaubliche Wirkung. Im Gegensatz zu seinen Militärs ging er das Risiko ein und schrieb sich die Befreiung von 20 000 Christensklaven zu. Ohne Zweifel steigerte der Erfolg von Tunis das Ansehen des Kaisers in der europäischen Öffentlichkeit enorm. Die kaiserliche Propaganda trug viel dazu bei, dass eine Flut von glorifizierenden Berichten in ganz Europa erschien und dass Karls Besuch seiner süditalienischen Besitzungen und sein Einzug in Rom im Herbst 1535 einem Triumphzug glich. Die Eroberung von Goleta und Tunis wurde mit den Taten des Scipio Africanus, Hannibals, Alexanders des Großen und Caesars verglichen. Ein Blick auf die weiteren Entwicklungen in Nordafrika zeigt jedoch, dass die politische Bedeutung des Tunisunternehmens nicht überschätzt werden darf. Die Macht der Barbareskenstaaten war nur für kurze Zeit geschwächt, und ein wirksames Vorgehen bedurfte sorgfältiger militärischer Planung sowie genauer Durchführung. Dies sollte Karl V. im Oktober 1541 beim Versuch, Algier zu erobern, zu spüren bekommen, als er die schlecht befestigte Stadt wegen eines Orkans nicht einnehmen konnte.

Krieg in Italien In der Folgezeit gewannen die Gegensätze zwischen Franz I. und Karl V. in Italien wieder an Bedeutung. Seit dem Tod des Herzogs von Mailand, Francesco Sforza, am 1. November 1535 wurde die Mailänder Frage wieder akut. Zunächst schlug der französische König vor, der Kaiser solle das französische Königshaus mit dem oberitalienischen Herzogtum belehnen. Die Bedingungen der kaiserlichen Seite, die im Besitzvorbehalt der lombardischen Festungen gipfelten, lassen mit großer Wahrscheinlichkeit vermuten, dass es dem Kaiser mit der Abtretung Mailands an einen französischen Prinzen nicht ernst war, denn sie hätte den Verzicht auf den Preis langjähriger Kämpfe in den Jahren zwischen 1521 und 1529 bedeutet; die geheime Investitur Philipps (II.) mit dem Herzogtum 1540 macht die längerfristige Perspektiven Karls V. offenkundig, Mailand dem spanischen Machtbereich zu erhalten. Die Hoffnungen, die der Kaiser auf den neuen Papst Paul III. setzte, waren groß, dies betraf sowohl die Mittelmeerpolitik als auch die Konzilsfrage. In der Tat sollte der neue Papst 1537 ein allgemeines Konzil nach Mantua einberufen. So war es naheliegend, wenn Karl nach dem französischen Einmarsch in Piemont und der Einnahme von Turin am 4. April 1536 mit der Parteinahme des Papstes gegen Franz I. vor der europäischen Öffentlichkeit rechnete. Paul III. verhielt sich jedoch neutral und erklärte sich nur zur Friedensvermittlung bereit. Erst die Entwicklungen während des dritten französisch-habsburgischen Krieges, vor allem die französisch-osmanische Flottenkooperation im westlichen Mittelmeer und die daraus resultierende Bedrohung bzw. Plünderung der italienischen Küsten, bildeten die Grundlage für eine Zusammenarbeit zwischen Kaiser und Papst in der Türkenliga vom 8. Februar 1538. Sie wurde auch auf der familienpolitischen Ebene verstärkt, als Karl, den Territorialinteressen des Hauses Farnese Rechnung tragend, mit Paul III. die Eheschließung seiner natürlichen Tochter Margarete mit Ottavio Farnese, dem Enkel des Papstes, vereinbarte. Die Heirat erfolgte nach dem Waffenstillstand von Nizza am 17./18. Juni 1538 zwischen Franz I. und Karl V., an dessen Zustandekommen der Papst erheblichen Anteil hatte. Auf Italien bezogen, hat dieser zehnjährige Waffenstillstand den Status quo sanktioniert. In der französisch-habsburgischen Absprache von Aiguesmortes vom 14./16. Juli 1538 wurde das Programm einer künftigen französisch-habsburgischen Zusammenarbeit in der Religions- und Osmanenpolitik vereinbart.

Inzwischen hatte Karl V. seine Politik neu orientiert und wandte sich dem Problem der *pacification d'Allemaigne* zu. Auf der Basis des Frankfurter Anstandes von 1539, der in seinen Zugeständnissen an die Protestanten über den Nürnberger Religionsfrieden von 1532 hinausging, knüpfte die kaiserliche Politik im Grunde an den Augsburger Reichstag von 1530 an, weswegen sie auch mit den damals verbundenen Problemen und Vorbehalten konfrontiert war. Daher bedurfte es ausgleichsbereiter Theologen auf beiden Seiten und einer umsichtigen Leitung durch den kaiserlichen Minister Granvelle. Martin Butzer auf evangelischer Seite und Johannes Gropper auf katholischer Seite leisteten mit dem „Regensburger Buch" dazu wesentliche Vorarbeiten. Vor allem gelang es, Papst Paul III. zur Entsendung des auch bei den Protestanten angesehenen Kardinals Gasparo Contarini als Legaten nach Regensburg zu bewegen. Der Erasmianer Granvelle war von der theologischen und politischen Lösbarkeit der Aufgabe überzeugt. Somit schienen die Voraussetzungen für ein theologisches Colloquium auf dem Regensburger Reichstag von 1541 ausgesprochen günstig. So gelang in der seit zwei Jahrzehnten umstrittenen Kernfrage der Rechtfertigung und der Sakramentenlehre ein akzeptabel scheinender Ausgleich. Strittig blieben allerdings die Artikel der Messe, der Transsubstantiation und der Kirche.

Kaiserliche Reichspolitik 1539/41

Möglicherweise war die kaiserliche Politik in den Jahren 1543 bis 1547 von einer kohärenten Linie, einem „großen Plan" (BRANDI 2.8.9) bestimmt, die Konsequenz des Handelns und die Erfolge scheinen jedenfalls dafür zu sprechen. Sie sollten den Kaiser in den Jahren 1547/48 auf den Höhepunkt seiner Macht im Reich und in Europa führen. Es gelang ihm, seine Gegner militärisch zu besiegen: Dies galt zunächst für Herzog Wilhelm von Kleve, der 1543 mit französischer Hilfe Karls Erbansprüche auf Geldern, Zütphen, Drenthe und Groningen streitig machte; er musste nach der Eroberung Dürens durch kaiserliche Truppen im Vertrag von Venlo auf seine Territorialansprüche ebenso verzichten wie auf sein Bündnis mit Frankreich, außerdem musste er sich zur alten Kirche bekennen. Die Unterwerfung des Herzogs von Kleve ebnete dem Kaiser auf dem Speyrer Reichstag den Weg, von den Reichsständen militärische Hilfe für den geplanten Feldzug (1544) gegen den französischen König zu erhalten: 24 000 Knechte und 4000 Reiter für sechs Monate. Es war das einzige Mal, dass man dem Kaiser eine derartige Hilfe bewilligte, die seitens der Protestanten allerdings nur gegen

Der „große Plan" der kaiserlichen Politik 1543–1547

religionspolitische Zusagen (Status quo im Besitzstand der Kirchengüter und Suspension der Kammergerichtsprozesse in Religionsangelegenheiten) zu erhalten war, was einerseits zu einem päpstlichen „Tadelsbreve" und andererseits zur Verteidigung des kaiserlichen Verhaltens auf protestantischer Seite führen sollte. Ein Bündnis mit dem englischen König für einen Feldzug gegen Frankreich unterstützte Karls Kriegsprojekt nur wenig, ging es Heinrich VIII. doch in erster Linie um Boulogne an der Atlantikküste. Das kaiserliche Heer stieß von Metz aus an die Marne vor, verlor jedoch viel Zeit mit der Belagerung der Festung St.-Dizier, was zur Folge hatte, dass die Verpflegungsschwierigkeiten der Armee zunahmen. Franz I. nützte die Vorteile der inneren Linie und vermied deshalb jede Schlacht, deren Verlust Karl V. vielleicht den Weg nach Paris geöffnet hätte. So waren letztlich beide Seiten an einem Frieden interessiert, um ihr Gesicht zu wahren.

Neubeginn des Verhältnisses zu Frankreich? Dieser Frieden kam am 18./19. September 1544 in Crépy (ostensibles Vertragsinstrument) und in Meudon (Geheimvertrag) zustande. Beide Seiten postulierten einen Neubeginn ihres Verhältnisses unter Einbeziehung bzw. Verpflichtung der künftigen Generationen, unter Verzicht auf territoriale Rechtsansprüche der Vergangenheit (Verträge von Madrid und Cambrai). Der französische König sollte den Kaiser mit 10 000 Mann und 600 schweren Reitern gegen die Osmanen unterstützen. Die Verpflichtungen des Kaisers bezogen sich vor allem auf das Herzogtum Mailand, eventuell auch auf die Niederlande, denn der Herzog von Orléans sollte nicht nur mit der Infantin Maria oder mit der Erzherzogin Anna von Österreich binnen eines Jahres verheiratet werden, sondern auch mit dem Herzogtum Mailand oder mit den Niederlanden – diese Alternative behielt sich der Kaiser vor – ausgestattet werden. Karl wurden vier Monate zur Entscheidung eingeräumt. Der Infant Philipp, Ferdinand I., der Dauphin und die französischen Stände und Gerichte sollten den ostensiblen Vertrag ratifizieren. Die Erfüllung dieser Vertragsbestimmung durch Karl V. war die Voraussetzung einer dauerhaften Aussöhnung mit Frankreich nach dem nun schon 25 Jahre andauernden Konflikt. Im geheimen Annex von Meudon, abgeschlossen zwischen Karl und Franz, ohne verpflichtende Einbeziehung anderer Familienmitglieder, war „die Wiederherstellung unseres heiligen Glaubens und der Religion in vollkommener Einheit und die Abstellung der Missbräuche, in deren Zusammenhang bedauerlicherweise neue und verdammenswerte Sekten aufgetreten sind und sich an verschiedenen Orten und Stellen der Christenheit verbreitet haben," beabsichtigt [zit. nach 1.1.4: Kohler: 315]. Franz I. sagte dem Kaiser Hilfe zur Abstellung der Missbräuche in der Kirche, zur Beschickung des Konzils, das in Trient, Cambrai oder Metz abzuhalten war, sowie zur Rückführung der Protestanten in die alte Kirche, wenn nötig auch mit Gewalt, zu. Diese Vereinbarungen blieben den Zeitgenossen unbekannt.

Die Bestimmungen der Friedensverträge von Crépy und Meudon standen ganz im Zeichen der nächsten Ziele der kaiserlichen Universalpolitik; diese sprachen Frankreich eine Trabantenrolle zu. Endlich schien Karl das Königreich in seine Kaiserpolitik voll integrieren zu können. Dagegen protestierte der Dauphin, der spätere Heinrich II., am 12. Dezember 1544 notariell und sprach vom künftigen Schaden für das Königreich. Er fühlte sich an die Verträge nicht gebunden. Heinrichs revisionistische Position leistete der Irreversibilität des habsburgisch-französischen Dauerkonflikts Vorschub. Mit dem Tod Karls, des Herzogs von Orléans, am 9. September 1545 schwanden allerdings schlagartig diese dynastischen Hoffnungen der französischen Krone.

Inzwischen konnte der Kaiser mit Frankreich, verbunden mit der Hintanhaltung der osmanischen Gefahr und der Einigung mit Papst Paul III. über die Ausschreibung des Konzils für März 1545 nach Trient, die den Vereinbarungen von Crépy entsprachen, nach neuen Möglichkeiten suchen, die „Lutherfrage" einer Lösung zuzuführen. Dabei bestärkte ihn der Papst, er solle parallel zu Konzil und Reichstagsverhandlungen den „Ketzerkrieg" führen, wofür der im Mai 1545 in Worms eingetroffene päpstliche Legat Kardinal Farnese Kriegshilfe anbot, überdies gestattete Rom dem Kaiser den Zugriff auf kirchliche Einnahmen in den spanischen Königreichen. Kardinal Farnese muss von der spontanen Bereitschaft Karls, auf einen „Ketzerkrieg" einzugehen, überrascht gewesen sein. Dem Papst konnte ein Krieg nur recht sein, denn währenddessen konnte der Kaiser in Trient kaum auf unerwünschte Reformen des Konzils drängen; außerdem drohten dann auch keine Religionsabsprachen des Kaisers mit den protestantischen Reichsständen wie 1544 in Speyer. Doch verschob Karl V. wenig später den Krieg auf das nächste Jahr, denn weder war er selbst gerüstet noch fand er im Reich – ein permanentes Problem – verlässliche Bündnispartner. Vor allem gelang ihm keine Übereinkunft mit den bayerischen Herzögen, deren Gebiet von großer strategischer Bedeutung war.

Konzil und Krieg?

Der Regensburger Reichstag 1546 stand im Zeichen des Abwartens und Hinhaltens, vor allem aber der Kriegsvorbereitungen des Kaisers. Das geplante Religionsgespräch kam nicht zustande, der Reichstag war von Gerüchten um Truppenwerbungen und Kriegsabsichten überschattet. Noch bevor sich die Protestanten vor dem Ende des Reichstages zurückzogen, ließ der Kaiser seine Absichten zum Krieg erkennen. Wenn er ihn als Exekution der Reichsacht gegen Kursachsen und Hessen ausgab, so verfolgte er zwei Ziele: erstens den Eindruck eines Religionskrieges zu vermeiden, zweitens die führenden Fürsten des Schmalkaldischen Bundes von den Städten zu trennen. In der Sprache der habsburgischen Propaganda hieß dies: „Bestrafung der Widder, nicht der Schafe". Die erhoffte Spaltung des Schmalkaldischen Bundes im Widerstand gegen den „Metzger aus Flandern", wie Karl V. in protestantischen Flugschriften apostrophiert wurde, trat jedoch nicht ein. Von größter Bedeutung waren die während des Reichstages mit den Herzögen von Bayern und Moritz von Sachsen geführten Verhandlungen. Am 19. Juni 1546 war der Vertrag mit Moritz von Sachsen spruchreif. Die zugunsten des Kaisers formulierten Vertragsbestimmungen unterwarfen den Herzog dem Trienter Konzil und verlangten von ihm die Unterstützung der kaiserlichen Politik. Moritz sollten die noch zu erobernden ernestinischen Länder zustehen. Die sächsische Kur hingegen versprach ihm der Kaiser nicht. In dem am 7. Juni mit den bayerischen Herzögen abgeschlos-

Krieg gegen die schmalkaldischen Fürsten

senen Vertrag stellten diese Sammelplätze, Verpflegung und Munition für das kaiserliche Heer bereit, blieben aber nach außen hin neutral.

Der Schmalkaldische Krieg ist nicht nur mit einem beträchtlichen propagandistischen Aufwand, sondern auch mit entsprechenden militärischen Mitteln geführt worden. Am Kriegsverlauf ist auffallend, dass es eigentlich keine einzige große Feldschlacht gegeben hat; stattdessen fanden einige größere Gefechte und Kanonaden statt. Im sogenannten Donaufeldzug während des Sommers 1546 musste der Kaiser anfangs nicht nur jeder Schlacht, sondern auch größeren Gefechten aus dem Weg gehen, weil er nicht ausreichend gerüstet war. Die zahlenmäßige Überlegenheit der schmalkaldischen Truppen war damals beträchtlich; sie bestanden Ende Juli aus etwa 21 000 Knechten und 4500 Reitern und dürften sich durch weiteren Zuzug auf etwa 50 000 Knechte und 7000 Reiter erhöht haben. Karl hingegen musste auf Truppenverstärkungen aus den Niederlanden, Italien und Ungarn warten. Wichtig war vor allem die Armee Maximilians von Egmont, des Grafen von Büren, die über 10 000 Knechte umfasste und sich am 31. Juli bei Aachen gesammelt hatte, um den langen Marsch nach Bayern anzutreten. Der entscheidende Schlag gegen Kurfürst Johann Friedrich von Sachsen gelang dem kaiserlichen Heer im Frühjahr 1547, und zwar am 24. April bei Mühlberg an der Elbe, wo der sächsische Kurfürst in Gefangenschaft geriet. Es war offenbar Karls eigene Idee, den Brückenschlag an der Elbe vorzunehmen und die Truppen des sächsischen Kurfürsten am rechten Ufer der Elbe zu verfolgen, ehe dieser nach Mühlberg gelangt sein würde. Der 24. April wurde im Bewusstsein des Kaisers und seiner Umgebung zu einem großen Tag und in der kaiserlichen Propaganda entsprechend hochstilisiert. Tizian hat den siegreichen Kaiser in seinem Reiterbildnis verewigt.

Wittenberger Kapitulation — Karl V. ging es nun vor allem darum, Johann Friedrich einen Vertrag aufzuzwingen, die sogenannte Wittenberger Kapitulation vom 19. Mai 1547. Kur und Kurlande konnten als verloren gelten; doch versuchte der Kurfürst die Interessen seiner Söhne möglichst zu wahren, wobei er auch eine Rückgewinnung der Kur auf dem Wege einer Gesamtbelehnung im Auge behielt. Die vom Kaiser verlangte Anerkennung des Trienter Konzils konnte er verhindern. Auf die Kurfürstenwürde musste Johann Friedrich zugunsten von Moritz verzichten, der wiederum einen Teil der Länder an die Söhne des abgesetzten Kurfürsten übergeben musste. Mit dieser Maßnahme suchte der Kaiser Moritz' Territorialmacht zu beschränken. Von Wittenberg zog der Kaiser nach Halle weiter, wo er über den Fall des Landgrafen Philipp von Hessen verhandeln ließ. Der Kaiser gab zu verstehen, dass er nur unter harten Bedingungen bereit war, sich mit Philipp auszusöhnen. Als Philipp auf Vorschlag der vermittelnden Kurfürsten von Brandenburg und Sachsen nach Halle kam, ließ ihn der Kaiser festnehmen. Es sollte Jahre dauern, bis der Landgraf wieder freikam. Seine Gefangenschaft gab später einen der Gründe für den Fürstenaufstand gegen den Kaiser ab. Der Kaiser konnte im Zuge des Schmalkaldischen Krieges weder Unterwerfung noch Befriedung des gesamten Reiches erreichen; vor allem verharrte Magdeburg im Widerstand, ebenso Bremen. In militärischer Hinsicht stand Karl V. zweifellos auf der Höhe der Macht im Reich wie in Europa. Daran hatte auch der Abzug der päpstlichen Hilfstruppen nichts ändern können. Gravierender war die Tatsache, dass Papst Paul III. im Frühjahr 1547 das Trienter Konzil nach Bologna und damit in den Kirchenstaat verlegte. Damit war die kaiserliche Reichs- und Religionspolitik in ihrem Kern getroffen.

2.7 Das Ergebnis: Politischer und kirchlicher Pluralismus im Heiligen Römischen Reich und in Europa

Den militärischen Sieg über seine protestantischen Gegner beabsichtigte der Kaiser in zweifacher Weise zu nützen: erstens um die Reichsverfassung im monarchischen Sinne zu reformieren, und zwar mit Hilfe eines Bundesprojekts, zweitens um die Religions- und Kirchenfrage endgültig zu lösen. Schon im Herbst und Winter 1546/47, also noch während des Schmalkaldischen Krieges, hatte Karl V. eine Reform und Umgestaltung der Reichsverfassung vorzubereiten begonnen. Er beabsichtigte, das Verhältnis zwischen Reichsoberhaupt und Reichsständen neu zu gestalten, und zwar in Form eines Reichsbundes, der die deutschen und österreichischen Länder, darüber hinaus auch die italienischen Gebiete – Mailand, Savoyen, nach Möglichkeit auch Neapel – und die Niederlande umfassen sollte. Damit verbunden war die Sicherung der definitiven Vorrangstellung des Hauses Habsburg im Reich wie in Europa. Die einflussreichsten Reichsstände begegneten diesem kaiserlichen Bundesprojekt mit größtem Misstrauen, da es geeignet war, die *monarchia universalis* insbesondere im Reich zu vollenden; nur eine Gruppe kleinerer Reichsstände stand ihm positiv gegenüber. Während des Augsburger Reichstages von 1547/48, dem „geharnischten Reichstag", schwanden die Chancen für die Verwirklichung des kaiserlichen Bundesprojekts mehr und mehr. Deswegen setzte Karl V. auf Teillösungen – Burgundischer Vertrag, Schaffung eines „Vorrats" zur raschen Aufbietung von Truppen durch den Kaiser, unabhängig vom Reichstag, „Baugeld" zum Ausbau der Festungen im habsburgischen Ungarn gegen die Osmanen –, in denen sich aber sehr wohl die Hauptanliegen der ursprünglich „großen Lösung" wiederfinden.

Politische Umsetzung des militärischen Sieges

Der zwischen Karl in seiner Doppelfunktion als Kaiser und Landesherr der Niederlande einerseits und den Reichsständen andererseits vereinbarte Burgundische Vertrag vom 26. Juni 1548 arrondierte den Burgundischen Reichskreis mit Geldern, Zütphen, Artois, Flandern und der Freigrafschaft Burgund. Gegen die Verpflichtung zu einem höheren Aufgebot im Fall von Reichsanschlägen oder Türkenhilfen war der Burgundische Kreis von der Jurisdiktion des Kammergerichts eximiert, sollte aber den militärischen Schutz des Reiches genießen – eine gegen allfällige französische Angriffe gerichtete Regelung. Der Vertrag verlieh den Niederlanden nun auch *de iure* eine starke Sonderstellung innerhalb des Heiligen Römischen Reiches. Seine Bedeutung für die spätere Entwicklung der

Burgundischer Vertrag

Niederlande, die vom Reich wegführen sollte, kann nicht hoch genug eingeschätzt werden.

Das Interim   Der Kaiser war politisch nicht in der Lage, den Reichsständen seinen herrschaftspolitischen und religionspolitischen Willen aufzuzwingen. Das System des ständisch bestimmten Reichstages stand dem massiv entgegen. Und nicht nur das, entscheidend war auch das Verhalten des Papstes; beide politischen Kräfte waren gegen eine Steigerung der kaiserlichen Macht im Reich und in Europa nach dem gewonnenen Krieg. So versuchte das kaiserliche Interim von 1548 die fehlenden Konzilsbeschlüsse zu kompensieren. Doch trug die interimfeindliche Haltung auf Seiten der altgläubigen Stände dazu bei, dass der Kaiser das Interim vom 30. Juni 1548 aus eigener Machtvollkommenheit erließ, und es nur für die Protestanten eine Rahmenordnung bis zur Konzilsentscheidung darstellte, die im Zeichen einer reformfreundlichen katholischen Gesinnung lehramtliche und kirchenrechtliche Fragen regeln sollte. Das Interim griff sehr wohl theologische Anliegen der Reformation auf, indem es Priesterehe und *communio sub utraque*, die spätere Kelchkommunion, konzedierte und die Messe als Gedenk- und Dankopfer, nicht aber als Sühneopfer definierte. Andere theologische Differenzen, wie die Rechtfertigung im Glauben, erwähnte man bewusst nicht. Die eigentlichen Probleme lagen in der Durchführung des Interims, denn nur ein kleiner Teil der protestantischen Prediger und Theologen fand sich zur Annahme des Gesetzes bereit.

Scheitern des Interims   Dieser Umstand trug wesentlich zum Scheitern der religionspolitischen Maßnahmen Karls V. im Reich bei. Die offene Ablehnung des Interims wagten wenige; das Leipziger Interim, das Kurfürst Moritz von Sachsen im Ursprungsland der lutherischen Reformation erließ, ist ein Beispiel für einen mit dem Kaiser ausgehandelten Mittelweg, der eine theologische Spaltung innerhalb des sächsischen Protestantismus bewirken sollte. Das Aufbrechen theologischer Differenzen in den Reihen des Protestantismus nach dem Tod Martin Luther war eine von Karl V. wohl nicht beabsichtigte Folgewirkung des Interims. Fast überall versuchten die Theologen die Einführung des Interims zu verhindern oder wenigstens zu behindern, ausgenommen das Herzogtum Württemberg, das ebenso wie die süddeutschen Reichsstädte dem militärischen Druck des Kaisers ausgesetzt war. Als wichtigste Beispiele für den offenen und bedingungslosen Widerstand gegen das Interim in Norddeutschland sind die Städte Bremen und Magdeburg zu nennen.

Die spanische Sukzession   Die politische Umsetzung seines militärischen Erfolges im Schmalkaldischen Krieg war damit endgültig gescheitert. Die Jahre 1548 bis 1556 sind durch den wachsenden Widerstand im Reich und in Europa gegen die Machtentfaltung sowie durch den Niedergang der Herrschaft des Kaisers geprägt. Ein organisierter Widerstand europäischen Ausmaßes formierte sich, der die erste derartige Opposition im Jahr 1526 an Intensität übertraf. Er reichte von den protestantischen Reichsfürsten über König Heinrich II. von Frankreich bis nach Italien und Nordafrika. Karls Pläne der Königserhebung und Sukzession Philipps im Reich musste Ferdinand als einen Angriff auf seine Reputation im Reich und seine seit 1531 aus reichsrechtlichen Gründen feststehende unmittelbare Nachfolge im Kaisertum empfinden. In der spanischen Sukzessionsfrage entfernten sich die habsburgischen Brüder Karl und Ferdinand voneinander, während die Mehrzahl der Reichsstände in ihrer Opposition gegen Karls Projekte sich Ferdinand näherte. Auf diesen und dessen Sohn Maximilian konzentrierten sich die Hoffnungen derer, die eine habsburgische Zukunft des Reiches, aber keine *monarchia universalis* wünschten. Es ging Karl V. darum, ein herrschaftsrechtliches Modell zu finden, das auch nach seinem Tod bzw. nach seiner Abdankung diese Einheit gewährleisten konnte: Auf Karl V. sollte Ferdinand I. als Kaiser folgen, dann erst Karls Sohn Philipp, zuletzt schließlich Ferdinands I. Sohn Maximilian. Die Nachfolge Philipps im Heiligen Römischen Reich, die sogenannte spanische Sukzession, sollte ausdrücklich durch einen reichsrechtlichen Akt, d.h. unter Beteiligung der Kurfürsten, gesichert werden. Wollte Ferdinand keinen Bruch riskieren, so musste er seinen Widerstand gegen die Sukzession Philipps aufgeben. Gerade deshalb war er bemüht, seine künftige Position als Kaiser durch Rangerhöhung bzw. Kandidatur einer anderen Person möglichst nicht gefährden zu lassen. Die Fürstenopposition des Jahres 1552 sollte den Vorwurf erheben, Karl V. wolle das Reich erblich machen.

Den ersten Ansatz einer protestantischen Fürstenopposition bildete das im Februar 1550 zwischen Markgraf Hans von Küstrin, Herzog Albrecht von Preußen und Herzog Albrecht von Mecklenburg in Königsberg abgeschlossene Defensivbündnis. Der Friede mit England im März 1550 eröffnete Heinrich II. die Möglichkeit, neuerlich Kontakte mit den Feinden des Hauses Habsburg aufzunehmen. Er arbeitete auf ein Offensivbündnis mit den Osmanen hin, um auf diese Weise den Waffenstillstand zwischen Ferdinand I. und dem Sultan von 1547 – eine Konsequenz des Friedens von Crépy – zunichte zu machen. Als Schlüsselfigur in den Kontakten mit den antihabsburgisch gesinnten Reichsfürsten sollte sich Moritz von Sachsen erweisen. Dass dieser es verstanden hat, die erstarkende politische Opposition gegen den Kaiser für seine Ziele zu benutzen, verdeutlicht das von ihm in Torgau geschlossene Bündnis vom Mai 1551 mit der antihabsburgischen Gruppe protestantischer Fürsten Norddeutschlands, das nicht gegen das gesamte Haus Habsburg, sondern nur gegen Karl V. gerichtet war und somit den Weg für eine künftige Zusammenarbeit mit Ferdinand I. offenließ.

<small>Fürstenopposition und -aufstand</small>

Den Hauptkonflikt hatte der Kaiser mit den sogenannten Kriegsfürsten in Süddeutschland auszutragen; gleichzeitig stieß der französische König am Rhein und gegen Metz, Toul und Verdun vor, ferner nahm der Sultan am 30. Juli 1552 Temesvar in Ungarn ein. Weniger als je zuvor waren im Reich politischer und religiöser Widerstand gegen Karl V. zu trennen. Diese Umstände ließen aber ein Bündnis mit dem streng altgläubigen französischen König schwierig erscheinen. Heinrich II. stellte den Kampf um die ständische Libertät in den Mittelpunkt seiner Politik bzw. Propaganda und machte den Verzicht der protestantischen Fürsten auf einen Religionskrieg, verbunden mit einer Säkularisierung geistlicher Fürstentümer, zur Conditio sine qua non eines Bündnisses. Hans von

<small>Feldzug der Kriegsfürsten 1552</small>

Küstrin und Herzog Albrecht von Preußen haben diese Forderungen nicht akzeptiert. Der Vertrag von Chambord vom 15. Januar 1552, ein Abkommen der Kriegsfürsten, dem Heinrich II. beitrat, enthielt in seiner Zielsetzung gegenüber früheren Bündnissen einige Neuheiten. Dies gilt im Hinblick auf die Zusage der Kriegsfürsten, Heinrich II. zu Mailand, Neapel, Flandern und dem Artois zu verhelfen und bei der nächsten Kaiserwahl eine französische Kandidatur, einschließlich seiner eigenen, zu unterstützen. Dieser zur Wiederherstellung der alten „libertet und freiheit" und zur Beseitigung der „viehischen servitut" des Kaisers abgeschlossene Vertrag verfolgte die Absicht, der habsburgischen Herrschaft im Reich und in Europa einen vernichtenden Schlag zu versetzen. Verglichen mit ihrer schwachen militärischen Machtbasis war der Frühjahrsfeldzug der Kriegsfürsten im Jahr 1552 erfolgreich: Karl V., der trotz wiederholter Warnungen seine Gegner unterschätzte, musste aus Innsbruck fliehen und sollte sich zunächst in Villach aufhalten. Vieles deutet darauf hin, dass die Kriegsfürsten eine Gefangennahme des Kaisers bewusst vermieden haben. Das Verhalten der meisten Reichsstände war von einer merkwürdig abwartenden Passivität geprägt; dies schadete nicht nur dem Kaiser, sondern längerfristig auch den Kriegsfürsten, weil die von ihnen erhoffte Aufstandsbewegung ausblieb. Auch die erwarteten Anfangserfolge Heinrichs II. blieben aus, zumal die rheinischen Fürsten abwarteten und eine osmanische Offensive im Mittelmeer nicht zustande kam. Das Band der gemeinsamen Gegnerschaft zwischen Frankreich und Karls Gegnern im Reich erwies sich als zu schwach. So gewann der Kaiser seine Entschlusskraft zurück, begann systematisch zu rüsten und erwartete von den anstehenden Linzer und Passauer Verhandlungen vor allem eines: Zeitgewinn. Noch einmal setzte er auf den Sieg seiner Waffen gegen Frankreich.

Moritz von Sachsen und Ferdinand I. Im Zuge des Fürstenaufstandes hatte der sächsische Kurfürst Moritz sehr früh erkannt, dass die künftige Entwicklung im Reich vor allem von den neutral gebliebenen Reichsständen und weniger vom Kaiser oder den sogenannten Kriegsfürsten, seinen Verbündeten, abhing. Dazu bedurfte es allerdings einer grundsätzlichen Änderung seiner Politik. Moritz hatte den mit dem französischen König in Chambord geschlossenen Bündnisvertrag vom Januar 1552 in dem Moment gebrochen, als er am 14. März 1552 in einem Schreiben an Ferdinand Bedingungen nannte, unter denen der Friede im Reich wiederhergestellt werden könne. In den vom 27. Mai bis Ende Juni währenden Passauer Verhandlungen trat Kurfürst Moritz als Vertreter der Kriegsfürsten auf, Joachim de Rye und Vizekanzler Seld fungierten als kaiserliche Kommissare, eine vermittelnde Funktion kam König Ferdinand und den in Passau erschienenen Kurfürsten und Fürsten bzw. ihren Räten – insgesamt neun Reichsfürsten und elf Gesandtschaften – zu. Kurfürst Moritz forderte die Freilassung von Landgraf Philipp von Hessen, die religiöse Gleichstellung der Protestanten sowie die Abstellung der Reichsbeschwerden. Taktisch klug war die Junktimierung der Religionsfrage mit den Gravamina gegen die kaiserliche Regierung, denn damit sprach Moritz auch die altgläubigen Stände an – dies war gewissermaßen auch eine nachträgliche Rechtfertigung des Fürstenaufstandes. So wurde das von

Moritz eingebrachte Programm von Kriegsfürsten und Neutralen akzeptiert; dieser Konsens betraf auch die Religionsfrage, von deren Lösung der künftige, vielleicht dauernde Friede im Reich abhing. Das Neue an Moritzens Forderung bestand darin, dass ein solcher Friede „bestendig", d.h. dauerhaft sein müsse, unabhängig von einer „endlichen vergleichung der zwiespaltigen religion". Über diese grundsätzliche Problematik sollte der nächste Reichstag entscheiden. Eine religionspolitische Weichenstellung zeichnete sich ab, welcher der Kaiser offensichtlich auswich, während sich sein Bruder darauf einzulassen schien, denn als in Passau die vermittelnden Stände den vereinbarten Anstand als „bestendigen fridstand" zwischen Kaiser, König und Reichsständen definierten, schloss sich Ferdinand dieser Auffassung an. Über weitere Verfahrensfragen sollte auf dem in Aussicht genommenen Reichstag befunden werden.

Ferdinands bis zum Augsburger Religionsfrieden von 1555 beibehaltene argumentative Grundlinie bestand hingegen darin, das Reich nicht nur religiös zu befrieden, sondern nach dem Markgrafenkrieg in Franken, den Markgraf Albrecht Alcibiades von Brandenburg-Kulmbach gegen die Bischöfe von Bamberg und Würzburg geführt hatte, auch den Landfrieden nachhaltig zu sichern. Damit konnte das Ansehen der kaiserlichen Gewalt und damit auch Karls Reputation wiederhergestellt werden, um danach den äußeren Feind – die Osmanen – besser abwehren zu können, indem katholische und protestantische Reichsstände Hilfe leisteten, denn auch Kurfürst Moritz stellte Truppen in Aussicht. Die Friedenssicherung war Ferdinand jedenfalls religionspolitische Zugeständnisse wert, die für ihn als künftigem Herrscher im Reich umso wichtiger waren, als sie eine positive Entwicklung seines Verhältnisses zu den Reichsständen versprachen. War der Passauer Vertrag noch zu retten? Am 6. Juli brach Ferdinand von Passau nach Villach auf, wo er nach einem dreitägigen Gewaltritt über die Tauern am 8. Juli abends eintraf und sogleich seinen Bruder aufsuchte; am 11. Juli frühmorgens sollte er schon wieder nach Passau zurückkehren. Die entscheidende Frage war, was für oder gegen eine Annahme des Passauer Vertrags sprach: Wie konnte die Zukunft des habsburgischen Systems im Reich am besten gesichert werden? Sein Eingehen auf den Passauer Vertrag stellte Karl seiner Schwester Maria gegenüber so dar, dass er seinem von den Osmanen bedrängten Bruder helfen wollte.

Passau, Villach und Augsburg

Die Entscheidungen, die in Villach zwischen den Brüdern getroffen wurden, waren von weitreichender Bedeutung. Sie dürften das Auseinanderbrechen des Hauses Habsburg-Burgund in zwei getrennte Systeme, die ältere und jüngere Linie, eingeleitet haben, ohne dass es zu einem formellen Bruch zwischen den Brüdern gekommen wäre. Am 2. August 1552 wurde der Passauer Vertrag von Moritz und Landgraf Wilhelm von Hessen im Namen der Kriegsfürsten in ihrem Feldlager vor Frankfurt unterzeichnet, am 15. August folgte in München auf einer eigenen Urkunde die kaiserliche Ratifikation. Ein Gesamturteil der Ergebnisse der Passauer Verhandlungen im Hinblick auf die religionspolitische Zukunft im Heiligen Römischen Reich lässt deutlich werden, dass Kurfürst Moritz keineswegs das erreicht hatte, was er wollte, nämlich einen immerwährenden Religionsfrieden; stattdessen musste er sich mit einem neuen Provisorium be-

Niedergang der Herrschaft Karls V.

gnügen. Im Übrigen war es Kurfürst Moritz wegen seines frühen Todes in der Schlacht von Sievershausen am 11. Juli 1553 nicht vergönnt, die Realisierung seiner Vorstellung auf dem Augsburger Reichstag noch zu erleben. Darin mag man die persönliche Tragik des sächsischen Kurfürsten sehen. Dass es zum Augsburger Religionsfrieden kam, dass der Passauer Vertrag politisch umgesetzt wurde, lag nicht am Kaiser, sondern an seinem Bruder Ferdinand. Karls letzte politische Hoffnung war hingegen mit der Stadt Metz und der englischen Heirat seines Sohnes Philipp verbunden. Wie viel ihm ein Sieg über den französischen König wert war, zeigt seine Absicht, auch politisch höchst problematische Reichsfürsten und Landfriedensbrecher wie Markgraf Albrecht Alcidiabes von Brandenburg-Kulmbach, der gegen die Bischöfe von Bamberg und Würzburg sowie gegen die Reichsstadt Nürnberg Krieg geführt hatte, anzuwerben, um eine möglichst große Armee zur Belagerung der von französischen Truppen verteidigten Stadt Metz zur Verfügung zu haben. Herzog Alba hatte ihm dazu geraten. Der Markgraf setzte seine Forderung durch und trat dafür im Oktober 1552 in kaiserliche Dienste. Ein Sieg des Kaisers vor Metz hätte wohl nochmals eine Wende im Reich gebracht, doch scheiterte die Belagerung der von den Franzosen umsichtig verteidigten Stadt.

Augsburger Religionsfriede Nun vertraute der Kaiser seinem Bruder Ferdinand die Leitung des Augsburger Reichstages 1555 an, im Grunde war Karl V. nicht bereit, im Reich eine kirchliche Regelung auf Dauer zu akzeptieren. Gerade deshalb war es wichtig, dass Ferdinand mit den protestantischen Fürsten um den sächsischen Kurfürsten August ganz im Sinne des verstorbenen Kurfürsten Moritz von Sachsen über einen beständigen reichsrechtlichen Religionsfrieden auf der Basis des konfessionellen Status quo seit 1552 hart verhandelte. Ohne Ferdinand, den „Vater des Religionsfriedens", wäre es nicht dazu gekommen. Das *ius reformandi* sollten die Landesfürsten ausüben, damit war das Bekenntnis der Untertanen von ihrer Obrigkeit abhängig. Ein gewisses Maß an individueller Glaubensfreiheit kann man im *ius emigrandi* andersgläubiger Untertanen sehen. Die spätestens seit dem Interim bestehende Bikonfessionalität in Reichsstädten galt es durch eine Paritätsregelung abzusichern. Die außerhalb des Reichsabschieds erlassene „Declaratio Ferdinandea", die später von katholischer Seite bestritten werden sollte, gewährte der evangelischen Ritterschaft in geistlichen Territorien Schutz. Unter Widerlegung der Exklusivität des Gewissens der Protestanten machte Ferdinand den sogenannten Geistlichen Vorbehalt (*Reservatum Ecclesiasticum*) zu seiner Gewissensfrage und erreichte damit den Amtsverlust von geistlichen Fürsten bei ihrem Übertritt zum Protestantismus. Damit war ein präventiver Schutz der Reichskirche erreicht, auch wenn er in der Folge die Säkularisierung von Kirchengütern nicht zur Gänze verhindern konnte. Die rechtliche Verbindlichkeit dieser Bestimmung blieb deshalb umstritten, weil Ferdinand – von den Ständen darum gebeten – den Geistlichen Vorbehalt als Schiedsrichter auf sich nahm. Viele andere Regelungen kamen nur zustande, indem man sich einer absichtlich dissimulierenden Verhandlungsweise bediente und sich auf Formulierungen einigte, die später eine große Variabilität der juristischen Interpretation erlaubten und Konflikte zur Folge hatten. Der Reichsabschied von 1555, der neben dem Religionsfrieden wichtige Bestimmungen über die Wahrung und Exekution des Landfriedens durch die Reichskreise enthielt, sicherte den Frieden und die Fürstenherrschaft sowie die reichsrechtliche Anerkennung des Luthertums. Was Ferdinand nicht durchsetzen konnte, waren Verhandlungen über Wege und Mittel einer kirchlich-theologischen Concordia – ein Ziel, das er in den folgenden Jahren mehrfach, allerdings ohne Erfolg, aufgreifen sollte.

Mit dem Augsburger Reichstagsabschied hatten sich die partikularen Kräfte gegen das universale Kaisertum Karls V. durchgesetzt. Das Kaisertum blieb in der Person Ferdinands I. im Besitz der jüngeren habsburgischen Linie, die in Wien und Prag residierte. Es gab kein Zurück mehr zu Karls V. Politik der schrittweisen und vorläufigen religionspolitischen Lösungen. Das Scheitern der Pläne des Kaisers, Philipps englisches Königtum durch eine erbrechtliche Verbindung mit den Niederlanden zum Ausgangspunkt einer dritten, nordeuropäischen Linie Habsburgs werden zu lassen, trugen wesentlich zur Abdankung Karls V. bei. Im Gegensatz zu den nun in Brüssel im Winter 1555/56 folgenden Abdankungsakten im Hinblick auf die burgundisch-niederländischen, spanischen und italienischen Herrschaftsgebiete verursachte Karl V. im Heiligen Römischen Reich im Grunde bis 1558 – bis zu Ferdinands Frankfurter Proklamation – ein langes Interim, ehe er am 21. September 1558 starb.

Abdankung Karls V.

Seinem Sohn und Nachfolger Philipp II. hinterließ Karl V. den Krieg mit Frankreich, der für keine Seite zu gewinnen war. Die Friedenskonferenz von Marcq bei Calais unter dem Vorsitz des Kardinallegaten Pole im Mai/Juni 1555 leitete den Frieden ein, doch erst im Januar 1556 konnte in Vaucelles ein Waffenstillstand geschlossen werden, der im Frieden von Cateau-Cambrésis 1559 endlich seine Ausführung fand. Er sicherte Spanien seine Positionen in Italien und postulierte den Willen zu einer gemeinsamen antiprotestantischen Politik, die der unerwartete Tod des französischen Königs allerdings fragwürdig erscheinen ließ.

Beendigung der Kriege gegen Frankreich

3. DIE KONFESSIONELLEN UND POLITISCHEN KONFLIKTE IN DER EPOCHE DES SPANISCHEN UNIVERSALREICHES

3.1 Neue konfessionelle Kräfte: Calvinismus und tridentinische Reform

Festhalten am Augsburger Religionsfrieden

Für das Heilige Römische Reich stellte der Augsburger Religionsfriede in den Auseinandersetzungen zwischen Luthertum und alter Kirche einen Meilenstein dar; für die Jahrzehnte bis zum Dreißigjährigen Krieg war er der reichsrechtliche Maßstab für das Miteinander der beiden Kirchen bzw. Konfessionen, auch wenn es Verletzungen des Friedens gab, wie weitere Säkularisierungen auf protestantischer Seite zeigen. Wesentlich war das Faktum, dass jene Generation, die diesen Frieden abgeschlossen hatte, sich dazu bekannte. Jedenfalls kann bis zu den frühen 1580er Jahren ein weitgehender Konsens im Hinblick auf den Augsburger Religionsfrieden beobachtet werden. Ferdinand I. hatte nach 1555 nicht nur eine Condordia zwischen den beiden Konfessionsparteien versucht, sondern sich dezidiert gegen Initiativen hinsichtlich der „Freistellung" des Glaubensbekenntnisses, also die Umgehung des Geistlichen Vorbehalts gewehrt, die vor allem von Seiten der calvinistischen Kurpfalz kamen. Hierin zeigten sich die ersten Auswirkungen des Calvinismus im Reich in den späten Lebensjahren von Calvin.

Werdegang Calvins

Jean Cauvin/Johannes Calvin wurde am 10. Juli 1509 in der Bischofsstadt Noyon in der nordfranzösischen Picardie geboren; er starb 1564 in Genf. Sein Vater Gérard stammte aus einer Handwerkerfamilie und war zum Notar und Finanzverwalter des Domkapitels von Noyon aufgestiegen. Sein Sohn sollte den geistlichen Beruf ergreifen. Aus den Einkünften einer kirchlichen Pfründe konnte der Vater die Schul- und Universitätsausbildung seines Sohnes bestreiten. 1523 ging Calvin nach Paris, um sich dort in verschiedenen Collèges auf das Theologiestudium vorzubereiten. Studienkollegen gaben ihm damals den Spitznamen „accusativus" als Ausdruck seiner besonderen Strenge und Konsequenz. Auffällig war schon damals neben seinem scharfen, klaren Urteil und der Direktheit seiner Argumentation sein exzellentes und trainiertes Gedächtnis, das es ihm später bei der Abfassung seiner Werke erlaubte, nahezu fehlerlos aus der Bibel und anderen Schriften zu zitieren. Nach einem Konflikt mit dem Domkapitel in Noyon änderte der Vater 1527 seine Meinung und bestimmte, dass sein Sohn Rechtswissenschaften studieren sollte. So ging Johannes nach Orléans und Bourges. Sein erstes Werk, ein Kommentar zu Senecas „De clementia" (1532), nach dem Tod des Vaters erschienen, eröffnete ihm nicht die Laufbahn eines Humanisten. In jenen Jahren vollzog sich vielmehr die *conversio* Calvins, die Befreiung vom „Aberglauben des Papsttums" und die Bekanntschaft mit dem französischen Protestantismus in der Person des Rektors der Pariser Sorbonne, Nicolas Cop, der nach einer Rede evangelischen Inhalts am 1. November 1533 aus Paris floh, weil seine Befürchtung, festgenommen und verurteilt zu werden, im Zuge der religionspolitischen Zuspitzung – man denke an die *affaire des placards* im Oktober 1534 – berechtigt war. Auch Calvin, der mit Cop bekannt war, verließ deshalb Paris, verzichtete auf seine kirchliche Pfründe und ging nach Basel, wo er u. a. mit Sebastian Münster (Hebräist und Geograph), Simon Grynaeus (Graecist) und dem Rechtsgelehrten Bonifacius Amerbach Kontakt hatte. Als Mann der zweiten Generation von Reformatoren hatte Calvin damals auch Beziehungen zu Guillaume Farel, Joachim Vadianus, dem Reformator St. Gallens, und Heinrich Bullinger, dem Nachfolger Zwinglis, sowie zu den Straßburger Reformatoren Martin Butzer und Wolfgang Capito. In dieser Zeit arbeitete Calvin an der ersten Ausgabe seiner „Institutio religionis Christianae" (1535, später mehrmals überarbeitet), die er König Franz I. widmete. Es handelt sich um eine der überzeugendsten reformatorischen Verteidigungsschriften, gestaltet in Form des Lutherischen Katechismus (in Frage- und Antwortform). Gesetz, Glauben und Gebet, Taufe, Abendmahl, die fünf Sakramente, die „christliche Freiheit" und die kirchliche und weltliche Macht stehen im Mittelpunkt der „Institutio".

1536 ging Calvin gemeinsam mit Farel das erste Mal nach Genf; er blieb dort bis 1538. Die Voraussetzungen schienen günstig, weil die Ratswahlen von 1534 von der proreformatorischen Mehrheit gewonnen worden waren und der Rat 1535 die Messe abschaffte, außerdem die Bilder entfernen ließ. In einer Bürgerversammlung wurden die Maßnahmen des Magistrats bestätigt, damit verbunden war die politische Umorientierung des Bischofs von Genf und des Herzogs von Savoyen gegenüber Bern, das in den nächsten zwei Jahrzehnten die Genfer Reformation unterstützte. Die Folge für Genf war, vor allem auf Seiten alteingesessener Familien, die Spaltung in Befürworter und Gegner der Reformation. Damals formulierte Calvin zusammen mit Farel eine Kirchenordnung, die noch lange zum Streitobjekt mit dem Genfer Rat werden sollte. Den Reformatoren ging es darum, „wie Gesetz und Evangelium in einer Gesellschaft zur Geltung zu bringen seien" [2.5.3.3: VAN'T SPIJKER, J 136]. Dabei wurde besonderer Wert auf die „Kirchenzucht" gelegt, verbunden mit Aufsicht und Maßnahmen wie Exkommunikation bei Verletzung der Vorschriften. So war es nur konsequent, dass nach dem Sieg der Opposition 1538 der Rat die Entlassung Calvins beschloss. Es folgten dessen Straßburger Jahre (1538–1541), wo der Reformator sich um französische *réfugiés*, die vor allem aus Metz stammten, kümmerte. In Straßburg nahm er sich an Butzer und Sturm ein Beispiel, so etwa hinsichtlich liturgischer Bräuche und der Organisationsstruktur der Straßburger Kirche sowie des Bildungswesens und der Universität. Außerdem fällt Calvins Eheschließung (1541) mit Idelette van Buren in die Straßburger Jahre.

1541 konnte er nach Genf zurückkehren, um sein Reformationsprojekt weiterzuführen, dessen Konsolidierung nach wechselvollen Erfahrungen erst nach 1555 gelingen sollte. Bis dahin entwickelte Calvin die wichtigsten Strukturelemente: die wöchentlichen Zusammenkünfte der Pfarrer (Compagnie des pasteurs), der *doctores*, zur Erhaltung der „Reinheit des Evangeliums", d.h. der Lehre, die Einrichtung der Diakone und des Rats der Ältesten als Verwaltungs- und Aufsichtsorgan, das dem Kirchenrat berichten sollte (Ordonnances ecclésiastiques, 1541). 1549 gelang Calvin im „Consensus Tigurinus" eine weitgehende

<small>Calvins Reformation in Genf</small>

Verständigung mit den zwinglianischen Gemeinden der Eidgenossenschaft. Bis 1555 erwies sich das Spannungsfeld zwischen Kirchenrat und Magistrat als virulent, vor allem deshalb, weil der Magistrat den Kirchenrat als ein Organ der Obrigkeit betrachtete und die Gegner Calvins (Patrioten und Libertiner) sich der „fremden Autorität des Kirchenrats" nicht beugen wollten und in diesem Zusammenhang von antifranzösischen Stereotypen gegen den „Picardier" Calvin Gebrauch machten. Verschiedene Vorfälle trugen zur Vertiefung der Spannungen bei. Dazu gehörte allerdings nicht die Verurteilung und Hinrichtung von Michael Servet (1553), den Antitrinitarier, der die Dreifaltigkeit heftig ablehnte und sie mit einem „dreibeinigen Cerberus" gleichsetzte, was zu dessen Ablehnung in der gesamten protestantischen Eidgenossenschaft und zu entsprechenden negativen Gutachten führte, die der Genfer Rat vor der Verurteilung Servets einholte. Calvin kommt jedoch eine Mitverantwortung zu, weil er schon der Inquisition in Vienne, die Servet verurteilt hatte, ehe dieser nach Genf ging, negative Informationen zuspielte. Dieser Vorfall hatte zur Folge, dass dem Genfer Calvinismus eine besondere Intoleranz zugeschrieben worden ist.

Europäische Ausstrahlung des Genfer Calvinismus

Als die wachsende Gruppe überzeugter französischer Calvinisten das Genfer Bürgerrecht erwarb und dadurch der Stadt die Schuldentilgung gegenüber Bern erleichterte, setzte der Reformator die Eigenverantwortung der Kirchenregierung gegenüber dem Rat durch. Die Folge war u. a. die rasch steigende Zahl von Exkommunikationen von 80 pro Jahr (zwischen 1550 und 1555) auf 140 (1556) und 300 (1559). Besonderen Bedacht legte der Kirchenrat auf die Einhaltung der strengen Sittengesetze (u. a. Schutz der Ehe, Beachtung der Einschränkung von Luxus und Festen), sodass der spätere Reformator John Knox, der sich in diesen Jahren in Genf aufhielt, feststellte: Hier befinde sich „die vollkommenste Schule Christi [...], die es seit der Zeit der Apostel auf Erden gegeben hat" [2.5.3.3: VAN'T SPIJKER, J 189]. Mit der Gründung der Akademie nach Straßburger Vorbild 1559 wurde Genf zum Mittelpunkt des europäischen Calvinismus; der Zustrom von Glaubensflüchtlingen aus Frankreich, Italien, den Niederlanden und seit 1553 auch aus England veränderte einerseits den Charakter der Genfer Bevölkerung, andererseits prägten die in Genf ausgebildeten Calvinisten zahlreiche Regionen Europas nachhaltig. Die von Calvins Nachfolger Theodor Beza 1559 gegründete theologische Akademie Genf trug dazu in hohem Maße bei. So orientierten sich die französische Protestanten, die Hugenotten, sowie die schottische „Confession of faith" (John Knox) und die niederländische „Confession des Pays-Bas", ferner die ungarische Nationalsynode von Debrecen (1567) und der „Heidelberger Katechismus" der Kurpfalz (1563) an der Doktrin von Calvin. Die Hugenottenkriege in Frankreich hatten zur Folge, dass sich der Genfer Calvinismus seit den 1560er Jahren verstärkt Mittel- und Osteuropa (Polen, Ungarn) zuwandte. Unbestritten ist die Bedeutung des Calvinismus für die Motivation und Agitation ständischer Widerstandsbewegungen in Frankreich, den Niederlanden, England, Böhmen, Ungarn und Österreich. Im Heiligen Römischen Reich hatte der reichsrechtlich nicht gesicherte Calvinismus im Luthertum eine starke Konkurrenz; so konnten nur wenige Territorien gewonnen werden, wie die Kurpfalz, die Grafen von Nassau, die Fürsten von Anhalt, Lippe, Bremen und andere. Der prononcierteste Gegner des Calvinismus war Kursachsen, das jede Art von „Kryptocalvinisten" verfolgte, vor allem an den lutherischen Universitäten Wittenberg, Leipzig und Jena.

Die relativ späte Erneuerung und Stabilisierung der Papstkirche hing nicht zuletzt mit dem Konzil von Trient zusammen, das mit Unterbrechungen in drei Sessionen in den Jahren 1545 bis 1547, 1551/52 und 1562/63 tagte und erst 1563 zum Abschluss kam. Die letzte Session stand zwar wegen des Friedens von Cateau-Cambresis von 1559 zwischen Spanien und Frankreich und der Wahl von Papst Pius IV. unter günstigen politischen Voraussetzungen für eine erfolgreiche Beendigung des Konzils, jedoch zeichneten sich deutliche Positionsunterschiede zwischen Spanien, Frankreich und Kaiser Ferdinand I. in grundsätzlichen Fragen des Konzils und einer Reform der Kirche ab. Sowohl der französische König als auch der Kaiser gaben die Hoffnung auf eine Concordia mit dem Protestantismus nicht auf, doch der spanische König zeigte dafür kein Verständnis. Es gelang schließlich der Kurie, durch die Entsendung des Konzilspräsidenten Kardinal Giovanni Morone zu Ferdinand I. die Krise zu überwinden und das Konzil rasch zu Ende zu führen. Doch wurde Ferdinand I. enttäuscht, weil seine Forderungen nach Laienkelch und Priesterehe letztlich nicht erfüllt wurden. Am 4. Dezember 1563 beschloss das Konzil seine Tätigkeit.

Katholische Erneuerung – das Konzil von Trient

Zieht man nun die Ergebnisse des Trienter Konzils (des sogenannten Tridentinums) in Betracht, so wird deutlich, dass das Tridentinum sehr wohl auf die im Zuge der Reformation aktuell gewordenen Reformanliegen reagierte: Die Konzilsdekrete definierten die Ausbildung der Kleriker neu und die bischöflichen Pflichten auf der Basis der Pastorale – deshalb die Residenzpflicht der Bischöfe. „Modernisierung, Rationalisierung und Zentralisierung traten an die Stelle spätmittelalterlichen Wildwuchses und absurder Mißbräuche. Doch nicht nur in dogmatischer, auch in kirchenorganisatorischer und pastoraler Hinsicht war in vielen Fragen, die Luther gestellt oder vom christlichen Humanismus übernommen hatte, das Steuer auf pure Abwehr gestellt: Gegen die Volkssprachen in Liturgie und Heiliger Schrift (die schon vor Luther gefordert waren) stand die Betonung des Lateins, gegen die Aufwertung des Laien in der Kirche (gleichfalls lange vor Luther diskutiert) stand die Betonung der Klerikerkirche, gegen den Abbau der Scholastik (ein Hauptanliegen der Humanisten) ihre Aufwertung, gegen die Vielfalt der Riten und der theologischen Diskussion strenge Uniformität und Zensur. Die Reform ‚in capite', also in Rom selbst, hatte das Konzil nicht in Angriff genommen. Und auch dort, wo konziliare Beschlüsse vorlagen, aber nicht in das System des römischen Zentralismus paßten – etwa in der Frage des regionalen Synodalwesens – zeigte sich bald die Selektivität der römischen Praxis in der Durchführung der tridentinischen Reform" [2.3: LUTZ, 64f.].

Ergebnisse des Tridentinums

Die Vertreter des nachtridentinischen Papsttums wie Pius V. (1566–1572), Gregor XIII. (1572–1585) und Sixtus V. (1585–1590) reorganisierten die päpstliche Administration; auffallend sind eine Reihe neuer Nuntiaturen, die der Durchführung der Konzilsbeschlüsse und der engen Kooperation mit ka-

Das nachtridentinische Rom

tholischen Herrschern dienten. In Rom wiederum kam es zum Ausbau der kirchlichen Studienanstalten zur Ausbildung des „internationalen" Priesternachwuchses, der den Missionsaufgaben in den Überseegebieten Spaniens und Portugals und darüber hinaus (Jesuitenmission in China) Rechnung trug. 1566 erschien der Tridentinische Katechismus, der an die Idee des Petrus Canisius und letztlich an Luther anknüpfte, 1568 das neue römische Brevier und 1570 das neue Messbuch. Rom wurde zum Mittelpunkt und Vorbild der weltweit wirksamen katholischen Spiritualität.

3.2 Die spanische Monarchie unter Philipp II.

Beim Rücktritt seines Vaters 1555/56 erbte Philipp II. die Burgundischen Niederlande, die Freigrafschaft Burgund, die spanischen Königreiche mit den Besitzungen in Amerika, in Italien die Vizekönigreiche Neapel, Sizilien und Sardinien, das Herzogtum Mailand und die Herrschaft über Siena sowie einzelne Küstenstützpunkte in Nordafrika. Die außenpolitische Situation Philipps II. am Beginn seiner Regierung war durch den Krieg mit dem französischen König Heinrich II. und Papst Paul IV. gekennzeichnet. Die Siege des Herzogs von Alba in Italien und des Herzogs von Savoyen bei St. Quentin entschieden 1557 den Krieg zugunsten Philipps II. Diese Erfolge wogen den kinderlosen Tod von seiner zweiter Gattin, Maria Tudor (1558), und den Titel und Anspruch eines Königs von England 1558 auf. Im Frieden von Cateau-Cambrésis vom 3. April 1559 verzichtete der französische König auf alle Rechte in Italien, sicherte hingegen Calais gegen die Ambitionen Englands und seine Präsenz in Metz, Toul und Verdun. Diese *pax catholica* zwischen Spanien und Frankreich sollte, bekräftigt durch Philipps Ehe mit Elisabeth, der Tochter Heinrichs II., die Grundlage einer gemeinsamen antiprotestantischen Politik darstellen, doch veränderte der unerwartete Tod des französischen Königs infolge eines Turnierunfalls bei den Feierlichkeiten zum Friedensschluss die Situation. Aus der Ehe mit Elisabeth entstammte die Infantin Isabella Clara Eugenia (1566–1633), die dem spanischen König Erbansprüche auf den französischen Thron einbrachte. Philipp II. hatte aus seiner ersten Ehe mit Maria von Portugal einen Sohn – den 1545 geborenen Don Carlos –, der jedoch regierungsunfähig war und 1568 starb. Bis zur Geburt eines männlichen Thronerben, den späteren Philipp III., im Jahr 1578 aus seiner vierten Ehe mit der Erzherzogin Anna, einer Tochter Kaiser Maximilians II., galten die österreichischen Neffen Rudolf (II.) und Ernst als Eventualerben Spaniens. Deswegen schickte Maximilian seine Söhne zur Erziehung nach Spanien, und aus diesem Grund nahmen die österreichischen Habsburger Rücksicht auf die Politik der älteren spanischen Linie, die seit der Teilung des habsburgischen Weltreiches in der *Casa de Austria* bis ins 17. Jahrhundert hinein den Ton angab.

Seit seiner Rückkehr aus den Niederlanden (1559) regierte Philipp II. bis zu seinem Tod (1598) seine Herrschaftsgebiete von Spanien aus, was ihm in den Niederlanden, vor allem im Zuge des Aufstandes, zum Nachteil gereichen sollte.

Zunächst machte Philipp II. Madrid zu seinem neuen Regierungszentrum, seit 1561 ließ er in der kastilischen Sierra den El Escorial – Residenz, Behördensitz, Kloster und Grablege der kastilischen Könige in einem – errichten. Von hier aus regierte er ein Weltreich, wohl im bewussten Gegensatz zum Reisekönigtum bzw. -kaisertum seines Vaters. Im protestantischen Europa wurde Philipp zum düsteren despotischen Herrscher und Bürokraten stilisiert; in der spanischen Historiographie gilt er hingegen als einer der bedeutendsten Herrscher mit vielseitigen Interessen, großer Arbeitskraft, Ausdauer und Pflichtbewusstsein, der jede Entscheidung erst nach eigenem intensivem Aktenstudium verantwortete, was oft vorschnell als skrupulant bezeichnet wurde, jedoch zweifellos die Entscheidungsprozesse „entschleunigte". Die Errichtung eines festen Regierungssitzes – das war völlig neu – begünstigte den weiteren Ausbau der zentralen Ratsbehörden: der Staatsrat (Consejo de Estado), der Kriegsrat (Consejo de Guerra), der Inquisitionsrat für Spanien und Hispanoamerika (Consejo de la Suprema y General Inquisición), der Rat der Niederlande (Consejo de Flandes), der Rat für Portugal (Consejo de Portugal, seit der erbrechtlich untermauerten Annexion Portugals, 1580) und der Italienrat (Consejo de Italia) sind zu nennen. Die Rätestruktur ermöglichte dem spanischen König die dauerhafte Delegation der Angelegenheiten, aber eine temporäre persönliche Präsenz vor allem in den Niederlanden in der Phase des niederländischen Aufstands und der Erhebung in Aragón (1590–1592) wäre für den Zusammenhalt der Monarchie wohl von Vorteil gewesen.

Spanien war jene Nation Europas, die aufgrund seiner Besitzungen in Amerika Zugang zu den reichsten Edelmetallquellen – Silber und Gold – hatte. Trotzdem kam dieser Reichtum dem eigenen Land, vor allem der Landwirtschaft und dem Gewerbe, kaum zugute bzw. fand kaum Verwendung für Investitionen und Produktionssteigerung; vielmehr dienten die Edelmetalle seit Karl V. zur Finanzierung der Kriege. Bis zum Krieg in den Niederlanden und zum Dreißigjährigen Krieg lässt sich dieses Vorgehen beobachten. Trotzdem kam es schon unter Karl V. und dessen Sohn und Nachfolger Philipp II. zu Staatsbankrotten (1557, 1575 und 1596). In den spanischen Königreichen schritt die in der Epoche der Katholischen Könige begonnene „Unifikation" in geistlich-religiöser und kultureller Hinsicht weiter voran und wurde von den Königen konsequent verfolgt. Dies gilt vor allem für Philipp II., der das Moriscos-Problem Andalusiens einer „Lösung" zuführte. Fast ein Drittel der muslimischen Bevölkerung – etwa eine Million Menschen –, die nach der Eroberung von Granada (1492) oberflächlich christianisiert wurde, emigrierte. Den in Spanien verbliebenen Moriscos wurden mit dem Vordringen der Osmanen in das westliche Mittelmeer subversive Kontakte zu den Muslimen Nordafrika und zum Osmanischen Reich unterstellt. Wie groß die Gefahr dieser Beziehungen für die spanische Monarchie wirklich war, lässt sich schwer beurteilen. Als ein königliches Edikt 1567 von den Moriscos die Erlernung der kastilischen Sprache zur Auflage machte und den Gebrauch des Arabischen in der Öffentlichkeit verbot, kam es 1568 in den Alpujarras, dem bergigen Umland von Granada, zum Aufstand von etwa 150 000 Moriscos, der erst nach zweijährigen Kämpfen unter dem Kommando

Wirtschaft und Gesellschaft

des Herzogs von Alba niedergeschlagen wurde. Etwa 80 000 Moriscos wurden in der Folge über ganz Kastilien verstreut angesiedelt.

Inquisition Die spanische Inquisition war eine staatliche Polizei- und Gerichtsbehörde, die ihre Gründung den Katholischen Königen verdankte und im 16. Jahrhundert die systematische Verfolgung der Anhänger des erasmianischen Humanismus betrieb, ebenso der Heterodoxen und angeblichen Lutheraner in Sevilla und Valladolid im Jahr 1558. Denunziation, öffentliche Urteilsverkündung und Hinrichtung im Zuge von *Auto da fes* bestimmten den Umgang mit den aus religiösen Gründen verfolgten Personen. Die Zahl der Todesurteile vom Ende des 15. bis zur Mitte des 17. Jahrhunderts sind auf 10 000 bis 15 000 geschätzt worden. Kam es nicht zu Todesurteilen, so bedeutete allein die Beschuldigung durch die Inquisitionsbehörde und die Inhaftierung den sozialen und finanziellen Ruin.

Die Kombination von spanischer Großmachtpolitik und katholischem Interesse stellte sich auch aus der Perspektive der Gegner Spaniens in Europa, vor allem der protestantischen Länder wie England, als schwierig dar. Es war das protestantische Europa, das eine stereotypenhafte Negativfolie von „Borniertheit und Rückständigkeit" Spaniens schuf, die in der Epoche der Aufklärung ihren Höhe-

„Siglo de Oro" punkt erreichen sollte. Dabei wurde völlig die Tatsache negiert, dass sich Spanien in der Epoche Philipps II. in einer Phase kultureller Blüte befand, wie nicht nur die Bereiche Baukunst, Malerei und Literatur, sondern auch die Entwicklung auf den Gebieten der Staatstheorie und des Völkerrechts zeigen, die mit den Namen Francisco de Vitoria, Domingo de Soto und Francisco Suárez verbunden sind.

3.3 Das Heilige Römische Reich im Zeichen des Augsburger Religionsfriedens

Ferdinand I. Nach der Resignation Karls V. im Reich bezog Ferdinand I. Position als künftiger Nachfolger und Kaiser, der sich als Reichsoberhaupt zweier konfessioneller Gruppen verstand. So gut einerseits seine Beziehungen zu Kurfürst August von Sachsen aus der albertinischen Linie waren, die seit Herzog Moritz die Kurwürde innehatte – Sachsen war unmittelbarer Nachbar Böhmens –, so sehr suchte Ferdinand I. andererseits einen Ausgleich mit den Nachkommen des im Schmalkaldischen Krieg unterlegenen ernestinischen Kurfürsten Johann Friedrich I. – Johann Friedrich II., Johann Wilhelm I. und Herzog Johann Friedrich III. Die Privilegierung der Universität Jena 1557/58 bringt diese Politik zum Ausdruck, handelte es sich doch um eine lutherische Universität, die Ferdinand I. kurz vor seiner Proklamation zum Kaiser in Frankfurt am Main 1558 den übrigen sächsischen Universitäten Leipzig und Wittenberg gleichstellte. Die Kaiserproklamation war ein Ausdruck seines engen Zusammenwirkens mit den Kurfürsten gegen institutionelle und persönliche Angriffe von Papst Paul IV. unter dem Vorwand eines päpstlichen Mitspracherechts bei der Kaiserwahl bzw. Resignation Karls V. Der Frankfurter „Staatsakt" kann auch als Ausdruck einer gewissen Entsakralisierung des Kaisertums betrachtet werden.

Ferdinands Sohn und Nachfolger Maximilian II. (1564–1576) war nicht so bedingungslos dem Katholizismus verbunden wie seine Nachfolger. Maximilians persönliche Glaubenshaltung mag zwischen Katholizismus und Luthertum geschwankt haben, wie die Erwartungen seitens jüngerer lutherischer Fürsten wie Herzog Johann Friedrich II. von Sachsen (Austausch von Lutherschriften) bezeugen. „Seine überparteiliche Neutralität in der Reichspolitik wahrte den Frieden. Hier liegt seine eigentliche Leistung" [2.8.1: LANZINNER, 52]. Erkennbar ist auch seine Distanz zur römischen Kirche. Die innerdynastische Loyalität Habsburgs zwang ihn zur Aufrechterhaltung der Katholizität, nicht zuletzt deshalb, weil die Aussicht auf die Nachfolge seiner Söhne in Spanien bestand. In seinen Erbländern ließ er allerdings ein konfessionelles Nebeneinander zu; dies hatte die Ausbreitung des reichsrechtlich nicht geschützten Protestantismus zur Folge, den er zwar duldete (Religionskonzession 1568, Assekurationsakte 1571 vor dem Hintergrund der Osmanengefahr), dessen landeskirchliche Organisation er jedoch verhinderte. Auf seinem ersten Reichstag in Augsburg 1566 ging es vor allem um die Bewilligung einer Türkenhilfe. Daneben nahmen der Kaiser und die katholischen Reichsstände die Dekrete des Trienter Konzils an. Zum Glück verzichtete die Kurie auf den beabsichtigten Protest gegen den Religionsfrieden, der ihres Erachtens den Konzilsbestimmungen widersprach. Maximilians Sohn und Nachfolger Rudolf II. (1576–1612) sollte zunächst die Politik seines Vaters fortsetzen; auch er hielt an seinem Hof an einer formalen Toleranz fest.

Maximilian II.

Im niederländischen Konflikt war es Maximilians Stellung als Reichsoberhaupt, die ihn zur Vermittlungsinstanz der Konfliktparteien werden ließ. Zum Ärgernis Philipps nahm Maximilian seine Vermittlerrolle zunächst auf dem Augsburger Reichstag von 1566 wahr, als eine Gruppe um Wilhelm von Oranien die Abschaffung der Inquisition verlangte, während Philipp Maximilian ersuchte, eine Unterstützung der Niederländer zu vermeiden. Einige protestantische Reichsstände richteten an Maximilian eine Petition, sich bei Philipp und seiner Halbschwester Margarete von Parma für die Abstellung der religionspolitischen Maßnahmen und der damit verbundenen Verfügungen einzusetzen. Dazu war Maximilian bereit, vor einem Einsatz militärischer Mittel schreckte er jedoch zurück. Das entsprang seinem Bestreben, das Reich aus einem religionspolitischen Konflikt unbedingt herauszuhalten. Oranien erhielt keine direkte Geld- und Truppenhilfen von Reichsfürsten, anders Philipp II., dem es gelang auch bei den protestantischen Reichsfürsten der Häuser Braunschweig, Brandenburg, Pfalz-Zweibrücken und Holstein Truppen anzuwerben. Das führte zur Überwachung der niederländischen Grenze vor Übergriffen der Söldner; seit dem Kölner Krieg wurde der niederrheinisch-westfälische Reichskreis zum Operationsgebiet spanischer Truppen. Auch die Hugenottenkriege in Frankreich wirkten auf das Reich zurück. Sowohl die Hugenottenführer als auch die französischen Könige bemühten sich im Reich um Truppen, insgesamt standen beiden Seiten je 20 000 deutsche Söldner zur Verfügung; sie marodierten nach ihrer Rückkehr aus Frankreich vor allem am Ober- und Mittelrhein und provozierten Gegenmaßnahmen auf dem Frankfurter Reichsdeputationstag von 1569 sowie auf zahlreichen Kreis-

Rückwirkungen der Konflikte in den Niederlanden und in Frankreich auf das Reich

tagen. „Insofern waren die Kriege in Frankreich bis 1586 für das Reich weniger ein Konfessions- als ein allgemeines Friedensproblem" [2.8.1: LANZINNER, 57].

Beginnende Gegenreformation

Dass die von Ferdinand I. 1564 vorgenommene Aufteilung seiner Herrschaftsgebiete unter seinen Söhnen in drei Linien (Maximilian II. erhielt neben der Kaiserkrone Böhmen, Ober- und Niederösterreich, Ferdinand Tirol und die Vorlande, Karl die Steiermark, Kärnten, Krain und Görz) nicht mit den spätmittelalterlichen Teilungen im Sinne von Herrschaftszersplitterung gleichgesetzt werden kann, weil sie die Verdichtung von Herrschaft und Verwaltung sowie die Aufwertung der Residenzen Graz und Innsbruck zur Folge hatte, wird am Phänomen der Gegenreformation sehr deutlich. Damit wurde die Duldung des Protestantismus partiell bzw. regional unterlaufen. Vor allem die innerösterreichische Linie, mit den Münchner Wittelsbachern verschwägert, verfolgte eine wirkungsvolle antiprotestantische Politik nach innen und außen; sie orientierte sich am Beispiel Bayerns als „geschlossenem Konfessionsstaat" [2.8.1: LUTZ, Das Ringen um deutsche Einheit, 328]. So wurde in Graz 1585 eine Jesuitenuniversität errichtet, nachdem schon 1580 eine eigene Nuntiatur eröffnet worden war. Die bayerischen Herzöge Albrecht V. (1550–1579) und Wilhelm V. (1579–1595) betrieben nach innen und außen eine gegenreformatorische Politik, d.h. sie unterdrückten die protestantische adelige Fronde in ihrem Herzogtum 1564 erfolgreich, förderten die Jesuiten und erwarben für ihre nachgeborenen Prinzen Bistümer – nicht ohne Inkaufnahme der Pfründenhäufung, die es laut Tridentinum eigentlich nicht mehr geben durfte, die aber aufgrund enger Beziehungen zur römischen Kurie möglich war. Das Erzstift Köln ist das instruktivste Beispiel dafür. Diese Reichs- und Kirchenpolitik Bayerns war von nicht geringer Bedeutung für die Zukunft, zumal der Protestantismus im Reich auch nach dem Religionsfrieden noch bedeutende Fortschritte machte.

Theologische Konsolidierung des Luthertums

Schon Herzog Christoph von Württemberg hatte sich, allerdings vergeblich, nach den negativen Auswirkungen des „Interims" im Hinblick auf die theologischen Differenzen nach dem Tod Martin Luthers um eine Einheit des Bekenntnisses und des Kultus der glaubensverwandten Fürsten bemüht. Erst die negativen Erfahrungen von Kurfürst August von Sachsen mit seinen wichtigsten Räten, die insgeheim dem Calvinismus verbunden waren, und die Angst vor einer calvinistischen Verschwörung sensibilisierten ihn für die „politische Dimension von Bekenntnisfragen" [2.8.1: LANZINNER, 65]. Kursächsische Theologen, Martin Chemnitz und David Chytraeus, arbeiteten 1575 ein „altlutherisches Lehrwerk" aus; es war die Vorstufe für die 1577 vereinbarte und 1580 publizierte Konkordienformel, die auch Luthers Katechismen und Melanchthons „Confessio Augustana" von 1530 enthielt („Konkordienbuch") und von 86 Reichsständen (darunter die protestantischen Kurfürsten, aber bei weitem nicht alle protestantischen Stände) unterzeichnet wurde. Aufgrund dieser Abgrenzung gewann der Calvinismus neue Attraktivität in den Reihen der Reichsfürsten. Auf lutherischer Seite erfand man hingegen die Formel: „Lieber papistisch als calvinistisch".

An religionspolitischen Problemen fehlte es im Reich jedenfalls nicht. Wenn bis 1566 alle Bistümer östlich der Weser protestantisch geworden waren, ebenso Hunderte von Klöstern in evangelischen Territorien – unter Verletzung des Geistlichen Vorbehalts von 1555 – säkularisiert worden waren, so zeigt dies, dass der Augsburger Religionsfriede nicht eingehalten wurde, im Fall des Geistlichen Vorbehalts lastete man übrigens, unter Bezugnahme auf dessen Entstehung, König Ferdinand I. die Verantwortung an. Unter Anwendung des landesfürstlichen *ius reformandi* ließ sich der evangelische Besitzstand erweitern und konsolidieren. Solange jene Generation an der Macht war, die den Augsburger Religionsfrieden mittrug, wurden die daraus resultierenden Konflikte in Grenzen gehalten. Erst in den beiden letzten Jahrzehnten des 16. Jahrhunderts änderte sich diese Situation; dies lässt sich an den Kölner Vorgängen von 1582/83 deutlich erkennen. Damals wollte Erzbischof Gebhard Truchseß von Waldburg, noch ohne höhere Weihen, ein evangelisches Stiftsfräulein heiraten und im Zuge dessen nicht, wie es der Geistliche Vorbehalt vorschrieb, auf das Erzbistum verzichten, sondern eine Säkularisierung vornehmen. Dies rief die katholische Partei im Reich auf den Plan – schon Karl V. hatte die Säkularisierung des Erzstifts im Nordwesten des Reiches verhindert, um negative Folgen für seine kaiserlichen Niederlande zu vermeiden. Überdies drohte eine protestantische Mehrheit im Kurkolleg. Nun erklärte sich die katholische Gruppe im Kölner Domkapitel gegen Waldburg, und Kaiser und Papst sprachen seine Absetzung aus. Stattdessen wurde der bayerische Prinz Ernst, damals schon Bischof von Freising, Lüttich und Hildesheim und somit ein klassischer Pfründenhäufer, mit päpstlichem Dispens vom tridentinischen Kumulationsverbot zum neuen Erzbischof gewählt und militärisch durchgesetzt. Seitdem stellte Kurköln eine geistliche Sekundogenitur des Hauses Wittelsbach dar.

Die Kontroversen unter den Konfessionsparteien hatten seit den 1590er Jahren – übrigens vor dem außenpolitischen Hintergrund der letzten Phase der Hugenottenkriege in Frankreich – zugenommen, wie sich auf dem Reichstag von 1594 zeigte. Das hing nicht zuletzt damit zusammen, dass Christian I. (1586–1591), der Sohn des irenischen sächsischen Kurfürsten August, auf den offensiven konfessionspolitischen Kurs der Kurpfalz einschwenkte („calvinistische Aktionspartei"). Im Einzelnen ging es dabei um die Session protestantischer Bistumsadministratoren auf dem Reichstag, den Geistlichen Vorbehalt, die Einziehung von Kirchengütern, das Reformationsrecht der Reichsstädte (Streit in Aachen) und die Rechtskraft der „Declaratio Ferdinandea". „Der Kaiserhof und die Reichsversammlungen, die vorher Spannungen ausgeglichen hatten, trugen nun bis 1603 dazu bei, den Konfliktstoff aufzutürmen, der bis 1618 in den beiderseitigen Gutachten und Resolutionen fortgeschleppt wurde" [2.8.1: LANZINNER, 172]. So verschärfte sich der Streit der Konfessionsparteien im Zuge von vier Reichskammergerichtsurteilen („Vier-Klöster-Streit"), der den protestantischen Besitzern der Klöster auftrug, den ursprünglichen Rechts- und Besitzstand wieder herzustellen, d.h. die Kirchengüter zurückzugeben, weil diese erst nach 1552 säkularisiert worden waren, der Augsburger Religionsfriede aber auf dem konfessionellen Status quo von 1552 basierte. Die Kurpfalz sah

Folgeprobleme des Augsburger Religionsfriedens

Kölner Kapitelstreit

Verschärfung der Konflikte

darin die grundsätzliche Gefahr, dass ähnliche Urteile künftig den Bestand protestantischer Territorien beeinträchtigen würden. Der Pfalzgraf verlangte wie einige andere protestantische Fürsten einen Reichstagsbeschluss über die Klosterurteile des Kammergerichts und blockierte als Mitglied den dafür vorgesehenen Deputationstag (1600/1601). Diese Kirchengüterfragen, bei denen sich jede der beiden Religionsparteien im Recht sah, lähmte nicht nur die Reichsjustiz, sondern auch den Reichstag von 1603, weil die protestantische Seite, insbesondere die Kurpfalz, sich einem Mehrheitsbeschluss nicht beugen wollte, sondern nur zu einer gütlichen Einigung bereit war. Die nächsten Jahre sollten zeigen, welche Chancen es für eine solche Einigung überhaupt noch gab, oder war der Krieg schon in Sicht?

3.4 Die Hugenottenkriege bis zur Bartholomäusnacht und der Aufstand in den Niederlanden

Die Entwicklung der französische Monarchie war seit dem Tod König Heinrichs II. im Jahr 1559 von einer jahrzehntelangen Krise gekennzeichnet, die es katholischen wie protestantischen Mächten Europas erlaubte, in die konfessionell motivierten Hugenottenkriege einzugreifen. So bildete Frankreich ein ideales Terrain für die Austragung eines europäischen Konfessionskampfes zwischen Spanien und Rom auf der einen und England und den Niederlanden auf der anderen Seite. Erst in den 1580er Jahren sollte Heinrich von Navarra eine neue Integration der politisch-sozialen Kräfte und die Stärkung der Monarchie gelingen.

Das Gewaltpotenzial, das in den Hugenottenkriegen zum Tragen kam, war groß und vielschichtig; besonders auffallend ist die Bereitschaft zu Attentaten und politisch motivierten Morden, von denen überwiegend die Eliten betroffen waren. Die Widerstandstheorie auf hugenottischer Seite mag dieses Vorgehen nahegelegt haben, wie sie von den sogenannten Monarchomachen reflektiert wurde, die Gegner einer unbeschränkten Herrschaftsgewalt waren und zu denen u. a. Théodore de Bèze/Theodor Beza, der Nachfolger Calvins in Genf, zu zählen ist. Auch handelte es sich um religiösen Fanatismus, wenn man an François Ravaillac, den Mörder König Heinrichs IV., denkt. Der (ultra)katholische Adel, vor allem die Vertreter der Familie Guise, der hugenottische Adel um Coligny und Condé standen einander unversöhnlich gegenüber. Das streng katholische Haus Lothringen-Guise hatte seine Hausmacht im östlichen Frankreich, während die Gruppe der „Prinzen von Geblüt" aus dem Hause Bourbon, einer Seitenlinie des regierenden Hauses Valois, sich zum Protestantismus bekannte; ihr gehörte vor allem Admiral Gaspard de Coligny an. Nur die Krone, repräsentiert durch Katharina von Medici und ihre Söhne, versuchte durch königliche Edikte den Hugenotten Zugeständnisse und den Schutz ihres Bekenntnisses zu gewähren, um den religionspolitischen Konflikt zu beenden. Die Hugenottenkriege waren eine Auseinandersetzung politischer Eliten, dahinter stand auf protestantischer

Seite ein größer werdender Anhang seit den ersten Gemeinden in den 1550er Jahren und der ersten Generalsynode im Jahr 1559. Vor allem in der Provence, im Languedoc, in Mittelfrankreich und in Westfrankreich von Navarra bis Nantes gab es zahlreiche hugenottische Gemeinden, die den hohen Adel, das städtische Bürgertum und Landadelige mit ihren Bauern umfassten.

Nach dem Tod Heinrichs II., eines entschiedenen Gegners der um sich greifenden Hugenotten in seinem Königreich, erhofften diese eine günstige Wendung, doch trat sie nicht ein, weil der junge König Franz II. sich von Mitgliedern der Familie Guise – Franz von Guise und dem Herzog von Lothringen – leiten ließ. Ein Anschlag auf den jungen König im Schloss von Amboise (1560) mit Wissen von Condé und Coligny misslang. Nun drängte die Königinmutter Katharina von Medici, die seit diesem Zeitpunkt in den Vordergrund trat, den Einfluss der Guisen zurück und betraute Michel de L'Hôpital mit dem Kanzleramt; dieser riet zu einer einvernehmlichen Lösung des Religionsproblems. Auf einer nach Fontainebleau berufenen Versammlung hoher weltlicher und geistlicher Würdenträger war die Krone zu Zugeständnissen an die Hugenotten bereit, doch erst die wegen der Finanznot der Krone im Dezember 1560 einberufenen Generalstände versprachen den Hugenotten Zugeständnisse, von denen zunächst nur die Freilassung von Glaubensbrüdern realisiert wurde. Diese Nachgiebigkeit wurde von Philipp II. mit einer Intervention zugunsten der französischen Katholiken beantwortet; trotzdem versuchte Katharina von Medici noch einmal den Weg der Versöhnung und lud zu einem Gespräch nach Poissy, das die Weichen für das am 17. Januar 1562 in St. Germain verkündete Edikt stellte. Den Hugenotten wurde darin der Friede bis zu einer Wiedervereinigung ("réunir et remettre en une même bergerie") garantiert. „Vergleicht man damit die Bestimmungen der Declaratio Ferdinandea von 1555 bezüglich der Rechte der Lutheraner in jenen geistlichen Herrschaften, wo sie bereits längere Zeit frei ihren Kultus ausgeübt hatten, so wird deutlich, daß die Reformierten schlechter abgeschnitten haben als die deutschen Protestanten in ähnlicher Lage" [2.2: HASSINGER, 307].

Die erste Phase bis zur Bartholomäusnacht von 1572

Erstes Edikt von St. Germain

Trotzdem betrachtete die katholische Seite das Edikt als äußerst schädlich für die Kirche von Frankreich, während die Hugenotten aus einer Position der Stärke heraus – der Zunahme ihrer Anhängerschaft wegen – weitere Zugeständnisse forderten. Im Übrigen wehrte sich das Parlament von Paris gegen die Registrierung des Edikts. Zunehmend brachten sich auch auswärtige Mächte – wie Spanien und England, der Papst und protestantische Reichsfürsten – in den innerfranzösischen Konflikt ein. Insbesondere König Philipp II. entfaltete politischen (Heiratsprojekt) und militärischen Einfluss; auch Condé setzte seit 1562 auf die Durchführung seiner Ziele mit militärischen Mitteln; sein Heer war den königlichen Truppen überlegen. Der Tod des Herzogs von Guise, verursacht durch den Anschlag eines hugenottischen Adeligen in Orléans (1563), eröffnete Katharina von Medici die Möglichkeit, im Edikt von Amboise vom 29. März 1563 dem hugenottischen Adel das Recht zu gewähren, in seinen Schlössern

Gottesdienste abzuhalten; für Paris hingegen galt ein absolutes Verbot des reformierten Gottesdienstes.

Der Konflikt mit den Guisen – der Kardinal von Lothringen ventilierte den Gedanken einer Nachfolge Philipps II. auf dem französischen Thron – ließ Katharina von Medici von ihrer spanienfreundlichen Politik abgehen und noch einmal auf einen versöhnlichen Weg mit den Hugenotten setzen. Er fand seinen Ausdruck im zweiten Edikt von St. Germain vom 8. August 1570, das den Hugenotten vor allem Gewissensfreiheit im gesamten Königreich gewährte; außerdem sollten ihnen für zwei Jahre vier sogenannte Sicherheitsplätze zur Verfügung stehen, nämlich La Rochelle, Cognac, Montauban und La Charité. Hier war es den Hugenotten erlaubt, Garnisonen zu errichten. *Ex post* gesehen, kann das zweite Edikt von St. Germain als Vorläufer des Edikts von Nantes betrachtet werden. Auf dieser Grundlage entfaltete Admiral Coligny einen politisch-militärischen Kampf gegen die spanische Interventionspolitik, die allerdings 1572 im Zuge einer militärischen Niederlage gegen die spanischen Truppen in Nordfrankreich ihr Ende fand; dies gab den Gegnern der Hugenotten Auftrieb. „Die Königinmutter, die im Grunde keinen offenen Krieg gegen Spanien wollte, widerstrebte nun noch stärker der Politik des Admirals [...] Da der Admiral darauf bestand, die Operation gegen Spanien fortzusetzen und Katharina sich von ihm nicht noch weiter überspielen lassen wollte, war nun der kritische Augenblick gekommen, wo sich zeigen mußte, wer die Oberhand behielt – der große Staatsmann oder seine Herrin" [2.2: HASSINGER, 312].

Zweites Edikt von St. Germain

In diesem offensichtlichen Machtkampf ließ Katharina am 22. August 1572 ein Attentat auf Coligny verüben, das allerdings misslang und zur Folge hatte, dass Katharina unmittelbar danach im Pariser Louvre ein Massaker an den Hugenotten durchführen ließ, das unter dem Begriff „Bartholomäusnacht" bzw. „Pariser Bluthochzeit (23./24. August 1572) in die Geschichte einging. Beides bezieht sich auf das Faktum, dass der Anschlag während eines Hoffestes verübt wurde, das anlässlich der Verheiratung von Katharinas Tochter Margarete mit Heinrich von Navarra, dem späteren französischen König, stattfand und an dem viele hugenottische Adelige teilnahmen. Coligny und zahlreiche Mitglieder der hugenottischen Elite kamen um, Heinrich von Navarra und dem (jungen) Herzog von Condé gelang die Flucht. In Paris waren etwa 3000 Opfer zu verzeichnen, außerhalb von Paris, wo die Verfolgung der Hugenotten länger anhielt, gab es etwa 10 000 Tote. Wie tief die konfessionelle Feindschaft europaweit war und welche öffentlichkeitswirksamen Aktivitäten sie zur Folge hatte, zeigt die Reaktion von Papst Gregor XIII., der nicht nur Katharina beglückwünschte, sondern auch ein Te Deum feiern ließ.

Die Bartholomäusnacht

In Frankreich ging der Krieg weiter und brachte wechselnde Erfolge für Katholiken und Hugenotten, gleichzeitig gewann die *Parti des politiques*, eine Gruppe aus gemäßigten Vertretern beider Seiten, der auch Jean Bodin angehörte, an Bedeutung. Die *Parti des politiques* trat für eine über den Konfessionen stehende und von der Einwirkung ausländischer Mächte unabhängige Krongewalt ein und erwartete von dieser eine Befriedung Frankreichs. Der Ansprechpartner dieser

Höhepunkt der Macht der Hugenotten

Gruppe war Franz von Alençon, Katharinas jüngster Sohn. Es sollte allerdings noch fast zwanzig Jahre dauern, ehe sich die Gruppe der *politiques* durchsetzte. Der Friedensschluss von 1573 konnte kein Ende der militärischen Auseinandersetzungen bewirken. König Heinrich III., seit 1574 Nachfolger des verstorbenen Königs Karls IX., war weder Stütze der Monarchie noch der politischen Vernunft. Sogar Franz von Alençon marschierte mit einer Armee von 20 000 Mann, mit Unterstützung und unter dem Kommando der Kurpfalz, nach Paris und zwang den neuen König zum „Pazifikationsedikt" von Beaulieu vom 6. Mai 1576, das in seinen Zugeständnissen über das Edikt von St. Germain hinausging, acht Sicherheitsplätze gewährte und damit den Höhepunkt der Machtentfaltung der Hugenotten zum Ausdruck brachte. Heinrich von Navarra wandte sich wieder dem reformierten Glauben zu; König Heinrich III. musste sein Bedauern zu den Ereignissen der Bartholomäusnacht erklären. In den folgenden Jahren hoffte die Krone auf die Wiederherstellung der kirchlich-religiösen Einheit Frankreichs durch ein allgemeines oder nationales Konzil, jedoch war es fraglich, ob zu diesem Zeitpunkt eine Lösung auf diesem Weg überhaupt noch möglich war. Mitte der 1580er Jahre sollte sich die Situation wieder zuspitzen, ebenso die Bereitschaft zum Krieg mit seinen überaus negativen Folgen für die Wirtschaft und Gesellschaft Frankreichs wieder zunehmen.

Karl V. hatte die siebzehn niederländischen Provinzen, die Philipp II. 1555 erbte, durch Neuerwerbungen (Westfriesland, Utrecht, Groningen, Geldern) arrondiert und im Burgundischen Vertrag von 1548 vom Reich gelockert. Der in Spanien geborene und erzogene Philipp II. galt in den Burgundischen Niederlanden nicht, wie sein Vater, als *seigneur naturel* bzw. geborener Herzog von Burgund und Exponent der burgundischen Kultur. Erschwerend kam für Philipp II. hinzu, dass die Niederlande seit der Teilung der Herrschaftsbereiche von Karl V. und Ferdinand I. an der Bruchstelle des bis dahin einheitlichen habsburgischen Gesamtsystems lagen und infolge der seit 1521 anhaltenden Kriege finanziell und wirtschaftlich erschöpft waren. Ferner ließ Philipp vor seiner Rückkehr nach Spanien (1559) die kirchliche Administration verändern, indem er eine neue Diözesanorganisation mit vierzehn neuen Bistümern (mit Ernennungsrecht des Königs) im Einverständnis mit Papst Paul IV. erließ und die Tätigkeit der Inquisition und Zensur intensivierte, und dies vor dem Hintergrund einer um sich greifenden reformatorischen Bewegung, bestehend aus Lutheranern, Täufern und Calvinisten.

<small>Die Burgundischen Niederlande am Beginn der Regierung Philipps II.</small>

Diese von Philipp II. provozierte Entwicklung stieß auf den Widerstand der „gesamtniederländischen" Adelspartei, der prominente Vertreter und Mitglieder des Staatsrates wie Egmont, Hoorn und Wilhelm von Oranien angehörten. Ihr gelang es, Kardinal Granvelle, Bischof von Arras, der den die Statthalterin Margarete von Parma, eine Halbschwester Philipps II., unterstützenden Staatsrat leitete, zu entmachten; der spanische König berief Granvelle nach Spanien zurück und ließ 1564 spanische Truppen abziehen. Diese Entwicklung stärkte die Position der politischen Eliten der burgundischen Niederlande. Der Konflikt eskalierte in dem Moment, als Philipp II. 1565 die Dekrete veröffentlichen

<small>Beginn des Aufstands 1566</small>

ließ, welche die Durchführung des Tridentinums sowie die Errichtung neuer Bistümer und die Stärkung der Inquisition zum Inhalt hatten. Soziale Unzufriedenheit, Preissteigerungen und Versorgungsprobleme trugen dazu bei, dass es 1566 zum Aufstand kam und in zahlreichen Provinzen Kirchen geplündert wurden (Vernichtung von Bildern und Statuen im sogenannten Bildersturm). Besonders Vertreter des Calvinismus forderten die Aufhebung der Religionsedikte und die Einberufung der Generalstände. Auf diese „Entladung" folgte wieder Ruhe; trotzdem entschloss sich Philipp II. zu harten Maßnahmen und entsandte 1567 den Herzog von Alba an der Spitze eines Heeres von 17 000 Mann, der in Brüssel Hoorn und Egmont festnehmen und hinrichten ließ – Wilhelm von Oranien konnte fliehen. Insgesamt ließ Alba in den Jahren zwischen 1567 und 1573 etwa 1000 Personen exekutieren.

Wechselnde Erfolge auf spanischer Seite

Nach der Abdankung Margaretes übernahm Alba die Position des Statthalters. Die Verhängung neuer Steuern (1569) führte zu einer Zuspitzung der Lage, doch behielten die Truppen nur in den südlichen Regionen der Niederlande die Oberhand, während die Aufständischen, unterstützt durch England und Frankreich, in den Provinzen Holland und Seeland („Wassergeusen") 1572 militärische Erfolge zu verzeichnen hatten. Hier fand 1573 auch Wilhelm von Oranien Rückhalt, er trat zum reformierten Bekenntnis über und wurde zur erfolgreichen „altburgundischen" Integrationsfigur; als solcher führte er einen von Jahr zu Jahr erfolgreicheren Krieg gegen die spanischen Truppen. Philipp II. ging von der Politik der „harten Hand" ab, indem er der Hofpartei um die Fürstin von Eboli folgte, die für Verhandlungen eintrat; er zog Herzog Alba ab und setzte Luis de Requesens als Statthalter ein, der allerdings ergebnislos mit Wilhelm von Oranien verhandelte. Als spanische Truppen wegen der schlechten Versorgungslage 1576 meuterten, Antwerpen plünderten und ein verheerendes Gemetzel unter der Bevölkerung anrichteten („spanische Furie"), erreichte die antispanische Stimmung in den Niederlanden ihren Höhepunkt. Als Requesens abberufen wurde, konnte Wilhelm von Oranien noch einmal die gesamten Niederlande gegen die „spanische Fremdherrschaft" mobilisieren. Der neue Statthalter Juan de Austria war gezwungen, am 5. November 1576 die sogenannte Genter Pazifikation zu erlassen, die Religionsfreiheit gewährte; auch wurden die spanischen Truppen abgezogen. Doch war die konfessionell motivierte Spaltung der Burgundischen Niederlande nicht mehr aufzuhalten; dafür waren die Gegensätze zwischen dem calvinistischen Norden (mit den reichsten Provinzen Holland und Seeland) und dem katholischen Süden zu groß.

Teilung der Burgundischen Niederlande 1579

Dem neuen spanischen Oberbefehlshaber und Statthalter Alessandro Farnese, der weitere spanische Truppen in die Niederlande brachte, gelang es, die Gegensätze zwischen dem Norden und dem Süden auszunützen. So schlossen die südlichen, überwiegend katholischen Provinzen (Flandern, Artois, Hennegau) am 6. Januar 1579 die Union von Arras, erkannten die Herrschaft Philipps II. an und erreichten gleichzeitig Abzug und Verlegung der spanischen Truppen in die nördlichen Provinzen, deren politische Antwort am 23. Januar 1579 die Union von Utrecht war, ein Zusammenschluss der sieben nördlichen Provinzen

(Holland, Seeland, Utrecht, Gelderland, Overijssel, Friesland und Groningen), die sich 1581 von Philipp II. lossagten. Diese Teilung der Burgundischen Niederlande, die auch Farnese mit militärischen Mitteln nicht verhindern konnte, bedeutete das Scheitern der ursprünglich zahlenmäßig starken niederländischen Mittelpartei, die an der überkonfessionellen Einheit des Landes lange Zeit festgehalten hatte. Doch die politische Elite der nördlichen Provinzen bekannte sich zum Calvinismus und schuf die Grundlage eines republikanischen Staatswesens, das sich gegen die spanische Monarchie letztlich behaupten konnte.

3.5 Englands Entwicklung unter Elisabeth I. – Die Reformation in Schottland

Königin Elisabeth I. folgte im November 1558 ihrer Halbschwester Maria auf den Thron und regierte bis zu ihrem Tod 1603. Da sie ohne Nachkommen blieb und deshalb das Haus Tudor ausstarb, war König Jakob V. von Schottland ihr nächster Erbe. Mit ihrer Regierung ist der Aufstieg Englands zu einer der führenden westeuropäischen Mächte verbunden, der sich vor allem in der maritimen Bedeutung zeigte. Aus der maritimen Randlage heraus gelang es englischen Kaperkapitänen und Kaufleuten, sich zu einer ernst zu nehmenden Konkurrenz für die „ersten" Kolonialmächte Spanien und Portugal zu entwickeln, was u. a. im Sieg über die spanische Armada 1588 sichtbar werden sollte. Nach innen konnte Elisabeth I. die Gefahr einer katholischen Restauration überwinden, die Anglikanische Kirche festigen und ihrem Staat das Image einer protestantischen Vormacht Europas geben.

Nachfolge und Positionierung Elisabeths I. nach innen und außen

Elisabeth war humanistisch gebildet, aber nicht auf das Regieren vorbereitet, trotzdem gelang ihr die Nachfolge rasch und ohne größere Probleme. Allerdings stand sie von Beginn an vor großen Schwierigkeiten: unzureichende Staatsfinanzen und militärische Machtmittel sowie ein kirchlich gespaltenes Land, das durch ihre Schwester und Vorgängerin Maria in Abhängigkeit zu Spanien geraten war. Aber dieses nahe Verhältnis zu Philipp II. erwies sich nicht als Nachteil, im Gegenteil: der spanische König akzeptierte Elisabeth vor der Stuart-Verwandtschaft – Maria Stuart war seit 1558 mit dem französischen Thronfolger Franz (II.) verheiratet – und machte ihr sogar einen Heiratsantrag, den Elisabeth, wie im übrigen alle Anträge dieser Art, ablehnte. Ihre Regierung zeichnete sich durch Vorsicht und kluge Taktik nach innen wie nach außen aus. Seit dem Beginn ihrer Herrschaft war William Cecil, der spätere Lord Burleigh, ihr erster Sekretär.

Zwei außenpolitische Konzeptionen traten in Konkurrenz: einerseits eine protestantenfreundliche, aber vorsichtige Politik, andererseits eine offensive Politik aus politischen oder konfessionellen Motiven, die auf eine Führungsrolle Englands im Kampf um den europäischen Protestantismus abzielte. Elisabeth sah sich eher der ersten Richtung verpflichtet; dies lässt sich an der Unterstützung der Hugenotten und aufständischen Niederlande ebenso zeigen wie im Fall der bevorstehenden Auseinandersetzungen mit Spanien seit 1585. Innenpolitisch war die grundlegende Veränderung der Kirchenpolitik ihrer Vorgängerin eine wesentliche Maßnahme: Elisabeths erstes Parlament führte 1559 die „Suprematsakte" und die „Uniformitätsakte" wieder ein; auch das „Prayer Book" von 1552 wurde wieder verpflichtend. Während es seitens der Beamtenschaft keine Loyalitätsprobleme gab, lehnten fast alle Bischöfe die neuen Kirchengesetze ab. Doch behandelte Elisabeth die betroffenen Personen mild und ersetzte sie durch regierungstreue Bischöfe. In dogmatischer Hinsicht erfolgte eine Distanzierung sowohl vom Luthertum als auch vom Calvinismus, überdies wurden zahlreiche traditionelle Formen der Hierarchie und Liturgie in der Anglikanischen Kirche beibehalten.

Schottland, Calvinismus und Maria Stuart

Wesentlich für Elisabeths frühe Regierungsjahre war die Entwicklung in Schottland, die vom Phänomen des Calvinismus und der Rückkehr von Maria Stuart aus Frankreich geprägt war. John Knox, der in Genf studiert hatte, kam 1555 nach Schottland zurück und wurde zum Reformator des Landes. Sein Anhang rekrutierte sich aus dem antifranzösisch orientierten Adel und den Städten wie Edinburgh, mit dem er 1557 einen *covenant*, d.h. einen Bund nach alttestamentarischem Muster, abschloss, zwei Jahre später löste ein Bilder- und Klostersturm militärische Auseinandersetzungen zwischen den Religionsparteien aus. Englische Hilfstruppen verschafften den schottischen Calvinisten und „Rebellen" den Sieg, der zur Folge hatte, dass Schottland 1560 von einem aus protestantischen Lords gebildeten Rat regiert wurde. Doch kehrte Maria Stuart, die sich von Beginn an gegen Knox und seine Anhängerschaft ausgesprochen hatte, nach dem Tod ihres französischen Gatten Franz II. 1561 nach Schottland zurück. Damit entstand auch für Elisabeth I. eine neue Situation, die nicht nur durch die berechtigten Ansprüche Maria Stuarts auf den englischen Thron geprägt waren, sondern auch durch einen konfessionellen Konflikt in England selbst, verbunden mit dessen „Internationalisierung" und letztlich der Gefahr für Regierung und Herrschaft der englischen Königin. Denn die schottische Königin suchte Hilfe beim spanischen König und beim Papst, überdies heiratete Maria Stuart 1564 ihren Vetter Lord Darnley, der ein Tudorabkömmling und Katholik war und ihre Ansprüche auf den englischen Thron verstärken sollte. Nach der Niederwerfung eines Aufstands des calvinistischen Adels ging Maria daran, die Rekatholisierung ihres Landes voranzutreiben. „Alsbald verlor sie jedoch den aktivsten Mitarbeiter bei diesem Werk, ihren Sekretär Riccio, dadurch, daß ihn ihr eifersüchtiger Gemahl ermorden ließ. Sie reagierte darauf ebenso affektbestimmt, indem sie sich mit protestantischen Adligen verband, die Darnley beseitigen wollten. Im Februar 1567 fand man ihn tot in der Nähe eines gesprengten Hauses, und schon ein Vierteljahr später heiratete die Königin Bothwell, der allgemein als der Täter galt!" [2.2: HASSINGER, 332] Maria geriet in die Gefangenschaft ihrer Gegner und musste auf die Herrschaft zugunsten ihres minderjährigen Sohnes Jakob verzichten; ein Jahr später gelang ihr die Flucht nach England und an den Hof von Elisabeth I., wo sie in Gewahrsam genommen wurde, denn die englische Königin stand vor einer schwierigen Situation: ihr monarchisches Solidaritätsgefühl sprach für eine antiprotestantische

Intervention in Schottland, die mit Krieg verbunden sein musste, und eine Ausweisung nach Frankreich war auch nicht angeraten. So ließ Elisabeth I. durch eine Kommission die Vorgänge um Maria, die zu deren Absetzung und Flucht geführt hatten, untersuchen, die Ergebnisse waren allerdings negativ, was die Schuld Marias betraf. Zum Sicherheitsrisiko wurde die schottische Königin erst, als 1569 ein Aufstand katholischer Adeliger in Nordengland Maria zu befreien versuchte, um die katholische Restauration in Schottland wieder aufzunehmen, doch konnte die englische Königin den Aufstand niederschlagen.

Im falschen Glauben an den Erfolg dieses Aufstands wandte sich nun Papst Pius V. gegen Elisabeth I. Initiativen englischer Katholiken zu deren Exkommunikation hatte es schon seit 1562/63 gegeben, sie wären damals für Elisabeth gefährlich gewesen, wurden aber weder in Madrid noch in Rom aufgegriffen. „1570 kam es zu einem spektakulären Vorgehen Pius' V.: durch die Bulle ‚Regnans in excelsis' wurde Elisabeth exkommuniziert und ihrer Thronrechte für verlustig erklärt. Zugleich wurde allen Untertanen untersagt, ihr Gehorsam zu leisten. Dieser mit Spanien nicht abgesprochene Akt erwies sich rasch als ein politischer und kirchlicher Fehlschlag. Er ist nur zu verstehen, wenn man die Gesamtheit der Entwicklung in Betracht zieht, die von der Reformation in Schottland nach England übergegriffen hatte" [2.3: LUTZ, 80]. Die päpstliche Initiative hatte für die englischen Katholiken verheerende Folgen, sowohl als Untertanen der Königin als auch in der englischen Öffentlichkeit; seitdem zeigte das offizielle England immer wieder strikte Abgrenzung und Ausgrenzung gegenüber einem angeblich illoyalen Katholizismus im eigenen Land. Zu dieser Entwicklung trugen auch die Initiativen des englischen Exilkatholizismus wesentlich bei. So hatte der englische Exilant William Allen in Douai im Artois 1568 ein Collegium Anglicum gegründet, das später nach Reims verlegt wurde, wo junge englische Katholiken als Missionare zur Rekatholisierung Englands ausgebildet wurden, eine Entwicklung, an welcher auch der Jesuitenorden beteiligt war. Dieser entstehende Geheimkatholizismus stärkte den regional noch immer bedeutenden englischen Katholizismus, dem offenbar auch die Familie Shakespeare (William und sein Vater John) in der Grafschaft Lancashire angehörte. „Auf die jesuitische Missionsbewegung reagierten Regierung und Parlament im Frühjahr 1581 mit der Verabschiedung eines umfassenden drakonischen Strafgesetzes. Dies machte die in der Mission Tätigen wie auch die von ihnen Bekehrten zu Hochverrätern" [2.10: HAMMERSCHMIDT-HUMMEL, 25]. 1585 trat eine gesetzliche Verschärfung in Kraft, indem alle Jesuiten und Priester aus England verbannt wurden, bei Androhung der Todesstrafe, die an einer Reihe von Personen auch vollstreckt werden sollte.

Die schottische Königin blieb auch in den 1580er Jahren ein Sicherheitsrisiko, weil sie mit ausländischer Hilfe ihre persönliche Befreiung plante, die mit einem Verschwörungsplan verbunden war, der die Beseitigung von Elisabeth I. inkludierte. Dieses Faktum bot den Anlass zum Handeln bis zur Anklage, wobei Elisabeth klar war, dass sie von der europäischen Öffentlichkeit dafür verantwortlich gemacht werden würde; schließlich wurde das Todesurteil von ihr unterzeichnet.

Daher versuchte sie, die Verantwortung auf das Privy Council abzuwälzen, auch ergriff sie rektifizierende Maßnahmen, indem sie Staatssekretär Davison, der die Hinrichtung eingeleitet hatte, im Tower über ein Jahr einkerkern ließ. Maria Stuart wurde am 7. Februar 1587 hingerichtet. Seit Heinrich VIII. hatten Hinrichtungen in der Geschichte der englischen Hocharistokratie Tradition; so war es nichts Außergewöhnliches, dass die Bevölkerung Londons Freudenfeste feierte. In der europäischen Öffentlichkeit stand die Verantwortung der englischen Königin für diese Hinrichtung allerdings fest. Damit war der Bruch Englands mit Spanien unvermeidlich. In den 1570er Jahren waren die Beziehungen zwischen Spanien und England relativ entspannt gewesen, obwohl Elisabeth die Hugenotten und die niederländischen Aufständischen ebenso unterstützte wie die See- und Kaperfahrten eines Francis Drake und dessen Angriffe auf spanische Silberflotten aus Amerika sowie auf spanische Besitzungen in der Karibik, womit sie die Interessen Philipps direkt und indirekt verletzte. Seit 1580, als Philipp II. Portugal erwarb, hatten die Spannungen zugenommen, letztlich ging es um eine militärische Invasion in England zugunsten des Katholizismus, als dessen Protagonist der spanische König gesehen werden muss. Erst die Hinrichtung von Maria Stuart sollte für Philipp II. zum Anlass für eine militärische Aktion gegen England werden. Doch war es fraglich, ob die durch die englischen Emigranten lancierten Hoffnungen auf eine katholische Erhebung gegen Elisabeth I. damals noch realistisch waren.

Insgesamt stellt sich die Regierungszeit Elisabeth I. dar „als enorme Expansion nationaler Kräfte in Wirtschaft, Seefahrt, Politik und Kultur, die ein vorsichtiger, geradezu konservativer Staat zügelt und damit in dieser Zeit der verdeckten oder offenen konfessionellen Kriege schützt und vor Verausgabung bewahrt" [E. SCHULIN, England und Schottland, in: 2.2: Handbuch der europäischen Geschichte, 928f.]. Handel und Seefahrt gewannen unter Elisabeth I. an Bedeutung. Dies wird an London als wichtigstem Exporthafen und an der Entstehung zahlreicher englischer Handelsgesellschaften ersichtlich, die vom Staat – unter großer finanzieller Beteiligung der *gentry* – unterstützt wurden.

3.6 Das Scheitern der Politik Philipps II. und der Aufstieg der französischen Monarchie

Philipp II. und Frankreich

Philipp II. stand in den frühen 1580er Jahren auf dem Höhepunkt seiner Macht, denkt man an die „Anbindung" Portugals an die spanische Krone im Jahr 1580. In der Nachfolgefrage in Frankreich hatte nach Heinrich III. der Hugenotte Heinrich von Navarra, der spätere König Heinrich IV., das nächste Anrecht auf die Thronfolge. Dieser Umstand rief die Guisen und die Liga auf den Plan, 1585 einen Geheimvertrag mit dem spanischen König abzuschließen; die Krone sollte dem Kardinal von Bourbon, einem Onkel des Königs von Navarra, zufallen. Zur gleichen Zeit konnte die Liga König Heinrich III. überreden, sämtliche Religionsedikte zu widerrufen, und Papst Sixtus V. erklärte die Thronansprüche des

3. Die konfessionellen und politischen Konflikte in der Epoche des spanischen Universalreiches

Königs von Navarra für nichtig. Nun fühlte sich die Liga stark genug, um den Krieg fortzusetzen; gleichzeitig wurde die Position König Heinrichs III. schwächer. Dieser schlug 1588 gegen die Ligisten zurück, indem er Herzog Heinrich Guise und dessen Bruder Ludwig ermorden ließ. Diese Aktion brachte dem König heftige Kritik des Papstes und des Pariser Parlaments ein, was letztlich dazu führte, dass sich Heinrich III. dem gleichnamigen König von Navarra (aus dem Haus Bourbon) näherte. Am 1. August 1589 wurde Heinrich III. das Opfer des fanatischen Dominikaners Jacques Clément, einen Dienst erwies er der Liga damit aber nicht; im Gegenteil, nun stand Heinrich von Navarra als Kandidat für den französischen Königsthron an. Auch wenn dieser in einem Manifest vom 4. August 1589 erklärte, die katholische Religion nicht antasten zu wollen, übernahm Karl Herzog von Mayenne für den von der Liga proklamierten Karl X., der sich in Gefangenschaft der Hugenotten befand, die Regentschaft. Heinrich IV. hingegen errang die Sympathie der pragmatisch-gemäßigt orientierten Mittelpartei Frankreichs, der *Parti des politiques*, die sich ebenso wie er gegen ein von Spanien abhängiges französisches Königreich, wie es Philipp II. verfolgte, wandte. Die pro-spanische Politik von Papst Sixtus V. trug dazu bei, dass immer mehr Katholiken ins Lager Heinrichs IV. wechselten. Eine selbständige und unabhängige Zukunft Frankreichs ließ den konfessionellen Gleichklang – französische Katholiken, Papst, Philipp II. – in den Hintergrund treten. Nicht zuletzt trug zu dieser Kehrtwendung die Niederlage der spanischen Armada im Kampf gegen England bei.

Dieser Auseinandersetzung von 1587/88 war eine ständige Verschlechterung der Beziehungen zwischen Spanien und England vorausgegangen. 1585 intervenierte England das erste Mal in den Niederlanden; im Atlantik gefährdeten englische Freibeuter die spanischen und amerikanischen Küsten sowie die spanischen Handelsfahrten und Silberflotten. Der spanische König hatte Maria Stuart während ihrer Gefangenschaft unterstützt, und seine Botschafter in England waren in Hofintrigen und Verschwörungen gegen Königin Elisabeth involviert. In der Hinrichtung von Maria Stuart im Februar 1587 sah Philipp II. das Signal für eine militärische Auseinandersetzung mit England. Als Treuhänder der englischen Katholiken plante er zunächst für den Sommer 1587 die Invasion in England, doch Drakes Angriff auf Cádiz verzögerte die Ausfahrt der Armada. Außerdem starb der erfahrene Don Alvaro de Bazán, Marqués de Santa Cruz, er wurde durch den Herzog von Medina Sidonia als Oberbefehlshaber der Armada ersetzt, was der Aktion gegen England nicht gut tat. Die spanische Unternehmung beruhte darauf, Truppen in Flandern aufzunehmen, die Alessandro Farnese bereitstellen sollte. Dies gelang nicht, und dadurch war ihr Erfolg gefährdet. Außerdem geriet die aus 130 Kriegsschiffen mit 2500 Kanonen und zahlreichen Hilfsschiffen bestehende „unbesiegbare Flotte" (*Armada Invencible*) mit etwa 22 000 Mann Invasionstruppen, die in Flandern noch 30 000 Mann unter dem Kommando von Farnese aufnehmen sollte, schon an der englischen Südküste in Gefechte mit der englischen Flotte, die aus kleineren Schiffen bestand und schon deswegen keinen Enterkampf riskierte, sondern aus der Distanz

<small>Invasion Spaniens in England?</small>

die spanische Flotte erfolgreich bekämpfte. Es war nicht nur die Ortskenntnis, sondern auch die Segel- und Artillerietechnik der englischen Schiffe, die der spanischen Flotte überlegen war. Auch wenn nur ein Teil der spanischen Flotte von den Engländern gestellt werden konnte, musste Medina Sidonia Anfang August 1588 das Invasionsprojekt abbrechen; wenigstens gelang es ihm, in die Nordsee auszuweichen und die Britischen Inseln zu umsegeln. Letztlich waren es weit mehr die Umstände des schlechten Wetters, die zum Scheitern des Invasionsunternehmens führten. Dabei hatte die Flotte ihre Hauptverluste zu beklagen; nur etwas mehr als die Hälfte der Schiffe kehrte nach Spanien zurück. Dass Spaniens Marine- und Militärpotenzial jedoch noch intakt war, macht die Abwehr einer englischen Gegenoffensive an der spanischen und portugiesischen Küste im Jahr 1589 deutlich, doch sollte man die psychologische Wirkung nicht unterschätzen, die von der Niederlage der Armada ausging, zumal um diese vor Beginn ihrer Ausfahrt gewaltig Stimmung gemacht worden war. „Was Philipp II. 1588 wirklich verlor, war die auf das Unternehmen folgende Propagandaschlacht. Elisabeth I. gewann diese so nachhaltig, dass bis in die jüngste Zeit selbst Historiker davon ausgingen, die spanische Vorherrschaft zur See sei damals nachhaltig geschwächt worden" [2.12: EDELMAYER, 256f.].

Beendigung der Hugenottenkriege Die letzte Phase der Hugenottenkriege bis 1598 war vom dynastischen und militärischen Engagement Spaniens in Frankreich geprägt. So brachte Philipp II. seine Tochter Isabella Clara Eugenia als Thronanwärterin ins Spiel – ein Projekt, das in Anbetracht des salischen Rechts und der darauf beruhenden männlichen Nachfolge wenig Aussicht auf Erfolg hatte. Aber auch Papst Sixtus V. „erschien es unerträglich, daß Frankreich ein Nebenland der spanischen Monarchie werden sollte, so heiß er andererseits einen totalen Sieg der katholischen Kirche wünschte. Kaum anderswo als an diesem Punkt ist so deutlich geworden, daß spanische Hegemoniepolitik und gegenreformatorische Aktivität zwei nicht ohne weiteres zu vereinbarende Elemente dieses Zeitalters waren" [2.2: HASSINGER, 318]. Gleichzeitig gewann die Gruppe der *politiques*, die an der Wiederherstellung einer selbständigen französischen Monarchie interessiert war, wieder an Bedeutung. Für die gemäßigten Vertreter der Liga war es unabdingbar, dass Heinrich von Navarra zum katholischen Glauben übertrat. Am 25. Juli 1593 schwor Heinrich dem reformierten Glauben ab, nicht ohne Grund vor dem Erzbischof von Bourges, und zwar in St. Denis, der Grabstätte der französischen Könige. Vielen Hugenotten galt er seitdem als Verräter, den radikalen Ligisten wiederum als Heuchler. Bei Heinrich IV. war es wohl Pragmatismus und die Einsicht, ohne Bekenntniswechsel zum Katholizismus Frankreich nicht befrieden zu können. In Chartres gesalbt, konnte er im März 1594 in Paris einziehen, ein langwieriger Anerkennungsprozess in Frankreich und in Europa begann. Wesentlich war schließlich, dass ihm Papst Clemens VIII. 1595 die Absolution erteilte.

Edikt von Nantes Zur Befriedung des Königreiches erließ Heinrich IV. am 13. April 1598 das Edikt von Nantes. Inhaltlich knüpfte es an vorangegangene Edikte an, so etwa in der Zusicherung der Gewissensfreiheit. Reformierter Gottesdienst durfte, ausgenommen Paris und Umgebung, überall dort gefeiert werden, wo er 1596/97 ausgeübt worden war, ebenso auf den Gütern des Adels sowie in einem Ort jedes *baillage*. Die rechtliche und politische Gleichstellung der Hugenotten kam in der Zusicherung uneingeschränkter Rechtsfähigkeit, dem Zutritt zu allen Ämtern und der Teilnahme an gemischt besetzten Kammern in einigen Parlamenten zum Ausdruck. Wichtig war außerdem die Zusage von 100 Sicherheitsplätzen mit eigenen Gouverneuren für acht Jahre. Das Edikt musste von jedem König neu bestätigt werden – darin lag die Abhängigkeit vom Willen jedes französischen Königs auch in Zukunft. „Dies war eine ganz andere Regelung, als sie im Reich der Religionsfrieden gebracht hatte. Die deutsche Reformation fand ihren Rückhalt in der Partikularität der Territorialstaaten. Die zentralisierte französische Monarchie suchte die bikonfessionelle Lösung auf dem Wege einer zweiten – allerdings weniger privilegierten – Staatskirche. Ein individuelles Toleranzprinzip gab es weder hier noch dort, doch war die deutsche Lösung wohl entschiedener zwangskirchlich und antiindividuell angelegt" [2.3: LUTZ, 75].

Politisch-militärisch waren Frankreich und Spanien erschöpft; Philipp II. zog seine Truppen aus Frankreich ab und schloss mit Heinrich IV. am 2. Mai 1598 unter päpstlicher Vermittlung den Frieden von Vervins. Er „bedeutete für Philipp II. das Scheitern aller hochgespannten Erwartungen hinsichtlich Frankreichs. Es war ihm weder gelungen, das Nachbarreich in engste Abhängigkeit von sich zu bringen, noch territoriale Gewinne zu erzielen – die Grenzziehung von Cateau Cambrésis blieb unverändert –, und der französische Protestantismus war wohl in die Defensive gedrängt, aber nicht, wie Philipp erstrebt hatte, vernichtet" [2.2: HASSINGER, 320]. Philipp II. starb noch im selben Jahr. Die künftige französische Außenpolitik war von konfessioneller Ungebundenheit geprägt; gewiss wird man darin eine Anknüpfung an die Tradition Franz' I. und Heinrichs II. sehen können, aber nur auf diese Weise gelang es der französischen Monarchie, in die Reihe der die Politik bestimmenden europäischen Staaten zurückzukehren.

Diese neue Politik des französischen Königs ermöglichte eine Kooperation mit England und den Niederlanden zur Unterstützung des niederländischen Unabhängigkeitskrieges gegen den spanischen König unter Prinz Moritz, dem Sohn des 1584 ermordeten Wilhelm von Oranien, und Johann von Oldenbarnevelt. Auf diese Weise gelang bis 1598 die Eroberung aller Gebiete nördlich des Rheins und großer Teile von Brabant. Mit der Konsolidierung der föderativen Republik calvinistischer Prägung war die Übersiedlung zahlreicher protestantischer Kaufleute und Gewerbetreibender aus Antwerpen nach Amsterdam verbunden. Aus der ursprünglichen militärischen Demarkationslinie wurde durch den zwölfjährigen Waffenstillstand von 1609 eine dauerhafte Grenze. Die Auswirkungen der „Wende von 1588" auf England bestanden nach innen in der Stärkung der Autorität der Krone und der protestantischen Prägung des Landes; nach außen verfolgte Königin Elisabeth weiterhin eine vorsichtige Politik vor allem gegenüber Spanien, die zwar halboffizielle Kaperfahrten, aber keine direkte militärische Auseinandersetzung zuließ.

Auswirkungen der „Wende" von 1588

Friede von Vervins

3.7 Nord- und Osteuropa: Herrschaft über die Ostsee und Schwedens Aufstieg

Wie früher ging es jetzt unter den Staaten Nord- und Osteuropas – zwischen Schweden, Polen-Litauen und dem Großfürstentum Moskau – um die Position und Vorherrschaft im Ostseeraum bzw. um das *Dominium maris Baltici*, wobei mit dem Großfürstentum Moskau unter Ivan IV. eine neue Macht in die zwischenstaatlichen Auseinandersetzungen eintrat. Die politisch-soziale und kirchlich-kulturelle Orientierung dieser drei Staaten war höchst unterschiedlich und spielte in den Auseinandersetzungen eine Rolle, denkt man an das betont protestantische Königreich Schweden, an das von der Rekatholisierung geprägte Polen-Litauen und an das orthodoxe Großfürstentum Moskau.

Das Ende der Jagiellonen in Polen und Litauen — Das Aussterben des angestammten polnischen Königshauses der Jagiellonen (1572) hat auf lange Sicht die innere wie äußere Situation des Königreiches Polen und des Großfürstentums Litauen entscheidend verändert; vor allem die Außenbestimmung durch neue Dynastien sollte zu neuen internationalen Konstellationen und Konflikten führen, welche die Integrität Polens bedrohten. Insbesondere Habsburg, Moskau, Frankreich und Schweden machten künftig ihren Einfluss geltend. Dabei spielte auch das Faktum mit, dass die Gesamtheit des polnischen Adels an der Königswahl teilnahm. Vielleicht im Zeichen der Bartholomäusnacht in Frankreich stand zunächst die konfessionspolitische Frage im Vordergrund, der neue König könnte den Modus Vivendi von Katholiken und Protestanten stören, deshalb wurde in der Warschauer Konföderation vom 28. Januar 1573 für Lutheraner und Calvinisten die Freiheit des religiösen Bekenntnisses festgeschrieben. Von Heinrich von Anjou, der zunächst gewählt wurde, wäre wohl eine konfessionelle Zuspitzung zu erwarten gewesen, doch eilte er vier Monate nach seiner Königswahl in Krakau (1574) nach Frankreich zurück, um seinem plötzlich verstorbenen Bruder König Karl IX. nachzufolgen. Der habsburgfeindlichen *Szlachta* des polnischen Adels gelang es mehrmals, einen habsburgischen Kandidaten abzuwehren, stattdessen setzte sie 1575 Stephan Báthory, den Fürsten von Siebenbürgen, durch. Báthory betrieb eine expansive Außenpolitik, die vor allem gegen Russland gerichtet war und die Zar Ivan IV. in Bedrängnis brachte; 1579 eroberte ein polnisches Heer die Festung Polock. Auch durch Schweden geriet der Zar in Bedrängnis, sodass er Livland aufgeben musste und sogar Papst Gregor XIII. um Vermittlung bat, der 1582 durch seinen Gesandten, den Jesuiten Antonio Possevino, einen zehnjährigen Waffenstillstand zwischen Polen und Russland aushandeln konnte. Doch erfüllten sich die Hoffnungen des Papstes, mit Russland eine kirchliche Union und christliche Liga gegen das Osmanische Reich zu bilden, nicht.

„Diese politischen Aspekte im Umkreis von Polen und Rußland dürfen die bedeutenden kulturellen Perspektiven der gegenreformatorischen Bestrebungen im Osten nicht verdecken. Das Wirken der Jesuiten und die Verbreitung der humanistischen und barocken Kulturformen aus dem Süden in den Osten Europas hatten nachhaltige Folgen im Sinne einer Modernisierung und Verwestlichung.

Die gewaltlosen Erfolge der Jesuiten und des Katholizismus im Polen Báthorys und danach sind ebenso in diesem soziokulturellen Kontext zu sehen wie die polnisch-päpstlichen Bestrebungen, die 1596 zur Union von Brest führten: Die Mehrzahl der orthodoxen Bevölkerung des polnisch-litauischen Staatsgebietes schloß sich Rom an. Auch hier machte sich freilich die Problematik der politischen Begleitumstände und der römischen Uniformitäts- und Superioritätstendenzen geltend. Die Wege der Gegenreformation im Osten verdienen ein besonderes Interesse; es reicht über Polen und die Unionsgeschichte weiter zur geistlichen Akademie von Kiew" [2.3: LUTZ, 74].

Bemerkenswert ist die Tatsache, dass sich die Geschichte von Polen-Litauen zeitweise in enger Verbindung mit dem Königreich Schweden vollzog, als in Polen nach dem Tod Báthorys Sigismund III. (1587–1632) aus der schwedischen Dynastie Wasa zum König gewählt wurde. Damit trat ein konfessionspolitisches Problem auf, denn schon Sigismunds Vater Johann III. war mit einer polnischen Prinzessin verheiratet gewesen und hatte selbst zum Katholizismus tendiert. Als Sigismund in Schweden seinem Vater nachfolgte und beide Königreiche in Personalunion vereinigte, befürchtete man in Schweden eine Rekatholisierung. Sigmunds 1577 entworfene katholisch geprägte Liturgie wurde von der protestantischen schwedischen Geistlichkeit abgelehnt. Als die Synode von Uppsala von 1593 jegliche Reform der Liturgie im katholischen Sinn ablehnte, war es fraglich, ob die beabsichtigte Rekatholisierung Schwedens gelingen würde. Sigismund kehrte nach Polen zurück und übertrug seinem Onkel Karl von Södermanland die Statthalterschaft in Schweden. Auch die politisch-militärische Kooperation zwischen Polen und Schweden gegen Russland verlor an Gewicht gegenüber der konfessionellen Frage und führte dazu, dass der schwedische Reichstag von Linköping im Jahr 1600 die Union löste und Sigismunds Onkel Karl den Königstitel annahm. Dieses von allen sozialen Gruppen unterstützte „nationale Königtum" betrachtete die katholische Linie des Hauses Wasa in Polen als Usurpation. So bildete der schwedisch-polnische Gegensatz fortan eine Konstante der wechselseitigen Beziehungen im Baltikum. Gleichzeitig nahmen die traditionellen dänisch-schwedischen Spannungen wieder zu. Der dänische König Christian IV. (1596–1648) konzentrierte sich jedoch zunächst auf den Ausbau der dänischen Kontrolle am Sund und auf Eingriffe in Norddeutschland. Der polnisch-schwedische Konflikt hingegen mündete in einen offenen Krieg um Livland und Estland. Zwar standen der livländische Adel und die meisten Städte auf der Seite ihrer schwedischen Glaubensgenossen, doch verzeichnete Polen zunächst militärische Erfolge. Erst um 1620 änderte sich die Situation zugunsten Schwedens.

Die Großfürsten von Moskau hatten seit dem Ende des 15. Jahrhunderts an Bedeutung gewonnen und ihre Rivalen Novgorod und Tver, um nur die wichtigsten zu nennen, besiegt und in den eigenen Machtbereich eingegliedert. Sie hatten die Gebiete der alten Rus zurückgewonnen, die 200 Jahre zuvor von den Mongolen erobert worden waren, und verfügten damit über die längste, langsam vorrückende Militärgrenze (*frontier*) zu Asien, die nun vom Eismeer und dem Finnischen Meerbusen über den Peipussee, die nördliche Dvina und den Dnepr bis zum Ural und Ob reichte. Auch das Großfürstentum Litauen hatte die expansive Politik zu spüren bekommen. Großfürst Vasilij III. verzeichnete in den Kriegen gegen Polen-Litauen (1521–1537) wechselhafte Erfolge, doch waren die Gebietserwerbungen nördlich von Polock für die weitere Ausdehnung Moskaus von großer Bedeutung. Sein Sohn Ivan IV. (1533–1584), später „der Schreckliche" genannt, war erst drei Jahre alt, als er seinem Vater Vasilij III. folgte. In den Jahren seiner Minderjährigkeit wurde er zum Objekt von Machtkämpfen einzelner Bojarengruppen. Wesentlich war jedoch, dass Ivans Nachfolge unter dem Einfluss der Kirche nie grundsätzlich in Frage gestellt wurde, und die Regierungshandlungen sich an der von Vasilij III. vorgegebenen Linie orientierten. Im Inneren war die Regierung Ivans IV. durch rege Bautätigkeit, vor allem den Festungsbau, geprägt, auch gelang 1535 eine Währungsreform. Diese Reformen kamen dem Dienstadel zugute, auf den sich der Herrscher mit Erfolg stützte. In der Guba-Reform, einer Art Kreisreform, kommt dies auch zum Ausdruck; sie war ein wichtiger Schritt einer allgemeinen Verwaltungsreform, welche die lokale Polizei- und Gerichtsgewalt den Statthaltern (*namestniki*) entzog und den vom Dienstadel gewählten Organen der Guba-Starosten anvertraute. Diese Reform ging zu Lasten der Bojaren, deren kurzlebige Teilhabe an der Macht während der Minderjährigkeit des Großfürsten die Konsolidierung des Großfürstentums nicht aufhalten konnte. Dazu hat auch der Metropolit Makarij seit 1542 wesentlich beigetragen. Am 16. Januar 1547 krönte dieser in der Uspenskij-Kathedrale des Kreml Großfürst Ivan Vasilevič (Ivan IV.) zum „Zaren und Selbstherrscher des ganzen großen Russland". Kurz darauf heiratete der Zar Anastasija Romanovna Zacharina, die aus einer Bojarenfamilie stammte, also nicht der Hocharistokratie angehörte. Die Krönung zum Zaren hat das autokratische Bewusstsein gestärkt; die Bindung der Kirche an die kaiserliche Autokratie entsprach dem byzantinischen Vorbild.

Der Machtverlust der Bojaren kam vor allem der Mittelschicht des Dienstadels und der städtischen Prominenz zugute. So trugen die Kodifizierung des Rechts in einem neuen Gesetzbuch und der weitere Abbau der Statthalterverwaltung dem Interesse der Mittelschicht Rechnung. Der Dienstadel fand seinen Platz in den Landesversammlungen und im Rat des Herrschers. In einer ersten Landesversammlung, dem „Zemskij Sobor der Versöhnung" von 1549, wurde ein Interessensausgleich zwischen Bojaren und Dienstadel erreicht. Den Wünschen des Dienstadels und der Staatsführung nach militärischer Effizienz entsprach die Einschränkung der traditionellen Rangordnung von Strelitzen- (Schützen-) und Artillerieverbänden sowie die Vergabe von Dienstgütern in der Umgebung von Moskau an etwa 1000 Dienstadelige verschiedenen Ranges. Weiters wurden die Zentralbehörden (*Prikaze*) der verschiedenen Verwaltungszweige ausgebaut. Dem Handel und Gewerbe kamen Erleichterungen im Binnenzollwesen und die Vereinheitlichung des Maßsystems zugute. „Nicht alle diese Reformen wurden konsequent durchgeführt, und so blieb auch der Erfolg gewiß hinter den Erwartungen zurück, aber die Tendenz einer umfassenden Modernisierung ist klar erfaßbar." [G. STÖKL, Rußland von 1462 bis 1689, in: 2.2: Handbuch der europäischen Geschichte, 1190].

Einerseits setzte Ivan IV. die traditionelle Außenpolitik seiner Vorgänger fort. So konnte er 1552 das Khanat Kazan erobern; damit war er über das Sammeln der Länder der Kiever Rus hinausgegangen und hatte ein souveränes islamisches Staatswesen an sich gebracht, das einst zum Mongolenreich gehört hatte. 1556 folgte die Annexion des Khanats von Astrachan. Diese beiden Gebietsgewinne können als Beginn des Vielvölkerreiches Russland gesehen werden [2.18: KAPPELER]. Damit hatte nicht nur die ständige tatarische Bedrohung ein Ende, sondern es stand auch der Weg zur Schwarzmeerküste, zum Ural und nach Sibirien offen. Andererseits traten Mitte des 16. Jahrhunderts außenpolitische Optionen ins Blickfeld des Zaren. Sie können mit dem Stichwort „Westorientierung" umschrieben werden. Einer der Anlässe hierzu ist in der Kontaktaufnahme durch die englische Flotte unter Richard Chancellor in der Dvinamündung im Jahr 1553 zu sehen, auch wenn Ivan IV. erst einige Jahre danach, 1558, gegen Livland den Krieg eröffnete und Narwa und Dorpat eroberte. Als Vorwand dienten ihm jahrzehntelange Zahlungsrückstände der Dorpater Bischöfe, die auf alte Verpflichtungen zurückgingen.

Jahrzehnte später geriet das Großfürstentum Moskau in die politische und soziale Krise, als 1598 mit Zar Fedor, dem Sohn Ivans IV., die Dynastie Rurik ausstarb. Nun begann jene Phase der stark von außen bestimmten Epoche der russischen Politik, die mit dem Begriff „Zeit der Wirren" (*smuta*) charakterisiert wird, weil König Sigismund III. versuchte, Moskau und Polen-Litauen zu einer großen Ostunion unter katholischen Vorzeichen zusammen zu schließen, doch wählte die vom Moskauer Patriarchen berufene Landesversammlung Boris Godunov zum neuen Zaren. Dieser hatte nicht nur mit Bauernunruhen zu kämpfen, sondern auch mit dem Auftreten des „falschen Demetrius", eines Thronprätendenten, der sich 1603 als Sohn Ivans IV. ausgab, in der Folge katholisch wurde und vom polnischen König militärische Unterstützung erhielt; vor allem gelang es ihm nach dem Tod von Boris Godunov (1605), die Nachfolge als Zar von Russland anzutreten. Doch kam es im folgenden Jahr zum Aufstand gegen Demetrius und dessen katholische Ausrichtung und Bindungen an Polen, im Zuge dessen er ermordet wurde. Die Opposition der Bojaren machte Vasilij Sujskij zum Zaren. Dieser suchte gegen die Opposition (zweiter „falscher Demetrius") Hilfe bei König Karl IX. von Schweden. Nun griff der polnische König ein, besetzte 1610 Moskau und entmachtete Sujskij.

Krise des Moskauer Staates

Eine dauerhafte Verbindung des Moskauer Staates mit Polen scheiterte, die polnische Besetzung Moskaus wurde als Fremdherrschaft empfunden, führte zum Widerstand auf russischer Seite und zur Befreiung Moskaus. Schließlich wählte die Landesversammlung im Februar 1613 Michail Fedorovič Romanov zum Zaren. Er kann nicht nur als Exponent der „nationalen Regeneration" Russlands gesehen werden, sondern auch der Modernisierung des Landes, und zwar auf den Gebieten des Militärs, der Wirtschaft und der Expansion nach Sibirien. Nach außen konnte der erste Romanow-Zar Russland gegen die expansive

Der erste Zar aus dem Haus Romanow

Politik von Polen und Schweden jedoch nicht absichern. So fand der polnisch-russische Krieg seine Fortsetzung, verbunden mit weiteren Versuchen Schwedens, in Russland dauerhaft Fuß zu fassen. Der polnische König unternahm 1617 nochmals einen Vorstoß nach Moskau, doch gelang dem Zaren auf der Basis des Friedens in Stolbova am 27. Februar 1617 mit Schweden die Abwehr der polnischen Offensive, allerdings mussten im Waffenstillstand von Deulino/Divilino am 24. Dezember 1618 dem polnischen König territoriale Zusagen, u. a. Smolensk und Černigov, gemacht werden. Ungleich wichtiger war für Russland, dass die Gefahr eines katholischen Zarentums abgewendet werden konnte und der orthodox geprägte Staat erhalten blieb, der sowohl gegen das katholische Polen als auch gegen das protestantische Schweden Position bezog.

Schwedens Aufstieg im Zuge der Auseinandersetzungen mit Polen

1611 folgte der minderjährige König Gustav I. Adolf (gest. 1632) seinem Vater Karl IX., der noch mit Dänemark den sogenannten Kalmarer Krieg geführt hatte. Axel Oxenstierna trat als Reichskanzler an die Seite des jungen Königs, der den Reichsrat reaktivierte, den sein Vater zurückgedrängt hatte. Gustav Adolf beendete den Konflikt mit Dänemark im Frieden von Knäred am 20. Januar 1613, der Schweden allerdings harte Bedingungen auferlegte, u. a. den Verzicht auf den Livlandhandel und die Bezahlung eines Lösegelds in der enormen Höhe von einer Million Reichstalern innerhalb von sechs Jahren, was den schwedischen Staatshaushalt bis 1618 vor ungeheure Schwierigkeiten stellte. Aus diesen Gründen schloss der schwedische König 1614 einen Handelsvertrag mit den niederländischen Generalstaaten ab, der den Einfluss niederländischen Kapitals und Gewerbes in Schweden verstärkte. Amsterdam löste Lübeck als Umschlagsplatz für die schwedischen Kupferexporte ab. Gleichermaßen wichtig war der innere Ausbau des Staates, den Oxenstierna in Angriff nahm: vor allem die Neuorganisation des Heerwesens mit einem geregelten Aushebungssystem und die Einführung einer zentralen Kammerverwaltung. Die gesetzliche Fixierung auf das Luthertum war mit dem Ausschluss der Katholiken und dem Verbot jeglicher Verbindungen mit dem katholischen Polen verbunden. „Jedenfalls haben diese Reformen von knapp anderthalb Jahrzehnten den Grund dafür gelegt, daß aus dem altertümlichen Bauernland Schweden binnen kurzem nicht nur eine der stärksten politischen Mächte, sondern auch einer der am modernsten und rationellsten organisierten Staaten wurde" [A. VON BRANDT, Die nordischen Länder von 1448–1654, in: 2.2: Handbuch der europäischen Geschichte, 990].

Das Verhältnis zu Polen konnte hingegen nicht normalisiert werden; noch immer erhob nämlich König Sigismund III. Anspruch auf den schwedischen Thron. Aus diesem Grund eröffnete Gustav Adolf nach Auslaufen des Waffenstillstands im Jahr 1620 den Krieg durch einen Angriff auf Livland, doch musste er erkennen, dass dieses auf Dauer nicht zu halten war und dass ein Vordringen nach Polen keinen Erfolg brachte. Die einzige wirksame Möglichkeit, die Macht Polens zu beschränken, sah er in der Unterbrechung des polnischen Zugangs zum Meer, und zwar von Preußen aus. Das war neu und brachte die schwedischen Aktivitäten dem Dreißigjährigen Krieg im Reich näher. Diese Strategie sollte es dem schwedischen König erleichtern, in diesen Krieg an der Seite der protestantischen Reichsfürsten einzugreifen.

4. DER DREISSIGJÄHRIGE KRIEG

4.1 Habsburg, das Heilige Römische Reich und Italien vor dem Dreissigjährigen Krieg: Krise und Polarisierung der Kräfte

Krise im Haus Habsburg

In den letzten Regierungsjahren Kaiser Rudolfs II. erlebte die habsburgische Politik eine veritable Krise, die in der Regel unter dem Namen „Bruderzwist im Haus Habsburg" bekannt ist und ständische Revolten sowie die Entmachtung Kaiser Rudolfs II. zur Folge hatten, die noch unter dessen Nachfolger Kaiser Matthias (1612–1619) anhielten. Denn so ambitioniert Matthias gegen seinen Bruder Rudolf vorgegangen war, so farblos blieb er später als Kaiser in politischer Hinsicht, indem er sich auf seine Räte verließ. Es war unübersehbar, dass die Stände der habsburgischen Länder die Schwäche der Monarchie genützt hatten, um ihre konfessionell motivierte Politik zu stärken und effizienter als früher auf Kooperation unter den Ständen zu setzen.

Rudolf II. und sein jüngerer Bruder Matthias

Rudolfs letzte Regierungsdekaden waren vom sogenannten Langen Türkenkrieg (1593–1606) geprägt. Nach anfänglichen Niederlagen der kaiserlichen Truppen (1596) geriet diese Auseinandersetzung zum Festungskrieg, der immer größere Summen verschlang; überdies wurden die kaiserlichen Truppen in Ungarn immer mehr zur „Landplage". Stephan Bocskay, Fürst von Siebenbürgen, verjagte sie 1605 aus seinem Land und löste in Ungarn einen Aufstand aus, der auch auf Mähren und Österreich ausstrahlte. Von Matthias und seinen Brüdern Maximilian und Albrecht, die Matthias insgeheim als Oberhaupt der Familie anerkannten, konnte der Kaiser zum Frieden überredet werden, der mit Bocskay am 23. Juni 1606 in Wien und mit dem Sultan am 11. November 1606 in Zsitva-Torok für eine Geltungsdauer von 20 Jahren abgeschlossen wurde. Allerdings hielt Rudolf II. den Frieden nicht genau ein, sodass eine Fortsetzung des Krieges drohte. Deshalb vereinbarte Matthias mit den Ständen Ungarns, Nieder- und Oberösterreichs, seinen Bruder zur Einhaltung des Friedens zu zwingen (Preßburger Konföderation vom 1. Februar 1608). Mähren schloss sich Matthias an; nur Böhmen, Schlesien und die Lausitzen hielten zu Rudolf. Nur durch das Eingehen auf den Vertrag von Lieben am 25. Juni 1608, der Matthias die Herrschaft in Ungarn, Mähren und Österreich brachte, konnte der Kaiser den Krieg vermeiden. Folgenreich war die Involvierung der Stände auf beiden Seiten: Für Ober- und Niederösterreich bestätigte Matthias am 19. März 1609 die Religionskonzessionen Maximilians II., jedoch nicht die Religionsfreiheit der Städte. In Böhmen erneuerte Rudolf im sogenannten Majestätsbrief vom 9. Juli 1609 die religiösen Freiheiten und ermächtige die Stände neben der Zusicherung der Gewissensfreiheit zur Errichtung eigener Kirchen und Schulen. In Schlesien und den Lausitzen gewährte er in eigenen Assekurationen die Ausübung des Luthertums im Sinne der „Confessio Augustana". Der Machtzuwachs der Stände war unübersehbar, als 1610 der militärische Konflikt zwischen Rudolf II. und Matthias drohte, weil der Kaiser die Abmachung über die Teilung der Erb- und Kronländer brach und die böhmischen Stände Truppen aufboten, um Matthias im Kriegsfall zu unterstützen. Die militärische Auseinandersetzung blieb zwar aus, aber die Macht der böhmischen Stände kam auch politisch zum Ausdruck, als diese am 23. Mai 1611 Matthias zum König erhoben. Seine Wahl fand allerdings erst am 13. Juni 1612 statt, ein halbes Jahr nach dem Tod von Kaiser Rudolf am 20. Januar.

Zur gleichen Zeit kam es im Reich zur Bildung konfessioneller Bünde. Initiativen dazu gab es schon nach dem Scheitern des Reichstages von 1608, nun ließ sie der Streit um die Reichsstadt Donauwörth tatsächlich entstehen. Die katholische Minderheit veranstaltete, ermuntert durch die Dillinger Jesuiten, wieder Prozessionen, die 1605 und 1606 von protestantischen Bürgern behindert wurden, wogegen aber der Magistrat nicht einschritt. „Der Reichshofrat, dessen Zuständigkeit bei Konfessionssachen ohnehin umstritten war, befaßte sich mit der Klage und verhängte nach Interventionen Maximilians [von Bayern] die in einem solchen Fall außergewöhnliche Reichsacht. Der [bayerische] Herzog vollstreckte den Exekutionsbefehl (1.12.) in nie dagewesener Eile und rückte am 17. Dezember 1607 in der Reichsstadt ein. Gemäß der Ordnung von 1555 wäre der Schwäbische Kreis für die Exekution zuständig gewesen. Der Kaiser hatte also das Reichsrecht nicht hinreichend beachtet und offenkundig die überwiegend protestantische Reichsstadt dem Bayernherzog ausgeliefert" [2.8.1: LANZINNER, 188]. So war es nicht verwunderlich, dass die kaiserliche Politik, vertreten durch Erzherzog Ferdinand, auf dem Regensburger Reichstag von 1608 erfolglos blieb – vor allem im Hinblick auf die Türkenhilfe – und dass die protestantische Seite in Religionsfragen Mehrheitsentscheidungen ablehnte und den gütlichen Vergleich verlangte, allerdings vergeblich. Unter dem Eindruck von Donauwörth und den Reichstagsverhandlungen gründeten die Kurpfalz, Württemberg, Pfalz-Neuburg, Kulmbach-Bayreuth, Ansbach und Baden am 14. Mai 1608 in Auhausen (nördlich von Oettingen) im Fürstentum Ansbach die protestantische Union – offiziell als Landfriedens- und nicht als Konfessionsbund zur Verteidigung ihrer Interessen; bis 1610 traten u. a. Kurbrandenburg, Pfalz-Zweibrücken und Hessen-Kassel sowie 16 Reichsstädte der Union bei. Am 10. Juli 1609 gründete Herzog Maximilian von Bayern die katholische Liga, der u. a. die Bischöfe von Würzburg, Augsburg, Regensburg, Konstanz und Passau sowie die geistlichen Kurfürsten angehörten. Bis 1610 konnten weitere Bischöfe gewonnen werden; Österreich, Salzburg, Eichstätt und weitere geistliche Territorien blieben der Liga zunächst fern. Wichtig für die Liga waren finanzielle Zusagen des spanischen Königs Philipps III. und der Kurie.

<small>Entstehung von Union und Liga</small>

Der jülich-klevische Erbfolgestreit (1609–1614) hätte durchaus zum Auslöser des großen europäischen Krieges von 1618 bis 1648 werden können, zumal es um die Konfrontation konfessioneller Parteien in einer territorialen Machtfrage ging, wäre er nicht „zufällig" doch noch friedlich beigelegt worden. An diesem Beispiel wird jedenfalls deutlich, dass im Zuge der konfliktiven Entwicklung im Reich mit der Einmischung auswärtiger Mächte gerechnet werden musste. Als 1609 der geisteskranke Johann Wilhelm von Jülich-Kleve-Berg als letzter Her-

<small>Jülich-klevischer Erbfolgestreit</small>

zog starb, hatten Kurbrandenburg und Pfalz-Neuburg die besten Aussichten auf das Erbe. Zum selben Zeitpunkt war zwischen Spanien und den Generalstaaten der Niederlande am 9. April 1609 ein zwölfjähriger Waffenstillstand geschlossen worden, der die Chance eröffnete, die habsburgische Position am Niederrhein wesentlich zu stärken. Der Kaiser verfügte daher die Sequestration der Herzogtümer bis zur Klärung der Erbfrage. Doch schufen Brandenburg und Pfalz-Neuburg durch eine gemeinsame militärische Besetzung vollendete Tatsachen. Die seitdem „possedierende" Fürsten genannten Reichsstände vereinbarten eine gemeinsame Regierung, ließen sich von den Ständen huldigen und kündigten ihren Widerstand gegen die habsburgische Zwangsverwaltung an. Der brandenburgische Kurfürst Johann Sigismund trat nun der protestantischen Union bei, die im Februar 1610 einen Bündnisvertrag mit Heinrich IV. von Frankreich abschloss, für ein militärisches Eingreifen am Niederrhein rüstete und sich mit Savoyen verbündete; England und die Generalstaaten stellten Hilfe in Aussicht. Damit drohte der regionale Konflikt zu einem europäischen zu werden. Nun waren nämlich die spanischen Interessen in Oberitalien und am Rhein (Durchmarschrouten) betroffen. Ein Zufall, d.h. ein ursprünglich gar nicht mit diesem Streit in Zusammenhang stehenden Ereignis, bewahrte Europa am Vorabend des Dreißigjährigen Krieges in letzter Minute vor einem größeren militärisch-politischen Konflikt: Heinrich IV. wurde am 14. Mai 1610 von einem religiösen Fanatiker ermordet. Im jülich-klevischen Erbfolgestreit vermittelten Frankreich und England eine Lösung, die im Vertrag von Xanten vom 12. November 1614 festgeschrieben wurde: Das Land sollte geteilt werden, der Pfalzgraf, inzwischen zum katholischen Glauben übergetreten, erhielt Jülich-Berg, der Kurfürst von Brandenburg, inzwischen Calvinist, erhielt Kleve, Mark und Ravensberg. Damit war der internationale Konflikt zunächst vom Tisch.

Von Matthias zu Ferdinand II. Am 13. Juni 1612 wurde Matthias zum Kaiser gewählt. Zu seinem wichtigsten Berater wurde der Wiener Bischof Kardinal Melchior Klesl, Sohn eines protestantischen Wiener Bäckermeisters und Konvertit, der seit 1590 in seiner Funktion als Generalreformator und Geheimer Rat die Gegenreformation in Nieder- und Oberösterreich vorangetrieben hatte. In der Reichspolitik ging er allerdings andere Wege. Hier trat er für eine Verständigung mit den Protestanten ein, und zwar auf dem Weg persönlicher Verhandlungen, Vereinbarungen und Zugeständnisse („Kompositionspolitik"). Wie Zacharias Geizkofler und anderen war auch Kaiser Matthias und Klesl wohl bewusst, dass andernfalls eine militärische Konfrontation nicht zu vermeiden war, die für jede Seite den Ruin bedeutete. Doch misslangen die Verständigung der Religionsparteien auf dem Reichstag von 1613 und damit die Stabilisierung des Reiches im Zuge der Kleslschen Kompromisspolitik. Der Forderung der protestantischen Seite nach Restitution von Donauwörth wollte die katholische Seite nicht nachkommen.

Oñate-Vertrag Die Nachfolgefrage im Haus Habsburg war aktuell, weil Kaiser Matthias kinderlos blieb. Die Einigung auf Ferdinand von Innerösterreich bedeutete, dass ein entschiedener Vertreter der Gegenreformation in den Erbländern, in Böhmen und im Heiligen Römischen Reich nachfolgte; sie war zugleich eine Absage an die ausgleichende Reichspolitik von Kardinal Klesl. Wichtig war es, die Erbansprüche der spanischen Linie von Seiten König Philipps III. (1598–1621) abzuklären, der als Enkel Maximilians II. ebenfalls erbberechtigt war. Dem Oñate-Vertrag von 1617 (genannt nach dem mit Erzherzog Ferdinand verhandelnden spanischen Gesandten in Wien, Íñigo Graf von Oñate) zufolge sollte Spanien nach Ferdinands Regierungsantritt den habsburgischen Besitz im Elsass und in der Ortenau sowie das italienische Reichslehen Finale (bei Genua) und Piombino erhalten. Das bedeutete, dass dieser Hausvertrag mit einem weit ausgreifenden Herrschaftskonzept junktimiert war, das auf spanischer Seite Baltasar Zúñiga entwickelt hatte und das der Sicherung der spanischen Interessen in Flandern und Oberitalien galt sowie der Bewahrung der „spanischen Straße", der eine essentielle Nachschubfunktion am Rhein zukam. Seit diesem Vertrag rückten die beiden habsburgischen Linien zusammen, um eine prononciert katholische Politik im Reich zu entwickeln und ein vielleicht drohendes protestantisches Kaisertum zu verhindern. In Böhmen konnte 1617 mit der „Annahme" Ferdinand als künftiger böhmischer König durchgesetzt werden; auch in Ungarn gelang die Regelung der Nachfolge. Ferdinands Wahl zum Römischen König, schon vor dem Tod von Kaiser Matthias am 20. März 1619 geplant, kam noch im selben Jahr zustande. Die Zeit der Klesl'schen Kompositionspolitik war längst vorbei; Klesl war schon im Juli 1618 entmachtet und in Schloss Ambras in Tirol inhaftiert worden. Damit waren die Voraussetzungen für die „Radikalisierung und Synchronisierung der Böhmen- und Reichspolitik im Sinne der neuen, konfessionalisierten Führung unter Ferdinand von Innerösterreich geschaffen" [2.2: SCHILLING, 510].

In Italien geriet die spanische Präponderanz durch die französische Politik unter Druck. Diese neue Entwicklung kam erstmals im Konflikt zwischen Venedig und dem Papsttum in den Jahren 1605 bis 1607 zum Ausdruck. Im Grunde ging es um kirchenrechtliche Forderungen der Serenissima gegenüber. Doch erwies sich das von Papst Paul V. gegen Venedig verhängte Interdikt als wenig wirkungsvoll, auch wenn der spanische Gouverneur in Mailand zur Anwendung militärischer Mittel bereit war. Zudem bot König Heinrich IV. von Frankreich seine Unterstützung an. Letztlich vermittelten Frankreich und Spanien 1607 den Ausgleich; der Papst musste einen Autoritätsverlust zur Kenntnis nehmen. Der nächste Eingriff Frankreichs in Italien erfolgte im Hinblick auf Savoyen; er lief den spanischen Interessen zuwider. Hier war Herzog Karl Emanuel I. (1580–1630) zunächst an die Seite Spaniens getreten, doch konnte ihn König Heinrich IV. im Frieden von Lyon (1601) zum Verzicht auf die Gebiete westlich der Rhône (Bresse, Bugey, Gex) zwingen und als Partner für eine antihabsburgische Offensivpolitik in Oberitalien gewinnen, wo er vor allem eine Vereinigung von Mailand und Piemont-Savoyen anstrebte. Doch der unerwartete Tod des französischen Königs veränderte die Situation, und die Regentin Maria de Medici verfolgte diese Politik zunächst nicht weiter.

<small>Die neue Rolle Frankreichs in Italien</small>

<small>Savoyen</small>

4.2 Vom Aufstand in Böhmen zum Restitutionsedikt und zum Mantuaner Erbfolgekrieg

Vom Prager Fenstersturz zur Schlacht am Weißen Berg

Mit seiner „Annahme" als König von Böhmen im Juni 1617 verpflichtete sich Ferdinand II. den Ständen gegenüber auch auf den Majestätsbrief von 1609 und damit auf die religionspolitischen Zugeständnisse dieses Dokuments; gleichzeitig suchte man am habsburgischen Hof, der zu dieser Zeit von Prag nach Wien verlegt wurde, Möglichkeiten, die Rechte der Stände zurückzudrängen. „Vor allem wurde der Majestätsbrief auf Grauzonen hin untersucht, und eine Grauzone fand sich in der Tat: die Rechte der auf Kirchengütern lebenden Protestanten. Das Recht zum Kirchenbau auf königlichen Gütern war klar, und die Protestanten zählten die Kirchengüter ebenfalls zu den Kronländern. Aber das war im Text nicht geklärt, und hier setzte die Regierung ein" [2.8.1: SCHORMANN, 216]. Sie wies diesbezügliche Beschwerden der Braunauer Protestanten gegen die Einstellung des Kirchenbaues zurück. Es war das Vorgehen des königlichen Statthalters in Prag, das die radikale Ständegruppe um Graf Heinrich Matthias Thurn zur Gewalt greifen ließ: Am 23. Mai 1618 warfen in Prag Abgesandte des dort versammelten böhmischen Protestantentages die beiden kaiserlichen Statthalter Jaroslav von Martinitz und Wilhelm von Slawata sowie den Schreiber Philipp Fabrizius aus dem Fenster in den Burggraben des Hradschin. Sie landeten auf einem Misthaufen und überlebten den Sturz. Diese an die Tradition des hussitischen Fenstersturzes von 1419 anknüpfende Defenestration brach absichtlich mit der Möglichkeit weiterer Verhandlungen und bereitete den Weg zu einer möglichen Entscheidung mit militärischen Mitteln vor.

Aufstand in Böhmen

Mit diesen Aktivitäten begann der böhmische Aufstand. Er leitete in Mitteleuropa den Dreißigjährigen Krieg ein, der erst mit dem Westfälischen Frieden 1648 ein Ende finden sollte; in West- und Osteuropa gingen allerdings bilaterale Kriege noch bis 1659/60 weiter. Der Dreißigjährige Krieg veränderte Europas Gesellschaft und Politik und führte das Ende des konfessionellen Zeitalters herbei. Die zeitliche Gliederung des Dreißigjährigen Krieges (1618–1623: böhmisch-pfälzischer Krieg, 1625–1629: dänisch-niedersächsischer Krieg, 1630–1635: schwedischer Krieg, 1635–1648: schwedisch-französischer Krieg) erweist sich bis heute als zweckmäßig. Nach dem Fenstersturz bewirkte die von einer kleinen Gruppe des Hochadels sowie einem großen Teil des niederen Adels getragene ständische Bewegung in Böhmen eine Radikalisierung, die zum allgemeinen Aufstand führte. Ein neuer Landtag konstituierte sich, eine Regierung von 30 Direktoren wurde eingerichtet, auch eine Armee wurde aufgestellt. Die Stände Mährens konnte Thurn auf seine Seite ziehen, ebenso die Stände in Ober- und Niederösterreich, die nach dem Tod von Kaiser Matthias am 20. März 1619 Ferdinand die Huldigung verweigerten. Doch wurde ein militärischer Vorstoß nach Wien, die sogenannte Sturmpetition am 5. Juni 1619, bei der auch der Fürst von Siebenbürgen, Bethlen Gábor, zu helfen versuchte, zum Fiasko. Die militärische Schwäche des böhmischen Ständeheeres sollte sich wenig später verhängnisvoll auswirken. Zunächst kam ein Bündnis mit den nieder- und oberösterreichischen Ständen zustande, weiters erklärten die böhmischen Stände Ferdinand für abgesetzt und wählten am 26. August 1619 Kurfürst Friedrich V. von der Pfalz, das Haupt der protestantischen Union, zum böhmischen König. Der Kurfürst nahm die Wahl an und ließ sich in Prag krönen. Seine Erwartungen waren völlig überzogen, vor allem erhielt er von den europäischen Monarchen, wie z. B. dem französischen König oder dem englischen König, seinem Schwiegervater, keine Unterstützung; auch die protestantischen Reichsstände verhielten sich zurückhaltend, zumal es sich in Böhmen um eine antimonarchische Ständebewegung handelte.

„Im Ulmer Vertrag vom 3. Juli 1620 verpflichteten sich Union und Liga zum Frieden im Reich, aber Böhmen und Spanien waren nicht eingeschlossen. Die Union wollte unbedingt auch die spanischen Niederlande in den Vertrag eingebunden wissen, was sie aber schließlich in der Hoffnung auf den von den Franzosen allgemein angestrebten Friedensplan aufgab" [2.8.1: SCHORMANN, 221f.]. Doch hatte die französische Diplomatie am Kaiserhof keinen Erfolg; als Vertreter der konsequenten Gegenreformation und des Absolutismus war Ferdinand II. (1619–1637) als Kaiser zu keinen Konzessionen bereit. Im Übrigen war er auch von Friedrich V. von der Pfalz in Frankfurt am Main zum Römischen König gewählt worden, das stärkte seine Position im Reich politisch. Bei der Aufbietung militärischer Hilfe war er ebenfalls erfolgreich, weil er Unterstützung bei seinem bayerischen Vettern Maximilian und damit bei der katholischen Liga fand, die dem neuen Kaiser aus seiner prekären Lage halfen. Auch konnte er mit der Unterstützung Spaniens von den Niederlanden aus rechnen. So gelang es dem katholischen Heer, die Schlacht am Weißen Berg bei Prag am 8. November 1620 schon nach zwei Stunden für sich zu entscheiden. Der später spöttisch „Winterkönig" genannte Friedrich von der Pfalz floh, die ständische Regierung in Böhmen, Schlesien und Mähren brach rasch zusammen, es folgte das Blutgericht auf dem Altstädter Ring in Prag, wo die Anführer der böhmischen Rebellion hingerichtet wurden. Insgesamt ergingen fast 700 Urteile. Der habsburgisch-katholische Sieg über die böhmische Ständebewegung hatte auch langfristige soziale Folgen, sie waren u. a. von Landesverweisung, Konfiskation der Güter und Rekatholisierung der Verbliebenen geprägt; landfremde, kaisertreue Familien erhielten oder kauften den konfiszierten Besitz und erwarben das Inkolat, d.h. sie wurden in den böhmischen Adelsstand aufgenommen. Es kam zur wohl größten Besitzumwälzung in der böhmischen Geschichte. In der „verneuerten Landesordnung" für Böhmen (1627) und einer ähnliche Regelung für Mähren (1628) wurde das Wahlrecht der Stände abgeschafft; Böhmen wurde von einem Wahlkönigreich zu einem Erbkönigreich herabgestuft; die Stände hatten dem neuen Landesfürsten die Erbhuldigung zu leisten. Gewiss ebnete dieses Gesetzeswerk dem Absolutismus den Weg, auch wenn die Landtage erhalten blieben und das ständische Steuerbewilligungsrecht unangetastet blieb.

Nach der Niederwerfung des böhmischen Aufstandes war der Krieg keineswegs zu Ende, vielmehr erlebte er erst jetzt seine Internationalisierung. Bezeichnenderweise fand Friedrich von der Pfalz in den Niederlanden und nicht bei

Niederlage des böhmischen Ständeheeres

Der Krieg geht weiter

seinem englischen Schwiegervater Asyl; im Reich erhielt er keine Unterstützung mehr. Im Januar 1621 verhängte der Kaiser über Friedrich die Reichsacht. Damit war der Weg frei für die Verlagerung des Krieges in die Kurpfalz, wo 1622 die Ligaarmee unter Graf Tilly, der schon 1621 die Oberpfalz erobert hatte, und spanische Truppen unter General Gonzalo Ambrosio Spínola leichtes Spiel hatten. Am 23. Februar 1623 belehnte Kaiser Ferdinand II. Maximilian von Bayern mit der Pfälzer Kur auf Lebenszeit; die Oberpfalz erhielt er als Pfandbesitz. 1621 war der zwölfjährige Waffenstillstand Spaniens mit den Niederlanden abgelaufen, welche die natürlichen Verbündeten aller Feinde Spaniens darstellten. So war es naheliegend, dass der in Böhmen und der Pfalz unterlegene protestantische Heerführer Ernst von Mansfeld 1622 in niederländische Dienste trat und zur gleichen Zeit der ebenfalls aus Böhmen kommende Christian von Braunschweig bei König Christian IV. von Dänemark Rückhalt fand, der kreisoberster Fürst im niedersächsischen Reichskreis war. Sein besonderes Interesse galt den säkularisierten Fürstbistümern Bremen, Verden und Osnabrück, auch verfügte er seit seinem Sieg im Kalmarer Krieg gegen Schweden in den Jahren 1611 bis 1613 über eine volle Kriegskasse – eine Ausnahme unter seinen Zeitgenossen. Er war 1625 nach dem Abschluss eines Bündnisses in Den Haag in den Niederlanden mit den Generalstaaten, England und einigen protestantischen Fürsten zum Krieg in Norddeutschland bereit – im Vertrauen auf einen neuerlichen Sieg und die Senkung der Kosten für seine Armee. Gerade das sollte nicht eintreten, zumal neben Tilly mit der Armee der Liga erstmals die kaiserliche Armee unter dem Kommando von Albrecht von Wallenstein 1625 schon vor Magdeburg und Halberstadt stand. Wallenstein schlug Mansfeld 1626 an der Dessauer Brücke und wenig später den Dänenkönig bei Lutter am Barenberge (südwestlich des Harzgebirges). 1627 konnte Wallenstein Jütland, 1628 Mecklenburg und Teile Pommerns besetzen und damit auch die Aufmerksamkeit Schwedens als Ostseemacht erregen.

Kaiserliches Restitutionsedikt von 1629 Noch vor dem Lübecker Frieden schuf Ferdinand II. mit dem Restitutionsedikt vom 6. März 1629, ohne den Reichstag zu konsultieren, die reichsrechtlichen Voraussetzungen für die größte Rekatholisierung bzw. Wiedererrichtung ehemals geistlicher Güter in Nord- und Mitteldeutschlands seit dem Augsburger Religionsfrieden von 1555 – es ging um etwa 500 geistliche Güter und zehn bis fünfzehn Stifter und Erzstifter. Dies versprach den kriegführenden Fürsten und dem Kaiser eine teilweise Abgeltung der Militärkosten, den geistlichen Fürsten und Obrigkeiten eine Restitution ihrer Güter, wofür die militärischen Mittel durchaus gegeben waren; was jedoch fehlte und auch vom Papst nicht unterstützt wurde, war die große Zahl katholischer Geistlicher, die zur Peuplierung dieser protestantischen Gebiete notwendig gewesen wäre. Das kaiserliche Restitutionsedikt, in dem Ferdinand II. das Reichsreligionsrecht im katholischen Sinn interpretierte, stellte den seit 1555 entwickelten Modus Vivendi vehement in Frage und setzte dem Konsens zwischen Kaiser und Reichsständen, der seit Ferdinand I. und auch während der nachfolgenden Kaiser bis Matthias immer wieder erzielt worden war, ein Ende. Im Verstoß gegen diese Tradition lag die eigentliche Problematik der Politik Ferdinands II., denn als Kaiser verzichtete er damit auf die Position als Rechts- und Friedenswahrer. Dies zeigt ein Blick auf die Entstehungsgeschichte des Edikts, die mit dem Auftreten konkreter Rechtsfälle verbunden war. 1627 lag dem Reichshofrat eine Klage gegen Württemberg auf Herausgabe reformierter Klöster, namentlich Klosterreichenbachs, vor. Der Reichshofrat riet dem Kaiser zu einer milden Vorgangsweise, d.h. zu einem Verzicht auf ein Urteil. Die katholischen Kurfürsten hingegen forderten den Kaiser zur Restitution nach einem Gerichtsurteil auf und verlangten auch eine generelle Restitution aller seit dem Passauer Vertrag von 1552 eingezogenen Klöster. Auf dem Mühlhauser Kurfürstentag in Thüringen im Herbst 1627 beharrten die katholischen Kurfürsten auf ihrem Standpunkt. Der Kaiser schloss sich dieser Meinung nicht an, sondern entschied sich für eine „authentische" Interpretation des Augsburger Religionsfriedens. Das lag auf der Linie der bayerischen Politik, auch wenn Kurfürst Maximilian I. für ein Calvinistenverbot, die Restitution protestantischer Reichsstädte oder gar des Kirchenbesitzes, der schon vor 1552 in protestantischer Hand gewesen war, eintrat. Letztlich wollte Ferdinand II. die Rechtseinheit durch ein Oktroi herstellen. Die Dillinger Jesuitenschrift „Pacis Compositio" von 1629 kann als katholische Begleitpublikation zum Restitutionsedikt betrachtet werden.

Dieser Schritt des Kaisers wurde zum Signal für den Widerstand auch bisher kaisertreuer Protestanten (Kursachsen, Kurbrandenburg), für das neuerliche Eingreifen des europäischen Protestantismus und schließlich für das schärfere antihabsburgische Engagement des katholischen Frankreich unter Kardinal Richelieu. Armand Jean Richelieu du Plessis (1585–1643) stammte aus dem Adel   Richelieu
von Poitou und hatte sich als Bischof von Luçon im Sinne der katholischen Reform engagiert. Als wichtigster Berater und ersten Minister Ludwigs XIII. leitete er seit 1624 die Innen- und Außenpolitik. Frankreich war bislang nicht in den Krieg eingetreten; dies hatte seinen Grund in inneren Schwierigkeiten der Regentschaft von Maria de Medici, insbesondere wegen der Hugenotten, mit denen 1625 und 1628 militärische Konflikte ausgetragen wurden. Entscheidend für die Zukunft war die Eroberung ihres wichtigen Stützpunktes La Rochelle im Jahr 1628. Im Rahmen seiner Italienpolitik hatte Richelieu schon 1621 im Veltlin interveniert, wo die Spanier zur Sicherung ihrer Durchmarschroute in Graubünden eingegriffen hatten, aber er vermied damals noch einen offenen Krieg gegen König Philipp III. von Spanien. Erst der Mantuanische Erbfolgekrieg (1627–1631),   Mantuanischer
verursacht durch das Aussterben der Gonzaga in Mantua und die Unterstützung   Erbfolgekrieg
von Karl I. von Gonzaga-Nevers (aus einer französischen Linie der Gonzaga) durch Frankreich, führte zum militärischen Konflikt zwischen Frankreich und den spanischen wie österreichischen Habsburgern. Karl von Gonzaga-Nevers gelang es schon 1628, sich mit Unterstützung von Papst Urban VIII. in Mantua festzusetzen, doch ersuchte er Kaiser Ferdinand II. vergeblich um seine Belehnung, denn dieser unterstützte den spanischen Kandidaten Ferrante aus der Linie Gonzaga di Guastalla. Der Kaiser wurde in den Krieg hineingezogen, als Spanien die Festung Casale besetzt hatte; widerwillig entsandte Wallenstein 1629

Truppen nach Italien, die im folgenden Jahr Mantua eroberten und reiche Beute machten, doch gewann Frankreich Casale zurück und konnte sich im Frieden von Cherasco am 19. Juni 1631 durchsetzen: Karl I. von Gonzaga-Nevers erhielt Mantua zurück, und Frankreich sicherte sich die Alpenpässe bzw. Einfallspforten nach Italien: Pinerolo und Perosa. „Ein dauerhafter Einfluß Frankreichs in Oberitalien war damit gewährleistet" [2.8.1: SCHORMANN, 248].

4.3 DIE FORTSETZUNG DES KRIEGES UND DER LANGE WEG ZUM FRIEDEN

Richelieu verfolgte das Ziel, die beiden habsburgischen Linien in Spanien und in der Mitte Europas, d.h. den spanischen König und den Kaiser, zu schwächen. Dem trug der Friedensschluss mit England im April 1628 Rechnung, ferner trat er mit protestantischen Kräften in Verbindung, neben einzelnen Reichsfürsten vor allem mit dem schwedischen König Gustav Adolf, den der Waffenstillstand mit Polen an ein Eingreifen im Reich denken ließ. Dieser die konfessionellen Parteiungen sprengenden Politik Richelieus konnte auch der habsburgfeindliche Papst Urban VIII. Sympathien abgewinnen. Zeichnete sich eine Wende des Krieges ab? Dies hing vor allem davon ab, ob die kaiserliche Macht aufrechterhalten werden konnte, oder eine erhebliche Schwächung erlitt. Die Ergebnisse des Regensburger Kurfürstentages, der vom 31. Juli bis 12. November 1630 abgehalten wurde, geben darauf eine schlüssige Antwort. Unter Anwesenheit französischer, englischer und spanischer Gesandter ging es dem Kaiser in Regensburg um europäische Fragen und Probleme des Reiches: um einen generellen Frieden, die Gefahr eines schwedischen Eingreifens, den Mantuanischen Erbfolgekrieg, das Heerwesen im Reich, das Restitutionsedikt und die Wahl Ferdinands (III.) zum Römischen König. Die Kurfürsten setzten sich allerdings durch und erlangten die Entlassung Wallensteins, die Reduzierung der kaiserlichen Armee um etwa drei Viertel und die Vereinigung mit der Armee der Liga. Von der Wahl des Kaisersohnes war keine Rede. Der Riss zwischen Kaiser und katholischer Liga war spürbar und nicht zu kitten. All dies bedeutete eine Schwächung der kaiserlichen Position und der kaiserlichen Armee vor dem drohenden Eingreifen Gustav Adolfs von Schweden im Reich. Da nützte Ferdinand II. auch der in Regensburg am 13. Oktober 1630 mit Frankreich geschlossene Friede nichts, in dem sich der französische König zum Verzicht auf eine politisch-militärische Einwirkung auf das Reich verpflichten sollte; doch ratifizierte König Ludwig XIII. den Vertrag nicht. „Das einzige Ergebnis in Regensburg, mit dem der Kaiser zufrieden sein konnte, war das starre Festhalten am Restitutionsedikt. Damit aber verschärften sich nur die Gegensätze" [2.8.1: SCHORMANN, 249], zumal Sachsen auf dem Leipziger Konvent (Februar bis April 1631) nicht nur den Abzug der Ligaarmee aus allen protestantischen Territorien forderte, sondern auch die Abschaffung des Edikts. Sehr bald sollten die protestantischen Fürsten Nord- und Mitteldeutschlands allerdings gezwungen sein, sich zwischen Kaiser und Schweden zu entscheiden.

Noch während des Regensburger Kurfürstentages war der schwedische Kö- *Landung Gustav*
nig mit seinen Truppen am 6. Juli 1630 auf Usedom gelandet. Kurbrandenburg *Adolfs in Pommern*
sah dadurch seine Erbansprüche in Pommern gefährdet. Noch glaubte die Liga
dem schwedischen Eingreifen standzuhalten, was am Beginn der schwedischen
Invasion nicht unrealistisch war, zumal die Finanzierung zur Unterhaltung des
schwedischen Heeres nicht gesichert war; auch der Bündnisvertrag Gustav Adolfs
mit Frankreich in Bärwalde am 23. Januar 1631 mit jährlichen Subsidiengel-
dern in der Höhe von 400 000 Reichstalern brachte nur eine Verbesserung der
finanziellen Situation, reichte aber bei weitem nicht aus. Zunächst gelang der
Liga unter dem Kommando Tillys im Mai 1631 die Eroberung Magdeburgs –
ein Sieg mit einer großen Zahl von Todesopfern (etwa 20 000), die beim Brand
der Stadt umkamen –, der Gustav Adolf einen großen Propagandaerfolg sicherte und dazu führte, dass Brandenburg und in weiterer Folge auch Sachsen an
die Seite des Schwedenkönigs traten und die Voraussetzung für den Sieg des
Schwedenkönigs am 17. September bei Breitenfeld in der Nähe Leipzigs lieferten. Diese siegreiche Schlacht sollte den Ausgangspunkt für einen regelrechten
Siegeslauf in den nächsten Monaten bilden: der Vorstoß am Rhein und die Kapitulation von Mainz am 22. Dezember 1631, der Sieg gegen Tilly im April
1632 bei Rain am Lech, wobei Tilly tödlich verwundet wurde, sowie die Besetzung von München. Damit schien die Liga erheblich geschwächt, doch der
Kaiser berief Wallenstein zurück, der sein zweites Generalat antrat und eine *Zweites Generalat*
neue kaiserliche Armee aufstellte. Ihm gelang es, bei Nürnberg die schwedi- *Wallensteins*
sche Armee in der Stärke von etwa 45 000 Mann zum Abzug zu zwingen und
damit den Siegen des Schwedenkönigs ein Ende zu setzen. So verlagerten sich
die militärischen Auseinandersetzungen wieder nach Sachsen, wo es am 16. November 1632 zur Schlacht bei Lützen kam, die für die schwedische Armee zwar
siegreich, für Gustav Adolf jedoch tödlich endete. In Stockholm wurde für die
sechsjährige Thronerbin Christina eine Vormundschaftsregierung eingerichtet;
im Reich übernahm Reichskanzler Axel Oxenstierna Kriegführung und Organisation der protestantischen Reichsstände im Heilbronner Bund. Trotz mancher
militärischer Erfolge rückte für die schwedische Politik immer mehr ein de-
fensives Programm in den Mittelpunkt des Interesses, das von *assecuratio* und
satisfactio, d.h. einer finanziellen und territorialen Kriegsentschädigung, geprägt
war.

Die militärische Eigenwilligkeit Wallensteins in dieser Phase des Krieges ge- *Liquidierung*
genüber den Vorstellungen und Wünschen Kaiser Ferdinands II. und Kurfürst *Wallensteins*
Maximilians von Bayern, der dringend militärische Hilfe erwartete, sowie die
Friedensvorstellung des Generalissimus im Sinne des späteren Prager Friedens
ließen das Misstrauen am Wiener Hof wachsen und führten schließlich zum Vorwurf des Hochverrats und zur Ermordung Wallensteins am 25. Februar 1634 in
Eger. Inwieweit der Generalissimus tatsächlich Hochverrat begangen hat, weil er
in Kontakt mit Schweden, Brandenburg und Sachsen stand und verhandelte, ist
umstritten; geltend gemacht werden kann jedoch Wallensteins Befehlsverweige-
rung. Die Schwächung der Position Schwedens im Reich, die in der Auflösung

des Heilbronner Bundes und in der Niederlage gegen kaiserliche und spanische Truppen bei Nördlingen am 6. September 1634 zum Ausdruck kam, ebnete den Weg zum Prager Frieden vom 30. Mai 1635. Vermittlungsgespräche zwischen Sachsen und dem Kaiser stellten den Kontakt zu den protestantischen Reichsständen her und ließen eine Befriedung des Reiches ohne Einbeziehung auswärtiger Mächte erwarten. Für seine Vermittlerdienste erhielt Sachsen die Lausitzen und Teile des Erzstifts Magdeburg. Der Kaiser verzichtete auf die Ausführung des Restitutionsedikts, es wurde die nächsten 40 Jahre suspendiert; stattdessen wurde eine Stichtagregelung (sogenanntes Normaljahr 1627, positioniert nach dem Sieg des Kaisers und der Liga im böhmisch-pfälzischen Krieg, aber vor dem Restitutionsedikt) im Hinblick auf den Besitz der Kirchengüter vereinbart. Das war eine zukunftsweisende konfessionelle Regelung. Der Kaiser erhielt den nominellen Oberbefehl über eine reorganisierte Reichsarmee in der Stärke von etwa 80 000 Mann, die alle bestehenden Heere umfassen sollte. Bündnisse aller Art, auch die katholische Liga, wurden verboten, d.h. die nun von Kaiser und Kurfürsten gelenkte Reichspolitik richtete sich gegen die althergebrachte ständische Libertät. Letztlich war der Friede jedoch nicht erfolgreich, weil er ohne Konsultation Schwedens und Frankreichs vereinbart worden war. Auch gab es Stände, mit denen sich der Kaiser nicht aussöhnen wollte; Hessen und die böhmischen Rebellen gehörten dazu. Vielleicht wäre ein Friedensschluss mit Schweden damals gelungen, wenn es ein entsprechendes Entgegenkommen gegeben hätte. Frankreich hingegen erklärte Spanien, seinem unmittelbaren Gegner, den Krieg; Schweden unterstützte der französische König durch Subsidiengelder.

Im Reich sind dem Prager Frieden noch 1635 fast alle Reichsstände beigetreten, ganz anders die Position der „Kronen", Schweden und Frankreich, sie dachten nicht daran. Schwedens Mindestforderung für einen Frieden bestand in territorialen Satisfaktionen und einer finanziellen Abfindung seiner Armee, für Richelieu hätte es das Ende seines Konzepts bedeutet, die habsburgische Macht – den Kaiser und Spanien – auf Dauer einzuschränken. Daher bestand ein vitales Interesse an einem Bündnis mit Schweden, um im Reich weiter Krieg führen zu können. Schweden war zunächst zurückhaltend; erst der Sieg des schwedischen Oberbefehlshabers Banér bei Wittstock Anfang Oktober 1636 gegen die Reichsarmee demonstrierte die ungebrochene Schlagkraft der schwedischen Armee. So wendete sich der Krieg wieder gegen den Kaiser und die katholischen Kräfte im Reich. Die einzige Möglichkeit, dieser prekären Situation zu begegnen, sah Ferdinand II. in einer engeren politisch-militärischen Kooperation mit Spanien, verbunden mit spanischer Finanz- und Waffenhilfe. Darin unterstützten die Kurfürsten auf dem Regensburger Kurfürstentag (1636/37) den Kaiser. Mit dieser Involvierung in den westeuropäischen Großmachtkonflikt gaben Kaiser und Kurfürsten das Konzept des Prager Friedens auf. Die Folge war der Abschluss des französisch-schwedischen Bündnisses in Hamburg im März 1638 mit dem Ziel, den Status quo ante bellum wiederherzustellen, d.h. „eine generelle Amnestie und Restitution auf dem Stand von 1618 sowie eine adäquate Satisfaktion für beide Mächte" [2.8.12: KAMPMANN, 126]. Damit war der Kaiser umso mehr auf Spanien angewiesen; die damit verbundenen Nachteile sollten im Zuge der Krisen in Spanien 1639/40 deutlich werden. „Mit dem Hamburger Vertrag war jene militärische Blockkonstellation entstanden, die bis zum Friedensschluss 1648 prinzipiell unverändert bleiben sollte. Der zeitgenössische Brauch, von Frankreich und Schweden vereinheitlichend als den ‚Kronen' zu sprechen, die mit dem Kaiser im Krieg lagen, ist seit dem Hamburger Vertrag durchaus berechtigt. [...] Erst jetzt, im Frühjahr 1638, stand endgültig fest, dass der europäische Krieg in Deutschland nur durch einen europäischen Frieden würde beendet werden können" [2.8.12: KAMPMANN, 126f.]. Jedenfalls spielten die Kriegshandlungen bis zuletzt in die Friedensbemühungen und -verhandlungen hinein. Noch im Friedensjahr 1648 sollten schwedische Truppen die Prager Kleinseite besetzen. Frankreich wiederum kämpfte 1638 am Oberrhein um rechtsrheinische Stützpunkte wie Breisach und unterbrach auf diese Weise die spanischen Nachschublinien zwischen Oberitalien und den spanischen Niederlanden, in politischer Hinsicht ging es dem französischen König um die Trennung Spaniens vom Kaiser; diese Politik zeigte Wirkung bei den Reichsständen. Überdies hatte die spanische Monarchie seit 1640 mit sozialen Aufständen in Katalonien und Portugal zur Befreiung von der Personalunion mit Spanien zu kämpfen. 1647 gab es auch in Neapel und Sizilien Rebellionen gegen die spanische Herrschaft. Die seit Langem erfolgreiche spanische Flandernarmee erlitt in der Schlacht bei Rocroi am 19. Mai 1643 gegen die französische Übermacht eine vernichtende Niederlage. Schon 1643 war in Madrid der führende spanische Minister Gaspar de Guzmán y Pimentel, Conde-Duque de Olivares, gestürzt worden; damit war auch das spanische Programm einer unitarischen Staatsreform gescheitert.

4.4 DER WESTFÄLISCHE FRIEDE – DIE ERGEBNISSE DER EPOCHE UND IRREVERSIBLE SOZIOKULTURELLE FOLGEN

Richelieu hatte eine klare Vorstellung von künftigen Friedensverhandlungen; er wollte nicht allein mit dem Kaiser verhandeln, sondern nur gemeinsam mit Schweden und den niederländischen Generalstaaten. „Aufgrund der Konfessionsproblematik drängte Richelieu – wie schon im Bündnisvertrag mit Schweden 1638 avisiert – auf einen gemeinsamen Universalfriedenskongress, dessen Beratungen dann konfessionell getrennt an zwei verschiedenen Tagungsorten stattfinden sollten. Zudem verlangte er die gleichberechtigte Teilnahme seiner reichsständischen Verbündeten an dem Kongress. Dabei ging es nicht nur um bündnispolitische Überlegungen. Vielmehr strebte Richelieu an, auf diese Weise auch die künftige verfassungsrechtliche, konfessionelle und politische Ordnung des Reiches zum Gegenstand der Friedensverhandlungen zu machen" [2.8.12: KAMPMANN, 133]. Hingegen versuchte Kaiser Ferdinand III. (1637–1657), der seinem Vater Ferdinand II. gefolgt war, noch immer mit Schweden einen Separatfrieden abzuschließen und die Reichsstände von Verhandlungen auszu-

Richelieus Friedenskongresskonzeption

schließen. Er argumentierte damit, dass das Reich 1635 fast zur Gänze befriedet worden sei. Auf dem Regensburger Reichstag 1640/41 hatte Ferdinand III. damit noch Erfolg, aber seit der Erneuerung des schwedisch-französischen Bündnisses von 1641 schwanden die Aussichten für seine Separatfriedenspläne.

Hamburger Präliminarvertrag — Seit 1638 hatte es Friedensbemühungen gegeben, zunächst den Kölner Kongress auf Initiative Papst Urbans VIII.; er zeitigte keinen Erfolg. Erst der sogenannte Hamburger Präliminarvertrag vom 25. Dezember 1641 steckte die Rahmenbedingungen des künftigen Friedenskongresses ab; er entsprach weitgehend den Intentionen Richelieus: Ein Universalfriedenskongress der am Krieg beteiligten Mächte Europas und der Reichsstände sollte an zwei getrennten Tagungsorten durchgeführt werden. Münster und Osnabrück entsprachen den französischen und schwedischen Wünschen; der Kaiser hatte bis zuletzt an seinen Erbländern näher gelegene Tagungsorte gedacht. Auf den Eröffnungstermin des Friedenskongresses, den 25. März 1642, konnte man sich einigen, viele andere Detailfragen allerdings nicht klären, und hier vor allem die Frage der Teilnahme der Reichsstände.

Festlegung auf die Verhandlungsorte — Frankreich und der Kaiser ratifizierten den Hamburger Vertrag im Sommer 1642, Spanien erst 1644. In Frankreich starben 1643 Richelieu und König Ludwig XIII., dem der erst fünfjährige Ludwig XIV. nachfolgte, für den die Königinmutter Anne d'Autriche, die Schwester König Philipps IV. von Spanien, die Regentschaft führte. Eine erwartete pro-spanische Wendung der französischen Politik blieb allerdings aus; im Gegenteil, Annas wichtigste Personalentscheidung, die Besetzung des leitenden Ministerpostens mit Kardinal Jules Mazarin (1602–1661), signalisierte die Kontinuität der Politik Richelieus. Noch glaubten die kaiserlichen Räte, die Reichsstände vom geplanten Friedenskongress fernhalten zu können. Letztlich leitete der militärische Vorstoß der schwedischen Armee unter General Lennart Torstenson nach Böhmen im Frühjahr 1645 und die vernichtende Niederlage der kaiserlichen Armee bei Jankau die Wende in dieser Frage ein: alle Reichsstände sollten teilnehmen und Entscheidungskompetenz haben. Nun begann der Kongress zu arbeiten. Schon in Hamburg waren Mediatoren, d.h. Vermittler, vereinbart worden, welche die offiziellen Verhandlungen führen sollten. Dieses Prinzip wurde allerdings nicht durchgehalten. So fiel Dänemark als Mediator in Osnabrück aus, in Münster wirkten hingegen der päpstliche Nuntius Fabio Chigi und der venezianische Botschafter Alvise Contarini als offizielle Vermittler. Sie hatten vor allem Verhandlungsvorschläge der Verhandlungspartner auszutauschen und waren im Übrigen zu Unparteilichkeit angehalten, was für Chigi zum Problem wurde, wenn es um religionspolitische Fragen ging. Doch gab es daneben auch inoffizielle Verhandlungen, die durch die persönlichen Kontakte unter den Gesandten der Mächte zustande kamen.

Sonderfriede zwischen Spanien und den Niederlanden — Am Ende vierjähriger Verhandlungen in Münster und Osnabrück kam es am 30. Januar 1648 zum Abschluss des Sonderfriedens zwischen Spanien und den Generalstaaten und am 24. Oktober 1648 zur Unterzeichnung des allgemeinen Friedensvertrages. Frankreich und Spanien schlossen allerdings keinen Frieden; stattdessen ging der Krieg bis zum Pyrenäenfrieden von 1659 weiter.

Für Papst Innozenz X. wurden die religionspolitischen Zugeständnisse an die   Päpstlicher Protest
Protestanten zum Problem; er legte deshalb Protest ein und war nicht bereit, die
Friedensverträge zu akzeptieren, weil ihre religionspolitischen Regelungen kanonisches Recht verletzten und mit dem Verzicht auf Kirchengüter verbunden waren. So legte Nuntius Chigi ein Protestbreve vor, dem die vertragschließenden Parteien eine Anti-Protesturkunde folgen ließen. „Rom blieb somit dem älteren konfessionalistischen Friedenskonzept treu, das über Generationen hin den Ausgleich und die Koexistenz der Glaubensgemeinschaft unmöglich gemacht hatte" [2.2: SCHILLING, Konfessionalisierung und Staatsinteresse, 583]. Die Folge dieses Schrittes war, dass Papsttum und Kurie ihre Bedeutung als europäische Friedensinstanz einbüßten.

Betrachtet man den Inhalt der Westfälischen Friedensverträge näher, so blieb   Bestimmungen der
der habsburgische Hausbesitz, mit Ausnahme wichtiger Besitzrechte im Elsass   Friedensverträge
und Vorderösterreich, unangetastet. Das Kaisertum hatte die Möglichkeit, sein   von 1648
politisches Tief zu überwinden, was Leopold I. später durchaus gelingen sollte.
Eine grundlegende Verfassungsänderung des Reiches, von Schweden und einer
Reihe von Reichsständen intendiert, gelang nicht, allerdings war der Kaiser in
seinen außenpolitischen Aktivitäten an die Mitwirkung und Konsultation der   Kaiser und
Reichsstände gebunden; so war er im Fall von Reichskriegen und Friedensschlüs-   Reichsstände
sen auf die Zustimmung des Reichstages angewiesen; die alleinige Konsultation
der Kurfürsten genügte nicht. „Dies war eine empfindliche Einschränkung der
kaiserlichen Prärogative im außenpolitischen Bereich, die andere Monarchien
nicht kannten" [2.8.12: KAMPMANN, 173, 175]. Damit korrespondierte das *ius foederis*, das freie Bündnisrecht der Reichsstände, sofern sich die Bündnisse nicht gegen Kaiser und Reich richteten. Das war ebenso neu wie der Status der „Kronen" Frankreich und Schweden als Garantiemächte des Friedens, die bei Verstößen gegen die Friedensordnung aktiv werden konnten. Diese Neuerung des reichsständischen *ius pacis et belli* und die damit verbundene völkerrechtliche Stellung der Stände und des Reiches bedeuteten keineswegs, wie oft vermutet worden ist, die Stärkung der föderativen Strukturen bzw. der Territorialisierung des Reiches, verbunden mit der Gefahr der Auflösung; vielmehr muss darin die „Einbindung des ständischen Bündnisrechtes in die Traditionen der Reichsverfassung und des Reichs-Landfriedens" gesehen werden [2.8.12: SCHINDLING, 32f.].

Auch wenn der Augsburger Religionsfriede von 1555 in seiner Gültigkeit   Reichskirchenrecht
bestätigt wurde, war entscheidend, dass es, basierend auf dem Prager Frieden,
eine pragmatische Weiterentwicklung gab: die Einführung des Normaljahres
– man einigte sich jetzt auf das Jahr 1624 für den kirchlichen Besitz- und
Bekenntnisstand, was für die Protestanten günstiger war als das Jahr 1627.
Damit war der jahrzehntelange lähmende Streit der Vergangenheit erledigt;
in Zukunft sollten Konfessionskonflikte vermieden werden. Dieser Intention
diente auch die reichsrechtliche Anerkennung des Calvinismus; er erhielt den
gleichen reichsrechtlichen Status wie die Augsburger Konfession. Interim, Restitutionsedikt und Prager Frieden wurden ausdrücklich außer Kraft gesetzt.

Parität stellte ein wichtiges Grundprinzip des Friedens dar. Dies galt für die Besetzung des kaiserlichen Hofrates mit katholischen und protestantischen Mitgliedern. Ferner sollte es keine Majorisierung in Religionsfragen mehr geben. Änderungen der Reichsreligionsverfassung sollten nur möglich sein, wenn sich eine Mehrheit im Corpus Evangelicorum und Corpus Catholicorum fand und es eine einvernehmliche Regelung, eine sogenannte *amicabilis compositio* gab. Es ging um eine säkular-rechtliche Koexistenz der Konfessionen im Reich, um künftig jede Art religiöser bzw. religionspolitischer Konflikte zu vermeiden. Eine Sonderregelung wurde für das Bistum Osnabrück geschaffen, das alternativ mit einem katholischen und protestantischen Kandidaten besetzt werden sollte. Infolge des Normaljahres blieb das Haus Wittelsbach im Besitz der Oberpfalz, weil sie vor 1624 von bayerischen Truppen besetzt worden war. Für die Monarchie der Habsburger hatte Trautmansdorff eine Ausnahme zur Normaljahrsregelung erreicht und damit die Festschreibung der Katholizität durchgesetzt, denn 1624 hätte die Restitution einer beträchtlichen evangelischen Minderheit bedeutet. Im Königreich Böhmen galt weiterhin die „verneuerte Landesordnung"; nur den schlesischen Protestanten in den niederschlesischen Fürstentümern wurden sogenannte Friedenskirchen zugestanden, in der Stadt Breslau sowie in den Fürstentümern Liegnitz-Brieg-Wohlau und in Münsterberg wurde der Protestantismus geduldet. Auch wenn das landesherrliche *ius reformationis de iure* nicht abgeschafft war, fand es bei einem künftigen Konfessionswechsel eines Fürsten keine Anwendung mehr auf die Untertanen.

Territoriale Bestimmungen

Weitere territoriale Regelungen im Reich betrafen Kursachsen, das die 1635 vom Kaiser abgetretenen beiden Lausitzen behielt. Als Kompensation für die an Schweden abgetretenen Gebiete erhielten Mecklenburg und Brandenburg säkularisierte Bistümer: Mecklenburg bekam Schwerin und Ratzeburg, Kurbrandenburg Minden, Kammin, Halberstadt und die Anwartschaft auf das Erzstift Magdeburg sowie das weltliche Gebiet von Hinterpommern. Die wiederhergestellte Kurpfalz erhielt eine achte, neue Kurwürde. Die ursprüngliche, ältere und damit wertvollere Pfälzer Würde blieb bei Bayern.

Die Gesamtheit der Regelungen galt als Reichsgrundgesetz bis zum Ende des Heiligen Römischen Reiches im Jahr 1806. Nach 1648 hatte der Reichstag als gesetzgebendes Gremium die Reformen des „Jüngsten Reichsabschieds" von 1654 umzusetzen. Im Zuge dieser Aufgabe entwickelte sich der Reichstag seit 1663 bis zum Ende des Reiches zu einem permanenten Gesandtenkongress in der Reichsstadt Regensburg.

Schweden und Frankreich

Die Satisfaktionen Schwedens und Frankreichs sahen folgendermaßen aus: Schweden erhielt Vorpommern mit Rügen, Wismar und die Hochstifte Verden und Bremen und wurde damit Reichsstand mit Sitz und Stimme im Reichstag; ferner erhielt es eine hohe Abfindung für die Armee. Frankreich hingegen erhielt sämtliche Besitzungen und Rechte Habsburgs im Elsass und Sundgau, ferner am rechten Rheinufer (als „Einfallspforten") Breisach als souveränen Besitz und das Besatzungsrecht in Philippsburg. Auch die lothringischen Bistümer Metz, Toul und Verdun, die sich seit 1552 mit den betreffenden Reichsstädten in französischem Besitz befanden, wurden nun formell abgetreten.

Die Eidgenossenschaft und die Republik der Vereinigten Niederlande/ Generalstaaten wurden unabhängig vom Reich; letztere befürchteten für die Zukunft Auseinandersetzungen mit der wiedererstarkten bourbonisch-französischen Monarchie.

Eidgenossenschaft, Niederlande

Für das Heilige Römische Reich kann der Westfälische Friede sehr wohl als Epochengrenze betrachtet werden. Das tatsächliche Ausmaß der wirtschaftlichen und sozialen Auswirkungen des langen Krieges ist schwer festzumachen. Der Durchschnittswert der Bevölkerungsverluste betrug, auf das gesamte Reich umgelegt, „nur" 15 bis 20 Prozent, wenn man von einer Gesamtbevölkerung von 20 Millionen ausgeht, die sich im Lauf des Krieges auf 16 bis 17 Millionen verringerte. Und zwar deshalb, weil zahlreiche Gebiete vom Krieg unberührt geblieben sind. Die Bevölkerungsverluste gehen viel weniger auf die kriegerischen Auseinandersetzungen wie Schlachten und Todesopfer im Zuge der regionalen Präsenz von Truppen zurück, als auf Seuchen, die in der Regel unter dem Begriff „Pest" rangieren und vor allem eine Folge der Truppenbewegungen und der Ansammlung der vor den Soldaten schutzsuchenden Bauern und Bürger waren. Ein instruktives Beispiel für Zerstörung und Wiederaufbau ist die Mark Brandenburg, die seit 1626 ständiges Durchmarschgebiet der Krieg führenden Armeen war. Von den dadurch entstandenen Verwüstungen waren alle Bevölkerungsschichten betroffen, der Krieg wurde vielfach als Strafgericht Gottes empfunden, gefolgt von religiöser Unsicherheit, Heilsungewissheit und zunehmendem Wunderglauben. Die Bevölkerungsverluste bewegten sich durchschnittlich bei 50 Prozent und konnten regional bis zu 80 oder sogar 90 Prozent betragen. Die Repeuplierung wurde zu einem großen Problem, denn viele Bauern kamen nach dem Krieg gar nicht zurück, um die zerstörten Bauernhäuser und Bauernstellen wiederaufzubauen, zumal wenn sich ihnen – beispielsweise in Brandenburg – gewisse, jedoch begrenzte Aufstiegsmöglichkeiten im Rahmen der Gutsherrschaft boten. „Krieg, Mobilität und Migration waren somit aufs engste miteinander verbunden" [2.8.12: Asche, 623]. Wesentlich schwieriger ist die Frage zu beantworten, in welchem Ausmaß der Krieg für den wirtschaftlichen Schaden im Reich verantwortlich ist, vor allem hinsichtlich der Frage, ob der Krieg vorhandene ökonomische Probleme nur verschärft oder gar verursacht hat und somit für etwaige sozioökonomischen Sonderentwicklungen in Mitteleuropa verantwortlich sein könnte.

Folgen des Krieges

Migration und Repeuplierung

Im Zuge der Westfälischen Friedensverhandlungen und -verträge gelang es keineswegs, alle aktuellen Konflikte in Europa zu beenden. Dies gilt für den Krieg zwischen Frankreich und Spanien ebenso wie für den Nordischen Krieg. Diese Auseinandersetzungen konnten erst 1659 (Pyrenäenfriede) bzw. 1660 (Friede von Oliva) beigelegt werden. Trotzdem ist die enorme Bedeutung der Westfälischen Friedensverträge im Vergleich zu späteren europäischen Friedensregelungen evident; man denke an den Wiener Kongress oder an die Pariser

Zur europäischen Reichweite und Nachhaltigkeit der Friedensverträge

Vorortverträge nach dem Ersten Weltkrieg oder daran, dass es nach dem Zweiten Weltkrieg keinen Friedensvertrag geben sollte.

II. Grundprobleme und Tendenzen der Forschung

1. FRAGEN ZUR EPOCHE

Der in diesem Band behandelte Zeitraum von 1500 bis 1648 wird der „Geschichte der Frühen Neuzeit" zugeordnet, die als epochales Konstrukt eine Sinneinheit der europäischen Geschichte zwischen 1500 und 1789 bzw. 1800 postuliert. Sie hat die durch den Polyhistor Christoph Cellarius (1685) eingeführte universalhistorische Trias Altertum – Mittelalter – Neuzeit in irreversibler Weise relativiert. Einer der ersten, der für die Frühe Neuzeit bzw. Frühneuzeit plädierte, war I. MIECK [2.1.2]. Er unterbreitete 1968 den Vorschlag für eine sogenannte Epoche zwischen 1519 und 1789, also von der Herrschaft Karls V. bis zum Beginn der Französischen Revolution, unterteilt in zwei Hauptabschnitte A. Das konfessionelle Zeitalter (1519–1648/59) – wiederum gegliedert in 1. Das Zeitalter Karls V. (1519–1559), 2. Das Zeitalter der Glaubenskämpfe (1559–1648/59) – und B. das Zeitalter der europäischen Großmächte (1648/59–1776/89). Vor 1519 sieht er eine „Zeitwende" (um 1450–1519: Humanismus und Renaissance – Frühkapitalismus, Entdeckungsfahrten – Zeit Maximilians I.). Dieser Periodisierungsentwurf zog weniger den Beginn der Reformation als eine politische Zäsur, nämlich den sich formierenden Konflikt um die Hegemonie in Europa zwischen Karl V. und Franz I. von Frankreich, in Betracht. In Bezug auf diese neue Dimension der Internationalen Beziehungen in Europa könnte genauso gut das Jahr 1494 geltend gemacht werden, als König Karl VIII. von Frankreich mit seinem Neapelfeldzug eine Neukonstellation der Bündnisse in Europa und die Präfiguration des längerfristigen habsburgisch-französischen Konflikts bewirkte.

Die von I. Mieck geltend gemachte „Zeitwende" hat insofern viel für sich, als die europäische Expansion, die für die Frühe Neuzeit kennzeichnend ist, mit Portugals Ausgreifen nach Afrika schon 1415 (Ceuta) begann, das gesamte 15. Jahrhundert andauerte und letztlich durch die Entdeckung Amerikas eine beträchtliche Erweiterung erfuhr [2.1.2: KOHLER]. Nach M. SALEWSKI vollzieht sich der „Bruch" zwischen Mittelalter und Neuzeit „wesentlich zwischen 1453 und 1555, innerhalb eines einzigen Jahrhunderts". Er zieht dafür „zwei spektakuläre Ereignisse" heran – nämlich die Eroberung Konstantinopels durch die Osmanen und den Augsburger Religionsfrieden, „die den ganzen Umkreis sym-

Dreiphasenmodell

Zeitwende

bolisieren, was man als ‚Neuzeit' bezeichnen kann" [2.2: 603]. Das Reich Karls V. sei das „erste Weltreich der europäischen Geschichte" gewesen [ebd. 615].

Den periodologischen Gehalt von vier für das Neuzeitverständnis wichtigen Leitbegriffen – Renaissance, Entdeckungen, Reformation, moderner Staat – hat S. SKALWEIT nochmals untersucht und dabei betont, der lange Zeit empfundene Kontrast Mittelalter – Neuzeit habe „viel von seiner Schärfe verloren"; auf gesamteuropäischem Hintergrund lasse sich die Renaissance „weiterhin als drei Jahrhunderte umgreifende ‚Sattelzeit' begreifen" [2.1.2: 156]. W. SCHULZE plädiert deshalb für eine „breite Epochengrenze" um 1500 und lässt sie vom späten 15. Jahrhundert bis in die erste Hälfte des 16. Jahrhunderts, mindestens bis 1529, reichen. Er sieht den Ansatzpunkt für eine Epochentrennung in der Tatsache, „daß sich eine Reihe wesentlicher Entwicklungen überlagern und in ihrer Gesamtheit zu einem deutlich erkennbaren Einschnitt führen." Dazu gehören neben der im Gefolge der Reformation zerbrechenden *christianitas* Phänomene wie Frühkapitalismus, Entstehung des frühmodernen Staates, neue Formen der Öffentlichkeit sowie eine neue Zeiterfahrung der Zeitgenossen [2.3: 19f.]. W. REINHARD verfolgt die Entstehung des Teilfaches „Frühe Neuzeit" an den bundesdeutschen Universitäten und in Westberlin seit 1960, sieht im Begriff allerdings auch den Ausdruck einer „strikt teleologischen Geschichtsbetrachtung" [2.8.1: 47–64].

Zwischenzeit

Die Relativierung des Schemas von Cellarius begann eigentlich schon mit Modellen, die mit dem Begriff „Alteuropa" als einer „Zwischenzeit" operierten. D. Gerhard, W.K. Ferguson und E. Hassinger sind in diesem Zusammenhang hervorzuheben, auch wenn sich ihre Konzeptionen nicht durchgesetzt haben: GERHARD formulierte 1954/62 seinen Periodisierungsvorschlag; er ließ „Alteuropa" im 11. und 12. Jahrhundert beginnen, das gegenwärtige Europa mit der Aufklärung, der industriellen und französischen Revolution und traf die Feststellung: „Trotz vielfältiger Veränderungen darf die lange Zeitspanne vom elften bis zum achtzehnten Jahrhundert doch als Einheit betrachtet werden, als die Epoche von ‚Alteuropa'. Obschon dies ‚Alteuropa' gewiß nicht statisch gewesen ist, so haben in ihm doch den später erfolgreichen Kräften der Veränderung, der Zentralisation, des Strebens nach sozialer Gleichheit andere Kräfte siegreich entgegengewirkt. Damals überwiegen Überlieferung, landschaftliche Verwurzelung, ständische Gliederung. Diese Mächte geben Institutionen wie Sitte das Gepräge und werden ihrerseits durch diese gestärkt. [...] Jahrhunderte lang hat [...] der nationale Geist dazu gedient, sich den Kräften der Moderne entgegenzustemmen: der Zentralisierung, dem Gleichheitsgedanken, dem Glauben an Fortschritt und Wandel. Dies gilt auch noch für die Jahrhunderte der sogenannten Neueren Geschichte, trotz der Wirkung von Renaissance und Reformation" [2.4.3: 40f.]. Damit war die traditionelle Epochengrenze um 1500 relativiert. FERGUSON sah in der Zeit von 1300 bis 1600 (oder 1700) „a certain unity of development in all the countries of Western Europe" und schlug für diese Jahrhunderte insgesamt die Bezeichnung Renaissance vor [2.1.2: 2]. HASSINGER ging in der Ausdehnung der Zwischenzeit noch weiter und sah die entscheidende Wende erst um 1800: „Es scheint uns die Annahme vertretbar, daß von rund 1250/1300 bis rund 1800 der letzte Akt eines Schauspiels abläuft, das im 3./4. Jahrhundert nach Christus mit dem Einbruch der Germanen in die Mittelmeerwelt und der inneren Umwandlung des Imperium Romanum begonnen hat" [2.1.2: 712f.]. H. Schilling hat die Konzeption einer „Zwischenzeit", und zwar zwischen 1250 und 1750, in seiner Geschichte Europas „quer zur Einteilung der meisten Überblicksdarstellungen" wieder aufgenommen. Er sieht einen „längerfristigen Wandel", im Gegensatz zu einem punktuellen „Einbruch des Neuen im späten 15. und frühen 16. Jahrhundert" [2.2: 10f.]. In der Regel lehnt sich die Periodisierung *grosso modo* jedoch noch immer an Cellarius an. So stellt M. Erbe [2.3: 11] fest: „In vielerlei Hinsicht bleiben nach 1500 die Grundstrukturen des mittelalterlichen Europas noch lange erhalten. Ohne die Kenntnis der mittelalterlichen Besonderheiten der abendländischen Geschichte sind das 16. und 17. Jh. oft schwer zu verstehen."

A. Völker-Rasor schlägt ein Zweiphasenmodell vor, das die Frühe Neuzeit *Zweiphasenmodell* erstens als „Epoche im Europa-Maßstab" und zweitens als „Epoche im Welt-Maßstab" periodisiert. Dies hat den Vorteil, dass eine weitere Differenzierung möglich ist, die über den Kontext der europäischen Geschichte hinausgeht: Im europäischen Bezugsrahmen beginnt die Frühe Neuzeit danach 1517 mit Luthers Thesenveröffentlichung; sie lässt sich durch folgende Stichworte untergliedern: „Religion und Politik", gefolgt von „Nach 1648: Verdichtung von Herrschaft" und „Um 1789: Zeit der Umbrüche". Im „Welt-Maßstab" lautet die Gliederung der Frühen Neuzeit hingegen: „Seit 1492: Begegnung der Kulturen", „Nach 1609: Freie Meere als Aktionsfeld", „Um 1776/91: Atlantische Revolution". Damit wird eine Verengung vermieden; Jahreszahlen fungieren als „Wegmarken" und transzendieren durch exakte Jahreszahlen ausgedrückte Zäsuren [2.3: 16].

Beide Zäsuren – 1500 und 1648 – sind relativ bzw. offen zu sehen. Die erstgenannte Zäsur, oft „um 1500" genannt, um eine punktuelle Zäsur zu vermeiden, geht auf die alte Trennung zwischen dem sogenannten Mittelalter und der Neuzeit zurück. In diesem Fall ließe eine übergreifende Betrachtung des Spätmittelalters, vor allem des 15. Jahrhunderts und der Frühen Neuzeit nicht nur neue Einsichten erwarten, sondern hätte wohl auch eine weitere Relativierung zur Folge. Über ihre regionale Bedeutung für Mitteleuropa im Hinblick auf ihre soziale und bevölkerungspolitische Dimension hinaus waren die Westfälischen Friedensverträge von 1648 mit mittel- und langfristigen Auswirkungen auf dem Gebiet der Internationalen Beziehungen verbunden.

2. EUROPA ZWISCHEN EXPANSION UND BEDROHUNG

Vergleicht man die geographische Situation Europas zwischen 1500 und 1648, so zeigen sich auffallende Unterschiede, die nicht größer sein könnten. Seit der Eroberung Konstantinopels durch Sultan Mehmed II. (1453) stieg die Bedrohung der europäischen Staatenwelt, verbunden mit Gebietsverlusten, ständig an, und die Angst vor dem Osmanischen Reich war deshalb schon im 15. Jahrhundert vorhanden. Demgegenüber waren die Katholischen Könige Spaniens die einzigen europäischen Herrscher, die mit der Vollendung der Reconquista in Granada (1492) und der nachfolgenden Errichtung von Küstenstützpunkten in Nordafrika muslimisch-arabische Gebiete erobern konnten. Seit den 1520er Jahren war die christliche Staatenwelt Europas auf den bisher engsten Raum in ihrer Geschichte zusammengedrängt, nachdem die Osmanen Belgrad erobert (1521) und Ungarn angegriffen hatten (Schlacht von Mohács, 1526), dessen größter Teil von 1541 bis zum ausgehenden 17. Jahrhundert unter osmanischer Herrschaft bleiben sollte. Seit der Bedrohung Wiens (1529) waren die habsburgischen Länder und das übrige Reich von langfristigen und kostspieligen Abwehrmaßnahmen betroffen. Vgl. zuletzt den von M. KURZ u. a. herausgegebenen umfangreichen Sammelband zu den österreichisch-osmanischen Beziehungen [2.19], dessen Beiträge allesamt den Themenbereichen „Kontakte" und „Konflikte" einer jahrhundertelangen Beziehungsgeschichte zuzuordnen sind. In zeitlicher Parallele dazu nahm die Präsenz der osmanischen Flotte im östlichen Mittelmeer zu; einzelne maritime Abwehrerfolge der christlichen Seefahrt im Mittelmeer bis zur Seeschlacht vor Lepanto (1571) blieben die Ausnahme. Erst Mitte des 17. Jahrhunderts war die osmanische Expansion gegenüber Europa gestoppt; zur selben Zeit war Europas Überlegenheit gegenüber der außereuropäischen Welt evident.

<small>Europäische Expansion</small>

In seiner Geschichte der europäischen Expansion hat W. REINHARD die Beziehungen zwischen Europa und Außereuropa sehr differenziert entfaltet, jedoch die Unaufhebbarkeit seiner europazentrischen Sicht folgendermaßen begründet: „Meines Erachtens wäre es gar nicht möglich, von außen eine einheitliche Sicht zu gewinnen, weil die Einheit des weltgeschichtlichen Vorgangs ‚europäische Expansion' auf dem Primat der europäischen Initiativen beruht. Nur Ausschnitte lassen sich aus der Sicht der Betroffenen darstellen, nicht aber das Ganze. [...] ‚Welt' als historische Einheit kommt erst infolge der europäischen Expansion zustande. Wenn die Einheit des Vorgangs unterstellt wird, wie es hier geschieht, ist nur eine europäische Perspektive möglich. Die überwundene nationalistische Kolonialgeschichte der einzelnen europäischen Mächte soll daher nicht durch den neuen, aber kaum weniger engherzigen indischen, kenianischen oder peruanischen Nationalismus als Leitmotiv abgelöst werden, sondern durch die Frage nach der Interaktion der Europäer mit den Anderen in den verschiedenen Erdräumen" [2.7: Geschichte der europäischen Expansion Bd. 1, 7f.].

I. WALLERSTEIN hatte Anfang der 1980er Jahre konstatiert: „Im späten 15.

und frühen 16. Jahrhundert tauchte ein historisches Novum auf; es entstand das, was man eine europäische Weltwirtschaft nennen kann." Sie sei zwar nicht die einzige Weltwirtschaft gewesen, aber „nur Europa begab sich auf den Weg kapitalistischer Entwicklung, die es ihm möglich machte, die anderen auszustechen", und zwar deshalb, weil „die Verbindung zwischen den Teilen des Systems vor allem eine ökonomische" war [2.4.1: 27, 29]. Für das 16. Jahrhundert gilt jedenfalls die Feststellung WALLERSTEINS, dass die europäische Expansion nicht nur eine geografische, sondern auch eine ökonomische gewesen ist, „gekennzeichnet durch die Einrichtung eines regelmäßigen Handels zwischen Europa und dem Rest der Welt" [2.4.1: 130]. Wie aber stand es um das 15. Jahrhundert, die Epoche davor, die Wallerstein als „Vorspiel" eines „kapitalistischen Weltsystems" betrachtete? Gab Europa „damals seine mittelalterliche Selbstgenügsamkeit und seine herkömmlichen Grenzen auf?" R. BECK beantwortet seine selbst gestellte Frage folgendermaßen: „In einer eigentümlichen Mischung von christlichem Missionsgedanken, Herrschsucht und Profitgier waren Italiener, Portugiesen und Spanier in See gestochen, um bald nach der ganzen Welt – einer den Europäern bislang wenig, wenn nicht unbekannten Welt – zu greifen" [2.1.2: 9]. Entstand für Europa eine globale Vorteilsposition gegenüber Afrika, Asien und Amerika? P. FELDBAUER/J.P. LEHNERS sehen den entscheidenden Schritt zur „weltgeschichtlichen Überlegenheit" Europas in der Frühen Neuzeit. Europa sei bis zum 15. Jahrhundert nur Teil, nicht jedoch „Zentrum eines eurasiatischen Kommunikationsnetzwerkes" gewesen [2.1.2: 15, 22].

Die Grundproblematik des europäischen Kolonialismus haben im späten 18. Jahrhundert G.T. RAYNAL und D. DIDEROT in ihrem epochemachenden mehrbändigen Werk einer „Histoire des deux Indes" thematisiert. Sie waren sich über die Außergewöhnlichkeit des Vorgangs der Kolonialisierung im Klaren: „Für das menschliche Geschlecht überhaupt und für die Völker Europas insbesondere ist keine Begebenheit so wichtig gewesen als die Entdeckung der neuen Welt und der Fahrt nach Ostindien und das Vorgebirg der guten Hoffnung. Damals begann eine gänzliche Veränderung in dem Handel, in der Nationalmacht, in den Sitten, dem Gewerb und der Regierung aller Völker" [2.7: 8]. Doch nach einer kritischen Analyse des spanischen Kolonialreiches, ob die Inbesitznahme außereuropäischer Länder rechtens war, kommen sie zu folgendem Urteil: „Wenn das Land zum Teil öde, zum Teil besetzt ist, so ist der öde Teil mein. Ich kann durch meinen Fleiß Besitz davon nehmen" [ebd. 162].

Europäische Einheitsvorstellung und Weltverständnis

„Die Zeitgenossen vor der Aufklärung hatten offenbar nur in eingeschränkter Weise die intellektuellen Mittel (und die Absicht), sich über derartige Zusammenhänge klar zu werden. Vielleicht hat hier (wie in anderen Bereichen) das humanistisch geformte Bewußtsein im ganzen eine zwiespältige Rolle gespielt: einerseits die geographisch-ethnologische Empirie gegenüber Außereuropa fördernd, andererseits die Reflexion über die Bedingungen und Wirkungen der Herrschaft in Übersee beengend. Es ist jedenfalls erstaunlich, in welchem Ausmaß der schlichte aristotelische Grundsatz von der berechtigten Herrschaft der Gebildeten über die Barbaren die damaligen Diskussionen beherrschte" [2.3:

Lutz, 194]. Instruktiv ist der von W. Reinhard herausgegebenen Sammelband „Humanismus und Neue Welt" [2.7] und darin vor allem die Beiträge von A. Pagden [The Humanism of Vasco de Quiroga's, Información en derecho, 133–142], H. Pietschmann [Aristotelischer Humanismus und Inhumanität?, 143–166] und B. Rech [Bartolomé de Las Casas und die Antike, 167–197]. Sie bestätigen die wenig eindeutige Haltung humanistisch geprägter Persönlichkeiten zu der Frage der Behandlung der Indianer. Nur Las Casas, der die Problematik vor Ort kannte, ließ die eurozentrische Optik und Bewertung hinter sich. Und Ginés de Sepúlveda wusste sehr wohl, dass eine „Differenzierung im Ungläubigenbegriff juristisch und theologisch nicht zu begründen ist. Deswegen führt er andere Argumente ein: die Sünden wider die Natur und die Barbarei der Indios. Der bloße Unglaube hebt zwar die heidnische Herrschaft nicht auf und legitimiert auch nicht die christliche Gewaltanwendung [...], aber die Sünden wider die Natur schon" [2.7: Delgado, 341]. Unglaube und Götzendienst, Menschenopfer usw. glaubten die Europäer zu berechtigen, die Indios als Sklaven von Natur aus – wie Aristoteles meint – zu betrachten. „Sepúlveda sah in der Conquista eine Art von ‚Schocktherapie'; Las Casas betonte die dringende Notwendigkeit, daß die Krone die überseeische Expansion und Evangelisierung durch die Ansiedlung spanischer Bauern, Missionare und Kaufleute finanzieren müsse, und zwar über eine besondere Steuer. Das war zum ersten Mal ein ernst zu nehmender Vorschlag, die Kosten der Conquista nicht wie bisher auf die Indios, sondern auf die Europäer abzuwälzen. Sepúlveda hielt dieses Modell für unfinanzierbar" [2.8.9: Kohler, Karl V., 237].

Ein Schuldeingeständnis im Hinblick auf die Verfehlungen der europäischen Expansion könnte der Ausgangspunkt für eine kritische Zivilisationsgeschichte im Sinne der Schuld des weißen Mannes und seiner Suche nach den weißen Flecken sein, unabhängig davon, ob sie bewohnt oder unbewohnt waren. Sie steht bis heute aus; sie würde jedoch voraussetzen, die besondere Entwicklung Europas, vielleicht auch den „Sonderweg" Europas zu definieren, der wohl als Voraussetzung seiner außereuropäischen Dynamik betrachtet werden kann.

3. ENTWICKLUNG DES FRÜHNEUZEITLICHEN STAATES, NATIONSBILDUNG, STAATSRÄSON

Dieser vielschichtige Forschungsbereich umfasst die Innen- und Außenbezüge der staatlichen Entwicklung; im Inneren das Zusammenwirken der Fürsten bzw. Könige mit den Ständen, den États (Frankreich) bzw. dem Parlament (England) und die Entwicklung der fürstlich-staatlichen Regierung und Verwaltung; im Äußeren die Entwicklung der Internationalen Beziehungen (Diplomatie, Krieg, Völkerrecht).

O. HINTZE [2.4.3] und D. GERHARD [2.4.3] haben die ständestaatliche Struktur als eine weltgeschichtliche Sonderentwicklung der abendländischen Christenheit betrachtet und weder in der Antike noch in den islamischen Ländern, noch in Indien, China und Japan ähnliche Formen konstatiert. W. REINHARD hat in seinem instruktiven Überblick die Feststellung getroffen: „Europa hat den Staat erfunden" [2.4.4: Geschichte des modernen Staates, 7]. H.G. KOENIGSBERGER hat 1975 nach einer kritischen Auseinandersetzung mit Hintzes Ausführungen von 1930/31 eine neue Gesamtthese vorgetragen: „In the late-medieval partnership between kings and parliaments, throughout Europe, the kings were by far the stronger, although hardly ever the completely dominant partners. Dominium politicum et regale was the norm, not the exception" [2.4.3: Dominium regale, 45]. Hinsichtlich des Kräfteverhältnisses zwischen Monarchie und Ständetum gibt es jedoch essentielle Unterschiede zwischen Spanien, Portugal und Frankreich, wo die Monarchie schon im 16. Jahrhundert gestärkt hervorgeht, und England, Schottland, den Niederlanden, Böhmen, Polen und Ungarn und den nordischen Königreichen, wo die Stände bzw. Parlamente eine bedeutende Rolle spielen, ehe sie zum Teil im 17. Jahrhundert, wie in Böhmen und Ungarn, von der Monarchie in die Schranken gewiesen bzw. entmachtet werden. Typologische Vergleiche, wie sie K. KRÜGER [2.4.3] für die skandinavischen Monarchien unternommen hat, sollten weiterverfolgt werden.

<small>Weltgeschichtliche Einordnung der Ständegeschichte</small>

Es ist evident, dass die Ständeforschung nach 1945 einen großen Aufschwung erfahren hat und sich von der älteren, dem konstitutionellen Denken des 19. Jahrhunderts verpflichteten Sichtweise – Parlamentsmodell – freispielen konnte. V. PRESS hat diese Situation treffend beschrieben: „Orientierung am Parlamentsmodell und Bewertung ständischer Qualität an den Ähnlichkeiten mit dem modernen Parlament, die Vorstellung von einem Dualismus zwischen Fürst und Ständen, die Bemessung ständischer Leistung an der angeblichen oder tatsächlichen Wirkung für den Staat, die relativ statische Sicht ständischer Phänomene, ohne den oft beträchtlichen Wandel von Begriffen und Vorstellungen etwa zwischen dem 15. und 18. Jahrhundert zu berücksichtigen" [2.8.4: Herrschaft, Landschaft, 173]. W. SCHULZE sieht die ständische Gesellschaft des 16. und 17. Jahrhunderts „als Problem von Statik und Dynamik", sie habe mit einem statischen Normensystem ihre Mobilität kontrolliert: „Der Zeitraum der frühen Neuzeit ist vor allem dadurch charakterisiert, daß wir hier eine

<small>Ständeforschung</small>

intensive Überlagerung dieser zwei Grundprinzipien bemerken können. Wir haben seit dem späten Mittelalter eine Phase beachtlicher Mobilität, die gewiß als Ersatzmobilität beginnt, weitergetragen wird durch den Wachstumsschub des langen 16. Jahrhunderts und sich regional verschieden bricht an der Regression des 17. Jahrhunderts. Daneben haben wir als weiterhin bestimmenden Grundzug ein noch gültiges statisches Normensystem, das Aufstiegsmobilität scharf reglementiert, hohe Voraussetzungen erfordert und damit kontrollierbar macht. Dadurch war es möglich, in Phasen ökonomischen Wachstums größere Mobilität zuzulassen und in Phasen zurückgehender Ressourcen Mobilität zu verhindern" [in: 2.4.4: VON GREYERTZ, 1–17, hier 16].

Territoriale Ständegeschichte Bei den neueren Forschungen zur territorialen Ständegeschichte hat sich die Form der international besetzten Expertentagung bewährt, wie der von P. Baumgart herausgegebene Sammelband zu Ständetum und Staatsbildung in Brandenburg-Preußen zeigt [2.4.4], in dem neben dem territorialstaatlichen Vergleich mit den habsburgischen Ländern der Kontext zur Gesamtentwicklung im Reich und zum europäischen Ständewesen des 16. und 17. Jahrhunderts hergestellt wird. Zu den instruktivsten Beispielen für die Konstellation und die Konflikte zwischen Fürst und Ständen gehörte seit jeher das Königreich Böhmen. Nun liegen neue Untersuchungen über die Zurückdrängung der mehrkonfessionellen Stände durch Ferdinand I. [EBERHARD 2.4.3] sowie zu Höhepunkt und Ende der böhmischen Ständemacht um 1620 vor [2.4.3: PÁNEK; 2.4.3: BAHLCKE]. Nicht weniger aufschlussreich ist die Unterwerfung und Rechtfertigung führender Ständevertreter des Landes ob der Enns (Oberösterreich) während der erwähnten „Umbruchphase" [2.4.3: HEILINGSETZER].

Ständisches Widerstandsrecht Große Fortschritte erzielte die Erforschung des ständischen Widerstandsrechts und der Widerstandssprache. In seiner breit angelegten Studie über die Entwicklung der österreichischen Stände von 1550 bis 1650, in der die Herrschaftsantritte von Maximilian II., Matthias I. und Ferdinand II. analysiert werden, kommt A. STROHMEYER, der sich auch eine Kritik der österreichischen Forschung seit Hans Sturmberger nicht versagt, zu folgenden Ergebnissen: „Die protestantischen Stände Ober- und Niederösterreichs benutzten für die Legitimation des Widerstands gegen den Landesfürsten vorzugsweise sieben Denkfiguren, Normen und Ordnungsvorstellungen: das Vertragsdenken, das ‚alte Herkommen', das Gemeinwohl, das Bild des Gemeinwesens als patriarchale Familie oder Körper, Konzepte von Selbstverteidigung und Gegenwehr sowie die Gewissensfreiheit, die sie als Freiheit zur Ausübung des Augsburger Bekenntnisses verstanden" [2.4.3: 447]. STROHMEYER relativiert den Einfluss der französischen Monarchomachen hinsichtlich der Legitimation des ständischen Widerstands und schätzt stattdessen die „kontextuellen Voraussetzungen" hoch ein, unter denen der Konfessionskonflikt stattfand. Kritisch merkt er an: „Aus diesem Grund ist auch die auf das Tschernembl-Buch Sturmbergers zurückzuführende Geringschätzung der Widerstandsfähigkeit des evangelischen Adels Niederösterreichs zu korrigieren. Sie hält einer Überprüfung an den Quellen nicht stand. [...] Von einer den Lutheranern inhärenten Neigung zu

Unterordnung und Gehorsam kann keine Rede sein" [ebd. 451f.]. Studien zu calvinistischen Staatstheorien haben in jüngster Zeit S. BILDHEIM [2.5.10] und P.A. MELLET [2.5.10] vorgelegt.

In einer breit angelegten Studie hat neuerdings A. BEGERT [2.8.2] die Frage der böhmischen Kur und Böhmens Verhältnis zum Heiligen Römischen Reich seit dem Hochmittelalter verfolgt und aufgezeigt, dass der Luxemburger-Kaiser Karl IV. im Gegensatz zu den Přemysliden gerade die Integration Böhmens „als *nobilius membrum* faktisch und zeremoniell an die Spitze des Reiches [rückte]. Als einziger Fürst *coronatus et unctus* sollte der böhmische König nicht nur der erste weltliche Kurfürst sein, sondern, da die Kurfürsten die ‚Säulen des Reiches' waren, auch neben dem Kaiser (sofern beide Würden nicht auf denselben Mann fielen) als vornehmster und wichtigster Fürst des Reiches die Politik maßgeblich mitbestimmen" [ebd. 173]. Im 15. Jahrhundert trat jedoch eine entscheidende Veränderung ein, als die böhmischen Stände die Kurausübung erzwangen, und die Verbindung zum Reich faktisch nur in der Kaiserwahl bestand. Dies war einzigartig im Kreis der Kurfürsten. Seitdem war Böhmen nicht mehr „als *membrum imperii* zu bezeichnen, und ob es noch ein solches war, wurde zumindest von böhmischer Seite bestritten" [ebd. 274]. Böhmen war am Reichstag nicht vertreten, zahlte keine Reichssteuern, war weder in der Kreisorganisation noch im Landfrieden inbegriffen und war juristisch exempt, d.h. von den Höchstgerichten des Reiches unabhängig. Ferdinand I., seit 1526 König von Böhmen, hat diese Situation nicht verändert, auch wenn von reichsständischer Seite immer wieder Initiativen zur Steuerleistung Böhmens ergriffen wurden. Für ihn war die böhmische Eigenständigkeit durchaus ein Vorteil, und er ließ in einer Gravaminaschrift auf dem Reichstag von 1545 nicht nur erklären, „daß das Königreich kein Reichsstand, kein Teil der Kreisverfassung und nicht im Landfrieden einbegriffen sei, sondern auch daß Böhmen nicht zum römischen Reich gehöre. Es sei kein Lehen, sondern stelle vielmehr neben dem Heiligen Römischen Reich deutscher Nation ein eigenes Reich böhmischer Nation dar" [ebd. 354].

<small>Böhmen</small>

Für die meisten Vorgänge des frühneuzeitlichen Regiments hat sich der angemessene Begriff der Verdichtung von Herrschaft von P. MORAW [2.8.1] durchgesetzt. Schon G. OESTREICH hatte diese erste Stufe der Entwicklung des frühzeitlichen Staates im 16. Jahrhundert als „Finanzstaat" gesehen, als zweite Stufe seit der zweiten Hälfte des 17. Jahrhunderts den „Militär-, Wirtschafts- und Verwaltungsstaat" [2.4.4: 279ff.]. Dabei sollte auch die Verfügung über kirchlichen Besitz sowohl in jenen Königreichen und Fürstentümern, wo sich die Reformation durchsetzte, als auch in katholischen Staaten und Ländern hinsichtlich der Steigerung der fürstlichen Einnahmen nicht vergessen werden. Monarchen und Fürsten waren bestrebt, den Adel aus administrativen ständischen Positionen zurückzudrängen sowie durch sogenannte „gelehrte" bürgerliche Räte zu ersetzen und dem expandierenden Fürstenstaat dienstbar zu machen. In einem thematisch weit ausgreifenden Sammelband, den R. SCHNUR herausgegeben hat [2.4.4], wird die Rolle der Juristen bei der Entstehung des frühmodernen Staates anhand zahlreicher Fallbeispiele europaweit

<small>Regierung und Verwaltung</small>

analysiert. W. REINHARD [2.4.4: Geschichte der Staatsgewalt] hat die Folgewirkung der europäischen Staatswerdung über Europa hinaus verfolgt. Die spanischen Königreiche gehören wohl zu den in administrativer Hinsicht am besten strukturierten Monarchien [grundlegend 2.12: EDELMAYER, 13–31]. Von großer Bedeutung war auch die Weiterentwicklung des Rechtswesens und der „Polizey". Dies gilt auch für das Privatrecht, wie H. COING zeigen konnte [2.4.4] und die Sukzessionsordnungen [2.4.4: KUNISCH/NEUHAUS]. Der Ausbau des Polizeiwesens sicherte dem Fürsten eine von den Ständen unabhängige Position [zuletzt 2.8.2: SIMON].

Finanzen und (Früh-)Absolutismus

Die Sicherung der Staatsfinanzen ging nur wenig voran. Auf diesem zentralen Gebiet von Herrschaft, Finanzen und Politik der Frühneuzeit sind zuletzt für die Regierungszeit Maximilians II. im mitteleuropäischen Kontext wichtige Beiträge vorgelegt und Fortschritte erzielt worden; dies gilt für die habsburgischen Länder [2.4.1: EDELMAYER u.a; 2.4.1: RAUSCHER] ebenso wie für Sachsen [2.4.1: SCHIRMER] und Hessen [2.8.4: KRÜGER]. Im Hinblick auf die Entwicklung der monarchischen Gewalt in der Habsburgermonarchie kann man seit Kaiser Ferdinand II. von Absolutismus sprechen; noch immer heranzuziehen ist H. STURMBERGERS Studie [2.4.4]. Das Gleiche gilt in Spanien für den Frühabsolutismus Phillips II.; für Heinrich VIII. von England gilt dies wohl nicht, auch wenn im Hinblick auf die Reformation im Zuge der „Tudors Revolution in Government" [2.10: ELTON] *government, administration* und Politik – im Einvernehmen mit der Politik – in Bewegung geraten sind [2.10: FOX/GUY; 2.10: COLEMAN/STARKEM].

Diplomatie und Krieg

Für die Entwicklung des frühneuzeitlichen Staates sind Diplomatie, Militärorganisation und Kriegführung von zentraler Bedeutung. Es ging dabei um den Übergang von Lehens- und Landesaufgeboten zu Soldheeren (mit Privatarmeen – siehe Wallenstein) und stehenden Heeren (im 17. Jahrhundert). Bei der Entwicklung des ständigen europäischen Gesandtenwesens, in Konkurrenz zu der bis dahin üblichen Form der anlassbezogenen Gesandtschaften seit dem 15. Jahrhundert in Italien, aber auch in den spanischen Königreichen, verbunden mit schwer lösbaren Distanzproblemen der Kommunikation, dürfte es sich „im globalgeschichtlichen Vergleich […] wohl um ein einzigartiges Phänomen" gehandelt haben [2.2: KOHLER, 400; dazu auch 2.12: OCHOA BRUN; OCHOA

Militärorganisation

BRUN, in: 2.8.9: KOHLER u. a.; 2.2: SCHILLING, 120–159]. M. Roberts Theorie der *Military Revolution* 1560–1660 [2.4.5: PARKER] hat sich durchgesetzt und charakterisiert die grundlegenden Veränderungen in der militärischen Strategie und Taktik. Zur Epoche Karls V. einschlägig sind J.R. HALE [2.4.5] und A. KOHLER [2.4.5]. Die von K. REPGEN entworfene historische Typologie der Kriegsmanifeste „Alteuropas" [2.4.5] mit zwölf Leitbegriffen bedarf noch einer ausgreifenden Exemplifizierung am historischen Befund, um den Intentionen des Autors entsprechend einen neuen Zugang zur Rolle des Krieges in der frühneuzeitlichen Gesellschaft Europas zu ermöglichen. Für das 17. Jahrhundert hat P. SCHMIDT [2.12: Spanische Universalmonarchie] antihispanische Flugschriften analysiert, die während des Dreißigjährigen Krieges im Heiligen

Römischen Reich zirkulierten, und dabei gezeigt, dass auf die Legitimierung von Kriegen großer Wert gelegt worden ist: „Einen Krieg zu führen, ohne ihn für die Zeitgenossen plausibel rechtfertigen zu können, bedeutete in der Frühen Neuzeit, aber nicht nur in jener Epoche, einen Verstoß gegen die Sittlichkeit, gegen das Recht und das göttliche Gebot. Nur so wird verständlich, warum die Legitimation eines Waffenganges einen derart zentralen Punkt frühneuzeitlicher Kriegsvorbereitung darstellte, der ebenso wichtig wie strategische Überlegungen oder logistische Vorkehrungen war" [ebd. 163]. Dahinter steht die *bellum iustum*-Problematik des Mittelalters und die aufkommende Kriegsgesetzgebung, die auf dem Naturrecht basierte, wie sie der Niederländer Hugo Grotius in seinem 1625 publizierten Werk „De Iure Belli et Pacis" vertrat. Für die Epoche der Reformation und des konfessionellen Zeitalters ist auch die Frage nach dem Faktum von Religionskriegen von zentraler Bedeutung, die neuerdings von A. SCHINDLING und F. BRENDLE umfassend, d.h. inner- und außereuropäisch (Osmanisches Reich) analysiert worden ist [2.4.5]. Für das Heilige Römische Reich kommen BRENDLE und SCHILLING zu einem interessanten Ergebnis: „Es gab offiziell von katholischer habsburgischer Seite keine Religionskriege im Heiligen Römischen Reich deutscher Nation. Selbst auf dem Höhepunkt der Gegenreformation im Dreißigjährigen Krieg deklarierten Kaiser Ferdinand II. und die katholische Liga ihre militärischen Aktionen gegen die Protestanten immer als Verteidigungsmaßnahmen angesichts von Verletzungen des Landfriedens und als Landfriedens-Exekutionen. [...] Im Heiligen Römischen Reich war somit früh und erfolgreich das Problem von Religionskriegen als Gerechten Kriegen aus dem Kriegsdiskurs herausgenommen worden und blieb auf den Türkenkrieg jenseits der Reichsgrenzen begrenzt" [ebd. 38f.].

Unbestritten ist die Bedeutung der Humanisten bei der intellektuellen Konstruktion der europäischen Nationen, die neuerdings intensiv erforscht wird: Die Humanisten gebrauchten Ideale und Feindbilder der politischen Polemik. Als Gegner der Herrschaftsträger Italiens galten „alle Invasoren, die über die Alpen oder das Mittelmeer kamen", sie „erschienen als ‚Barbaren', die es zu vertreiben galt, wie einst die Römer Gallier, Goten und Germanen bezwungen hatten". Die Herrscher Italiens und ihre Vorgänger „stilisierte man zu humanistischen Helden, denen es durch Tugend und Traktat gelungen war, ihr Volk der ‚Barbarei' zu entreißen, zu höherer Kultur zu führen und sie zu einer starken autonomen Nation zu formieren." Aber gerade diese Sichtweise und Sinngebung des italienischen Humanismus musste Gegensätze zum deutschen Humanismus fördern. Das Konzept der Nation „wurde [so] zum wirkungsmächtigsten politischen Modell des Humanismus. Es erwuchs zwanglos aus der Gewissheit italienischer Humanisten, in der römischen Geschichte ihre nationale Vergangenheit zu sehen, in deren Helden ihre nationalen Vorfahren und in der Wiederherstellung antiker Texte und Monumente einen Beitrag zur Erneuerung jener Größe und Einheit, die ‚Italien' in der Antike besessen hatte. [...] Als ‚Nation' galt [den Humanisten] jede politische Gemeinschaft, deren Sprache und Kultur derjenigen der Antike ähnelte. Dem mußte keine politische Einheit entsprechen; sie zu for-

Konstruktion der Nationen Europas

dern, lag aber in der Konsequenz dieses Entwurfs. Weil ‚Nation' sich somit in Sprache manifestierte, erwies sie sich nicht zuletzt in der Fähigkeit, ihren Ruhm in klassischen Geschichtswerken zu ‚illustrieren'" [2.5.2: ROTZOLL: 687].

In dieser Rückbesinnung auf die römische (und griechische) Antike lag der Dissens zur entstehenden deutschen Nation begründet, die erst durch die Rezeption von Tacitus und die damit verbundene Entdeckung eines positiven Germanenbildes und seiner Verwendung im Rahmen der Kontinuität der deutschen Geschichte bis zur Antike – *per analogiam* zu den Vorstellungen der italienischen Humanisten im Hinblick auf deren Geschichte – sich vom Typus des Barbaren befreite [2.2: KOHLER, 64]. Im Kontext der entstehenden Nationen, Stereotypen und Propaganda im Europa des 16. Jahrhunderts „konstruierten [deutsche Humanisten] eine gegen die ‚Welschen' und insbesondere gegen Rom gerichtete, auf Vorstellungen der Römer von den Germanen zurückgehende, nationale Identität und schufen ‚das Bewußtsein des historischen Kontinuums, eines geschichtlichen Zusammenhanges seit anderthalb Jahrtausenden'" [2.8.1: SCHMIDT, 46f.]. Das war eine überaus gewagte Interpretation von Tacitus' „Germania".

Die Lehre von der Staatsräson

Die Lehre von der Staatsräson kam mit der Entstehung der frühneuzeitlichen europäischen Staaten, des Staatensystems und den politischen Erfahrungen des 16. und 17. Jahrhunderts auf. Man kann F. Meineckes grundlegendem Werk „Die Idee der Staatsräson" [2.6.3: 658] folgen und in der Staatsräson ein epochenübergreifendes Phänomen sehen; für unseren Zusammenhang kommt es jedoch mehr darauf an, die Lehre von der Staatsräson als eine epochenspezifische Theorie zu analysieren. Dafür bietet sich der in Italien in der Epoche Karls V. entstehende Terminus „Ragion(e) di stato" förmlich an; der erste handschriftliche Nachweis findet sich bei Francesco Guicciardini 1523, die erste publizistische Verwendung in einer fiktiven Rede des Giovanni della Casa an Karl V. nach 1547 [2.6.3: LUTZ, Ragione di Stato]. „Der Wortgebrauch gehört wohl einem weiteren Begriffsfeld an, mittels dessen die italienischen Zeitgenossen das Sichverselbständigen einer Sphäre staatlicher Interessenpolitik gegenüber dem allgemeinen Normen- und Tugendsystem artikulierten; so beobachtete damals ein venezianischer Gesandter an Karl V., daß er ein gerechter Kaiser sei, ‚wo nicht interessi di stato ins Spiel kommen'" [2.3: LUTZ, 163]. Man würde erwarten, dass schon Machiavelli den Begriff verwendete, doch war seine Perspektive eine personale, eben auf den „Principe" bezogene, und charakterisierte nicht die Sachebene staatlicher Prozesse. Aber sehr bald ging es im 16. Jahrhundert um die Diskussion über Machiavellismus, Antimachiavellismus und Tacitismus. „Der Tacitismus wies dem Machiavellismus gegenüber einen großen Vorteil auf: er konnte die Frage nach dem Verhältnis von Politik und christlicher Religion, die sich für Tacitus nicht gestellt hatte, umgehen und dadurch den Schein der Ungefährlichkeit erwecken" [2.6.3: ETTER, 25].

Die Problematisierung Machiavellis

„Auf dem Hintergrund der Auseinandersetzungen zwischen Machiavellismus, Tacitismus und dem neuen ethisch-religiösen Rigorismus, der sowohl die protestantische wie die katholische Seite in der zweiten Hälfte des 16. Jahrhunderts kennzeichnete, ist seit 1589 das Erscheinen einer Reihe von Werken katholischer

Autoren Italiens zu sehen, die unter dem Begriff der Staatsräson einen christlich geläuterten und entschärften, aber doch mit machiavellistischer Staatsklugheit angereicherten Verhaltenskanon anboten" [2.3: LUTZ, 163f.]. Hervorzuheben ist die „Widerlegung" Machiavellis durch den Exjesuiten Giovanni Botero in dessen erstmals 1589 erschienenen Werk „Della ragion di stato". Seine Auffassung von einem engen Zusammenwirken zwischen der katholischen Kirche und den Fürsten gipfelt in der Feststellung: „Unter allen Religionen gibt es keine, die für die Fürsten vorteilhafter ist als die christliche; denn diese unterwirft ihnen nicht nur Leib und Vermögen der Untertanen, sondern auch den Sinn und das Gewissen; sie bindet nicht nur die Hände, sondern auch die Affekte und die Gedanken" [zit. nach 2.6.3: LUTZ, Ragione di Stato, 41].

Rezeption und Wirkung der Lehre von der Staatsräson waren im frühneuzeitlichen Europa überaus verschieden, im Heiligen Römischen Reich erfolgte sie relativ spät: „Wichtige Bestandteile der Ragion di Stato (Principe-Figur/ Arcana-Topik/Loyalitätsbindung mit Hilfe der Religion) waren seit Clapmarius in Deutschland rezipiert worden. Eine eigenständige Ratio Status-Lehre ließ sich aber damit allein noch nicht begründen. Dies belegen die Beispiele eines Reinkingk, Seckendorff und Lapide. Ihr eigenes Profil konnte die Ratio Status in Deutschland erst durch eine befriedigende Lösung des Souveränitätsproblems gewinnen" [2.6.3: BEHNEN, 180f.]. Hier war der politische Aristotelismus ein gangbarer Weg, der Mitte des 17. Jahrhunderts mit Hermann Conring an Bedeutung gewann. Die frühere Entwicklung in Frankreich war durch die Epoche Richelieus geprägt. Darin hat W. REINHARD die „außenpolitische Kehre der Staatsräson" gesehen. Im Übrigen betonte er auch die regionale Gebundenheit und die negativen politischen Erfahrungen mit den Machtstrukturen Italiens, die der „Erfinder" der Staatsräson, Niccolò Machiavelli gemacht hatte, wenn er feststellt: „Der wesentliche Wandel des politischen Diskurses wurde von einem zum Vernunftmonarchisten mutierten frustrierten Republikaner ausgelöst, einem Sekretär der Republik Florenz, der schließlich sein und seiner Heimat Heil von einem Fürsten aus dem Hause Medici erhoffen mußte" [2.4.4: Geschichte der Staatsgewalt, 106].

4. HUMANISMUS – REFORMATION – KONFESSIONALISIERUNG

Humanismus als Bildungsbewegung Gewöhnlich wird der Humanismus als europäische Bildungsbewegung betrachtet, als ein europäisches Netzwerk von Gelehrten mit ähnlichen Interessen im Hinblick auf antikes Bildungsgut, Bildungsideal und ursprüngliche, d.h. schrift- und sinngetreue Überlieferung, um nur zwei wichtige Aspekte zu nennen. Gleichzeitig ist unverkennbar, dass die Humanisten im Interesse und zum Wohl ihrer Ursprungsländer argumentierten und somit in „nationale Gegensätze" zueinander gerieten. Viele Humanisten haben sich zeitkritisch geäußert und den aktuellen Themen und Problemen zugewandt, denkt man an Erasmus von Rotterdam, an dessen Freund Thomas Morus („Utopia") und an viele andere. Es war zweifellos der christliche Humanismus, der die Reformation vorbereiten half, um sich danach vielfach wieder von dieser größten irreversiblen fundamentalen christlichen Reformbewegung zu trennen. Der Humanismus lässt sich als ein „emphatisch praktizierter Kanon rhetorischer und historischer Disziplinen beschreiben, als ein spezifischer Stil des Sprechens, Schreibens und Verhaltens, als eine Kommunikationsform, ein kultureller Code, in dem unterschiedlichste Gruppen ihre Interessen wirkungsvoll artikulieren konnten, als eine (in sich heterogene) Bildungsbewegung" [2.5.2: ROTZOLL, 668]. Der Humanismus war keine geschlossene europäische Bildungsbewegung, sondern gliederte sich in nationale Humanismen. Der Begriff „humanista" im Italienischen wurde erst im 15. Jahrhundert zu einer Sammelbezeichnung für alle, die Fächer der Artes liberales unterrichteten oder studierten. Schon im 14. Jahrhundert hatte der Florentiner Kanzler C. Salutati den Begriff „studia humanitatis" („Studien der menschlichen Sphäre") geprägt. Das war ein Begriff, der aus Ciceros „Pro Archia" (62 v. Chr.) stammte und von Aulus Gellius (ca. 160 n. Chr.) rezipiert worden war. Schon in der Antike bezeichnete der Begriff ein rhetorisch-ethisches Bildungsprogramm der politischen Elite. Das war das, was die Humanisten als „bonae literae" bezeichneten.

Italien Der Humanismus ist in Italien entstanden und war von besonderen politischen Rahmenbedingungen geprägt. Antikenrezeption und Aristoteles setzten seit 1200 stark ein, etwa in Frankreich (Pariser Universität), aber diese Rezeption war eng mit der Scholastik und der kirchlich-feudalen Kultur verbunden. Im Übrigen unterschied sich diese Antikenrezeption wesentlich vom späteren Humanismus. In Italien hingegen entstand eine Konkurrenzsituation zur Kirche und ihren höchsten Repräsentanten durch die zahlreichen, auch untereinander konkurrierenden Stadtstaaten mit vielfach nichtadeligen Usurpatoren wie die Condottieri. Außerdem entstand im Zusammenhang damit seit dem Frieden von Lodi (1454) eine „Umgangsweise" unter den Herrschenden, die anstelle der Kriege (bis 1494 jedenfalls) von Kommunikation und der Entstehung des modernen, neuzeitlichen diplomatischen Systems geprägt war. Dazu waren rhetorisch gebildete und begabte – „diplomatische", wird man später sagen – Räte, Juristen und

4. Humanismus – Reformation – Konfessionalisierung   125

Politiker unabdingbar. Um sich für diese Aufgaben zu bilden, waren eine gute Rhetorik, ebenso eine gute juristische Ausbildung, etwa in Padua oder Bologna, notwendig. Grammatik und Rhetorik konnte man an italienischen Universitäten im Rahmen der Artes liberales als praxisorientierte Wissenschaften studieren, die über ihre bisherige lediglich propädeutische Funktion, d.h. als Voraussetzung für jedes Universitätsstudium hinausgingen. Beides konnte in der Beschäftigung mit den antiken Gelehrten erlernt werden.

Den Humanismus zeichneten eine neue Ästhetik und ein neues Zeitgefühl aus. Was bedeutete dies? Francesco Petrarca, ein Mann der zweiten Hälfte des 14. Jahrhunderts, wurde zur Symbolfigur des Humanismus. Er hatte an den Werken Ciceros das antike Latein entdeckt und schätzen gelernt und gegen die „tenebrae" (Finsternis) des „medium tempus" bzw. der „media aetas", d.h. des Mittelalters ausgespielt. Petrarca und den Humanisten der nachfolgenden Generationen ging es darum, „alle aus dem Altertum überkommenen Werke zu sammeln, so intensiv und genau wie möglich zu studieren und sich die in ihnen geschilderten Zustände und Taten ebenso unbedingt zum Vorbild zu nehmen wie die Art und Weise, in der die antiken Schriftsteller sie dargestellt hatten" [2.5.2: ROTZOLL, 670]. Dahinter steckte die Forderung der Humanisten nach Authentizität der antiken Überlieferung, verbunden mit einem neuen Geschichtsbewusstsein und einer neuen Wertschätzung der Geschichte als wichtiges Fach des Bildungskanons – im Gegensatz zu heute, wo ein zunehmendes Desinteresse an der Geschichte zu beobachten ist. Daher die Suche nach antiken Handschriften und die Bemühungen um deren Edition, die Wertschätzung der antiken Sprachen – neben dem Latein vor allem das Griechische –, die Unabdingbarkeit der Textkritik; symptomatisch ist der Fälschungsnachweis der Konstantinischen Schenkung, den Lorenzo Valla lieferte.

Der Humanismus entwickelte sich im engen Kontakt zu Christentum und Kirche. Der zweifellos vorhandene, von Erasmus von Rotterdam an Teilen des italienischen Humanismus kritisierte Paganismus [2.13: REINHARDT], war nicht typisch für den größten Teil der Humanisten. So trugen die Päpste Nikolaus V. und Pius II. (Enea Silvio Piccolomini) zur Verbreitung des Humanismus bei bzw. waren sie selbst Humanisten; auch die kirchlichen Reformbewegungen der Devotio moderna und der Brüder vom gemeinsamen Leben, der Erasmus angehörte, und schließlich auch die Reformation – siehe Philipp Melanchthon – waren mit dem Humanismus eng verbunden. Ebenso ist die Verbindung zwischen den Humanisten und den obersten Herrschaftsträgern in Europa, den Fürsten, Königen und Päpsten, offensichtlich: Auf der einen Seite förderten die Herrscher Humanisten und damit die Bewegung des Humanismus; sie benötigten sie auch als „Experten der Bildungspolitik" und Reformer ihrer Universitäten; zu denken ist an Konrad Celtis in Wien. Die Herrscher machten auch von der Möglichkeit Gebrauch, Humanisten zu Dichtern zu krönen; auf der anderen Seite mussten sie aber auch die Kritik „ihrer" Humanisten ertragen, wenn diese, wie beispielsweise Erasmus von Rotterdam, ihre Politik fundamental kritisierten. Es ging den Humanisten um die Schule und die Bildung von Laien, im Trivium

Christlicher Humanismus

vor allem um die Sprachvermittlung des Lateinischen, Griechischen und auch Hebräischen sowie um Rhetorik. Wesentlich für das humanistische Bildungsideal waren der Bildungsoptimismus und der Glaube an die Erziehbarkeit des Menschen und damit auch der Herrscher, wie später in der Aufklärung.

Erasmus von Rotterdam

Einer der wichtigsten Exponenten eines zeitkritischen Humanismus war Erasmus von Rotterdam. Dieser hat in einigen seiner Schriften die Hybris der fürstlichen Politik grundsätzlich kritisiert – wohl vor dem Hintergrund seiner Erfahrungen im Burgundischen Erbfolgekrieg –, und zog 1515 eine Bilanz der dynastischen Politik der europäischen Herrscherhäuser. Er bewegte sich im Umfeld der habsburgischen Herrschaft in den Niederlanden, wenn er für Karl V. und zugleich auch für Ferdinand I. einen Fürstenspiegel, die „Institutio Principis Christiani", schrieb, die ein Kapitel über die fürstliche Heiratspolitik enthält, in dem vor allem die dynastische Politik des Hauses Habsburg reflektiert wird. Erasmus kritisiert darin die Vermengung von fürstlichem Privatinteresse und *bonum commune*, dem Gemeinwohl, wenn er sarkastisch feststellt: „Wenn die Verwandtschaft der Herrscher untereinander der Welt Ruhe schenken könnte, würde ich wünschen, daß alle durch Hunderte von Verschwägerungen verbunden seien" [zit. nach 2.8.9: KOHLER, Karl V., 48]. Erasmus war Pazifist und nur in äußersten Fällen für den Krieg; vor allem stellt er die Hierarchie der Kriegsgründe auf den Kopf, ja eigentlich verwirft er sie. Verlockend könne der Krieg nur für den sein, der ihn nicht kenne. Der Verlauf eines Krieges sei immer unsicher, daher ein großes Risiko, außerdem siege nicht immer der bessere. Sein Werk „Querela Pacis" („Klage des Friedens") aus dem Jahr 1517 sucht dies anhand vieler Beispiele zu beweisen [vgl. 1.7.8: WELZIG Bd. 5, 359–451].

Humanismus in Slowenien

Die Forschungsergebnisse der Monographie von P. SIMONITI [2.5.2] sind für die deutschsprachige Forschung des Spätmittelalters und der Frühen Neuzeit in Deutschland und Österreich heute ebenso aktuell wie vor fast 30 Jahren, als diese wegweisende Arbeit in slowenischer Sprache publiziert worden ist. Aufgrund der Sprachbarriere ist Simoniti in der deutschsprachigen Forschung kaum rezipiert worden. Dies ist umso bedauerlicher, als seine Studie über den Humanismus slowenischsprachigen Krainern gewidmet ist. Simonitis Ansatz ist modern und aktuell, widmet sich heute die Geschichtswissenschaft ja auch wieder verstärkt jener „formativen Phase" der europäischen Geschichte, die zu Recht im 15. Jahrhundert gesehen wird und welche die tradierte Grenze zwischen Mittelalter und Neuzeit beiseite lässt bzw. nicht zur Kenntnis nimmt. Die Arbeit untersucht die Entwicklung des Humanismus an den Universitäten, am Hof Maximilians I. sowie das kulturelle, bildungsgeschichtliche und politische Beziehungsfeld zwischen Oberitalien, Krain und Österreich. Simoniti leistet überdies einen wertvollen Beitrag zu Details der Wiener Universitätsgeschichte, wobei er instruktive Einblicke in die Schwierigkeiten der Humanisten, sich gegen die traditionelle Scholastik durchzusetzen, gibt. Der Autor untersucht die Entwicklung des Humanismus an den Höfen und Universitäten Mitteleuropas auch im Kontext der beginnenden Reformation. Vor allem aber wird deutlich, dass eine Reihe von Humanisten in Italien (Padua und Bologna) studiert hatten, bevor sie nach Krain zurückkehrten.

Der von C. CHRIST-VON WEDEL und U.B. LEU herausgegebene Themenband [2.5.2] analysiert in 13 substantiellen Beiträgen die bisher in ihrer Breite und Dichte nicht bekannte Bedeutung des zeitweise in Basel lebenden Erasmus als Referenzperson und Autorität der Zürcher Reformation auch über die „Zeit der Harmonie" hinaus. So heißt es in dem von E. CAMPI verfassten Vorwort: „Erasmus war und blieb für die Zürcher Reformatoren *die* exegetische Autorität. [...] Luther dagegen haben sie wohl als Reformator anerkannt, ihn aber kaum zitiert und schon gar nicht als ihre persönliche Autorität gepriesen. [...] Sucht man nach einer Lehre, die die Zürcher von Erasmus trennte, so bleibt nur ihre Apokalyptik samt der Antichristpolemik gegen die römische Kirche und die endgültige Ausformung ihrer Sakramentenlehre" [ebd. 9].

„Ohne Humanismus keine Reformation" ist heute eine vielfach rezipierte Auffassung; der Zusammenhang zwischen dem Humanismus und den Anfängen der Reformation ist seit Langem evident [2.5.2: VAN GELDER]. Der komplexe Charakter des Phänomens Humanismus war für die Übergänge zur Reformation wichtig, wie H.A. OBERMAN hervorhebt: „Überhaupt bestand das Verhältnis der Reformation zum Humanismus eher in der Rezeption verschiedener Mischungen von Bildungsvoraussetzungen und Bildungserwartungen als in der klaren Alternative: Zustimmung oder Ablehnung anhand einiger dogmatischer Testfragen" [2.1.2: 76]. Überdies und vor allem hat die humanistische Bewegung eine europäische Öffentlichkeit konstituiert. „Die stimulierende Wiederentdeckung der Antike wirkte offenbar in zwei- oder dreifacher Richtung: in Anknüpfung an die christlichen ‚Initia' das Engagement für die Erneuerung des Christentums, im Rückgriff auf die pagane Welt der Antike die Entfaltung weltzugewandter Formkultur und Empirie. [...] Nimmt man dazu die politisch-sozialen Entwürfe im Bereich des christlichen Humanismus, so ergibt sich ein umfassendes, wenn auch keineswegs einheitliches Bild" [2.3: LUTZ, 123]. „Auf der einen Seite führte die praktisch-moralische Lebensphilosophie des Humanismus zu immer deutlicheren religiösen Grundpositionen, ein Vorgang, der vom religiösen Engagement des 16. Jahrhunderts her fast zwangsläufig war. Von solchen Grundpositionen aus tendierten diese christlichen Humanisten im Konfessionsstreit zur Vermittlung oder zu einer allgemein-christlichen, dogmatisch offeneren Über-Konfession" [E. MEUTHEN, Charakter und Tendenzen des deutschen Humanismus, in: 2.8.2: ANGERMEIER, Säkulare Aspekte der Reformationszeit, 217–266, hier 227].

H. LUTZ [2.3] sieht mindestens vier Kategorien im Hinblick auf die Positionierung der Humanisten gegenüber der Reformation: „Humanisten, die zu aktiven Trägern der reformatorischen Bewegung werden (im Umkreis Luthers: Melanchthon, Spalatin u.a.; Zwingli, Butzer, Calvin u.a.); Humanisten, die auf der Seite Roms bleiben bzw. auf diese Seite treten (ein bedeutender Teil der vortridentinischen Reformtheologen quer durch Europa, aber auch gebildete Laien); Humanisten, die eine kirchliche Via media vertreten (oft ohne klare Abgrenzung, kennzeichnend meist ein selektives Verhalten zu Luthers Werken;

Humanismus und Reformation

Erasmus fiele wohl nur zeitweilig in diese Gruppe); Humanisten, die jenseits einer kirchlichen Erneuerung zu spiritualistischen oder skeptischen Folgerungen gelangen (eine recht gemischte Gruppe, von Sebastian Franck bis Rabelais). Bei diesen Aufspaltungen ist mit Recht das Generationenproblem betont worden (jüngere Humanisten gehen mit Luther), man sollte es aber nicht absolut setzen und sowohl die sich wandelnde Zeit wie die Fülle geistiger, regionaler und sozialer Faktoren im Auge behalten: in Italien, Frankreich, Spanien, England, Deutschland sieht das Entscheidungsfeld zwischen Humanismus und Reformation anders aus" [ebd. 124f.]. Der wichtigste Unterschied, der sich im Vergleich der Positionen von Erasmus, Luther und Zwingli manifestiert, dürfte wohl darin liegen, dass Erasmus die Änderung und Abschaffung von Missbräuchen als ausschließliche Aufgabe der kirchlichen Obrigkeit sieht, während die Reformatoren der kirchlichen Hierarchie dieses Recht absprechen. Anders ausgedrückt, bestand ein Unterschied zwischen der evolutionären Einstellung vieler Humanisten und der prophetischen Dynamik vieler Reformatoren – Luther ist ein instruktives Beispiel dafür.

Folgewirkungen des Humanismus

„Die souveränste wissenschaftliche Leistung erreichte der Humanismus, wo er am wenigsten nach außen gewendet war, nämlich in der Philologie im engeren Sinne" [MEUTHEN, in: 2.8.2: ANGERMEIER, Säkulare Aspekte der Reformationszeit, 228f.]. Sie wurde von allen konfessionellen Gruppen rezipiert. Für das Luthertum ist die Bedeutung Philipp Melanchthons als Pädagoge und Schul- und Universitätsorganisator unumstritten. Im oberdeutschen Raum ist auf die von A. SCHINDLING untersuchte Straßburger Hochschule zu verweisen: „In den zwanziger und dreißiger Jahren des 16. Jahrhunderts sah sich die politische Führung der freien Reichsstadt Straßburg einer Krise gegenüber, die aus dem Zerfall der alten Kirche resultierte und die in die Reformation einmündete. Diese Krise ist der Ausgangspunkt für alle Neuerungen. Neben den Veränderungen in der Kirche war dabei sicher die wichtigste, daß der Magistrat die Ideen der humanistischen Bildungsreform aufgriff und in der neuen großen Schule verwirklichte" [A. SCHINDLING, Die reichsstädtische Hochschule in Straßburg, 1538–1621, in: 2.6.2: MASCHKE/SYDOW, 71–83, hier 81]. Auf katholischer Seite ist vor allem an die *ratio studiorum* der Gesellschaft Jesu zu verweisen (1586/99), welche die italienische Reformpädagogik mit spanischen und Pariser Traditionen verband.

Hofkultur

Kulturelles und politisches Leben des 16. Jahrhunderts waren vom Humanismus geprägt – auch in der Epoche der expandierenden Reformation. Nicht nur die Entwicklung des Buchwesens und die Gründung von Bibliotheken und Kunstsammlungen belegen diesen Tatbestand, sondern auch der Fortschritt der naturwissenschaftlichen Forschungen, die Thematisierung der politischen Ideen sowie die zunehmende Bedeutung römisch-rechtlich und humanistisch gebildeter Räte an den Fürstenhöfen; als instruktives Beispiel späthumanistischer Hofkultur ist der Prager Hof Rudolfs II. zu nennen [2.8.11: EVANS]. Unbestritten gab es humanistische Gemeinsamkeiten über die Konfessionsgrenzen hinweg. „Das Fortleben der kirchlichen Concordiahoffnungen, des christlichen Friedensgedankens und einer weitgestreuten Toleranzhaltung sind von dieser Kontinuität

4. Humanismus – Reformation – Konfessionalisierung 129

sowenig zu trennen wie das Hervortreten adogmatischer und rationalistischer Strömungen" [2.3: LUTZ, 125f.]. Allerdings müsste vieles noch genauer untersucht werden. Einen Neuansatz bietet A. SCHMID [2.5.2], der die Existenz der „Humanistenbischöfe" nicht nur in Italien, sondern auch im Heiligen Römischen Reich, speziell im Bistum Augsburg, nachweist.

Am Beginn der reformationsgeschichtlichen Darstellungen steht LEOPOLD VON RANKES „Deutsche Geschichte im Zeitalter der Reformation" von 1839/47 [2.8.5: 798]. Rankes Standpunkt war deutsch, territorialistisch, konservativ und lutherisch. Er knüpfte in vielem an die Tradition der protestantischen landesfürstlichen Historiographie an, vermochte aber in großartiger Weise die Verbindung religiöser und politischer Bewegungen darzustellen. Sein Horizont war von Hegel und von den deutschen und kirchlichen Fragen der Zeit bestimmt. Er sah die deutsche Reformation als eine wesentliche Epoche im Aufstieg Europas: „Das Kalifat mochte kirchliche und politische Gewalt in einer Hand vereinigen; das Leben der abendländischen Christenheit beruht dagegen auf der unaufhörlichen Wechselwirkung zwischen Kirche und Staat; daraus entspringt die immer freiere, umfassendere tiefere Bewegung des Geistes" [2.8.5: Bd.1, 2]. Indem die deutsche Reformation die „reineren Formen des Christentums" erneuerte, leistete Deutschland seinen Beitrag zur christlichen Entwicklung Europas und auch der außereuropäischen Welt: „Sollte das Evangelium aller Welt verkündigt werden, so mußte es erst wieder in seiner ungetrübten Lauterkeit erscheinen. Es ist eine der größten Kombinationen der Weltgeschichte, daß in dem Augenblick, in welchem sich dem System der romanisch-germanischen Völker [...] die Aussicht eröffnet, eine vorwaltende Einwirkung auf die anderen Erdteile zu erwerben, zugleich eine religiöse Entwicklung emporkam, die dahin zielte, die Reinheit der Offenbarung wiederherzustellen. Die deutsche Nation, die an der Eroberung fremder Weltteile wenig oder keinen Anteil hatte, machte diese große Aufgabe zu der ihren" [ebd. 176].

Rankes Reformationsgeschichte

J. JANSSEN [2.8.1] sah dies anders; er zeichnete ein Bild des allgemeinen Verfalls aller Lebensbereiche im Zuge der Reformation. Das Jahr 1555 bedeutete für ihn Folgendes: „War doch überhaupt das Volk, seitdem die Herrschgewaltigen die politisch-kirchliche Revolution in die Hand genommen, nur noch angewiesen auf Gehorchen, Leiden und Dulden. Der sogenannte Augsburger Religionsfrieden wurde für das Volk eine neue Quelle unsäglichen Jammers" [ebd. Bd. 2, 723]. Während Janssen vom Kulturkampf der 1880er Jahre geprägt war und wenig Nachklang zu verzeichnen hatte, war die Nachwirkung der Konzeption Rankes außerordentlich stark; über die breite Entfaltung der Forschung im 19. und 20. Jahrhundert hinweg ist sie sowohl in interpretativer wie in methodischer Hinsicht zu bemerken. Dies gilt auch noch für S. Skalweits Reformationsgeschichte aus dem Jahr 1967 [2.8.5]. In seiner Reformationsgeschichte von 1930 betrachtet P. JOACHIMSEN den Beginn der Reformation als eine Forderung nach Erneuerung, gefolgt von der Gemeindekirche und der landeskirchlichen Organisation und zuletzt als eine „rein religiöse Neubildung" [2.8.5: XVIIf.]. Er sah auch schon die ökumenische Aufgabe: „Das große Gespräch zwischen den Kon-

Janssens Gegenentwurf

Paul Joachimsen

fessionen, das 1517 begonnen hat, wird und muß fortgehen. Aber es muß ein Gespräch zwischen den Kindern derselben Mutter sein, die sich als erwachsene und selbständig gewordene Menschen auf dem gemeinsamen Boden des Vaterlandes und der Nation begegnen" [ebd. XXIV].

Reformation und „moderne Welt"

Ganz andere Fragen warfen W. DILTHEY und E. TROELTSCH auf, indem sie die Reformation im Rahmen der europäischen Kulturentwicklung analysierten, beiden ging es um die Entstehung der modernen Welt. Der Philosoph Dilthey hat Geistesgeschichte „stets im großen Zusammenhang mit der Entwicklung der Gesellschaft gesehen, den Renaissance-Humanismus scharf von der Reformation geschieden und die gesamtgeschichtlichen Bedingungen der Wissenschaftsentwicklung betont. Daher ergab sich das besondere Interesse an allen Formen rationalistischer Theologie, an Zwingli, Calvin und den Spiritualisten, während Luthers Sonderstellung hervortrat" [2.3: LUTZ, 118]. Die Reformation und ihre Folgen betrachtete er als Ursache für das neue wissenschaftliche System des 17. Jahrhunderts [2.5.1:DILTHEY, 90]. Der protestantische Theologe und Kirchenhistoriker E. TROELTSCH sah Luther und die Ausbildung des „altprotestantischen Kirchenwesens in der Reformationsepoche" noch sehr mit dem Mittelalter verbunden; erst die Aufklärung, „der große Befreiungskampf des endenden 17. und 18. Jahrhunderts", habe das Mittelalter beendet: „So liegt es auf der Hand, daß der Protestantismus nicht unmittelbar die Anbahnung der modernen Welt bedeuten kann. Im Gegenteil, er erscheint zunächst trotz all seiner großen, neuen Gedanken als Erneuerung und Verstärkung des Ideals der kirchlichen Zwangskultur, als volle Reaktion mittelalterlichen Denkens, die die bereits errungenen Ansätze einer freien und weltlichen Kultur wieder verschlingt. [...] Er hat zudem auch den Katholizismus zu einer Neubelebung seiner Idee veranlaßt, und so erlebte Europa trotz gleichzeitiger Verbreitung der Ideen und Lebensformen der Renaissance wieder zwei Jahrhunderte mittelalterlichen Geistes" [2.5.3: 44]. TROELTSCH war übrigens einer der ersten, der als Religionssoziologe die Attraktivität des Marxismus für die Kirchengeschichte festgestellt hat [2.5.1: 975].

Calvin und Calvinismus, „Zweite Reformation"

Die internationale Calvin-Forschung hat sich seit jeher den zentralen „Fragen nach Vorsehung und Erwählung, Kirche und Gottesdienst, Frömmigkeit und biblischer Theologie" gewidmet [vgl. zur älteren Literatur E. SAXER, Hauptprobleme der Calvin-Forschung. Forschungsbericht 1974–82, in: 2.5.3.3: NEUSER, 93–11]. Besondere Impulse erhielt die Erforschung des Calvinismus in den deutschen Territorien durch eine Reihe von Fallstudien [u. a. 2.5.3: SCHILLING, Die reformierte Konfessionalisierung], unter denen H. SCHILLINGS Studie über den religiösen und sozialen Wandel der Grafschaft Lippe besondere Beachtung verdient [2.8.11]. In begrifflicher Hinsicht sind diese Forschungen eng mit dem Terminus der „Zweiten Reformation" verbunden, der parallel zur Gegenreformation abgelaufen zu sein scheint. So R. WOHLFEIL [2.5.3: 61], der trotz der geringen Akzeptanz, die seit dem Gebrauch des Begriffs durch J. MOLTMANN [2.8.11] zu beobachten war, die Einwände zu entkräften versucht, die in der mangelnden quellenmäßigen Verankerung und in der zeitlichen Zuordnung zur

Gegenreformation und Nachordnung gegenüber der lutherischen Reformation und den daraus resultierenden Missverständnissen, die durch die Zählung gegeben sind, ebenso gesehen werden wie in der beschränkenden Anwendung auf den landeskirchlichen Typ des Reformiertentums. H. KLUETING [2.5.3] und W.H. NEUSER [Die Erforschung der „Zweiten Reformation" – eine wissenschaftliche Fehlentwicklung, in: 2.5.3: SCHILLING, Die reformierte Konfessionalisierung, 379–386] haben den Begriff der Zweiten Reformation heftig kritisiert. Die Begriffsdiskussion ist auf dem der Zweiten Reformation gewidmeten 5. Symposion des Vereins für Reformationsgeschichte (1985) zu einem vorläufigen Abschluss gelangt, als auch H. SCHILLING, einer der wärmsten Befürworter, von seiner Meinung abrückte und statt dessen den Begriff der reformierten Konfessionalisierung in Deutschland vorschlug [ebd. 7f. und Schlussdiskussion, ebd. 454]. Im Zuge des Jubiläums 2009 erlebt die Biographik im Hinblick auf den Genfer Reformator neue Impulse; so sind neue Biographien erschienen [u. a. 2.5.3: GORDON; 2.5.3: REINHARDT]; Kongressergebnisse und Sammelbände sind abzuwarten.

Eine interessante Diskussion über die Folgewirkungen des Calvinismus in der „westlichen Welt" – weit über das 16. Jahrhundert hinaus – verdankt die Forschung MAX WEBER. Seit dem Erscheinen seines Aufsatzes „Die protestantische Ethik und der Geist des Kapitalismus" [1904, heute meist in der erweiterten Form von 1920 benutzt; 2.5.10: Bd.1, 27ff.] hat er sich immer wieder mit der Frage befasst, wie der moderne europäische Kapitalismus, „die schicksalsvollste Macht unseres modernen Lebens", mit den kirchlich-religiösen Wandlungen der Frühneuzeit genetisch verbunden ist. Nach H. LUTZ suchte Weber „die Antwort u. a. in einer Analyse der verschiedenen Formen und Verhaltensweisen des ‚asketischen Protestantismus' vom 16. bis zum 18. Jahrhundert (Calvinismus nach Calvin in Westeuropa, Pietismus, Methodismus und die aus der Täuferbewegung stammenden Sekten). Er bestritt nicht das Vorhandensein kapitalistischer Wirtschaftsformen vor und außerhalb dieses Bereiches; ihn interessierte vor allem der ebenso mühsame wie folgenreiche Prozeß der Durchsetzung einer neuen kollektiven Normativität gegenüber dem präkapitalistischen Traditionalismus – ein kollektiver psychischer Prozeß, der selbstverständlich das Vorhandensein kapitalistischer Möglichkeiten voraussetzte" [2.3: 157f.]. WEBER sah im Calvinismus einen neuen Lebensstil, der den Anforderungen des „modernen Frühkapitalismus" entsprach. Rationalisierung und Säkularisierung seien die entscheidenden Entwicklungsprinzipien der westlichen Welt im Protestantismus, und vor allem im Puritanismus gewesen: „Der Puritaner wollte Berufsmensch sein, wir müssen es sein. Denn indem die Askese aus den Mönchszellen heraus in das Berufsleben übertragen wurde und die innerweltliche Sittlichkeit begann, half sie an ihrem Teile mit daran, jenen mächtigen Kosmos der modernen, an die technischen und ökonomischen Voraussetzungen mechanisch-maschineller Produktion gebundenen Wirtschaftsordnung zu erbauen, der heute den Lebensstil aller Einzelnen, die in dieses Triebwerk hineingeboren werden nicht nur der direkt ökonomisch Erwerbstätigen, mit überwältigendem Zwange bestimmt und vielleicht bestimmen

Calvinismus und „moderne Welt"

Max Weber

wird, bis der letzte Zentner fossilen Brennstoffs verglüht ist" [2.5.10: WEBER Bd. 1, 188].

Während H. LUTZ [2.3: 159] auf die Verschiedenheit der im puritanisch-pietistischen Bereich entstehenden Bewusstseins- und Sozialformen und auf Frühformen kapitalistischer Unternehmen mindestens seit dem 14. Jahrhundert hinwies, meinte V. REINHARDT zuletzt, der Calvinismus werde auch heute noch als „Reizwort und Mythos" gesehen: „Negativ gemünzt, meint ‚calvinistisch' oder ‚puritanisch' engherzig, bigott, pedantisch, wenn nicht gar fundamentalistisch, auf jeden Fall prüde und repressiv im Sexuellen, anachronistisch und rückständig. In pointiertem Gegensatz dazu wird von der anderen Seite die hohe Bedeutung des Calvinismus für die Moderne betont, und zwar politisch wie ökonomisch" [2.5.3.3: 252]. REINHARDT sieht in der Hervorbringung der Demokratie durch den Calvinismus einen Mythos, und den Kontext des Calvinismus mit dem Kapitalismus – ähnlich wie Lutz – als unhistorisch. Calvin selbst hätte Webers Beweisführung, „dass der Geist des Kapitalismus aus den religiösen Doktrinen des Calvinismus [...] abzuleiten sei", als Aberglauben abgelehnt [ebd. 253].

Calvinismus, Republikanismus und Widerstandsrecht

Die Studien über den Republikanismus als politische Theorie und als Erscheinungsform im frühneuzeitlichen Europa gehen über den Calvinismus im engeren Sinne hinaus. Nach H.G. KOENIGSBERGER trat er nur dann in Erscheinung, wenn es nicht gelang, die fürstliche Macht zu begrenzen und die Privilegien, Freiheiten und Rechte der Untertanen zu schützen [2.4.3: Republiken und Republikanismus, 299f.; zu den normativ-legitimatorischen Argumentationsmustern der niederländischen und englischen Revolution vgl. 2.6.3: SAAGE]. P. BLICKLE sieht eine enge Affinität zwischen Kommunalismus und Republikanismus: „Ohne die kommunale Autonomie wären die nördlichen Teile Burgunds schwerlich auf die Idee verfallen, sich als Vereinigte Niederlande zu konstituieren. Ohne die ausgeprägten Gemeinderechte der Dörfer und Täler wären aus den Hochstiften Chur und Sitten kaum die Republiken Graubünden und Wallis geworden, von der schweizerischen Eidgenossenschaft nicht zu reden" [2.5.3: Gemeindereformation, 220]. Aber selbst eine so „bürgerliche" Gesellschaft wie die der niederländischen Republik wies neben den „klassenmäßigen Zügen weiterhin auch traditional-ständische Merkmale auf" [2.9: SCHILLING, Die Geschichte der nördlichen Niederlande, 507]. Die Vielfalt der europäischen Republiken und des Republikanismus ist unbestritten. Das Gleiche gilt für die politische Theorie des Republikanismus. Im Reich etwa gibt es kaum Ansätze dazu, weil die konkrete Stadt noch der Bezugspunkt des politischen Denkens ihrer Bürger war und das „gemeindlich-genossenschaftliche Bürgerpathos" eine Renaissance erlebte [H. SCHILLING, Gab es im späten Mittelalter und zu Beginn der Neuzeit in Deutschland einen „städtischen" Republikanismus?, in: 2.4.3: KOENIGSBERGER, Republiken und Republikanismus, 101–143]. T. FRÖSCHL hat in seinem instruktiven Aufsatz über die Selbstdarstellung und Staatsymbolik in den europäischen Republiken am Beispiel der Architektur und Kunst, insbesondere anhand der Rathäuser als den bedeutendsten Beispielen von Staatsarchitektur, höchst verschiedene Lösungen nachgewiesen. Gemeinsam sind ihnen die „republikanischen" Kennzeichen in einer monarchisch dominierten Umwelt: „Dies bedingte eine besondere Art der Selbstdarstellung und verlangte eine besondere Form von Staatssymbolik: Damit lagen in der Darstellung des kollektiven Elements, in der Vermeidung jeder Hervorhebung einer Einzelperson, in der Abbildung auch der objektiven Verantwortung der Amtsträger mittels Tugendrepräsentation die großen Aufgaben einer republikanischen Staatskunst beschlossen" [Selbstdarstellung und Staatssymbolik, in: 2.4.3: KOENIGSBERGER, Republiken und Republikanismus, 239–271, hier 243f.].

Die neuere katholische Luther-Forschung ist mit den Namen J. Lortz, H. Jedin und E. Iserloh verbunden. ISERLOHS ausführliche Analyse der Frage, ob Luthers Thesenanschlag 1517 überhaupt stattgefunden hat, und dessen Gründe, dass dies höchstwahrscheinlich nicht der Fall gewesen ist, dürfte allerdings ein Ärgernis für alle jene lutherischen Christen sein, die im Thesenanschlag ein starkes Maß an lutherischer Identität empfinden und daher schwer mit diesem „Verlust" zurechtkommen [2.5.3.5]. Von Seiten der protestantischen Kirchengeschichte sind Iserlohs Erkenntnisse hingegen zum Teil rezipiert worden [vgl. etwa 2.5.3.5: LEPPIN, 125f.]. J. LORTZ veröffentlichte sein zweibändiges Werk „Die Reformation in Deutschland" erstmals 1940 [2.8.5]. „Luther – ‚er ist die Reformation' – wird als homo religiosus gewürdigt, der zutiefst um das rechte Gottesverständnis rang. Von diesem biographischen Ansatz her rückt das gesamte theologische Anliegen Luthers und der Reformation in ein neues, unbefangeneres Licht. H. JEDIN wiederum hat in seiner imposanten Geschichte des Konzils von Trient die Möglichkeiten einer neuen katholischen Interpretation auf der Höhe der wissenschaftlichen Methodik entfaltet [2.5.7]. Die Dialektik von institutionellem Verfall auf seiten des päpstlich-spätmittelalterlichen Systems, von reformistischen Versuchen und reformatorischer Antwort wird deutlich gezeigt" [2.3: LUTZ, 121]. Im Zeichen der ekklesiologischen Neubesinnung nach dem Zweiten Vaticanum hat sich u. a. P. MANNS schon im Vorfeld des Luther-Gedenkjahres 1983 für eine ökumenische Neuinterpretation Luthers und der Reformation eingesetzt und vor einem Rückschritt der katholischen Lutherforschung ausdrücklich gewarnt [vgl. dazu den Forschungsbericht von 2.5.3.5: Höss, 318, 344]. Dieses Gedenkjahr, das vor allem in der Bundesrepublik Deutschland und in der Deutschen Demokratischen Republik mit zahlreichen Ausstellungen und Tagungen von Theologen, Kirchenhistorikern und Historikern begangen worden ist, hat die Geschichtswissenschaft sehr bereichert, wenngleich gesehen werden muss, dass die Forschungsergebnisse stark auf die Person Luthers konzentriert blieben [als Beispiel dafür sei 2.5.3.5: JUNGHANS genannt] und weniger das Umfeld des Reformators einbezogen [wie in: 2.5.3.5: Martin Luther, 1483–1546. Dokumente seines Lebens]. Im Zusammenhang mit der Wirkungsgeschichte war die neue Sicht der DDR-Historiographie bemerkenswert, die nicht wie früher den „Fürstenknecht" Luther dem „Sozialrevolutionär" Thomas Müntzer gegenüberstellte, sondern dem reformatorischen Wirken Luthers eine neue Wertschätzung entgegenbrachte.

Katholische Lutherforschung

Neuere Tendenzen der Reformationsgeschichte

Biographien zu Martin Luther

Nach wie vor steht die Persönlichkeit und das Wirken des Reformators Martin Luther im Mittelpunkt des Interesses. Dies kommt schon in der biographischen Literatur besonders zum Ausdruck. Nach der breit angelegten und detailreichen dreibändigen Biographie von M. BRECHT aus den 1980er Jahren [2.5.3.5], die bis heute mit großem Gewinn heranzuziehen ist, weil sie sich nicht nur auf die frühen, bewegten Jahre des Reformators beschränkt, sondern auch die 1530er und 1540er Jahre gebührend einbezieht, sind 2006 die neuesten Biographien von T. KAUFMANN [2.5.3.5] und V. LEPPIN [2.5.3.5] erschienen; sie unterscheiden sich nicht nur im Umfang, sondern auch im Ansatz. Während Leppin die mittelalterlichen Voraussetzungen des Reformators hervorhebt, betont Kaufmann die „tiefgreifende Zäsur", die Luther in der Geschichte der abendländischen Kirche und des Christentums verursacht hat. Zu Philipp Melanchthon hingegen gibt es keine nennenswerte neuere Biographie, was insofern interessant ist, als dieser Wittenberger Kollege Martin Luthers vielseitig tätig gewesen ist – man denke an seine Bildungspolitik oder an seine Mitwirkung bei der Ausarbeitung der „Confessio Augustana" von 1530. Günstiger steht es um die Editionstätigkeit im Hinblick auf die namhaftesten Reformatoren; hier ist zum Teil die zügige Fortsetzung der Editionen zu beobachten [vgl. im Einzelnen 1.7]. Auf der vom Verein für Reformationsgeschichte 1990 in Washington unter Teilnahme namhafter Spezialisten veranstalteten internationalen Konferenz, aus der ein umfangreicher Tagungsband [2.5.3: GUGGISBERG/KRODEL] hervorgegangen ist, wurde deutlich: Die Konfessionalisierungsthese wird mehr und mehr anerkannt; so wird z. B. im Beitrag von H. SCHILLING über den Zusammenhang zwischen Konfessionalisierung und Internationalem System stärker nach den Gemeinsamkeiten des reformatorischen Wollens und der Theologien gefragt als nach den Unterschieden [vgl. auch die Monographie von SCHMIDT 2.5.3]. M. BRECHT hat festgestellt, dass der zentrale Platz der Rechtfertigungslehre dabei unbestritten ist. Doch muss auch künftig die Verschiedenartigkeit der „konfessionellen Kulturen" beachtet werden, wie dies SCHORN-SCHÜTTE anhand ihrer Untersuchung des geistlichen Amtes, der Ehe und Familie als „Kulminationspunkte konfessioneller Identität" überzeugend darlegt. Fragen der Typologie finden weiterhin Beachtung. So problematisiert B. HAMM die gängigen Abgrenzungen und Phasenvorstellungen; er zeigt die „Durchlässigkeit und Wechselbeziehungen zwischen Volksreformation (*people's reformation*) von unten und obrigkeitlicher Reformation der Magistrate und Fürsten von oben" auf. Auch spricht er sich gegen die Zäsur 1525/26 aus und betont „eine obrigkeitliche Tendenz der Reformation" auch nach 1525, ohne spürbare „reformatorische Resignation" [ebd. 263]. P. Blickles Konzept der Gemeindereformation, das er auch in seinem Beitrag „Eidgenossenschaft in reformatorischer Absicht" verfolgt, wird weiterhin diskutiert. Der Autor lässt lediglich den Einwand der intendierten Gemeinsamkeiten zwischen Stadt- und Landgemeinde, nicht jedoch die überregionale Verallgemeinerung gelten: somit steht die von Blickle an der Eidgenossenschaft entwickelte Gemeindereformation auch weiterhin den Konzepten der Reformation gegenüber, die sich an der mittel- und norddeutschen Entwicklung orientieren. Der Begriff des Verdichtungsprozesses – ursprünglich aus dem staatlich-politischen Bereich [2.8.1: MORAW] – findet nun auch Verwendung zur Charakterisierung religiös-kirchlicher Entwicklungen vom 15. bis zum 17. Jahrhundert.

Allen drei neuesten Überblicksdarstellungen unterschiedlicher Länge zur Reformation – von L. SCHORN-SCHÜTTE [2.5.3], H. SCHNABEL-SCHÜLE [2.5.3] und T. KAUFMANN [2.5.3: Geschichte der Reformation] – ist die Konzentration auf die lutherische Reformation im Heiligen Römischen Reich gemeinsam. Während Huldrych Zwingli noch einbezogen wird, gilt dies für Johannes Calvin nicht mehr. Das Gleiche gilt für die europäische Dimension und Verbreitung der Reformation(en). Obwohl z. B. SCHNABEL-SCHÜLE auf den „europäischen Ereigniszusammenhang" zu Recht hinweist [2.5.3: 10], konzentrieren sich Erörterung und Analyse auf den „Ereigniszusammenhang Reformation im Reich". Sie ortet eine spezifisch deutsche Reformationsgeschichte, die sehr eng verwoben ist mit der Geschichte des Reiches. Es geht ihr insbesondere um die politische und institutionelle (Reichstag) Dimension im Rahmen des Ereigniszusammenhanges „Reformation", erweitert durch die intensive Erörterung der Voraussetzungen seit 1495 (vgl. u. a. das Kapitel „Frömmigkeit um 1500"), was ebenso verdienstvoll ist wie die Vertiefung verschiedener Aspekte: politische und theologische Akteure, theologische Auseinandersetzungen innerhalb des Protestantismus oder die Bedeutung der Reformation als Gegenstand kollektiver Erinnerung. T. KAUFMANN bietet eine umfassende Darstellung der lutherischen Reformation, die nicht nur an der Biographie Luthers orientiert ist, sondern z. B. die „Aktions- und Inszenierungsformen in der frühreformatorischen Bewegung" und reformatorische Flugschriften (auch als Illustrationen im Text) thematisiert.

In seinem programmatischen Aufsatz „Zwang zur Konfessionalisierung?" löst W. REINHARD die Gegensätzlichkeit zwischen Reformation und Gegenreformation auf und postuliert die Parallelität dieser Phänomene im Rahmen eines langanhaltenden Prozesses der Konfessionalisierung, „der bereits in den zwanziger Jahren des 16. Jahrhunderts einsetzt und seine letzten Ausläufer im frühen 18. Jahrhundert hat". Danach wird die kulturelle und politische Entwicklung von den „neuen konfessionellen Großgruppen" des Calvinismus, Katholizismus und Luthertums bestimmt, derer sich auch der frühneuzeitliche Staat versichert, um seine Macht nach innen „auf der Basis eines Obrigkeit und Untertanen umfassenden Fundamentalkonsenses über Religion, Kirche und Kultur" durchzusetzen [2.5.3: 280, 290]. Über den Zeitpunkt der einsetzenden Konfessionalisierung lässt sich allerdings streiten; nach H. SCHILLING fand erst in den 1570er Jahren „die wirkliche Durchdringung Europas mit den Ideen der Reformatoren" statt [2.2: 13]. Zur Stringenz des Erklärungsmodells der Konfessionalisierung meint V. REINHARDT [2.5.3.3: 254]: Es hätten sich seit etwa zwanzig Jahren „die Erziehungs- und Disziplinierungsimpulse aller drei Konfessionen – Katholizismus, Luthertum und Calvinismus – in eine übergreifende Matrix von Ursache und Wirkung eingefügt. Demnach haben sie alle drei durch die Reglementierung von Dogmen und Glaubensinhalten, durch Einschärfung eines Lesekanons wie Verbote von Lektüre, Propaganda

Paradigma der Konfessionalisierung

und diversen Medien, durch immer strikter normierte Ausbildungsvorgänge nebst entsprechenden Lehrplänen und nicht zuletzt durch die Verfolgung und Bestrafung von Abweichung einen ebenso neuen wie in den Grundelementen einheitlichen Menschentyp hervorgebracht. Pflichtbewusst, zeitgeizig, zu intensiver Selbstkontrolle neigend, zeige sich dieser ‚konfessionalisierte Mensch' von den Heilswahrheiten seiner Religion überzeugt, und Summe des Indoktrinierungsprozesses schlechthin, gegenüber kirchlichen wie weltlichen Obrigkeiten gleichermaßen fromm, das heißt fügsam und gehorsam". Zusammenfassend zum Phänomen des Konfessionalisierungsparadigmas S. EHRENPREIS/U. LOTZ-HEUMANN [2.5.3].

5. BAUERNKRIEG, REVOLTEN UND BÄUERLICHE REFORMATION

Die Publikationen zum Bauernkrieg erreichten im Umkreis des Jubiläums 1975 einen Höhepunkt, zumal auch Konkurrenz und Konfrontation zwischen der Bundesrepublik Deutschland und der Deutschen Demokratischen Republik bestand; zum Jubiläum im Jahr 2000 erschienen hingegen weniger Arbeiten. Das in der DDR politisch-ideologisch verbindliche Paradigma bzw. die Interpretation des Bauernkrieges im Heiligen Römischen Reich (1524–1526) als „frühbürgerliche Revolution" suggerierte eine revolutionäre Kontinuität in Deutschland seit 1525 (Friedrich Engels). Daher wurden im Umkreis von 1975 in der DDR dem Bauernkrieg zahlreiche Darstellungen gewidmet. Eine der Hauptschwierigkeiten der These der „frühbürgerlichen Revolution" besteht in der Frage nach dem tatsächlichen Anteil der bürgerlichen Kräfte am Bauernkrieg, sowohl intellektuell wie faktisch. Auf der anderen Seite ist von den älteren Monographien die von G. Franz zu nennen, dessen „Deutscher Bauernkrieg" erstmals 1933, in 10. Auflage 1975 erschien [2.8.7], 1963 gab er noch einen Quellenband heraus [1.1.2]. P. Blickle verfasste mehrere Studien zum Bauernkrieg und zu bäuerlichen Revolten in Europa [siehe 2.8.7]. B. Moeller veröffentlichte „Bauernkriegs-Studien" [2.8.7], F. Dörrer Kongressbeiträge zum Thema „Die Bauernkriege und Michael Gaismair" [2.8.7]. H.-U. Wehler widmete dem Bauernkrieg das erste Sonderheft von „Geschichte und Gesellschaft" [2.8.7], R. Wohlfeil gab den Band „Der Bauernkrieg 1524–1526" [2.8.7] heraus. In seinem Resümee hat er die Charakteristik des Bauernkrieges durch M. Steinmetz als „Teil und Höhepunkt eines umfassenden Versuchs bürgerlich-revolutionärer Umgestaltung der gesellschaftlichen und politischen Verhältnisse" vom empirischen Befund her als nicht beweisbar bezeichnet [2.8.7: 280]. Damit war die Revision älterer Auffassungen – der Bauernkrieg vornehmlich als Kampf um alte Rechte – verbunden.

Zur Kennzeichnung des interpretativen Horizonts von Reformation und Bauernkrieg schrieb Steinmetz 1977 [in: 2.8.7: Brendler/Laube, 33]: „Reformation und Bauernkrieg als frühbürgerliche Revolution haben somit ein Janusgesicht; sie waren Ende und Höhepunkt der antifeudalen Massenbewegungen der Feudalperiode und zugleich Beginn und erster Versuch der revolutionären Überwindung des Feudalismus. In diesem Sinne mündeten Reformation und Bauernkrieg in die mit den Ereignissen von 1517 bis 1525 einsetzenden europäischen Revolutionszyklen frühbürgerlicher und bürgerlicher Revolutionen. Zugleich aber löste sich mit der Niederlage der frühbürgerlichen Revolution die revolutionäre Einheit von Reformation und Bauernkrieg wieder. Während die revolutionären Kräfte niedergeschlagen wurden, breitete sich die bürgerlich-gemäßigte Reformation in Gestalt des Luthertums, das sich der gestärkten Fürstenmacht unterwarf, in weiten Teilen Europas aus. Die revolutionären Tendenzen nahmen in der Schweiz in Gestalt des Calvinismus eine neue, den revolutionären Kräften des Bürgertums gemäßere Form an".

„Frühbürgerliche Revolution"?

P. BLICKLE stellte resümierend fest, dass der marxistischen Interpretation der ältere, theoretisch kaum fundierte Interpretationsansatz von G. Franz weiterhin gegenüberstehe, der den Bauernkrieg als Konflikt zwischen dem sich entwickelnden Territorialstaat und den älteren genossenschaftlichen, „altrechtlichen" Strukturen versteht [vgl. Blickles Beitrag in der Schlussdiskussion, in: 2.8.7: DÖRRER, 311; vgl. dazu 2.8.7: WOHLFEIL, Der Bauernkrieg, 280].

Ergebnisse des Jubiläumsjahres 1975

Für BLICKLE hatte die Diskussion im Umkreis des Gedenkjahres 1975 kein neues Interpretamentum zur Erklärung der Wirksamkeit der Reformationstheologie und -ethik in der ländlichen Gesellschaft und der bäuerlichen Reformation gebracht [2.8.7: BLICKLE, Die Revolution von 1525, 21]. So regte er die Untersuchung von E. CONRADS über die Rezeption der reformatorischen Theologie im Elsass für die Zeit vor und nach dem Bauernkrieg an [2.5.3], auch eine von ihm initiierte wissenschaftliche Tagung über die bäuerliche Reformation im oberdeutsch-schweizerischen Raum galt diesem Thema. Hierbei lässt sich die Ausstrahlungskraft der städtischen Reformation im Rahmen der Stadt-Landbeziehungen zeigen. Doch hängt diese neue reformationsgeschichtliche Untersuchungsrichtung mit einer Neubewertung des Bauern im Zuge des Bauernkriegsgedenkens von 1975 zusammen: den Bauernkrieg als Höhepunkt der Reformation der Laien und der christlichen Gemeinde zu verstehen und die „Bauerntheologie" als eigenständige Entfaltung reformatorischer Theologie zu betrachten. CONRADS stellt die Frage nach dem Zustandekommen dieser reformatorischen Vorstellungen in der bäuerlichen Gemeinde, die aus der Kritik an der Kirche, aus den ökonomischen, sozialen und herrschaftsrechtlichen Bedingungen und der Wirkung der reformatorischen Theologie auf die Gemeinde resultieren: „Wenn sich die bisherigen Vermutungen zum Gegenstand ‚Bauern und Reformation' erhärten, absichern und verallgemeinern lassen sollten, würde das gewiß zu bemerkenswerten Korrekturen unseres Bildes von der Reformation, dem 16. Jahrhundert und schließlich prinzipiell zum Verhältnis von sozialen und ideellen Bewegungen führen" [in: 2.5.3: BLICKLE, Zugänge zur bäuerlichen Reformation, 20].

Bäuerlicher Widerstand im europäischen Kontext

In mehreren Monographien, Aufsätzen und Sammelbänden hat W. SCHULZE das Phänomen des bäuerlichen Widerstands in seiner europäischen Ausbreitung, regionalen Differenziertheit und Vergleichbarkeit verfolgt [2.4.3]. Es werden jene Entwicklungen im bäuerlichen Protestverhalten untersucht, die nicht die totale Änderung der sozialen Verhältnisse, wie es 1525 im Bauernkrieg intendiert war, zum Ziele hatten, sondern die auch die prozessuale Form und die demonstrative Aktion in Betracht zogen. Diese Art von bäuerlichem Widerstand bewirkte „ambivalente Strategien zur Sicherung von Herrschaft, die sowohl auf die Kontrolle der Untertanen und die Niederschlagung von Revolten als auch auf die langfristige Verhütung von Aufstandsursachen abzielen" [ebd. 284]. Bäuerlicher Widerstand müsse auch eingeordnet werden in jene große Tradition europäischen Denkens und Handelns, die in der notwendigen Legitimität von Herrschaft zu sehen ist [ebd. 284f.]. Schulzes Konfliktmodell, das den bäuerlichen Widerstand nicht primär aus den feudalen Produktionsverhältnissen ableitet, blieb nicht ohne Widerspruch von marxistischer Seite. Die Meinungsverschiedenheiten zwischen marxistischen und nichtmarxistischen Historikern spitzten sich auf die Frage zu, „ob die vielfältigen bäuerlichen Aktivitäten als Klassenkämpfe oder als soziale und rechtliche Konflikte der beiden Hauptklassen der Feudalordnung zu begreifen sind" [VOGLER, in: ZfG 29, 1981, 621].

Der Geschichtswissenschaft verblieb weiterhin ein regionalgeschichtlich vielfältiges Arbeitsgebiet, das auch für theoretische und methodische Überlegungen eine große Herausforderung darstellt. Zuletzt hat G. VOGLER in seiner Einführung in dem von ihm 2008 herausgegebenen Band „Bauernkrieg zwischen Harz und Thüringer Wald" den Begriff der frühbürgerlichen Revolution vermieden. Dies ist merkwürdig, weil er gemeinsam mit A. LAUBE den Begriff entwickelt haben dürfte. Er weist wohl darauf hin, dass die Bezeichnung „Bauernkrieg" zu kurz greife, denn „nicht nur die Bewohner ländlicher Gemeinden, sondern auch die vieler städtischer Kommunen erhoben sich und waren in die Bewegung integriert" [2.8.7: VOGLER, 11]. Gerade in Thüringen sei dieser Konnex sehr eng gewesen. Zur DDR-Historiographie findet sich nur eine kurze indirekte Notiz: „Nach 1949 mutierte das Geschehen von 1524/25 dann zur Legitimationsfigur der Deutschen Demokratischen Republik. Historiker und Theologen der Bundesrepublik Deutschland taten sich dagegen lange Zeit schwer, die Ereignisse in ein modernisiertes Geschichtsbild zu integrieren" [ebd. 28]. Aber worin besteht dieses? Im Mittelpunkt von Voglers Analysen stehen Fragen nach Gemeinsamkeiten und regionalen Differenzierungen der Aufstände in Tirol, Oberdeutschland und Thüringen etc. sowie nach dem engen Zusammenhang mit der reformatorischen Bewegung und ihren Anliegen (Berufung auf Luthers „Freiheit eines Christenmenschen", Argumentation mit dem Göttlichen Recht). Die Fragen wirken traditionell, sind jedoch quellenbezogen – übrigens eine Forderung, die gerade im Kontext der ideologischen Auseinandersetzungen vor 1989 immer wieder geäußert wurde. Auch die Fragen nach den Folgen des Bauernkrieges sind neu zu stellen, wie der Beitrag von M. STRAUBE zur Bedeutung der Strafzahlungen, die jenen Gemeinden und Einzelpersonen auferlegt wurden, die am Aufstand teilgenommen hatten, jedenfalls für Thüringen und Sachsen zeigt [Über Folgen der Niederlage von Frankenhausen, in: 2.8.7: VOGLER, 433–453]. Damit wird wohl die optimistische, sich auf den Speyrer Reichstagsabschied von 1526 und Oberdeutschland beziehende Einschätzung durch H. RABE [2.8.1: 403] relativiert. Wie stark der Bauernkrieg bis heute von Fragen der „Erinnerungskultur" – wie man neuerdings sagt – geprägt ist, zeigen sowohl der schon genannte, von Vogler herausgegebene Band als auch Blickles geraffte Darstellung des Bauernkrieges [2.8.7: Der Bauernkrieg].

Die Forschung zum Bauernkrieg in Thüringen nach 1989

6. STADT UND REFORMATION, TÄUFERBEWEGUNG

Stadt und Reformation
B. Moellers 1962 erschienene Monographie „Reichsstadt und Reformation" [2.8.6] wurde wegweisend für die Erforschung der Reformation in den Städten, vor allem in den Reichsstädten. Moeller zeigt auf, in welcher Weise die vorreformatorische städtische Gemeinschaft zur neuen reformatorischen Gemeinschaft drängte und wie der städtische Rat dabei agierte. Sein Buch hat die Forschung sehr angeregt, insbesondere die Beschäftigung mit den Kommunen und dem Phänomen des Kommunalismus, wie die Forschungen von P. Blickle zeigen. Zwinglis Zürcher Reformation ist ein Beispiel dafür, wie der Rat sukzessive für die neue Bewegung gewonnen werden konnte [vgl. 2.5.3.8: Gäbler]. Gegen Moellers Modell hat R.W. Scribner anhand der Erfurter Reformationsgeschichte den prinzipiellen Einwand erhoben: „Moeller minimized the influence of social conflict and the manner and forms in which the Reformation was adopted" [2.8.6: 29]. Darüber lässt sich streiten. Gewiss ist Scribners Erfurter Beispiel für viele innerstädtische Vorgänge, in denen der Rat Konflikte, ausgelöst von der reformatorischen Bewegung, sowie das äußere Beziehungsfeld vor einer Entscheidung zugunsten oder gegen die Reformation zu bedenken hatte, typisch. Dabei gab es, wie das Augsburger Beispiel und die Position Peutingers verdeutlichen, Kräfte, die sich einer obrigkeitlichen Einführung der Reformation widersetzten, denn damit würden „vill menschen wider ir gewissen und iren freyen willen bezwungen [...] das doch nit sein soll, dieweyl doch der geist Gottes nyemant mit gewalt tringt" [zit. nach 2.3: Lutz, 136]. H. Lutz [2.8.6] hatte schon 1958 die Augsburger Reformationsgeschichte bis 1530 unter den Gesichtspunkten der wirtschaftlichen Außenbeziehungen der Reichsstadt, vor allem zum Haus Habsburg, und der innerstädtischen kirchlich-sozialen Krise interpretiert und dabei Peutingers konfessionell nicht gebundene Position eines „mittleren Weges" analysiert.

Zweifellos ist jedoch das Kommunikationsmodell von P. Blickle als umfassender sozialhistorischer Zugriff auf das Phänomen der Reformation in den Städten (und auf dem Lande) entwickelt und auf die oberdeutschen und eidgenössischen Städte angewendet worden [2.5.3: Die Reformation im Reich; Gemeindereformation]. Und darin besteht bis heute die Attraktivität der neuen Sichtweise, die mit Moellers Werk aufs engste verbunden ist. Blickle fügt dem Begriff der Gemeindereformation die Termini „Ratsreformation" und „Volksreformation" hinzu, ist sich jedoch der Relativität dieser Begrifflichkeit bewusst: Das „Konzept einer autonomen Gemeinde [...] entsprach genau der Tendenz zu politischer Autonomie, welche die Geschichte der Städte im Spätmittelalter kennzeichnet. Das erklärt die große Faszination, die von der Reformation auf die Stadt ausging – gleichgültig ob es sich dabei um norddeutsche oder süddeutsche Städte handelt, um Reichsstädte oder Landstädte, patrizisch oder zünftisch verfaßte Städte, um Groß-, Klein- oder Mittelstädte". Die zeitliche Differenz lässt sich mit diesem Modell nicht erklären. Der Vorsprung des Südens um zehn Jahre geht vielmehr auf Reformatoren wie Zwingli und Butzer zurück [2.5.3: Die Reformation im Reich, 93]. Es ist das Verdienst Blickles, das Gemeindemodell auch auf das vernachlässigte Forschungsgebiet der bäuerlichen Reformation angewendet zu haben.

In den 1970er Jahren erhielt die Erforschung der städtischen Reformationsgeschichte einen Forschungs- und Innovationsschub. Zunächst ist vor allem der von B. MOELLER herausgegebene Band „Stadt und Kirche im 16. Jahrhundert" zu nennen [2.8.6], weiters die stadtgeschichtliche Studie von S.E. OZMENT [2.8.6]. Anlassbedingt hatte G. PFEIFFER schon 1955 seinen Beitrag zur Stellung der Reichsstädte zum Augsburger Religionsfrieden verfasst [2.8.6]. H.-C. RUBLACK untersuchte Konstanz und andere süddeutsche geistliche Residenzstädte [2.8.6], S. JAHNS Frankfurt und den Schmalkaldischen Bund [2.8.6], W. MOGGE die Politik Nürnbergs im Landsberger Bund [2.8.11], H. SCHILLING die Emigrantengruppen in nordwestdeutschen Städten und in London [2.9: Niederländische Exulanten]. Der von H. SCHILLING und H. DIEDERIKS herausgegebene Sammelband gilt den Eliten der niederländischen und nordwestdeutschen Städte [2.9: Bürgerliche Eliten]. O. MÖRKE untersuchte in vergleichender Weise die Reformation in den drei Hansestädten Lüneburg, Braunschweig und Göttingen [2.8.6]. Ferner ist auf G. Voglers Analyse der Auseinandersetzungen des Nürnberger Rates mit den radikalen Strömungen unter dem Einfluss von Thomas Müntzer und Andreas Karlstadt 1524/25 zu verweisen [2.8.6]; K. SIEH-BURENS untersuchte das politische und religiöse Verhalten der Augsburger Führungsschichten im Spannungsfeld der Reformation [2.4.6]. Für Straßburg sind eine Reihe von Studien zu nennen, so die von F. RAPP – er analysierte die vor- und frühreformatorischen Verhältnisse zwischen Bischof und Stadt – und A. Schindlings Untersuchung der Reformation und Gründung der Hochschule in Straßburg [2.8.6; 2.6.2]. T.A. BRADY untersuchte den Kontext zwischen politischen Eliten und der Reformation in Straßburg [2.8.6], E. WEYRAUCH die Auswirkungen des Interims in Straßburg [2.8.6]. Zum Interim hat L. SCHORN-SCHÜTTE im Jahr 2005 einen umfassenden Sammelband herausgebracht [2.8.9: Das Interim 1548/50], der nicht nur die politische Dimension des Interims im Reich – kaiserliche Politik und Widerstand seitens der Betroffenen – untersucht, sondern auch theologiegeschichtlichen Aspekten gewidmet ist. Von besonderem Interesse sind die Beiträge, die über die traditionelle Betrachtung des Interims hinausgehen und die europäische Dimension der „Interimskrise" aufgreifen, indem die Entwicklungen in England, in den Niederlanden, in Frankreich, der Eidgenossenschaft und Polen einbezogen werden. Die Ausführungen der Herausgeberin zu Forschungsstand und Historiographie sind seit dem Erscheinen von Band 18 der Deutschen Reichstagsakten/Jüngere Reihe [1.1] zum Teil zu revidieren. Besonders verwiesen sei auf die Beiträge von J. BAUER, I. DINGEL und E. KOCH zu den innerprotestantischen Auswirkungen bzw. zum Aufbrechen eines folgenreichen theologischen Dissenses, erstmals seit dem Tod Luthers, vgl. dazu auch den von I. DINGEL und G. WARTENBERG herausgegebenen Band

Interim

[2.8.9 T. KAUFMANN [2.8.6], wobei die Frage offen bleibt, ob Kaiser Karl V. diese Wirkung sogar beabsichtigt hat.

Geschichte der Täufer

Die Erforschung des Täufertums stand stets im Spannungsfeld der religiösen und sozialen Interpretation der Gegenwart. Die ältere, großkirchlich orientierte Kirchengeschichte, neigte dazu, die dissentierenden Bewegungen überhaupt nicht mehr zur Reformation zu rechnen. Demgegenüber hoben DILTHEY und TROELTSCH gerade diese Gruppen wegen ihrer „Modernität" hervor, ebenso ihre sozialgeschichtliche Stellung [2.3: LUTZ, 137f.]. So prägte G.H. WILLIAMS die Charakteristik des Täufertums als „Radical Reformation" [2.5.4], H.S. BENDER sah in den für die Toleranz bzw. Religionsfreiheit eintretenden Täufern die wahren Erben Christi [2.5.4]. Dies ist vor allem das Verdienst der neueren amerikanischen Sektenforschung aus einem aktuellen mennonitischen, baptistischen, quäkeristischen Glaubensverständnis heraus [2.3: LUTZ, 138]. Die zum 450jährigen Bestehen von Täufergemeinden Ende der 1970er/Anfang der 1980er Jahre von H.-J. GOERTZ [2.5.4] und M. LIENHARD [2.5.4] herausgegebenen Sammelbände gelten deren Entstehung, Ausbreitung und Wirkungsgeschichte. Das Gleiche gilt für die Bilanz von C.-P. CLASEN [2.5.4]. In der Frage der Monogenese oder Polygenese der Täuferbewegung haben zuletzt U. GÄBLER [2.5.3.8], H.-J. GOERTZ [2.5.3.4] und LEU/SCHEIDEGGER [2.8.8] die monogenetische Theorie vertreten und mit der ersten „Erwachsenentaufe" Grebels begründet. Vergleicht man die regionale Erforschung des Täufertums, so ist die Täuferherrschaft im westfälischen Münster 1534/35 am besten erforscht [2.8.8: BRENDLER; 2.8.8: KIRCHHOFF; 2.8.8: LAUBACH; 2.8.8: ROMÉE]. Dem Zürcher Täufertum und seiner Geschichte seit Konrad Grebel haben zuletzt U.B. LEU und C. SCHEIDEGGER eine breite Darstellung von 1525 bis 1700 gewidmet [2.8.8]. Zum Tiroler Täufertum siehe neuerdings den instruktiven Überblick bei A.V. SCHLACHTA [2.5.3: Die Täufer in Tirol, in: Schwerpunkt Tirol].

Regionale Erforschung des Täufertums

7. *MONARCHIA UNIVERSALIS* UND EUROPÄISCHES STAATENSYSTEM

Die Geschichte Karls V. ist bis heute durch ein außerordentliches Quellenproblem gekennzeichnet, das sich aus der schier unendlichen Quellenfülle ergibt, deren Erschließung und Edition und somit Verfügbarkeit von jeher eine kaum zu bewältigende Aufgabe darstellte. Gewisse Fortschritte gelangen der historischen Forschung schon im 19. Jahrhundert; die von K. LANZ herausgegebenen Quellensammlungen von Staatspapieren und Korrespondenz Karls V. [1.1.4] bzw. C. WEISS' Sammlung der Bestände des Nachlasses von Nicolas Granvelle und dessen Sohn Antoine in Besançon und Madrid [1.1.4] sind Beispiele dafür. An die systematische Erfassung und Teiledition der Quellen ging erst K. BRANDI heran; gemeinsam mit seinen Göttinger Mitarbeitern wertete er die Archive in Brüssel, Wien, Paris, Madrid und Simancas bei Valladolid aus. Die in den Jahren zwischen 1930 und 1942 publizierten „Berichte und Studien zur Geschichte Karls V." sind ein eindrucksvolles Zeugnis dieser Bemühungen. Dieses „Göttinger Projekt", das neben Teileditionen die Korrespondenz Karls V. verzeichnete, hatte im Jahre 1946, zum Zeitpunkt von Brandis Tod, ungefähr 23 000 Schriftstücke erschlossen, die aus der Regierungszeit Karls V. stammen. Unter der Leitung von H. RABE wurde 1969 an der Universität Konstanz ein Forschungsvorhaben begonnen, dessen Ergebnisse seit 1999 zur allgemeinen wissenschaftlichen Benützung zur Verfügung stehen. Von den Konstanzer Historikern wurden etwa 1489 Faszikel durchgearbeitet und rund 100 000 Briefe der „Politischen Korrespondenz" Karls V. verzeichnet; dieses Projekt kam jedoch über ein Verzeichnis der Quellen nicht hinaus [RABE 1.1.2]. So bleibt zu hoffen, dass diese Korrespondenz in Zukunft sukzessive ediert werden wird [siehe KOHLER, Ein Blick zurück, in: 2.8.9: KOHLER u. a., 11–19]. In Spanien hat vor allem M. FERNÁNDEZ ÁLVAREZ in fünf Bänden neue Quellen ediert [1.1.4]. Hilfreich ist auch das Erscheinen weiterer Bände der Korrespondenz bzw. Familienkorrespondenz Ferdinands I. [1.1.4: BAUER u. a.]. Auch auf die Untersuchungen von G. HEISS zu Karls Schwester Maria von Ungarn ist in diesem Zusammenhang hinzuweisen [2.8.10]. Der von M. FUCHS und O. RÉTHELY herausgegebene Sammelband zu Maria von Ungarn (1505–1558) [2.8.10] geht auf einen im Herbst 2005 in Budapest abgehaltenen Kongress zum Jubiläum der Herrscherin zurück; er ist u. a. deshalb bemerkenswert, weil in zahlreichen Beiträgen ungarischer Historiker und Historikerinnen, die ins Deutsche übersetzt wurden, eine neue, positive Sichtweise der habsburgischen Herrschaft im Königreich Ungarn deutlich wird.

Die Forschungen zu Karl V. sind seit Langem durch eine südeuropäische und eine mitteleuropäische Interpretationslinie gekennzeichnet, die bis heute nachwirkt. Die deutschsprachige Forschung geht mehrheitlich von der Reichsgeschichte aus und versucht, die südeuropäischen Fragen einzubeziehen. Dies gilt für CARDAUNS [2.8.9], RASSOW [2.8.9], BRANDI [2.8.9] und KOHLER [2.8.9: Karl V.]. Autoren wie TYLER [2.8.9], LYNCH [2.12] und FERNÁNDEZ ÁLVAREZ

Quantitätsproblem der Quellen

Interpretationslinien

[2.8.9] gehen hingegen von der Geschichte der spanischen Königreiche aus. Insgesamt ist die politisch-diplomatische Geschichte Karls V. besser erforscht als die wirtschaftliche, finanzielle und administrative Geschichte dieser Zeit, auch wenn die grundlegenden Untersuchungen von Ramón Carande über die kastilischen Finanzen – ein zentraler Bereich der kaiserlichen Politik – viele neue Erkenntnisse gebracht haben. Der Fortschritt der Forschungen von R. CARANDE [2.8.9] lässt sich allein an der Zahl der Kreditoperationen illustrieren: Hatte Richard Ehrenberg 1896 weniger als 20 getätigte Kredite für die gesamte Regierungszeit Karls V. festgestellt, so konnte Ramón Carande nach Auswertung der Archive in Simancas und Sevilla 518 Kreditgeschäfte verzeichnen, die sich auf einen Zeitraum von 37 Jahren verteilen und mit 112 spanischen und 406 nichtspanischen Bankiers getätigt wurden.

Herrschaftsidee und Herrschaftssystem

Schon früh stand die grundsätzliche Frage der Interdependenz von Herrschaftsidee und Herrschaftssystem im Mittelpunkt der Erörterungen und Darstellungen. So hat P. RASSOW die Klammerfunktion der Kaiseridee im mittelalterlichen Sinne stark betont: „Das Reich Karls V. war das im Erbgang ihm zugefallene Konglomerat von Staaten und Herrschaften in Österreich, hinübergreifend nach Italien, Afrika und den neuen Reichen jenseits des Ozeans. Die Reichsidee aber war die mittelalterliche Idee des Kaisertums, die dem Papsttum zugeordnete Führungsaufgabe in der Christenheit" [2.8.9: 39]. Hingegen stand bei K. BRANDI die dynastische Idee im Mittelpunkt: Karl V. „bildete zugleich aus der Summe der von ihm ererbten Herrschaftstitel einen neuen europäischen und in gewissem Sinne überseeischen Imperialismus, ein Weltreich, das zum ersten Male nicht auf Eroberung, noch weniger auf einer zusammenhängenden Ländermasse aufgebaut war, sondern auf der dynastischen Idee und der Einheit des Glaubens" [2.8.9: Bd. 1, 13f.]. R. TYLER hingegen hat unter Rekurs auf die burgundische Frage und die daraus resultierende Konfrontation mit Frankreich hingewiesen [2.8.9: 21]. H. LUTZ hat die Härte und Konstanz des grundlegenden Konflikts zwischen Karl V. und den französischen Königen Franz I. und Heinrich II. analysiert und darin den Schlüssel für Erfolg bzw. Misserfolg der kaiserlichen Universalpolitik bzw. der Verwirklichung der *monarchia universalis* gesehen [2.8.9: *Christianitas* afflicta].

Mercurino Gattinara

Von entscheidender Bedeutung für die Beurteilung der Politik Karls V. sind Ideen und Einfluss von Karls Großkanzler Mercurino Gattinara (gest. 1530), der seit dem Tod des profranzösischen Chièvres (1521) zum politischen „Ideologen" am Kaiserhof wurde. Im Gegensatz zu Brandis harmonisierender Darstellung hat H. LUTZ den radikalen und offensiven Charakter von Gattinaras Programm eines *dominium mundi* betont: „Die Konzeption des Piemontesen Gattinara beruhte auf ghibellinischer Tradition, römisch-rechtlichem Denken und den Erfahrungen der labilen politischen Kleinwelt Italiens. Sie setzte als ein neuartiges, rationales Einheitsprogramm den absoluten Weltherrschaftsanspruch des Kaisers dem spätmittelalterlichen Staatenpluralismus entgegen" [2.3: LUTZ, 140]. Dieses Programm musste in Frankreich seinen entschiedensten Gegner finden, zumal es Gattinara um die Zerstörung der französischen Monarchie ging. Gewiss ist der Kaiser seinem Großkanzler nicht immer gefolgt und entschied sich 1525/26 gegen die Idee eines südfranzösischen Satellitenstaates unter dem Connétable von Bourbon und für die monarchische Solidarität mit dem unterlegenen französischen König Franz I. Für H. LUTZ lag es auf der Hand, dass der irreversible Hegemoniekampf Karls V. gegen die französische Monarchie gescheitert ist. [Näheres bei 2.8.9: LUTZ, Christianitas afflicta, 20ff.]

Neue Impulse zur Erforschung des Neoghibellinismus und der Ideologie Gattinaras gingen von J.M. HEADLEY [2.8.9: 8] aus. In kritischer Distanz zu F. WALSER [2.8.9] verfolgte er am Beispiel der Reichskanzlei Fragen der Verwaltungs- und Herrschaftsgeschichte. Gattinaras Ideen und dessen Verhältnis zu Karl V. charakterisierte HEADLEY folgendermaßen: „In sum, Gattianara's concept of universal empire or monarchia fused contemporary and traditional motifs into a view that sought for his master something more than recognition of his Moral authority but less than total, direct domination" [2.8.9: 30]. Doch bleiben zahlreiche weitere Fragen offen, die sowohl das Verhältnis von Konzeption und Trägergruppen wie die wechselnden Bündniskonstellationen und Kräftereserven, den legitimierenden Appell an die Öffentlichkeit und die Gruppierungen innerhalb der beiden rivalisierenden Dynastien betreffen. Die schlichte Gegenüberstellung von mittelalterlichem Universalismus (bei Karl V.) und modernem französischen Nationalstaat hat gewiss ausgedient. Schwieriger ist es, ein neues Interpretationsmuster zu entwickeln, das nicht nur die relative Vergleichbarkeit der beiden Konfliktpartner deutlich macht, sondern auch die jeweils spezifische Mischung traditioneller und moderner Elemente im Selbstverständnis und politischen System der beiden Seiten und die politische „Modernisierung" Europas durch den Dauerkonflikt zeigt.

<small>Gattinara und der Neoghibellinismus</small>

I. KODEK [1.1.4] hat die Autobiographie Mercurino Gattinaras aus dem Lateinischen übersetzt; nun ist zu hoffen, dass diese bisher entlegen publizierte Quelle [1.1.4: BORNATE] häufiger benützt wird, zumal es sowohl zu Gattinaras Position am Kaiserhof als auch zu seiner Glaubwürdigkeit verschiedene Meinungen gibt. KODEK charakterisiert Gattinaras Tätigkeit am Hof Karls V. durchaus kritisch: „Gattinara war jedenfalls mit großem Einsatz politisch aktiv, aber schon 1522 war es für den Großkanzler offenbar immer schwieriger, auch nur die zur effizienten Ausübung seines Amtes notwendigen Audienzen zu erhalten. Staatssekretäre, die sich beim Kaiser größerer Beliebtheit erfreuten und in viel engerem Kontakt mit ihm standen, drohten Gattinara immer mehr zu verdrängen, während dieser [damals 57-Jährige] von Gicht, aber offenbar auch von einer langwierigen Lungenentzündung gepeinigt, nicht in der Lage war, dem ständig auf der Reise befindlichen Hofstaat zu folgen" [1.1.4: 20]. 1525 sei es zur Krise zwischen Kaiser und Großkanzler gekommen, wie der venezianische Botschafter bemerkt, die Karl V. allerdings rasch bereinigt habe. Doch auch in Zukunft konnte sich Gattinara gegen die Staatssekretäre nicht durchsetzen – er blieb meist isoliert, letztlich auch in der Situation nach Pavia (1525), als sich Lannoy und andere, die für eine Aussöhnung mit dem französischen König eintraten, bei Karl V. durchsetzten. Gattinara konnte die „italienische Karte" jedoch in den folgenden

<small>Gattinaras Autobiographie</small>

Jahren ausspielen; so dürfte der Seitenwechsel von Andrea Doria auf Geheimverhandlungen des Großkanzlers in Genua zurückgehen, und letztlich war die Aussöhnung mit dem Papst im Vertrag von Barcelona und Karls Kaiserkrönung in Bologna (1529/30) Gattinaras Werk, das er als Krönung seiner Karriere ansah. Kodek folgt mit ihrer Einschätzung der neueren spanischen Forschung, in der die Isolation Gattinaras am spanischen Hof und dessen krankheitsbedingte Inaktivität betont wird und die von dem Bild, das K. Brandi gezeichnet hatte, stark abweicht; vgl. auch die Arbeiten von M. RIVERO RODRÍGUEZ [2.8.9: Gattinara; 2.8.9: Memoria, escritura y Estado].

Südeuropäische Interpretationslinie
Damit ist auch die südeuropäisch-spanische Perspektive angesprochen, die schon R. MENÉNDEZ PIDAL vertreten hatte [2.8.9], der Karl V. für eine eindeutig nationalspanisch geprägte *Idea imperial* in Anspruch nahm und die Rolle Gattinaras relativierte. Tatsächlich dürfte der Tatbestand komplexer sein. So meint H. PIETSCHMANN: „Bedenkt man die vielfältigen Möglichkeiten, dieses imperiale Denken, sei es theologisch, philosophisch, juristisch und gerade im Zeitalter der Renaissance auch historisch mit Rekurs auf die Antike zu begründen bzw. zu rechtfertigen, so wird deutlich, dass für einen Herrscher der Epoche ein breites Spektrum von Denkansätzen verfügbar war, um sich mit Hilfe seiner Berater dieses ‚Arsenal' von Begründungsmöglichkeiten je nach Gelegenheit zu bedienen" [Imperiale Konzepte im Spanien Karls V, in: 2.8.9: STROSECKI, 390–411, hier 397]. Im Hinblick auf den Einfluss auf den Kaiser bleibt Pietschmann unbestimmt, wenn er abschließend konstatiert, es habe in Karls Umgebung weitere Humanisten gegeben, die für eine christliche Friedensordnung – mit eingeschlossen ein Vorgehen gegen ungläubige äußere Feinde (Osmanisches Reich) und innere (Lutheraner/Protestanten) – plädiert hätten. Er nennt Alfonso de Valdés und Antonio de Guevara. Letztlich glaubt er in Bezugnahme auf Karls Instruktionen für Philipp (1548) herauszulesen, dass den Kaiser sein „königliches Richteramt" viel mehr als politische Konzepte in seiner Regierungstätigkeit beeinflusst hätten. [ebd. 410f.]

Das Heilige Römische Reich
Zur Stellung des Heiligen Römischen Reiches im „politischen System" Karls V. hat ein von H. LUTZ 1980 initiiertes und veranstaltetes Symposion neue Einsichten gebracht. Dabei ging es weniger um die kaum zu beantwortende Frage nach den realen Chancen einer *monarchia universalis*, sondern um die tatsächlichen Bedingungen, Verfahrensweisen, Formen, Entscheidungsprozesse und Folgen des „größten Experiments supranationaler Herrschaft im frühneuzeitlichen Europa" [2.8.9: Das römisch-deutsche Reich, 269]. Seit dem von LUTZ [2.8.9: Christianitas afflicta, 82] formulierten Desiderat einer Darstellung des gegenseitigen Verhältnisses Karls V. und Ferdinands I. ist das persönliche Beziehungsfeld mehrfach untersucht worden [2.8.10: LAUBACH; 2.8.10: THOMAS; 2.8.10: KOHLER]. Auch die neueren Forschungen über Bernhard Cles, Bischof von Trient, haben dazu beigetragen [2.8.10: RILL/THOMAS; 2.8.10: RILL; 2.8.10: PRODI]. Die aus der Tatsache, dass Herrschaftsbasis und Machtmittel Karls V. in den Niederlanden und in Spanien lagen, resultierende Nachordnung des Reiches gilt besonders für die ersten beiden Jahrzehnte seiner Herrschaft.

Diese Konstellation hatte höchst negative Auswirkungen auf das „habsburgische System" im Reich und seit 1524/25 den wachsenden Widerstand der Reichsstände zur Folge, der beide religionspolitische Lager umfasste, weil er an den präkonfessionellen Antagonismus Kaiser-Reichsstände anknüpfen konnte. Die besondere Stoßrichtung gegen Ferdinand I. ergab sich aus dessen römischen Königswahlbestrebungen, die 1531 zum Ziel führten und die von vielen Reichsständen als Errichtung eines habsburgischen Erbkaisertums sowie als Angriff auf die „freyheit deutscher nation" betrachtet wurden. Hier lag der Angelpunkt für den unbedingten Widerstand und den Sturz der habsburgischen Herrschaft im Reich, vor allem in Verbindung mit Frankreich. Die Verweigerung der Anerkennung der römischen Königswahl Ferdinands I. durch Kursachsen, Hessen und Bayern wurde zum Ausgangspunkt einer über das Reich hinausreichenden antihabsburgischen Opposition [2.8.9: KOHLER, Antihabsburgische Politik].

Die Frage nach den Gründen für das Scheitern Karls V. ist äußerst komplex und kann nicht nur mit dem reichsständischen Widerstand, etwa des Kurfürsten Moritz von Sachsen und seiner Oppositionsgruppe, begründet werden. Von zentraler Bedeutung ist die Feststellung, dass der Kaiser seinen militärischen Sieg über die Schmalkaldener 1546/47 politisch nicht umsetzen konnte, und zwar im Sinne einer Stärkung seiner eigenen Position als Reichsoberhaupt und der Lösung der Religionsfrage ohne Konzil. Auch konnte der Kaiser die Verselbständigung des „ferdinandeischen Teilsystems" seines Bruders Ferdinand nicht verhindern, zumal sich das Projekt einer Sukzession seines Sohnes Philipp im Heiligen Römischen Reich nicht realisieren ließ. Gravierender und das Scheitern letztlich auslösend war 1552 das Unvermögen Karls V., den französischen König zu besiegen, denn nach einem Sieg hätte der Kaiser wohl nochmals den Versuch unternommen, die „ungelösten Probleme" im Reich in die Hand zu nehmen [vgl. dazu insgesamt 2.8.9: KOHLER, Karl V.]. M.J. RODRÍGUEZ-SALGADO vernachlässigt in ihrer westeuropäisch zentrierten Studie über die Spätzeit Karls V. die Vorgänge im Reich und sieht den entscheidenden Wendepunkt für die künftige Entwicklung der Herrschaftsgebiete Philipps II. erst im Friedensschluss von 1559: „As for the peace, it will be seen that it was soon threatened and seen as a respite rather than an end. Philip's return to Spain was more of a victory for the Netherlands than for the Spanish realms" [2.8.9: 2].

Impulse für die Erforschung der Person und Herrschaft Karls V. gingen immer wieder von Jubiläen aus: 1958 gedachte man des 450. Todestages, 2000 des 500. Geburtstages des Kaisers. Vergleicht man beide Jubiläen, so nimmt sich 1958 recht bescheiden aus [vgl. u. a. 2.8.9: RASSOW/SCHALK; 2.8.9: Charles-Quint et son temps]. Hingegen war die 500. Wiederkehr des Geburtstages von Karl V. geprägt von Kongressen und Ausstellungen in Belgien, Deutschland, Österreich, Italien und vor allem in Spanien. Die kulturpolitischen Aktivitäten der 1997 eigens gegründeten und mit großen Geldmitteln ausgestatteten Sociedad Estatal para la Conmemoración de los Centenarios de Felipe II y Carlos V hatten schon dem Jubiläumsjahr Phillips II. (1998) gegolten. Die Gesellschaft kümmerte sich im Jubiläumsjahr Karls V. finanziell und organisatorisch um alle

Zum Scheitern Karls V.

Das Jubiläumsjahr 2000

Aktivitäten in Spanien, zum Teil auch darüber hinaus. Auf großen Kongressen in Barcelona, Granada, Madrid, aber auch in Lissabon und Neapel, um nur die wichtigsten zu nennen, kamen Spezialisten aus ganz Europa, zum Teil auch aus Amerika zusammen – ihre Zahl ging in die Hunderte. In einer bis dahin nie dagewesenen Breite und Ausgewogenheit wurde über die grundlegenden Probleme und Themenbereiche der Herrschaft Karls V. referiert und diskutiert [vgl. 2.8.9: STROSECKI; 2.8.9: BELENGUER CEBRÍA; 2.8.9: CASTELLANO CASTELLANO/SÁNCHEZ-MONTES GONZÁLEZ; 2.8.9: MARTÍNEZ MILLÁN, Carlos V]. Generell wurde Karl als europäisches, transnationales Phänomen, fälschlicherweise gelegentlich als Vorläufer des heutigen Europa (der Europäischen Union) betrachtet; jedenfalls war diese Vergleichsperspektive bei zahlreichen staatspolitischen Initiativen zur Feier des Jubiläums als Hintergrundfolie erkennbar. Auch das Vorherrschen der politischen Dimension in der Beschäftigung mit Karl V. und seiner Epoche unterstreicht dies.

Waren Ausstellungen ein europäisches Anliegen wie nie zuvor, so wurde die europäische Dimension der Herrschaft Karls V. auch in der wissenschaftlichen Biographik vertieft: „Angesichts der gegenwärtigen Erfahrungen der Europäer sieht man deutlicher als je zuvor die europäische Dimension der Herrschaft Karls V. Sie ist als Bezugspunkt und Interpretationsrahmen entscheidend, um Herrschaft und Regierung, ja eigentlich dem Phänomen Karls V. gerecht zu werden. Nationalgeschichtliche Reklamationen sind nicht am Platz, denn keine Nation kann Karl V. ohne weiteres für sich – schon gar nicht allein – reklamieren". Karl V. „war vor allem der letzte Vertreter und Vollender des ‚Reiseherrschertums'; hierin liegt ein Teil des Faszinosums Karls V. begründet"

Neue Biographien über Karl V. [2.8.9: KOHLER, Karl V., 14]. Während die grundlegende Biographie K. Brandis [2.8.9] zum Jubiläumsjahr nicht neu aufgelegt wurde, erschien 2001 eine Neuauflage der italienischen Übersetzung von 1961, eingeleitet von Federico Chabod und mit einem Vorwort von Wolfgang Reinhard. Zugleich zog der um die Erforschung Karls V. verdienteste spanische Historiker M. FERNÁNDEZ ÁLVAREZ die Bilanz seines langen Forscherlebens und veröffentlichte eine ausführliche Biographie des Kaisers [2.8.9], die wie die Biographie A. Kohlers der politischen Geschichte und der europäischen Dimension verpflichtet ist. E. SCHULIN [2.8.9: 10] analysiert Karls „übergroßen" – politischen – „Wirkungsbereich", also über seine Herrschaftsgebiete hinausgehende Aspekte der kaiserlichen Politik und Herrschaft, nach drei räumlichen und thematischen Aspekten: Burgund und Spanien, Reich und Reformation und „uneiniges Europa und die Türkenabwehr". Gerade diese „ungewöhnlich räumliche Weite seines Wirkungsbereiches" fasziniere an der Gestalt Karls V., dazu gehöre auch die persönliche und lange zeitliche Dimension. „Dadurch erscheint in potenzierter Weise ein in der Geschichte stehender Mensch, ein bewußt von der Vergangenheit her in der Gegenwart und möglichst für die Zukunft Handelnder" [ebd. 176]. Auch die kulturgeschichtliche Literatur bleibt der politischen Dimension kaiserlicher Herrschaft stark verpflichtet. Dies gilt für W. BLOCKMANS [2.8.9], aber vor allem für den von H. SOLY herausgegebenen und reich ausgestatteten Sammelband

[2.8.9]. Darin stellt M.J. RODRÍGUEZ-SALGADO die dynastische Dimension dar, G. PARKER die europäische Politik des Kaisers, gefolgt von W. BLOCKMANS' Blick auf die Untertanen und H. SCHILLINGS Reflexionen zur Religionspolitik sowie I. WALLERSTEINS Analyse der weltwirtschaftlichen Dimension. Die kultur- und kunsthistorischen Artikel von P. BURKE über die Inszenierung der Macht, das Erscheinungsbild des Kaisers (F. CHECA CREMADES) und H. Vanhulsts über die Musik erweitern die Facetten der kaiserlichen Herrschaft in gelungener Weise.

Im Rahmen der zahlreichen wissenschaftlichen Initiativen des Jubiläumsjahres [u. a. die spanische Übersetzung von 2.8.9: KOHLER Carlos V/Karl V. 1500– 2000] waren zum Wiener Symposion führende Spezialisten zu einzelnen Fragen und Themenbereichen der Regierung und Herrschaft Karls V. aus verschiedenen europäischen Ländern – aus Spanien, den Niederlanden, aus England, Frankreich, Dänemark, Deutschland, der Tschechischen Republik und Österreich – und aus den USA eingeladen, nicht nur um Bilanz der bisherigen Forschung zu ziehen, sondern auch, um Desiderate zu formulieren und Perspektiven für die künftige Forschung zu entwickeln. Sechs systematische Themenbereiche der Herrschaft und Politik Karls V. und Fragen der Rezeptionsgeschichte standen zur Diskussion: Selbstdarstellung, Propaganda und Traditionsbildung; Herrschaftsidee, Kommunikations-, Wirtschafts- und Finanzstrukturen; Karl V. und das Heilige Römische Reich; die Niederlande, Spanien und Amerika; Kontrahenten und Partner der kaiserlichen Politik, sowie die Bewertung des Kaisers durch die Jahrhunderte [vgl. 2.8.9: KOHLER u. a.]. R. WOHFEILS Beitrag „Grafische Bildnisse Karls V. im Dienste von Darstellung und Propaganda" ist als Vorstudie einer dringend benötigten systematischen Ikonographie zu betrachten. Wenig bekannt ist die Bedeutung der Panegyrik. F. RÖMERS Beitrag geht am Beispiel zweier Oden (von Ursinus Velius, ca. 1525, und von Antonio Sebastiano Minturno, ca. 1536) der Bedeutung klassischer Vorbilder und der panegyrischen Funktion von Zitaten und Imitationen nach. A. ALVAR EZQUERRA untersucht die Frage der „Hispanisierung" Karls V. seit 1522 anhand politischer Ereignisse und der Wirtschaftsentwicklung. J. MARTÍNEZ MILLÁN hat aus dem umfangreichen Projekt einer Geschichte des Hofes [vgl. 2.8.9: La Corte de Carlos V] einige wirtschaftsgeschichtliche Aspekte herausgegriffen, die sich auf Maßnahmen Karls V. seit seiner Ankunft in Kastilien 1517 beziehen. Ähnlich neu ist die Beschäftigung von M.A. OCHOA BRUN mit der kaiserlichen Diplomatie im Rahmen der Entwicklung der frühneuzeitlichen Diplomatie. Daraus wird ersichtlich, dass Karl V. die vorliegenden Neuerungen in Richtung einer Professionalisierung und ständigen Präsenz eines diplomatischen Informationsnetzes vorantrieb, die er von Spanien, den Niederlanden, Italien und dem Heiligen Römischen Reich her kannte. Multinationalität bzw. Supranationalität der kaiserlichen Diplomaten waren ein besonderes Kennzeichen dieser neuen Form von Professionalität. J.D. TRACY belegt anhand von Beispielen das Faktum, dass Kastilien – im Vergleich zu den Niederlanden und zum Heiligen Römischen Reich – seit 1529 die größten Kriegslasten des Kaisers trug. Nach Einschätzung von R. PIEPER schien der imperiale Herrschaftsverband Karls V. die wirtschaftliche Integrati-

Symposium 2000 in Wien

on der einzelnen Regionen zu begünstigen. Die Verbreitung von Nachrichten mit ökonomischer Relevanz dient ihr als Indikator für die Verbindung zwischen den Regionen des Reiches. A. LUTTENBERGER verfolgt die politische Umsetzung des kaiserlichen Amtsverständnisses – Karl V. verstand sich als *advocatus ecclesiae*, ohne zu einer Art Vollzugsorgan des Papstes zu werden, und als Vertreter der Einheitsidee von 1521 bis 1555 – und stellt dabei eine mehrfache Verschiebung des strategisch-konzeptionellen Profils der kaiserlichen Religionspolitik seit dem ersten Wormser Reichstag fest. Karl V. vereinbarte zwar befristete Friedstände, vermochte dadurch aber die Probleme der „Reichsfriedensproblematik" nicht zu lösen. W. REINHARD untersucht erstmals, ausgehend von der oberdeutschen Städtepolitik nach dem Schmalkaldischen Krieg, in vergleichender Weise die kaiserliche Städtepolitik in allen Herrschaftsgebieten Karls V. – in Spanien, den Niederlanden, Italien und im Reich – und kommt zu dem Ergebnis, dass der Kaiser überall kommunalistische Bewegungen bekämpfte und oligarchische Strukturen herstellte. Nach Reinhard handelt es sich dabei nicht um eine Vorstufe der Gegenreformation, sondern um eine Frühform von absoluter Monarchie. H. PIETSCHMANN stellt die Marginalität der Forschungsliteratur zu Amerika im Rahmen der Herrschaft Karls V. fest und plädiert dafür, die Einstellung des Kaisers dazu anhand der Quellen zu überprüfen. Zu diesem Zweck untersucht er die persönliche Aussage Karls V. in dessen Instruktion für Phillip II. (1548) und interpretiert die darin enthaltenen Regierungsprinzipien, die der künftige spanische König für Amerika anwenden sollte. Der Kaiser ergreift Partei für die indigene Bevölkerung und gegen die Institution der *encomienda*, Gewaltanwendung erschien ihm als Ultima Ratio. Insgesamt vermitteln die Ergebnisse dieses Symposions einen repräsentativen Querschnitt der aktuellen Thematik, die mit der Herrschaft Karls V. verbunden ist.

Edition der Reichstagsakten

Schon LEOPOLD VON RANKE sah in der Edition der Reichstagsakten eine der wichtigsten Forschungs- und Editionsaufgaben im Rahmen einer Reichsgeschichte; allerdings hat er den Zeitfaktor, d.h. die erforderliche Zeit für eine derartige Edition, völlig unterschätzt – er rechnete mit wenigen Jahren –, als er seinen Vorschlag der Historischen Kommission bei der Bayerischen Akademie in München unterbreitete. Nach einer langen „Anlaufzeit", die mit der Vorbereitung der Aktenedition der Reichstage (der Jüngeren Reihe) der 1540er und 1550er Jahre verbunden war, ist in den letzten Jahren eine stattliche Anzahl von Bänden zu den Reichstagen von 1542, 1544, 1545, 1546, 1547/48, und zuletzt 1550/51 erschienen; es fehlen nur noch vier Bände (zu den Reichstagen 1526, 1530, 1541 und 1543) [vgl. im Einzelnen 1.1.2]. Dahinter steht eine beachtenswerte Leistung vor allem jener Wiener Gruppe von Mitarbeitern, die noch Heinrich Lutz mit der Edition der Bände betraut hatte; seitdem standen die genannten Reichstage gleichzeitig in Arbeit. Fortschritte machte auch die Reihe der „Reichsversammlungen 1556–1662", im Hinblick auf Reichstage und Reichsversammlungen der 1560er, 1570er und 1580er Jahre [1.1.2]. Sie sind signifikant für die intensive Beschäftigung mit der Reichsgeschichte der zweiten Hälfte des 16. Jahrhunderts seit über zehn Jahren. Darüber hinaus wurden einzelne Reichstage (1521, 1547/48) auch monographisch bzw. im Zusammenhang der Reichsgeschichte untersucht [2.8.5: REUTER; 2.8.9: RABE; 2.8.11: HOLLWEG; 2.8.9: LUTZ, Christianitas afflicta]. H. NEUHAUS [2.8.3: Reichstag] untersuchte die Reichskreistage und Reichsdeputationstage der zweiten Hälfte des 16. Jahrhunderts. R. AULINGERS Monographie über das „Bild des Reichstages" [2.8.3] ist bis heute unentbehrlich. A. KOHNLE [2.8.3] hat die Ursprünge der kaiserlichen und ständischen Religionspolitik vom Wormser Reichstag 1521 bis zum Regensburger Reichstag 1532 anhand der wichtigsten reichsfürstlichen Akteure und des Kaisers erstmals monographisch untersucht und u. a. festgestellt: „Religionspolitik begann in der Reformationszeit als kursächsische Lutherschutzpolitik" [ebd. 21]; sie schuf die Voraussetzungen für die Ausbreitung der Reformation. Es gelingt Kohnle, neue Einblicke in die Komplexität im reichsrechtlichen Umgang mit der Lutherfrage zu geben und zu zeigen, dass das Wormser Edikt anstelle eines Reichstagsbeschlusses von Seiten des Reichsoberhauptes gewiss leichter zu installieren war, aber gerade von jenen Reichsfürsten, die Luther schützten, nicht so umgesetzt wurde, wie es der Kaiser mit seinem „Rechtsgebot" gewünscht hatte. Der von M. LANZINNER und A. STROHMEYER herausgegebene Sammelband [2.8.3] hat hingegen die Außenwahrnehmung der Reichstage, im einzelnen die Kommunikationsstrukturen, die Wirkungen in den Öffentlichkeiten sowie die Wahrnehmung durch Politiker, Diplomaten und Publizisten im europäischen Raum im Blick und analysiert auf diese Weise das Erscheinungsbild der größten Ständeversammlung im europäischen Kontext.

Im Hinblick auf Karl V. besteht noch immer das Problem, in Zukunft mit mehr edierten Quellen die Grundlage des Untersuchungsmaterials zu erweitern, um neue Aspekte zu gewinnen und Vermutungen verifizieren zu können. Eine Geschichte der kaiserlichen Finanzen mag gerade im Fall Karls V. wegen der Größe und Verschiedenheit der einzelnen Glieder des kaiserlichen Herrschaftsbereiches besonders schwierig, zugleich aber auch besonders lohnend sein. Nicht zuletzt ist darauf hinzuweisen, dass eine systematische ikonographische Dokumentation Karls V. fehlt. Dies gilt sowohl für die zu dessen Lebzeiten entstandenen bildlichen Darstellungen als auch für die große Zahl der Memorienbilder, welche die Generationen seit dessen Tod geschaffen haben.

Desiderata der Forschung zu Karl V.

Zu Recht nennt F. EDELMAYER den Nachfolger Karls V. in Spanien einen „Weltherrscher" [2.12: Phillip II.]. Diese exzellente Biographie Phillips II. ist seit dem Erscheinen von L. Pfandls Biographie 1938 (4. Aufl. 1978) die erste deutschsprachige Darstellung des bedeutendsten spanischen Herrschers. Sie eröffnet essentielle Einblicke in die Persönlichkeit und die private Sphäre dieses umsichtigen und verantwortungsvollen katholischen Herrschers und hält die Balance mit der Darstellung seiner Herrschaft und seiner nationalen und internationalen Politik. Dabei stellt Edelmayer so manches Klischee, das von der zeitgenössischen antispanischen Einstellung der protestantischen Rivalen, vor allem Englands und der Niederlande, ableitbar ist, in Frage. Welche Gefahren diese Mächte auch noch während des Dreißigjährigen Krieges in der Universalmacht

Kontinuität der monarchia universalis nach Karl V.

Spanien sahen, hat P. Schmidt [2.12: Spanische Universalmonarchie] überzeugend analysiert und dargestellt.

8. KAISER, REICH UND TERRITORIEN

Diese zentrale Frage der Reichspolitik wie der europäischen Politik Karls V. ist schon in der älteren Literatur – ob von protestantischer oder katholischer Seite – thematisiert worden, doch hat sie erst durch I. LUDOLPHY 1965 eine monographische Bearbeitung erfahren [2.8.9], obwohl zahlreiche Fragen offen geblieben sind. H. LUTZ betrachtete es als eine diskutierenswerte Frage, „ob die Religionspolitik und die kirchlichen Ziele des Kaisers im Rahmen der relativ selbständigen Spielarten des vortridentinischen Reformkatholizismus zu interpretieren sind, ober ob den ‚cäsaropapistischen' Zügen, der scharfen Kritik am Papsttum und manchen anderen Phänomenen ein höherer Stellenwert zukommt" [2.3: 146f.]. Die Diskussion auf dem von E. ISERLOH 1979 zum Gedenkjahr der „Confessio Augustana" und der „Confutatio" veranstalteten Augsburger Symposion [2.8.9] machte deutlich, vor welchen Aufgaben die Forschung hierbei noch steht. So sind bis heute die regionalen Traditionen der kaiserlichen Religionspolitik, also die Fragen nach der Ausgangsbasis der einzelnen Herrschaftsgebiete des Kaisers, noch wenig untersucht; erste Ansätze zu einer Analyse finden sich bei H. LUTZ [2.8.9: Kaiser, Reich und Christenheit]. Dies gilt für die spanischen Königreiche mit ihrer kirchlichen Reformtradition seit Jiménez de Cisneros. Die Religionspolitik Karls V. in den Burgundischen Niederlanden ist zuletzt von J.A. FÜHNER [2.9] untersucht worden. Er kommt zu dem Schluss: „Die Religionspolitik des Kaisers in den Niederlanden war weniger erfolgreich als die Kirchenpolitik, denn Karl erreichte die vollständige Unterdrückung der reformatorischen Bewegungen nicht" [ebd. 366]. Die Kirchenpolitik Karls V. in den Niederlanden war im Hinblick auf die Einschränkung der Rechte und Privilegien der Kirche erfolgreich. Bekanntlich nahm die Universität Löwen sehr früh gegen Martin Luther und die Reformation Stellung. Im Heiligen Römischen Reich waren Ausgangslage und Bedingungen komplex, und zwar schon deshalb, weil der Kaiser nirgendwo Landesherr war; darin besteht der große Unterschied zur Situation von Karls Bruder Ferdinand. Beide waren auf die Kooperation bzw. Auseinandersetzung mit den geistlichen und weltlichen Reichsfürsten angewiesen. Diese Konstellation erklärt die Politisierung der Lutherfrage im Rahmen eines grundsätzlichen verfassungspolitischen Konflikts zwischen Kaiser und Ständen, dem im Zuge der Auseinandersetzungen Karls V. mit den französischen Königen um die Hegemonie in Europa eine besondere Bedeutung zukam. So bietet die Religionspolitik Karls V. im Reich meist „das Bild eines mit allen Finessen durchgespielten Machtkampfes" [2.3: LUTZ, 147f.].

Unter diesen strukturellen und politischen Bedingungen hat Karl V. 1530 und 1540/41 „Unionsverhandlungen" mit den Protestanten initiiert; auf dem Augsburger Reichstag 1530 wirkten unterschiedliche Kräfte und Konzeptionen [2.8.9: IMMENKÖTTER; 2.8.9: HONÉE; 2.8.9: CARDAUNS; 2.8.5: LUTTENBERGER], auf dem in Regensburg 1541 mit der „Absicht, durch eine Verbindung von Teilkonkordie und ‚Toleranz' eine nicht mehr von Rom her steuerbare

Zur Religionspolitik Karls V.

Alternative zur konfessionellen Konfrontation zu entwickeln" [2.3: LUTZ, 148; vgl. dazu auch G. PFEILSCHIFTERS Edition „Acta Reformationis catholicae" 1.6]. Die letztlich negativen Erfahrungen und Ergebnisse dürfen nicht über die „ehrlichen" Absichten Karls V. hinwegtäuschen, einen „dritten Weg" gehen zu wollen. A.P. Luttenberger hat eine für Karls Religionspolitik zeitweise wichtige Fürstengruppe untersucht, die man als konfessionsneutrale Stände (Pfalz, Jülich, Brandenburg) bezeichnen kann; mit ihnen hat der Kaiser in den Jahrzehnten zwischen 1530 und 1552, d.h. bis zum Fürstenaufstand, kooperiert. Dabei ging es Luttenberger auch um eine Neubewertung der reichsständischen „Via media-Kräfte" auf reichspolitischer Ebene, auf die der Kaiser mit Gewinn zurückgriff. Die „Entwicklung des Reichsfriedensproblems war im Verständnis der konfessionspolitisch neutralen Stände in einem den Reichsgedanken übergreifenden, übergeordneten, wenn man will objektivierenden Sinne durch den hohen, normativen Verbindlichkeitsgrad des Friedensgedankens zweifelsfrei legitimiert. Diese normative Verbindlichkeit war allgemein-ethisch, im erasmisch beeinflußten, politischen Denken auch religiös begründet" [2.8.5: LUTTENBERGER, 724]. Noch in der spätesten Phase der kaiserlichen Religionspolitik, die in der Denkschrift des Reichsvizekanzlers Georg Sigmund Seld 1553 für den kommenden Reichstag zum Ausdruck kommt, wird das Notrecht der Laienfürsten in Anbetracht der fehlenden kirchlichen Entscheidungen formuliert: „Facile res venire posset in eum statum, ut volente vel nolente pontifice labente tamen ecclesiae subveniretur" [1.1.2: LUTZ/KOHLER, 167].

Im Hinblick auf die Konzilspolitik des Kaisers kommt H. JEDIN zu dem Ergebnis: „Wie der Kaiser sich als weltliches Haupt der Respublica Christiana und als Schutzherr, als Advokat und Protektor der Kirche fühlte, so sah er im Konzil die Repräsentation eben dieser Christenheit, die, weil zugleich Kirche, unter der geistlichen Leitung des Papstes stand, aber als Versammlung der Christenheit der Mitwirkung des weltlichen Hauptes bedurfte" [Die Päpste und das Konzil in der Politik Karls V., in: 2.8.9: RASSOW/SCHALK, 108]. Karl V. hat die formale Kompetenz des Papsttums gegenüber dem Konzil wohl geschont, in der Praxis jedoch eine Politik verfolgt, „die ihm selbst mit verschiedenen Mitteln eine sehr weitgehende Verfügung über das Konzil sichern sollte" [2.3: LUTZ, 148].

Von großer Bedeutung ist das Verhältnis Karls V. zu seinen Ratgebern im Hinblick auf religionspolitische Fragen. H. RABE konstatiert: „Zwiespältigkeit der Stellung Karls V. zum Humanismus und zu den Kräften des aufkommenden Konfessionalismus spiegelt sich wider – und hatte z.T. wohl auch ihren Grund – in den sehr gegensätzlichen kirchenpolitischen Anschauungen seiner wichtigsten Ratgeber. So standen in den 1540er Jahren neben Granvella und seinem Sohn, dem Bischof von Arras, neben dem deutschen Vizekanzler Naves oder dessen Nachfolger Seld auch Männer wie der Beichtvater Pedro de Soto oder der Hofprediger Pedro Malvenda, die sich im Gegensatz zu jenen Erasmianern bemühten, die Religionspolitik des Kaisers auf einen harten, konfessionalistischen Kurs zu bringen", gegenüber [2.8.9: RABE, 111]. Dabei ist zu beachten, dass der Religionsfrage im Rahmen der Gesamtpolitik des Kaisers ein wechselnder Stellenwert zukam – ganz oben 1530 [vgl. W. REINHARD, Die kirchenpolitischen Vorstellungen Kaiser Karls V., ihre Grundlagen und ihr Wandel, in: 2.8.9: ISERLOH, 62–100; A. KOHLER, Der Augsburger Reichstag 1530, in: 2.8.3: LUTZ/KOHLER, 158–193].

Erhellend auch für die Religionspolitik des jüngeren Bruders von Karl V. ist die Analyse seiner Reichstagspolitik von 1521 bis 1555 – beginnend mit Ferdinands Statthalterschaft (1521–1530), bis zu dessen Funktion als Römischer König *vivente imperatore* –, die in Kooperation der Editoren und Editorinnen der „Reichstagsakten, Jüngere Reihe", R. AULINGER, U. MACHOCZEK, S. SCHWEINZER-BURIAN, entstanden ist [2.8.10: AULINGER u. a.]. Letztlich ist Ferdinand I. als „Vater des Augsburger Religionsfriedens" von 1555 zu bezeichnen; unter alleiniger Verantwortung Karls V. wäre der Religionsfrieden nicht als Ergebnis der Reichstagsverhandlungen von 1555 hervorgegangen [2.8.10: KOHLER]. Bis heute stehen die Verhandlungen und Ergebnisse dieses Reichstages und Religionsfriedens im Mittelpunkt des Interesses; so sind zum Jubiläum im Jahr 2005 vier umfangreiche Kongressbände erschienen [vgl. 2.8.2: GRAF u. a.; 2.8.2: HOFFMANN u. a.; 2.8.2: SCHILLING/SMOLINSKY; 2.8.2: WÜST u. a.]. Schon ein Jahr zuvor hatte A. GOTTHARD eine umfangreiche Monographie, unter Einbeziehung früherer Friedensversuche, zum Augsburger Religionsfrieden verfasst [2.8.2]. Zur Religionspolitik Ferdinands I. und zum Augsburger Religionsfrieden

Das borussische Verdikt über die Geschichte des Alten Reiches – Zersplitterung, fehlende Staatlichkeit und schwaches Kaisertum [vgl. dazu u. a. 2.8.1: GOTTHARD, 1] – wirkte lange nach. Erst 1975 brachten P. MORAW und V. PRESS ein Forschungsprojekt mit dem Ziel in Gang, eine Neubewertung des Heiligen Römischen Reiches durch eine Untersuchung seiner Verfassungs- und Sozialgeschichte, Reichs- und Territorialgeschichte seit dem 15. Jahrhundert als „politisches System" vorzunehmen [2.8.2]. Dieser Versuch darf als überaus gelungen bezeichnet werden; er konnte überdies eine nachhaltige Wirkung im Hinblick auf eine neue Sichtweise und ein anhaltendes Interesse an der Reichsgeschichte entfalten, das im Jubiläumsjahr 2008, 200 Jahre nach dem Ende des Reiches im Jahr 1806, kulminierte [vgl. 2.8.1: HARTMANN; 2.8.1: Heiliges Römisches Reich; 2.8.1: HERBERS/NEUHAUS; 2.8.1: STOLLBERG-RILINGER]. Schon 2003 gab A. GOTTHARD einen instruktiven Einblick in die Struktur und Funktionsweise des Reichssystems [2.8.1]. Neubewertung des Reiches und seiner Institutionen

Die Entwicklung des Reichsrechts, der Rezeption des römischen Rechts im Strafprozess und die Ideen und Rechtslehren im Umkreis des Alten Reiches wurden zum Gegenstand der Forschung [2.4.4: DIESTELKAMP; 2.4.4: STRAUSS; 2.4.4: RANIERI; 2.4.4: LANDAU/SCHROEDER]. Diestelkamp sieht mit Blick auf die Höchstgerichte – Reichskammergericht und Reichshofrat – die Entwicklung des Reiches zu moderner Staatlichkeit an der Spitze der europäischen Entwicklung. Die Untertanen hatten das Recht der Appellation. Das groß angelegte, von W. SELLERT angeregte Editionsprojekt der „Akten des kaiserlichen Reichshofrats" kann seit Kurzem auf den von E. ORTLIEB bearbeiteten ersten Band verweisen [1.1.2]. Oberste Reichsgerichte

Als einer der Ersten hat E.W. ZEEDEN die Wirkung der Reformation auf die Reichsverfassung und Reformation

Reichsverfassung thematisiert [2.8.2]. Die durch den Protestantismus verursachten Sonderprobleme der Verfassungsgeschichte – Parität und Bikonfessionalität – hat der evangelische Kirchenrechtshistoriker H. HECKEL in den 1950er und 1960er Jahren grundlegend untersucht [2.8.2: Autonomia und Pacis Compositio; 2.8.2: Parität]. Von weiterem Interesse ist die verfassungsrechtliche Analyse von Mehrheitsprinzip und Protest auf Seiten der protestantischen Reichsstände – daher die Fremdbezeichnung „Protestanten" im Gefolge des Speyrer Reichstages von 1529 [vgl. 2.8.2: SCHLAICH]. H. DUCHHARDT hat die Diskussionen der Zeitgenossen über die Möglichkeiten eines protestantischen Kaisertums im bikonfessionell werdenden Reich untersucht [2.8.2].

„Reichsreform" als Langzeitprojekt?

H. ANGERMEIER hat eine Diskussion über Bedeutung und Bewertung der sogenannten Reichsreform in Bewegung gebracht. Er sah in diesem Phänomen keinen staatlichen Modernisierungsprozess, sondern einen gegen das „hypertrophe" Kaisertum Karls V. gerichteten Konsolidierungsvorgang, der parallel zur konfessionellen Konsolidierung von 1555 seinen Abschluss fand [2.8.2: Die Reichsreform]. Reichsreform bedeutet nach Angermeier jedenfalls nicht die Umwandlung des mittelalterlich-universalistischen Reiches in einen modernen Staat. Die Erweiterung des Reichsreformbegriffs und der von Angermeier für die Mitte des 16. Jahrhunderts angenommene Endpunkt der Reformbewegung haben Bedenken hervorgerufen, ob dieser vielschichtige Vorgang nicht vielleicht als Zeichen der Entwicklung einer zentralen Staatlichkeit zwischen der kaiserlichen Macht und der reichsständischen Libertät zu bewerten sei. So findet eine traditionelle Reformfigur der zweiten Jahrhunderthälfte, Lazarus von Schwendi, noch immer Beachtung [2.8.11: LANZINNER; 2.8.11: SCHNUR]. Die spätmittelalterliche Grundlegung der Stände-Monarch-Problematik bestärkte ANGERMEIER in der Ansicht, die hohe Einschätzung der Reformation für die deutsche Entwicklung relativieren zu müssen. Bezeichnend dafür ist der von ihm herausgegebene Sammelband „Säkulare Aspekte der Reformationszeit" [2.8.2].

Reichssteuern und Finanzen

Die Erforschung der Steuer- und Finanzgeschichte des Reiches ist in den letzten Jahrzehnten ein gutes Stück vorangekommen, wie der von A.E. DE MADDALENA und H. KELLENBENZ herausgegebene Sammelband [2.4.4] zeigt: Besonders hinzuweisen ist auf die Beiträge von F. BLAICH über die finanzpolitische Bedeutung des Reichstages (101–154), von K.H. BLASCHKE über Staatsräson und Finanzen in Sachsen (233–247) sowie von H. DOLLINGER zum gleichen Thema in Bayern (323–351). Wertvolle Einsichten in den Gesamtzusammenhang von Reichsmatrikel, Gemeinem Pfennig und der nur in Ansätzen vorhandenen Finanzhoheit bzw. Finanzgewalt des Reiches gibt P. SCHMID, der u. a. deutlich machen kann, dass das Steuersystem des Reiches über die Stufe der außerordentlichen Reichssteuern (Kammerzieler) nicht hinauskam. „Die unerfreuliche Finanzsituation des Reiches resultierte also aus dem Steuersystem, das seinerseits wieder Ausdruck der Verfassung des Reiches war und das Reich zum Vorteil der Territorialgewalten weitgehend von der tatsächlich vorhandenen und hoch eingeschätzten Finanzkraft der Untertanen fernhielt. [...] Eine Finanzreichsreform hätte aber eine Verfassungsreform vorausgesetzt, zu deren Durchsetzung es wiederum einer politischen Macht des Kaisers bedurft hätte" [2.8.2: 198]. Wie die Diskussion darüber zeigt, berührt Schmid hiermit zentrale Fragen der Reichsreform – allgemeine Steuerpflicht im Wege des Gemeinen Pfennigs als ein wichtiger Ansatzpunkt des modernen Staates, der den lehnsrechtlich erklärbaren Matrikularbeiträgen entgegenstand [vgl. 2.8.2: ANGERMEIER, Säkulare Aspekte, 210f.].

„Das Wiederaufleben des föderalistischen Bewußtseins nach 1945 und die methodischen Fortschritte der landesgeschichtlichen Forschung haben zu einer erfreulichen Fülle regionaler Untersuchungen geführt, die sich teils an den alten Territorien, teils an landschaftlicher Kontinuität oder heutigen Ländergrenzen, teils an beiden Gesichtspunkten (Bayern!) orientieren" [2.3: LUTZ, 152]. Als umfangreichstes deutsches landesgeschichtliches Unternehmen ist das von M. SPINDLER herausgegebene „Handbuch der bayerischen Geschichte" zu bezeichnen [2.8.4]. Eine ähnlich stark „etatistische" Darstellung liegt im Falle der österreichischen Geschichte vor. Dies gilt für die zwei Bände von T. WINKELBAUER [2.8.4]. Neu und sehr verdienstvoll gegenüber bisherigen Synthesen zur österreichischen Geschichte ist Winkelbauers breite Einbeziehung des Verhältnisses zwischen dem Reich und den habsburgischen Erblanden sowie die ausführliche Darlegung von Kriegswesen und Finanzen („Staatseinnahmen", finanzielle Ressourcen der fürstlichen und ständischen Politik), ebenso die Berücksichtigung landesgeschichtlicher Aspekte. Territorialgeschichten

Was bis heute für das gesamte Reich fehlt, ist eine breite Edition der Landtagsakten wenigstens der wichtigsten weltlichen Territorien. Dies gilt insbesondere für die habsburgischen Erblande im 16. Jahrhundert, die nicht nur von der religionspolitischen Auseinandersetzung und Diskussion über die Finanzierung der Osmanenabwehr zwischen Landesfürst und Ständen, sondern auch von der Komplexität und Dichte der veranstalteten Landtage geprägt waren und deshalb von besonderem Interesse im Rahmen der politischen Willensbildung sind. Edition von Landtagsakten – ein Desiderat

LEOPOLD VON RANKE hatte in der Religionspolitik der bayerischen Herzöge, die in ihrem Herrschaftsgebiet Erfolge der Reformation weitgehend verhindern konnten und überdies mit der römischen Kurie kooperierten, „den Ursprung der Spaltung in der Nation" gesehen. Es ist aber mehr als fraglich, ob damals nur durch das Hereinwirken „äußerer Mächte" (Papsttum, Karl V.) den Deutschen der Weg zur reformatorische Einheit abgeschnitten wurde [2.3: LUTZ, 29]. Ranke wollte es einfach nicht wahrhaben, dass nicht die gesamte „deutsche Nation" die Reformation angenommen hat. Die Gründe für die Annahme oder Ablehnung der Reformation sind wesentlich komplexer; grundlegend für die Frage, ob und in welcher Weise sich die Reformation in den geistlichen und weltlichen Territorien durchsetzte, ist die von A. SCHINDLING und W. ZIEGLER herausgegebene Reihe „Die Territorien des Reichs im Zeitalter der Reformation und Konfessionalisierung" [2.8.4]; sie bietet den besten Einblick in die Entwicklung auf territorialer (und sozialer) Ebene. Über das Heilige Römische Reich hinausgreifend, hat SCHINDLING auch vergleichbare Analysen der skandinavischen Königreiche [2.16: ASCHE/SCHINDLING] und Ungarns [2.15: FATA] angeregt, die Territorium und Reformation, weltliche Territorien

den besten Einstieg in die Thematik bieten. Eine eingehende Darstellung der verwaltungs- und behördengeschichtlichen Entwicklungen in den einzelnen Territorien, den Reichsstädten, der Reichsritterschaft, den Reichskreisen sowie auf der Reichsebene bietet der erste Band der großangelegten und von Historikern wie Rechtshistorikern erarbeiteten „Deutschen Verwaltungsgeschichte" [2.8.2]. Als eine der besten behördengeschichtlichen Einzelstudien bis heute kann die Monographie von V. PRESS zur Kurpfalz bezeichnet werden [2.8.4: Calvinismus und Territorialstaat; vgl. dazu auch 2.8.4: WOLGAST, Reformierte Konfession].

Geistliche Territorien Neuerdings konnte E. WOLGAST das lange vorhandene Defizit der (vergleichenden) Erforschung und Darstellung der geistlichen Territorien verringern [2.8.4: Hochstift und Reformation]. Darüber hinaus gibt es Monographien für einzelne Erzstifte und Stifte wie zu Salzburg [2.8.4: DOPSCH/SPATZENEGGER] oder zum Bistum/Hochstift Konstanz [2.8.4: REINHARDT]. A. SCHINDLING konnte eindrucksvoll zeigen, dass gerade das Reichsrecht, konkret die Einbindung in den Reichstag und in die Reichskreise, den geistlichen Fürstentümern vor dem Übergreifen der reformatorischen Bewegung einen gewissen Schutz bot und später die katholische Reform erleichterte [2.8.2].

Reichskreise Die Bedeutung der Reichskreise und ihrer politischen, rechtlichen und militärischen Funktionen ist des Öfteren unterschätzt worden. Die Monographie zum Schwäbischen Kreis von A. LAUFS [2.8.4] stellt eine der wenigen Ausnah-

Reichsritterschaft men dar. Die nach Regionen organisierte Reichsritterschaft konnte sich zwar mit Unterstützung des Kaisers der Eingliederung in die Territorialstaaten der Fürsten entziehen, erlangte aber nie Sitz und Stimme auf den Reichstagen; vgl. die instruktiven Studien von V. PRESS [2.8.4: Die Reichsritterschaft im Reich; 2.8.9: Karl V., Ferdinand und die Entstehung der Reichsritterschaft]. D. WILLOWEIT charakterisiert als „eigentümlichste Erscheinung der deutschen Territorialverfassung" den Streubesitz der Reichsritterschaft: „Nirgendwo in der Entwicklung des neuzeitlichen Verfassungsrechtes läßt sich die schmerzvolle Begegnung privatrechtlicher Denkformen mit den Prinzipien des neuzeitlichen Staates besser beobachten als hier" [2.8.4: 338].

9. PAPSTTUM – KATHOLISCHE REFORM – GEGENREFORMATION

Die älteren Darstellungen des frühneuzeitlichen Papsttums sind mit den Namen LEOPOLD VON RANKE und LUDWIG VON PASTOR verbunden. RANKES 1834/36 publiziertes Werk „Die römische Päpste" [2.5.5] war zunächst in einem irenischen Geist geschrieben, in der 3. Auflage (1847) wandte er sich von dieser Zugangsweise wieder ab. L. VON PASTOR schrieb hingegen aus katholischer Sicht seine „Geschichte der Päpste seit dem Ausgang des Mittelalters", und zwar in viereinhalb Jahrzehnten von 1886 bis 1993, beginnend in der Situation des Bismarckschen Kulturkampfes; dieses 16-bändige Werk ist bis heute im Hinblick auf Quellenerschließung und Stofffülle unentbehrlich [2.5.5]. Dem Urteil von H. LUTZ kann man nur zustimmen: „Von Ranke übernahm Pastor die Personalisierung der papstgeschichtlichen Fragen (so daß durchgehende Struktur- und Sachprobleme undeutlich bleiben) und eine gewisse Isolierung der Papstgeschichte von der Kirchengeschichte. Von Anfang bis Ende ist das Werk von der bekennerhaften Papsttreue der Kulturkampfzeit bestimmt, so daß – ganz zu schweigen von den ekklesiologischen und lehramtlichen Fragen (die durch das Vaticanum I abgeblockt waren) – auch die historischen Grundfragen von Wandel und Kontinuität der Institution nicht eigentlich in den Blick kamen" [2.3: 154].

Ältere Papstgeschichte

Eine neue Qualität erhielt die frühneuzeitliche Papstgeschichte erst durch H. JEDIN; zu nennen ist vor allem seine vierbändige Geschichte des Konzils von Trient (1949–1975) [2.5.7]. Auf einer breiten theologie-, organisations- und politikgeschichtlichen Grundlage weiß Jedin die Kontinuität von mittelalterlicher und nachtridentinischer Papstkirche mit reformkatholischen Aspekten zu verbinden. Außerdem sind die sozial-, verwaltungs- und finanzgeschichtliche Forschungen von W. REINHARD [2.5.5] zum neuzeitlichen Papsttum zu nennen. Weitgehend abgeschlossen sind die (wichtigsten) Serien der Nuntiaturberichte [siehe 1.6]; sie dokumentieren die „flächendeckende" Diplomatie des Papsttums in der europäischen Christenheit – und zum Teil darüber hinaus – in religiösen, kirchlichen und politischen Fragen wie kaum eine andere Quellengattung der Zeit, die den institutionellen Fokus der Berichterstattung der päpstlichen Nuntien und Legaten überschreitet [zu methodischen Fragen siehe Nuntiaturberichte und Nuntiaturforschung 2.5.5]. Von besonderem Interesse ist ferner der organisationsgeschichtliche und kirchenrechtliche Ansatz in den Arbeiten von P. PRODI [2.5.5], weil hier die Probleme der nachtridentinischen Zentralisierung und der Reduzierung der kollegialen Strukturen aufgezeigt werden.

Neuere Papstgeschichte

Den seit S. Pütter 1776 verwendeten Begriff der Gegenreformationen faßten die Katholiken als Vorwurf auf, vor allem wegen der damit verbundenen Vorstellung von Gewaltanwendung zur Lösung religiöser Probleme. „Dazu kam die kausal-chronologische Implikation: als habe erst in der Reaktion auf die Reformation Luthers die katholische Seite mit der Reformarbeit angefangen"

Die Begriffe „Gegenreformation" und „katholische Reform"

[2.3: LUTZ, 155]. Das von H. JEDIN 1946 vorgeschlagene Begriffspaar „katholische Reform" und „Gegenreformation", das beide Seiten der (Re)katholisierung charakterisieren sollte, hat sich seit Langem durchgesetzt: Nach JEDIN bezeichnet der Begriff „katholische Reform" die kontinuierliche innere Erneuerung der Kirche seit dem 15. Jahrhundert, also vor der Reformation, der Begriff der Gegenreformation hingegen die Summe der neuen Vorgehensweise bzw. des „Gegenangriffs", ob friedlich oder gewaltsam-militärisch, um das Verlorene wiederzugewinnen, auch unter besonderer Mitwirkung der weltlichen Fürsten [2.5.6: 32]. Zur weit zurückreichenden Begriffsgeschichte, einschließlich der englischen Übersetzung „Counter-Reformation" vgl. auch EHRENPREIS/LOTZ-HEUMANN [2.5.3: 75–79]. Nun ist unbestritten, dass dieser Doppelbegriff das angesprochene Phänomen nicht ausreichend erfasst und „daß manches von den komplexen kirchlichen und kulturellen Wandlungen sich in das Modell des Jedinschen Doppelbegriffes nicht recht einordnen läßt" [2.3: LUTZ, 156].

Die Praxis katholischer Reform hat K. UNTERBURGER [2.5.6] am Beispiel des bayerischen Konkordats von 1583 untersucht. Unterburger hat das gesamte Spektrum der nachtridentinischen Papstpolitik gegenüber dem Heiligen Römischen Reich, vor allem das Verhältnis von weltlicher und geistlicher Gewalt, analysiert und den Bogen bis in die 1520er Jahre gespannt, der vom Streit um die kirchliche Jurisdiktion zwischen den süddeutschen Bischöfen und den Herzögen Bayerns sowie von den „geistlichen Gravamina" geprägt war und eine katholische Reform während der ersten Ausbreitungsphase des Luthertums erheblich erschwerte. Es wird deutlich, welche folgenreichen Veränderungen 1583 eingetreten sind: „Waren die Bischöfe in der Durchsetzung ihrer im Grund bereits identischen Forderungen in der ersten Jahrhunderthälfte stets unterlegen gewesen, so fanden sie seit dem Tridentinum im Papsttum einen Fürsprecher. Das bayerische Konkordat war der Auftakt zu einer ganzen Fülle von weiteren Rezessen zwischen den katholisch gebliebenen Territorien im Reich und dem katholischen Episkopat, in denen jeweils den weltlichen Landesherren kirchliche und klerikale Immunitäten und Freiheiten abgerungen wurden. Das dahinter stehende, eng an den Normen des kanonischen Rechts und somit der gregorianischen Reformperiode orientierte Konzept wurde dabei insbesondere von Theologen aus dem im 16. Jahrhundert neu entstandenen Jesuitenorden propagiert. [...] Die weltliche Gewalt sollte so aus der kirchlichen Sphäre zurückgedrängt werden" [2.5.6: UNTERBURGER, 520].

Gegenreformation als „Modernisierung"? Seit den 1970er Jahren wird dem Begriff der Gegenreformation eine neue Qualität zugesprochen. Es waren die englischen Historiker E. COCHRANE [2.13] und J.A. BOSSY [2.5.6], die im Sinne der aktuellen Modernisierungsdebatten die Gegenreformation auch als Modernisierung auffassten. „Perhaps they [the bishops of the Tridentine Church] have as good a claim as English Puritanism to have, eradicated habits which unfitted men for an industrial society" [2.5.6: BOSSY, 70]. W. REINHARD [vgl. seinen programmatischen Aufsatz „Gegenreformation als Modernisierung?" 2.5.3] und H. SCHILLING griffen diese Ideen auf. SCHILLING meint abwägend: „Weder geht es darum, an Stelle der grundsätzlichen Modernität des Protestantismus nun eine solche des tridentinischen Katholizismus zu setzen, noch darum, den evangelischen Denominationen jede Bedeutung für die Fortentwicklung des gesellschaftlichen Systems zu bestreiten. [...] Hinsichtlich der ersten Alternative muß die Lösung meines Erachtens vielmehr in Richtung auf eine gesellschaftliche und politische Polyfunktionalität der einzelnen Konfessionen gesucht werden" [2.8.6: SCHILLING, 363; vgl. auch 2.5.3: SCHILLING, Die Konfessionalisierung im Reich]. In der gegenwärtigen Diskussion hat der Begriff der Gegenreformation an Attraktivität und Anwendung stark verloren; Ähnliches gilt auch für den Jedinschen Doppelbegriff. Beide Begriffe – Gegenreformation und katholische Reform – haben im Begriff der Konfessionalisierung ihren stärksten Konkurrenten gefunden.

10. DIE REFORMATION ALS MEDIENEREIGNIS UND DIE FOLGEN

Die Reformation war ein Medienereignis bzw. eine Medienrevolution. J. BURK-HARDT meint dazu: „Die Modernität der Reformation floß aus dem neuen typographischen Informationssystem, dessen Hauptanwender sie wurde." Konkret bedeute dies, dass die „neuzeitliche Medienrevolution" „jedoch nicht nur zwischen Schreiben und Drucken" stattfand, sondern „vor allem auch in ihrem Verhältnis zum Sprechen gesehen werden" muss. „Denn erst das typographische Reproduktionsverfahren schöpfte die Leistung der Schrift voll aus und ließ sie gegenüber der fortbestehenden Mündlichkeit nun weit überlegen erscheinen" [2.3: 17, 19]. Das Heilige Römische Reich war davon in besonderer Weise betroffen, zunächst in der ersten Hälfte des 16. Jahrhunderts. Die reformatorische Bildpropaganda entfaltete ihre Wirkung, unabhängig von der Einstellung der Reformatoren zum Umgang mit den Bildern in religiös-theologischer Hinsicht, die von der radikalen Ablehnung bis zur Akzeptanz im pädagogisch-lehrhaften Sinne, wie es für Luther typisch ist, reichte.

Reformatorische Bildpropaganda

Wenn neuerdings vom gesellschaftspolitischen *iconic turn* gesprochen wird, so können die Geschichtswissenschaften dazu bemerken, dass die vor etwa 500 Jahren stattgefundene „technische Revolution" des Buchdrucks aufgrund der neuartigen Vervielfältigungsmöglichkeiten, auf Texte und vor allem Bilder bezogen, zu Recht als Vorläufer gesehen werden kann [2.6.4: ROECK]. Dieses Phänomen fand seit jeher das historiographische Interesse, beispielsweise im Rahmen der Gedächtnisausstellungen für Martin Luther und die deutsche Reformation im Jahr 1983 [2.6.4] sowie in dem von W. HOFMANN herausgegebenen Band zu Luther und den Folgen für die Kunst [2.6.4]. Darüber hinaus hatten nicht nur die Schriften des Reformators, sondern auch die im Zusammenhang damit stehenden Bilder für viele Generationen Identität stiftende Wirkung. Allerdings kann man wohl bis heute in den Geschichtswissenschaften eine Bedeutungsdifferenz zwischen Texten und Bildern feststellen, d.h. dass die Beschäftigung mit den Texten intensiver erfolgt als die mit den Bildinhalten. Dies kommt auch bei EHRENPREIS/LOTZ-HEUMANN [2.5.3] zum Ausdruck, die zwar von den Flugschriften als neues Mittel der Massenkommunikation sprechen, auf die Funktion des Bildes jedoch kaum Bezug nehmen [ebd. 89–92]. Das ist in Anbetracht einer medial-visuell geprägten Gegenwart eigentlich erstaunlich. Es gibt zu wenige grundlegende Werke bzw. Detailanalysen von Bildquellen des 16. und 17. Jahrhunderts. Das hängt auch damit zusammen, dass es zu wenige interdisziplinäre Kooperationen zwischen Vertreterinnen und Vertretern der Geschichtswissenschaften und der Kunst- und Bildwissenschaften, namentlich der Vertreterinnen und Vertreter der Kunstgeschichte, gibt. Ausnahmen bilden Ausstellungskataloge, wo Kooperationen dieser Art auf positive Ergebnisse verweisen können; die Ausstellungskataloge zum „Lutherjahr" 1983 sind beste Beispiele dafür [vgl. 2.6.4: HOFMANN und unter 2.6.4 die Ausstellungskataloge]. Die Flugschriften der Reformationszeit sind in der Regel eine mehr oder weniger gelungene Kombination von Texten und Bildern [vgl. 2.1.1: KÖHLER]. Auf historischer Seite sind in der Regel Defizite im Hinblick auf die Metaphorik und Symbolik der Bildinhalte zu erkennen, auf kunsthistorischer Seite nicht selten die Unterschätzung des historischen Kontextes der Bildquellen.

Die Bilder hatten dabei wohl eine breitere Wirkung auf die Zeitgenossen als die Texte, insbesondere auf die ungebildeten. Die reformatorische Propaganda seit dem Auftreten Martin Luthers wusste diesen Umstand zu nützen. Sie inszenierte Luther in Bildern verschiedenster Art: als Herkules, d.h. als antiken Held, als Mönch mit der Taube des Hl. Geistes, als Evangelist Matthäus oder als Junker Jörg mit vollem Haupt- und Barthaar seit seinem Aufenthalt auf der Wartburg, um nur einige zu nennen [vgl. 2.6.4: HOFMANN, 122–125, Nr. 27–29]. Auf die Verklärung und Überhöhung Luthers antwortete die katholische Seite propagandistisch mit der Diabolisierung des Reformators, und zwar mit Anspielung auf das siebenköpfige Tier der Apokalypse. Auf dem Titelholzschnitt mit der Überschrift „Sieben Koepffe Martini Luthers" zur gleichnamigen Schrift von Johannes Cochlaeus, erschienen 1529 in Leipzig bei Valentin Schumann, hat Luthers Kopf eine Vielzahl von Gesichtern, die erkennbar und bezeichnet sind: In der Mitte als Priester mit dem Text „das predigt, was die Menge zu hören wünscht", links flankiert vom Turban tragenden Kopf eines Türken, rechts vom Kopf eines von Wespen oder Hornissen bedrängten Schwärmers. Die weiteren Köpfe charakterisieren Luther als tölpelhaften „Visitierer", womit er als gegenpäpstlicher Kirchenführer verspottet wird. Den Abschluss bildet Luther als Barrabas mit Keule, womit er als Krimineller und Aufrührer zu Unruhe und Umsturz diffamiert wird [vgl. 2.6.4: HOFMANN, 160, Nr. 33]. Damit wird der Keulen schwingende Herkules der lutherischen Bildpropaganda ins Negative gewendet. Auf dieses wohl die Charakterlosigkeit des Reformators ausdrückende Bild folgte wiederum eine spontane protestantische Antwort, die von Hans Sachs stammt und 1530 erschien [hier und zum Folgenden vgl. 2.6.4: KOHLER, 39–45].

Der „Medienstar" Martin Luther

Daneben bezog sich die reformatorische Propaganda von Anfang an auf apokalyptische Vorstellungen des Antichristen und der „babylonischen Hure". Schon 1521 hatte Lucas Cranach eine Serie von 26 Holzschnitten mit dem Titel „Passional Christi und Antichristi" entworfen und ausgeführt. Sie gehört zu den verbreitetsten reformatorischen Propagandaschriften und besteht aus 13 antithetischen Bildpaaren des Lebens Christi und der Päpste. Diese Methode bringt die gegenteilige Position des Papsttums zu Christus und damit das Phänomen des Antichristen bildhaft zum Ausdruck. Eine weitere antithetische Darstellungsform unter Verwendung der Christusmetaphorik ist die Darstellung des Papstes im Rahmen der Kreuzigung Christi. Dabei wird die Vorstellung vom guten und bösen Schächer neben dem Kreuz Christi auf die evangelische und katholische Kirche bezogen. Die „alte Kirche" wird als Ort gezeigt, wo man gegen Geld seinen Ablass erwirbt und somit sein Seelenheil erlangt. Die antithetische Methode fand in der Reformationspropaganda vielseitige Verwendung. Die „antipapistische Polemik" des 16. Jahrhunderts hielt sich bis ins 17. Jahrhundert. Einen Blick

Verteufelung von Papst und Kirche

in die kalvinistische Propaganda gegen das Papsttum gewähren die Arbeiten von Matthias Gerung. Seine Spottblätter übertragen offensichtlich Bildvorstellungen der „Apokalypse" auf die religiöse Bildpolemik. Die Struktur der lutherischen apokalyptischen Flugschriftenpublizistik nach 1548 hat LEPPIN in seiner weitgespannten Studie untersucht [2.6.4], die allerdings keine bildlichen Darstellungen thematisiert.

Antithetik und Metaphorik Neben der antithetischen Darstellungsform fand die Metaphorik vielfältige Verwendung. Bekannte Beispiele für die verwendete Tiermetaphorik sind Papstesel und Mönchskalb. In beiden Fällen handelt es sich um tierische Missbildungen, wobei die letztere sich auf die Geburt eines missgebildeten Kalbes in Freiberg in Sachsen (1522) bezieht; sie wurde von Luther auf das Mönchtum bezogen. Die Wappenmetaphorik bestand darin, dass ein päpstliches „Spottwappen" erfunden wurde, das den Verfall päpstlicher Macht symbolisiert, weil die gekreuzten päpstlichen Schlüssel, das Zeichen der päpstlichen Gewalt, zerbrochen sind und an den Schlüsselstielen Judas und der Papst hängen. Von hier ergibt sich ein Zusammenhang zu einer Serie von Spottbildern zu Luthers polemischem Traktat „Wider das Papsttum zu Rom vom Teufel gestiftet" aus dem Jahr 1545, ebenfalls aus der Cranachschule. Es sind überaus deftige und ordinäre, völlig übertriebene fäkal-erotische Polemiken, die übrigens auch im Kulturkampf des 19. Jahrhunderts verwendet wurden. Beispielsweise verrichten Bauern ihre Notdurft in der Papstkrone, die Geburt des Papstes und des Mönchtums erfolgt aus dem After eines Teufels, Papst und Kardinäle hängen am Galgen. Diese Bildthematik fand auch noch zu Beginn des Dreißigjährigen Krieges Verwendung.

Schiffsmetapher Die Metapher des Schiffes für die Kirche war seit Langem im Gebrauch. Deshalb ist es nicht überraschend, dass sie auch als Darstellungsform der Kirchenkritik Verwendung fand. Sie diente der Prophezeiung des Untergangs der Kirche, dargestellt anhand eines mit hohen geistlichen Würdenträgern, dem Kaiser und anderen hohen weltlichen Persönlichkeiten besetzten untergehenden Schiffs, auf dessen Rahsegel der gekreuzigte Christus dargestellt ist.

Die „Verbildlichung" evangelischer Identität ging über die Person Luthers hinaus und arbeitete ebenso wie im Bereich der Polemik gegen Papsttum und „alte Kirche" mit antithetischen Mitteln. Es ist die Gegenüberstellung von „guter" und „schlechter" Kirche, die der reformatorischen Propaganda diente und die eigene Identität stärken sollte. Ein von Lucas Cranach dem Jüngeren stammender Holzschnitt zum Thema des Abendmahles der Evangelischen und der Höllenfahrt der Katholischen aus dem Jahr 1546 zeigt Luther nach dessen Tod in der Rolle des Weltenrichters: Er steht auf einer mit den vier Evangelistensymbolen geschmückten Kanzel und verweist mit seiner erhobenen rechten Hand auf den gekreuzigten Christus, zu dessen Füßen die Gemeinde das Abendmahl in beiderlei Gestalt einnimmt. „Der Reformator weist auf einen geöffneten Höllenrachen als Ort der katholischen Geistlichkeit. Diese Darstellung des katholischen Klerus entspricht den drastischen Darstellungen in den Illustrationen Cranachs zur antipäpstlichen Schrift Luthers ‚Wider das Papsttum zu Rom, vom Teufel gestiftet'" [2.6.4: HOFMANN, 196, Nr. 69].

Die wichtigste Voraussetzung der lutherischen Propaganda in Wort und Bild bestand in der Verfügbarkeit und Anwendung der sogenannten „deutschen Kunst", des Buchdrucks. Die Voraussetzungen für diese „Spitzentechnologie" waren günstig, befand sich doch im Heiligen Römischen Reich damals etwa die Hälfte aller Druckereien Europas. Der in Mainz durch Johannes Gutenberg erfundene Druck mit beweglichen Lettern hatte sich sehr rasch auf andere Städte, vor allem auf große Reichsstädte, ausgebreitet. Straßburg, Köln, Nürnberg, Augsburg und Ulm wären unter anderen zu nennen. Die Drucktechnik erlaubte eine Massenproduktion an gleichen Texten, welche die Möglichkeit der Abschriften bei Weitem überstieg. Die reformatorische Bildpropaganda wirkte wohl am ehesten auf die eigene Anhängerschaft, fand hingegen auf katholisch-altgläubiger Seite viel weniger Resonanz und konnte nur bedingt für die Sache der Reformation erfolgreich werben. „Unentschiedene" mag sie hingegen positiv beeindruckt haben, dies vielleicht gerade deshalb, weil Luther und seine Mitstreiter sich dadurch auszeichneten, dass sie all das, was sie taten, sofort in Form von Schriften und Bildern dokumentierten bzw. veröffentlichten und dadurch ihre Gegner jedes Mal nur reagieren konnten. Somit waren die Reformatoren immer ein Stück voraus, hatten sozusagen die Nase vorn. Darin lag ihre Stärke. In Wittenberg hatte man sogar ein eigenes Schnelldruckverfahren unter Anwendung des Ergänzungs- und Paralleldrucks entwickelt. Martin Luther war ja überhaupt der erfolgreichste Autor unter den Reformatoren und weit darüber hinaus. Die altgläubige Propaganda vertraute offensichtlich noch mehr den traditionellen „Menschmedien", im Gegensatz zu den neuen „Druckmedien"; so meint W. FAULSTICH aus der Perspektive der mediengeschichtlichen Entwicklung Europas: Die Reformation habe sich deshalb durchgesetzt, „weil sie sich in der Hauptsache der neuen Druckmedien bediente, während das römische Christentum, auch noch in der Gegenreformation, nach wie vor den ‚alten' Menschmedien Priester, Redner, Prediger, Theater usw. vertraute" [2.6.4: Mediengeschichte von den Anfängen, 122f.]. Es wäre zu überprüfen, inwieweit diese Gegenüberstellung wirklich trägt, denn auf beiden Seiten fanden ja, offensichtlich jedoch in unterschiedlicher Weise, diese beiden genannten Methoden medialer Vermittlung Verwendung; kritische Anmerkungen dazu bei EHRENPREIS/LOTZ-HEUMANN [2.5.3: 91f.].

Die reformatorische Bildpropaganda mit ihrem antipäpstlichen Touch fand jedenfalls bei den Eliten und auch darüber hinaus ein überaus positives Echo. Symptomatisch dafür ist das von den „Gravamina contra sedem apostolicam" und der damit verbundenen Gravaminabewegung kritisierte kirchliche Fiskalsystem. Nicht zuletzt war es jene gelungene Synthese zwischen Bild und unterstützendem Text der Titelholzschnitte, die eine besondere Wirkung auf das Lesepublikum entfaltet haben muss. Hierin kann man zu Recht einen *iconic turn* sehen, der in seiner Quantität und Qualität im Heiligen Römischen Reich bis dahin unbekannt gewesen ist. Ohne intensiven Einsatz der neuen Printmedien wäre die Reformation gewiss anders verlaufen und hätte wohl nicht eine so sprunghafte Dynamik entfaltet, die in einem bildhaften Sinne mit einem Erosionsprozess

Massiver Einsatz des Buchdrucks

verglichen werden kann. Eine spezifische Stoßrichtung der reformatorischen Propaganda an der Wende vom 16. zum 17. Jahrhundert hat M. NIEMETZ [2.6.4] in umsichtiger Weise untersucht, d.h. Geschichte, Ikonographie und Ikonologie berücksichtigt und die einzelnen Bilder erschlossen und interpretiert.

Weiterführende Studien: Osmanisches Reich und Krieg In seiner interessanten Studie zum grundlegenden Thema der „türkischen Religion" aus europäischer Sicht hat T. KAUFMANN der Bildpublizistik nur einen akzidentiellen Platz [2.6.4: 77–110] zugewiesen und damit dem interessanten bildgeschichtlichen Kontext wenig Aufmerksamkeit geschenkt. Die europäischen Kriege des 16. und 17. Jahrhunderts waren auch „Bilderkriege" und Propagandakriege, wie beispielsweise der Schmalkaldische Krieg, der Dreißigjährige Krieg, die Hugenottenkriege oder der niederländische Aufstand. Hervorzuheben ist die umfangreiche und gediegene Arbeit von P. SCHMIDT [Spanische Universalmonarchie 2.12] über den „Antihispanismus" in den Flugschriften des Dreißigjährigen Krieges, unter besonderer Berücksichtigung der Polemik gegen die spanischen Weltreichsambitionen und die damit verbundenen Kriegslegitimationen. Sehr instruktiv im medienhistorischen Zusammenhang ist Schmidts Dokumentation und Analyse zahlreicher bildpropagandistischer Quellen bzw. Flugschriften und Flugblätter [ebd. 335–392]. Auch die „quasidokumentarische" bildliche Darstellung einzelner Ereignisse *ex post*, so etwa im Hinblick auf Massaker des 16. Jahrhunderts, sind hier zu nennen [vgl. K. HIRT, Der Sacco di Roma in einer zeitgenössischen Versflugschrift: Das Massaker und die Einheit der Nation, in: 2.6.4: VOGEL, 48–50; D. EL KENZ, Die mediale Inszenierung der Hugenottenmassaker zur Zeit der Religionskriege: Theologie oder Politik?, in: 2.6.4: VOGEL, 51–73].

11. ZUR PROBLEMATIK DES DREISSIGJÄHRIGEN KRIEGES

Die Auseinandersetzung mit dem Dreißigjährigen Krieg ist durch die deutsche und internationale Forschung geprägt. „Während die europäische Verflechtung und Bedingtheit der militärisch-politischen Konflikte dieser Epoche für die Historiker des 19. Jahrhunderts eine Selbstverständlichkeit war, vollzog sich nach der Reichsgründung eine Konzentration der deutschsprachigen Geschichtswissenschaft auf die reichspolitischen und konfessionspolitischen Aspekte" [2.3: LUTZ, 181]. Als Beispiel für letzteres kann die Darstellung im dritten Band von M. RITTERS „Deutscher Geschichte im Zeitalter der Gegenreformation und des Dreißigjährigen Krieges" von 1908 dienen [2.8.1], die den Kriegsphasen seit dem Prager Frieden von 1635 gewidmet ist, wobei hervorzuheben ist, dass Ritter sich seiner Entscheidung bewusst gewesen ist: „Hiermit aber erhebt sich auch die Frage, wieweit eine Darstellung der deutschen Geschichte einer solchen Erweiterung des historischen Schauplatzes gerecht werden kann. Folgt sie wirklich dem Zusammenhang der Ereignisse, so wächst sie sich aus einer deutschen zur europäischen Geschichte aus und wird dann auch den Endpunkt nicht beim Westfälischen Frieden, sondern erst bei den Friedensschlüssen der Jahre 1659 und 1660 finden. Durchschneidet sie dagegen den Zusammenhang, und sucht sie nur innerhalb der Grenze des deutschen Reichs sich vollziehende Ereignisse [...] zu entwickeln, so wird sie sich in der Hauptsache auf Feldzüge und Schlachten und Lösung kriegerischer Entwicklung beschränken müssen" [2.8.1: RITTER Bd. 3, 605f.].

H. STEINBERG, der den Begriff des Dreißigjährigen Kriegs durch den des Großen Krieges gern ersetzt hätte, betonte nicht nur die europäische Dimension dieser weitreichenden militärischen Auseinandersetzungen, sondern schlug auch eine Neubewertung der sozioökonomischen Auswirkungen vor: „An die Stelle der Fabel von der allgemeinen Verwüstung und dem Massenelend ist daher die weniger sensationelle Erkenntnis zu setzen, daß zwischen 1600 und 1650 in Deutschland eine Umschichtung der Bevölkerung und des Besitzes stattfand, die einigen Gegenden, Ortschaften und Personen zum Vorteil und anderen zum Schaden gereichte. Einige dieser Veränderungen lassen sich auf die Auswirkungen der Kriege zurückführen, doch erfolgten andere unabhängig von jeder Kriegshandlung" [2.8.12: 7]. Die Betonung dieser Aspekte und allfälliger irreversibler Folgen dieses Krieges war neu und bestimmte zum Teil die weitere Forschung. J. ENGEL sieht im Dreißigjährigen Krieg nur einen Teil der militärischen Auseinandersetzungen in vielen Teilen Europas: „Der erst gegen Ende des 17. Jahrhundert so benannte ‚Dreißigjährige Krieg' von 1618–1648, diese Kette verschiedener, hauptsächlich in Deutschland ausgetragener Kriege, stellt nur einen Ausschnitt aus dem Ganzen dieser Kriegsepoche dar. [...] Die große europäische Kriegsepoche beginnt im Grunde schon in den 80er Jahren des 16. Jahrhunderts und endet erst mit den Friedensschlüssen von 1659 bis 1661, die den Westen, den Norden und Osten Europas betrafen" [2.2: Handbuch der europäischen Geschichte, 316f.]. Letztlich war es wich-

<small>Dreißigjähriger Krieg oder Großer Krieg?</small>

tig, dass K. Repgen in einer mit über 200 Quellenbeispielen dokumentierten begriffsgeschichtlichen Analyse den Terminus „Dreißigjähriger Krieg" und damit die Einheit dieses Krieges vehement verteidigte und nachwies, dass dieser Begriff das Ergebnis einer späthumanistischen Geschichtsinterpretation aus der Mitte des 17. Jahrhunderts ist. In bewusstem Gegensatz zu Steinberg und Dickmann versteht REPGEN unter diesem Krieg eine „historische Ganzheit", so dass man von einer „historischen Individualität sprechen darf, die zunächst, im 17. Jahrhundert, als eine gegenwärtige Besonderheit erlitten und erlebt, und die danach, bis heute, als Erinnerung tradiert wurde und als Vergangenheit verlebendigt werden soll" [Über die Geschichtsschreibung des Dreißigjährigen Krieges, in: 2.8.12: REPGEN, Krieg und Politik, 1–84, hier 2]. Zuletzt hat J. BURKHARDT [2.8.12: Der Dreißigjährige Krieg] eine instruktive, die Verlaufsgeschichte des Dreißigjährigen Krieges überwindende Analyse der „Struktur- und Entwicklungsbedingungen von Krieg und Frieden" vorgelegt.

Vom Aspekt des Kriegsschauplatzes her besteht kein Zweifel, dass er fast ausschließlich das Heilige Römische Reich betraf, darüber hinaus ist der „Große Krieg" oder Dreißigjährige Krieg im Kontext der übrigen politisch-militärischen Auseinandersetzungen in Europa zu sehen. Auf der europäischen Ebene bleibt die Forschung mit den Problemen zwischen Habsburg, Frankreich, Schweden und dem Papsttum befasst, wo sich politische und kirchliche Fronten überschneiden und seit den 1630er Jahren das Zurücktreten der konfessionellen Motive deutlich wird. Noch immer wird die Problematik von Religion und Politik während des Dreißigjährigen Krieges diskutiert, vor allem der Aspekt, inwieweit ein Konfessionskrieg vorliegt. H. STURMBERGER [2.8.12: Aufstand in Böhmen] sah am Beginn des Krieges das konfessionelle Motiv als die treibende Kraft, zugleich aber den Wandel vom „Konfessionskrieg" zum „Machtkampf". R. BIRELEY ging von den Intentionen der betont katholischen Herrscher wie Ferdinand II. und Maximilian von Bayern und ihrer jesuitischen Ratgeber aus [2.8.12: Maximilian von Bayern; 2.8.12: Religion and Politics] und stellte ein Dreiphasenmodell zur Diskussion, das in den Jahren von 1627 bis 1635 seinen Höhepunkt erreicht [BIRELEY, The Thirty Years War as Germany's Religious War, in: 2.8.12: REPGEN, Krieg und Politik, 85–106; ebd. 319–321 heftiger Widerspruch dagegen].

General Crisis-Debatte Die seit Jahrzehnten in England vertretene Debatte über eine sozioökonomische *General Crisis* des 17. Jahrhunderts, deren Beginn immer weiter in das 16. Jahrhundert zurückverlegt wurde, hatte in H.R. TREVOR-ROPER, einen nichtmarxistischen Vertreter der *General Crisis*-These, der die Krise in den Jahrzehnten zwischen 1640 und 1660 kulminieren lässt [2.3]. Diese Perspektive griff die marxistisch orientierte Geschichtswissenschaft auf, stellte die „gesamteuropäische Wirkung der Krisenerscheinungen in den einzelnen Schlüsselbereichen des gesellschaftlichen Lebens und auch zur Kennzeichnung der gesamteuropäischen, überregionalen Voraussetzungen der Krise" dar und sah in der „Integrierung der Waren- und Geldbeziehungen in das feudale System" eine „Refeudalisierung" mit einer „neuen Verschärfung der ökonomischen Interessengegensätze" [so 2.3: HROCH/PETRÁŇ, 11–60, 203–205]. P. CLARK [2.3: 14] hat mit einer Reihe von englischen, niederländischen und deutschen Historikern die Frage einer „European Crisis of the 1590" in England, den Niederlanden, Frankreich, Italien, Spanien und im Reich untersucht und ist zu dem Ergebnis gekommen, dass dieses Jahrzehnt von Teuerung, Hunger und Krieg bestimmt wurde, wobei die gesamteuropäische Verbindlichkeit des Krisenbegriffs und der Krisenerscheinungen allerdings umstritten geblieben ist.

Besondere Verdienste zur Erforschung des Dreißigjährigen Krieges kommen der tschechischen Historiographie zu. Vor allem ist J. POLIŠENSKY zu nennen, nach dessen Planungen die Tschechoslowakische Akademie der Wissenschaften seit 1971 die wichtige Quellenedition der „Documenta Bohemica bellum tricennale illustrantia" herausgibt [1.1.2]. Zur Einheit des Krieges stellte POLIŠENSKY affirmativ fest: Wenn „der Dreißigjährige Krieg eine unterscheidbare und genügend klare historische Kategorie bleibt, kann man die traditionelle Begrenzung des Konflikts mit den Jahren 1618–1648 verteidigen, allerdings mit dem Vorbehalt, daß der Beginn verschiedentlich in das Jahr 1617 verschoben werden muß" [1.1.2: Documenta Bohemica Bd. 1, 17]. Die Programmatik seiner Darstellung „The Thirty Years War" [2.8.12: 9] definiert POLIŠENSKY so: „What you are about to read is an attempt at a new and different account of the Thirty Years War, seen as an example of two civilizations in ideological conflict. The clash of one conception, deriving from the legacy of Humanism, tinged with Protestantism and taking as its model the United Netherlands, with another, Catholic-Humanist one which followed the example of Spain, becomes thus the point of departure for the development of political fronts and coalitions of power". Hinter diesem Urteil steht der Konspekt sozialer, staatlicher, kultureller und geistesgeschichtlicher Phänomene.

Leistungen der tschechischen Historiographie

Zu den interessantesten Einzelproblemen gehört zweifellos das Thema „Wallenstein". Die Kontroversen zwischen dem tschechischen Historiker J. PEKAŘ [2.8.12] und dem österreichischen Historiker H. VON SRBIK [2.8.12] in den 1930er Jahren haben erhebliche Nachwirkungen; bis heute werden die böhmischen Ambitionen Wallensteins bis zur Erlangung der böhmischen Krone dem Friedenskonzept für das Reich (Lösung der Konfessionsfrage, Befreiung von der Präsenz schwedischer, französischer und spanischer Truppen) gegenübergestellt. In den 1970er Jahren betonte G. MANN, Wallenstein konnte bei Übernahme des zweiten Generalats „der eigenen Partei den Frieden diktieren, mit diskreter Gewalt, so daß der Wiener Hof gute Miene zum bösen Spiel machte, oder mit indiskreter offener. Schließlich konnte er, wie Graf Thurn zu hoffen nie aufhörte, zu Österreichs Erzfeinden übergehen" [2.8.12: 783f.]. Konnte er wirklich so wählen? Zweifellos hat Mann militärhistorische Fragen unterschätzt. Dies geht aus den scharfsinnigen Analysen von H. SCHMIDT hervor, der bei Wallenstein die Verbindung einer weitausgreifenden Angriffsstrategie mit der Taktik der Defensivschlachten (Dessauer Brücke, Nürnberg, Lützen) würdigt [2.8.12].

Die „Wallensteinfrage"

G. LUTZ hat hingegen einen größeren interpretativen Rahmen vorgeschlagen: „Man hat des öfteren darauf hingewiesen, daß im Prager Frieden von 1635 die Ideen Wallensteins zur Ausführung gelangt seien. Dies kann aber nur behauptet werden, wenn man den Friedländer des ersten Generalats im Auge hat, den Generalissimus, welcher der kaiserlichen Macht im Reich zum Sieg verhelfen will – so wie dann der Friede von Prag noch einmal die Autorität Ferdinands II. zu bestätigen schien. Betrachtet man jedoch den Weg, den Wallenstein mit der Übernahme des zweiten Generalats beschritten hat und auf dem er zwangsläufig scheitern mußte, so wird deutlich, wie wenig seine Friedensidee mit dem Text und den Intentionen des Prager Friedens übereinstimmte, wie sehr sie dagegen der Friedensordnung entsprach, die in Münster und Osnabrück Wirklichkeit geworden ist: Sowohl die Sanktionierung faktischer religiöser Duldung wie die Dezentralisierung der Reichsgewalt, der Abbau kaiserlichen Machtanspruchs und der Übergang staatlicher Souveränität auf die Territorialfürsten waren längst wirkende Grundtendenzen der deutschen Verfassungsgeschichte, die sich mit dem Westfälischen Frieden endgültig durchsetzen konnten; und zugleich lagen sie miteingeschlossen in den Vorstellungen Wallensteins, dem die Interessen des Kaisers zuletzt weniger gegolten hatten als die Befriedung des Reiches" [2.8.12: 242f.; vgl. dazu die Erörterung und Bewertung der Ideen Wallensteins bei 1.1.2: LORENZ, 1–48]. Dies ist eine weiterführende, klärende Interpretation zur Frage, was Wallenstein tatsächlich wollte. Zuletzt hat R. REBITSCH [2.8.12] die Position von Matthias Gallas im Kreis der Wallensteingegner Piccolomini und Aldringen hervorgehoben, der als höchstrangiger Offizier nach Wallenstein diesem lange Zeit loyal blieb, doch ab dem Moment, als ihn der Kaiser im Januar 1634 zum obersten Befehlshaber der kaiserlichen Armee ernannte, diese Loyalität aufgab; er hatte im Grunde auch keine andere Wahl: „So sehr auch Wallenstein seinen Generalleutnant schätzte, gab es von Seiten Gallas wohl nur eine beschränkte Loyalität zum Generalissimus, die volle galt freilich dem Reichsoberhaupt" [ebd. 85].

Position und Rolle der Reichsstände

„Im europäischen Maßstab waren die deutschen Reichsstände nur politische Potenzen zweiten Ranges und daher nicht imstande, ihre Kriegsziele ohne direkte oder indirekte Hilfe der Großmächte zu realisieren." So hat D. ALBRECHT [in: 2.8.12: REPGEN, Krieg und Politik, 241–273, hier 272] die Position der Reichsstände charakterisiert, deren Mehrheit bestrebt war, den Zustand von 1618 zu konservieren oder wiederherzustellen; aber nur wenige waren imstande, vielschichtige Kriegsziele – reichs- und religionspolitische wie territorialpolitische – zu verfolgen. Dazu gehörte Bayern, dessen Politik Albrecht als symptomatisch für den Wechsel zwischen Erweiterung, Überspannung (1619–1630) und Reduktion der Kriegsziele auf die territorialstaatlichen Belange (1635–1648) betrachtet [ebd. 255].

Frankreich

Person und Zeitalter des französischen Kardinalministers Richelieu bilden seit Langem attraktive Themen der Geschichtswissenschaft. Er steht im Schnittpunkt tiefreichender Veränderungsprozesse: sowohl hinsichtlich der Ausbildung des staatlichen Absolutismus nach innen wie hinsichtlich der Neugestaltung der zwischenstaatlichen Bezüge und des europäischen Staatensystems; das Zurücktreten der kirchlich-konfessionellen, überstaatlichen Kräfte gegenüber dem einzelstaatlichen und säkularisierten Machtanspruch scheint mit seinem

Wirken besonders eng verbunden. Die Interpretation dieser Vorgänge vollzieht sich auf sehr verschiedenen Ebenen und mit unterschiedlichen Kategorien und Ergebnissen, umso mehr, als die Richelieu-Forschung zahlreiche Fragen des Dreißigjährigen Krieges zu berücksichtigen hat.

War die frühere Forschung vielfach davon ausgegangen, dass der Kardinal im Sinne machiavellistischer Ideen ein Vertreter moderner, „säkularisierter" Machtpolitik gewesen sei, so gewinnt neuerdings die Auffassung an Boden, dass Richelieu einerseits fest im traditionellen Bezugssystem von Staat und Kirche verankert war, andererseits die Interessen der französischen Krone nach innen und außen im Rahmen weitgespannter Konzeptionen von Ordnung, Recht und Frieden verfolgte [Übersicht über die Diskussion bei W.F. CHURCH 2.11]. Richelieu

E. THUAU, der die zeitgenössische Kritik der *dévots* an Richelieus Bündnissen mit protestantischen Mächten zum Schaden des europäischen Katholizismus stark beachtet, betonte 1966 immerhin noch den dualistischen Charakter seiner politischen Ethik und verwies dafür auf eine bezeichnende Stelle in Richelieus „Memoires", wo es um die Christenpflicht zur Vergebung erlittenen Unrechts geht. Gegenüber diesem Gebot wird der Unterschied zwischen dem einzelnen Menschen und dem Staat betont, „que le salut des hommes s'opère définitivement en l'autre monde, et partant ce n'est point merveille si Dieu veut que les particuliers lui remettent la vengeance [...] mais les Etats n'ont point de subsistance après ce monde, leur salut est présent ou nul" [2.6.3: 354]. Deshalb müssen die Staatsbehörden sofort die notwendigen Strafen vornehmen. Dagegen haben Forscher wie W.F. Church und F. Dickmann in eindringlicher Form den einheitlichen Charakter der politisch-ethischen Grundkonzeptionen Richelieus betont. Dickmann hat insbesondere anhand der französischen Instruktionen für die Friedensverhandlungen ab 1637 – also anhand konkreter politischer Stellungnahmen – das Rechts- und Friedensdenken Richelieus als zukunftsweisend zu zeigen versucht. Richelieus Überlegungen kreisen – laut DICKMANN – um folgendes Kernproblem: „Die Sicherheit des künftigen Friedens durch eine wechselseitige Garantieverpflichtung aller Signatarmächte, der Sieger wie der Besiegten, oder, wie man modern sagen würde, eines Systems kollektiver Sicherheit, das die ganze europäische Staatengemeinschaft umspannen sollte. Eine Idee, deren Kühnheit eines Richelieu würdig war, freilich ohne Vorgang in der europäischen Geschichte und angesichts der widerstreitenden Interessen der Mächte von vornherein kaum realisierbar, doch ist es Ruhmes genug für einen Staatsmann, einen solchen Gedanken gefaßt und damit einen Weg in die Zukunft gezeigt zu haben" [2.11: 308f.]. Diese Interpretation ist u. a. von CHURCH aufgenommen und weitergeführt worden [2.6.3: 513]. H. WEBER sieht in Richelieus Reichspolitik, vor allem in dessen Bemühen um die Zulassung der Reichsstände als vollberechtigte Partner eines künftigen Friedenskongresses, das Eintreten für ein „System der kollektiven Sicherheit", sodass das Reich „selbst Garant des Friedens gegenüber Habsburg werden konnte" [in: 2.11: LUTZ u. a., 46].

An dieser Komplexität, die Altes und Neues spannungsreich beinhaltet, wird man im Sinne der These von Dickmann und Church wohl festhalten können. Eine andere und für die Gesamtanalyse nicht zu vernachlässigende Frage richtet sich auf die objektiven, von Richelieus Denken und Wollen weitgehend abweichenden Ergebnisse der damaligen französischen Politik. Erst wenn die biographische und subjektive Sicht durchgehend mit der Fülle von Widersprüchen, Aporien und ungewollten Resultaten zusammengehalten wird, die sich im europäischen Bezugsrahmen während und nach Richelieu aus der von ihm eingeschlagenen Politik ergaben, kommen die Probleme voll in den Blick – dass es z. B. keine antihabsburgische Politik geben konnte, die nicht zum Schaden des Katholizismus ausgeschlagen wäre. In diesem Sinne ist auch das von dem amerikanischen Richelieu-Biographen O'Connell geprägte Schlagwort „Logik der Verstrickung" [2.11: 313] bedenkenswert.

Für die Außenpolitik Richelieus ist die Anknüpfung nicht nur an Heinrich IV., sondern auch an Franz I. und Heinrich II. bemerkenswert: Bündnis mit den protestantischen Feinden Habsburgs, nun aber abgesichert durch eine antispanische Haltung Papst Urbans VIII. (die auf Kosten des deutschen Katholizismus und des Kaisers ging) und erfolgreicher gestaltet durch eine flexible Politik der „Protektion und Passagen" – also durch den Verzicht auf eine massive Annexionspolitik, auch nach dem offenen Eintritt in den Krieg 1635. Immerhin bleibt das „Problem des Umschlags einer Defensivpolitik in eine Erwerbspolitik", das gerade bei der Untersuchung der Richelieu'schen „Protektionen" im Elsass und in Lothringen ins Auge fällt [2.11: Stein, 5; 2.11: Weber]. Hierher gehört auch die Diskussion um die Rheinpolitik Richelieus, die bis heute offen ist und angesichts der Ergebnisse nicht mit dem Hinweis auf den Mangel territorialpolitischer Ziele am Beginn des Eingreifens des Kardinals in den Krieg [zur Übersicht: 2.11: Zeller; 2.11: Stein, 3ff.] und auf die Versorgungsplätze für die französischen Armeen in Nordostfrankreich erledigt werden kann [2.11: Kroener]. In seinem Kampf gegen Habsburg sah Richelieu in Spanien seinen Hauptgegner, zuerst in Italien (Veltlin, Mantua), später im Reich, wo es die spanische Verbindungslinie zwischen Italien und Flandern zu stören galt. Die Eroberung der Alpenfestung Pinerolo (1631) durch Frankreich kann in ihrer europäischen Bedeutung kaum überschätzt werden. Sie verlängerte die Auseinandersetzung mit Spanien. Zugleich eröffnete Richelieu durch die militärische Kooperation mit Schweden die Auseinandersetzung mit dem Kaiser im Reich, zunächst noch verdeckt, seit 1635 offen. Weber konnte zeigen, dass Richelieu sich zu diesem Schritt, den der französische König favorisierte, erst nach der Zusage der Generalstaaten für eine gemeinsame Kriegführung und nach den erkennbaren spanischen Offensivabsichten entschloss [2.11]. Besonderes Interesse kommt Richelieus Verhalten gegenüber Bayern zu. Gab es überhaupt reale Chancen – im Sinne der Tradition Franz' I. –, Bayern und die katholische Liga von Habsburg zu trennen und zu neutralisieren [2.8.12: Albrecht; 2.8.12: Bireley, Maximilian von Bayern]? Die neueste Literatur sieht die Außenpolitik Richelieus seit den 1630er Jahren kritischer und weist etwa auf das Scheitern des Feldzugs von 1635 an der flandrischen Front und den

Rückzug der französischen Armee hin; so zitiert U. SCHULTZ [2.11: 267] aus einem Brief Richelieus an König Ludwig XIII.: „Das Herz blutet mir, wenn ich das Elend sehe, in dem die Flandern-Armee völlig zugrunde gegangen ist [...].

Die Position Spaniens wurde in differenzierter Weise untersucht: im Hinblick auf die politisch-militärischen Strukturen, die Bedeutung der amerikanischen Besitzungen und ihren Anteil an der „allgemeinen Krise" sowie hinsichtlich des Selbstbewusstseins und des Dekadenzproblems [2.12: LYNCH; 2.12: STRADLING, Europe and the Decline of Spain]. Spaniens Bedeutung als europäische Hegemonialmacht bis 1640 ist von der englischen und deutschen Forschung wiedererkannt worden [2.12: ELLIOTT; 2.12: STRAUB]. Ausgehend von militärhistorischen Fragestellungen, wie z. B. der spanischen Kriegführung von den Niederlanden aus entlang der Spanischen Straße am Oberrhein bis Oberitalien [2.9: PARKER, Spain and the Netherlands], ist der führende spanische Staatsmann Graf Olivares, auch im Vergleich zu Richelieu, aufgewertet worden: „While Richelieu left France with at least a glimpse of final victory, the Spain of Olivares was staring defeat in the face" [2.12: ELLIOTT].

Spanien

Der Aufstieg Schwedens zur europäischen Großmacht im 16. und 17. Jahrhundert wurde, von Nuancen abgesehen, stark mit wirtschaftlichen Zielen – Sicherung der Küstenzonen und Flussmündungen zum Schutz eines schwedischen Handelsimperiums – in Zusammenhang gebracht [2.16: ROBERTS, Gustavus Adolphus]. Dementsprechend kam in den schwedischen Kriegslegitimationen von 1630 der Beeinträchtigung des schwedischen Protektionsvertrages mit Stralsund durch Wallenstein (1628) eine größere Bedeutung zu als der religiösen Frage; das änderte sich erst nach der schwedischen Landung in Pommern [2.8.12: REPGEN, Krieg und Politik, 344]. Die politisch-militärische Entwicklung musste bis zum Tod Gustav Adolphs entweder zur „Auflösung des Reiches oder zur Einsetzung eines schwedischen Kaisers führen". Erst danach war Schweden (Oxenstierna) bereit, die rechtliche Stellung des habsburgischen Kaisers anzuerkennen, allerdings unter der Voraussetzung, dass das Restitutionsedikt aufgehoben, ein Gleichheitszustand zu den Reichsständen hergestellt und ein kaiserlicher Machtzuwachs in Norddeutschland verhindert wurde [S. LUNDKVIST, Die schwedischen Kriegs- und Friedensziele, in: 2.8.12: REPGEN, Krieg und Politik, 222–225].

Schweden

Von erheblicher Bedeutung für die Kriegsentscheidungen erscheint die Stellung der Kurie zwischen Frankreich und Habsburg [2.5.5: REPGEN; 2.5.5: ALBRECHT; 2.5.5: LUTZ, Rom und Europa; 2.5.5: LUTZ, Kardinal Giovanni Francesco]. Es ist in diesem Zusammenhang die Frage nach den Gründen der Hinwendung Urbans VIII. zu Frankreich und nach den möglichen Alternativen im Sinne einer entschiedenen Unterstützung des Kaisers und eines entscheidenden Sieges der Gegenreformation in Europa gestellt worden. G. LUTZ hat die italienisch-kirchenstaatliche Motivation der profranzösisch/antispanischen Stellungnahme des Papstes betont und die Konsequenzen aufgezeigt, die der Institution des Papsttums langfristig schaden sollten. Diese Politik sei auch mitverantwortlich gewesen für die „endgültige Selbstbehauptung des Protestan-

Kurie, Papsttum

tismus; ihre unmittelbaren Ergebnisse jedoch hätten den römischen Nahzielen [sc. Sicherung des Kirchenstaats, Verhinderung einer habsburgischer Machtexpansion in Italien durch den Mantuakrieg etc.] schwerlich besser entsprechen können" [2.5.5: Rom und Europa, 91]. Doch hat Urban VIII. schließlich in dem unglücklichen Castro-Krieg 1641/44 gerade auf italienischem Boden Niederlagen erlitten und so der moralischen wie politischen Reputation des Papsttums weiteren Schaden zugefügt.

Soziale und ökonomische Folgen des Krieges

Über die Folgen für die Gesellschaft, die Kriegsverluste, den wirtschaftlicher Schaden und die sozioökonomischen Veränderungen wird in der Forschung kontrovers diskutiert. Auf die Kriegsauswirkungen für Wirtschaft und Gesellschaft hat zuletzt wieder SCHORMANN [2.8.1: 261f.] hingewiesen:

„Die Auswirkungen des Krieges auf Bevölkerung und Wirtschaft waren in vielfacher Hinsicht unterschiedlich, aber gerade in diesem Bereich bewegt sich die Forschung auf unsicherem Boden [...] Alle Schadensmeldungen und Verlustlisten, alle Klagen und Elendsberichte ergeben nur ein vages Bild" [ebd. 263f.]. Dies gilt für die Belastungen durch Einquartierungen und Kontributionen der Armeen. Wallensteins Strategie wurde in dieser Beziehung von den Zeitgenossen eine verheerende Wirkung zugeschrieben; aber gerade hierbei sei vor Zweckpessimismus und Stereotypie zu warnen. Die Kontributionen bildeten nicht nur bei Wallenstein die Grundlage für die Finanzierung der Armeen („der Krieg ernährt den Krieg" war das passende Schlagwort), ehe seit dem Prager Frieden (1635) eine Kriegssteuer diesem Zweck dienen sollte. Die Söldnerarmee wurde im Laufe des Krieges zum stehenden Heer. „Eine große Belastung für die Bevölkerungen waren die Winterquartiere der Armeen, die eine besondere Herausforderung für die Disziplinierung durch die Offiziere darstellten". Ein Problem für die Wirtschaft entstand dann, „wenn sich ein Offizier als Räuberhauptmann betätigte und seine Leute auf Beutezüge führte" [ebd. 265f.]. Generell trat eine Schädigung der städtischen Wirtschaft und der Landwirtschaft im Zuge einer erforderlichen Umstellung auf die Kriegswirtschaft ein, vor allem Kontributionen und die Unsicherheit der Handelswege trugen dazu bei [ebd. 269]. Die in der Forschung viel diskutierte Frage ist jedoch häufig eine andere, nämlich die, „ob der Krieg eine blühende Wirtschaft zerstörte oder einen längst begonnenen Niedergang verstärkte oder beschleunigte" [ebd. 269]. Darauf gibt es nur kontroverse Antworten, wobei allerdings zu beobachten ist, dass die lang anhaltende Diskussion der sogenannten Krise des 17. Jahrhunderts bzw. der von der westeuropäischen Forschung forcierten *General Crisis*-Debatte in letzter Zeit, was ihre Anfänge betrifft, in die zweite Hälfte des 16. Jahrhunderts zurückverlegt wurde.

Kriegserfahrungen

H. STEINBERG [2.8.12: 150ff.] sieht in den Berichten über Kannibalismus Produkte der Sensationspresse, doch ist erwiesen, dass es dieses Phänomen gegeben hat. Steinberg zweifelt auch an, dass Bevölkerungszahl, Produktivität und Lebensstandard am Ende des Krieges sich wesentlich von dessen Anfang unterschieden. Dahinter ist das Bestreben zu sehen, die wohl übertriebene Feststellung, der Dreißigjährige Krieg sei für Deutschland verheerend gewesen, wie dies G. FRANZ 1940 in „Der Dreißigjährige Krieg und das deutsche Volk" gesehen hat, zu relativieren. Die komplexe Frage nach den sozialen und ökonomischen Auswirkungen des Krieges blieb auch in der neuesten Forschung aktuell. G. SCHMIDT [2.8.12: 93] meint: „Die These, daß das im 16. Jahrhundert hochentwickelte deutsche Gewerbe und der Handel die Anpassung an die europa- und weltweiten Bedingungen des 17. und 18. Jahrhunderts besser – also unter Beibehaltung ihrer führenden Position – hätten vollziehen können, wenn nicht der Krieg und die staatliche Kleinräumigkeit sie extrem behindert hätten, ist eine reine Spekulation." [Vgl. auch W. BEHRINGER, Von Krieg zu Krieg. Neue Perspektiven auf das Buch von Günther Franz, „Der Dreißigjährige Krieg und das deutsche Volk" (1940), in: 2.8.12: VON KRUSENSTJERN/MEDICK, 543–591.] Insgesamt mangelt es noch immer an detaillierten Studien zu den Kriegserfahrungen sowohl des einzelnen als auch sozialer Gruppen sowie zur zeitgenössischen Sinngebung dieser Erfahrungen. Von großem Interesse ist in dieser Hinsicht ein Forschungsprojekt, dessen Ergebnisse der von M. ASCHE und A. SCHINDLING herausgegebene Band über Kriegserfahrungen und Religion im Heiligen Römischen Reich im Zeitalter des Dreißigjährigen Krieges enthält [2.8.12]. Zur Frage des Wiederaufbaus nach dem Krieg ist die Mark Brandenburg ein sehr instruktives Beispiel, das M. ASCHE [2.8.12] untersucht hat.

12. DIE BEDEUTUNG DER WESTFÄLISCHEN FRIEDENSVERTRÄGE FÜR EUROPA

Eigentlich war die Bewertung der Westfälischen Friedensverträge noch nie so positiv wie seit dem Jubiläumsjahr 1998. J. Burkhardt [2.8.12: Das größte Friedenswerk der Neuzeit] sieht darin einen „Frieden der Superlative", der dem Krieg, der zu einem „deutschen Schreckensmythos" werden sollte, ein Ende setzte und ein „neues Ordnungsideal" in Europa schuf, das sich allerdings erst allmählich durchsetzen konnte. Im Reich selbst sei das „dualistische politische System" wiederhergestellt worden. Das Verdikt der nationalen Geschichtsschreibung, vorweg der preußischen, die eigensüchtigen Sonderinteressen der Reichsfürsten hätten im Bunde mit den auswärtigen Mächten über einen ohnmächtigen Kaiser triumphiert, sollte damit endgültig der Vergessenheit angehören. Das ist eine Entwicklung seit dem 19. Jahrhundert; bis 1800 hingegen galten die Friedensverträge „als Meisterwerke internationaler Konfliktregulierung und als Grundlagen des europäischen Staatensystems – ein erster Durchbruch auf dem Weg zum ewigen Frieden. Im 19. Jahrhundert gaben die Apologeten des mächtigen [deutschen] Nationalstaats dem Westfälischen Frieden die Schuld an der ihres Erachtens trostlosen Lage Deutschlands: Auf Betreiben Frankreichs sei dem europäischen Mächtesystem 1648 die deutsche Ohnmacht zugrundegelegt worden" [2.8.12: G. Schmidt, 101]. Die frankophobe Strategie des deutschen Nationalstaates von 1870 ließ sich auch in der ersten Hälfte des 20. Jahrhunderts immer wieder aktualisieren und politisch instrumentalisieren.

Der von H. Duchhardt herausgegebene Tagungsband „Der Westfälische Friede" [2.8.12], das Ergebnis eines im Vorfeld des Jubiläums (1998) 1996 in Münster veranstalteten internationalen Kongresses mit etwa 50 Referentinnen und Referenten nimmt viele wichtige Themen auf, die vom Epochenereignis über die Bedeutung des Friedens für die europäischen Mächtebeziehungen und das Heilige Römische Reich bis zum kulturellen Umfeld, zum Militärwesen und zur Rezeptionsgeschichte reichen. H. Schilling geht es in seinem weitgespannten Beitrag um das sich ausprägende Profil Europas im weiteren Vorfeld der Westfälischen Friedensverträge, ebenso um deren längerfristige Auswirkungen auf die historisch-politische Kultur Europas. Im Zuge der frühmodernen Staatsbildung werde die vom Mittelalter her bestehende *christianitas* zum neuzeitlichen Staateneuropa umgeformt. Schilling sieht im Frieden den Ausdruck der prinzipiellen Friedensfähigkeit der europäischen Staaten und Konfessionen: „Aus dem Säkularisierungsprozeß ergab sich für die pragmatisch-säkulare Friedenspolitik der tonangebenden katholischen und protestantischen Fürsten samt ihrer juristischen Berater eine spezifische Legitimität, ohne die die Überwindung des Konfessionalismus kaum so rasch möglich gewesen wäre" [ebd. 18]. Nur das Papsttum habe diese Wendung von einer nahezu bedingungslosen Konfliktbereitschaft hin zur Realisierung ihrer prinzipiellen Friedensfähigkeit auch und gerade in Bezug auf die religiösen und kirchenrechtlichen Gegensätze nicht mitvollzogen [ebd. 20]. Völkerrechtlich betrachtet Schilling den Frieden als „Gleichordnungs-Vertrag", den Ausdruck für die Überwindung des Gradualismus und der damit verbundenen Gefahr einer Universalmonarchie, mit anderen Worten als einen „systemischen Wandel". W. SCHULZE sieht den Frieden u. a. als Ausdruck der Tatsache, dass die „Frage nach der religiösen Wahrheit" [ebd. 116] hinter die „Frage nach der Überlebensfähigkeit und Ordnung des Gemeinwesens" zurücktrat, und insofern als eine Etappe in der Entfaltung des Toleranzgedankens in der europäischen Geschichte. Eine ganze Reihe von Beiträgen gilt der einzelstaatlichen Politik im Vorfeld des Westfälischen Friedens; Frankreich, Spanien bzw. Katalonien, Portugal, Schweden, Dänemark, die Niederlande, die Eidgenossenschaft, Polen, Russland, England und das Osmanische Reich wären zu nennen. Besonders hervorzuheben ist L. AUERS Analyse der kaiserlichen Politik, bisher ein besonderes Manko in der internationalen Diskussion. Er stellt dezidiert fest, die kaiserliche Politik habe ihre beiden Hauptziele – die verfassungsmäßige Stellung des Kaisers im Reich und die Sicherstellung der Voraussetzungen für eine absolutistische gesamtstaatliche Entwicklung der Habsburgermonarchie – erreicht und sei daher erfolgreich gewesen. Von besonderem Interesse ist der Beitrag von B.R. KROENER zum „Schicksal demobilisierter Söldner nach dem Dreißigjährigen Krieg" – eine noch zu wenig erforschte Thematik. Dabei geht es um ein Potenzial von etwa 250 000 Menschen. KROENER kommt zu dem überraschenden Ergebnis, dass der Großteil der Armeen „abgedankt wurde" und nur ein geringer Prozentsatz dem „heute noch weithin verbreiteten Zerrbild einer ausschließlich marodierenden Soldateska" [ebd. 629] entspricht. Die Negativstereotype wurde nicht nur von den Fürsten des 17. Jahrhunderts bemüht, die ein stehendes Heer aufbauten, sondern auch im 19. und 20. Jahrhundert verwendet – nationalstaatliche allgemeine Wehrpflicht versus freies Söldnertum bzw. „vaterlandslose internationale Soldateska" [ebd. 630].

In der für K. Repgen herausgegebenen Festschrift [2.8.12: Dreißigjähriger Krieg und Westfälischer Friede] kann man bequem auf fundamentale Aufsätze des initiativen und produktiven Forschers und Forschungsorganisators des Dreißigjährigen Krieges und Westfälischen Friedens zurückgreifen, wie beispielsweise auf REPGENS Analyse von Krieg und Kriegstypen [ebd. 3–20] oder auf die Darstellung der zeitgenössischen Öffentlichkeit während des Westfälischen Friedens [ebd. 799–816]. Nach G. SCHORMANN war der Dreißigjährige Krieg „eine Akkumulation vieler ineinander verschlungener Kriege, die schließlich nur noch kollektiv beizulegen waren – der Versuch einer Teillösung wie der Prager Frieden von 1635 erwies sich als nicht durchsetzbar" [2.8.1: 270].

Seit dem Jubiläum von 1998 ist der Westfälische Friede zu einem (neuen positiven) Fixpunkt in der deutschen Erinnerungskultur geworden; zahlreiche Initiativen und Veranstaltungen auf nationaler wie europäischer Ebene haben dazu entscheidend beigetragen. Dass hingegen in Österreich kein positives öffentliches Bewusstsein im Hinblick darauf vorhanden ist, hängt wohl damit zusammen, dass die Friedensverträge lange Zeit als „protestantische Verträge" galten, die den Wünschen des Kaisertums und der Katholizität der Habsburgermonarchie nicht entsprachen.

III. Quellen und Literatur

1. QUELLEN

1.1 Heiliges Römisches Reich

1.1.1 Allgemeines

A. Buschmann (Hrsg.), Kaiser und Reich. Klassische Texte zur Verfassungsgeschichte des Heiligen Römischen Reiches Deutscher Nation vom Beginn des 12. Jahrhunderts bis zum Jahre 1806. München 1984.

F. Dickmann (Hrsg.), Geschichte in Quellen. Bd. 3: Renaissance – Glaubenskämpfe – Absolutismus. München 1966.

H.H. Hofmann (Hrsg.), Quellen zum Verfassungsorganismus des Heiligen Römischen Reiches Deutscher Nation 1495–1815. Darmstadt 1976.

S. Münster, Cosmographei oder beschreibung aller länder, herschafften, fürnemsten stetten, geschichten, gebreuchen, hantierungen etc. Basel 1550.

J.G. Schmauss/H.C. Senckenberg (Hrsg.), Neue und vollständigere Sammlung der Reichsabschiede. 4 Teile. Frankfurt am Main 1747.

1.1.2 Reichsgeschichte 1500–1648

Acta Pacis Westphalicae. Im Auftrag der Vereinigung zur Erforschung der Neueren Geschichte hrsg. v. M. Braubach/K. Repgen. 28 Bde. in 41 Teilbden. Münster 1962–2009. Internet: www.pax-westphalica.de/apw/apwframe.html [17.02.2010]

Die Akten des Kaiserlichen Reichshofrats (RHR). Serie I: Alte Prager Akten. Bd. 1: A–D. Hrsg. v. W. Sellert. Bearb. v. E. Ortlieb. Berlin 2009.

Briefe und Akten zur Geschichte des 16. Jahrhunderts mit besonderer Rücksicht auf Bayerns Fürstenhaus. Hrsg. v. Historische Kommission bei der Königlichen Akademie der Wissenschaften:

Bde. 1–4: Beiträge zur Reichsgeschichte 1546–1555. Bearb. v. A. von Druffel. (Bd. 4 erg. v. K. Brandi.) München 1873–1896.

Bd. 5: Beiträge zur Geschichte Herzog Albrechts V. und des Landsberger Bundes 1556–1598. Bearb. v. W. Goetz. München 1898.

Bd. 6: Beiträge zur Geschichte Herzog Albrechts V. und der sogenannten Adelsverschwörung von 1563. Bearb. v. W. Goetz/L. Theobald. Leipzig 1913.

Briefe und Akten zur Geschichte des dreißigjährigen Krieges in den Zeiten des vorwaltenden Einflusses der Wittelsbacher. Hrsg. v. Historische Kommission bei der königlichen Akademie der Wissenschaften. 12 Bde. [1598–1618.] München 1870–1978.

Briefe und Akten zur Geschichte des Dreißigjährigen Krieges, NF. Die Politik Maximilians I. von Bayern und seiner Verbündeten 1618–1651. Hrsg. v. Historische Kommission bei der Bayerischen Akademie der Wissenschaften. 6 Bde. Leipzig/München 1982–1997.

Deutsche Reichstagsakten, Jüngere Reihe. Reichstagsakten unter Kaiser Karl V. Hrsg. v. Historische Kommission bei der Bayerischen Akademie der Wissenschaften:

Bd. 1 [Wahlakten 1519]. Bearb. v. A. KLUCKHOHN. Gotha 1893, Ndr. Göttingen 1962.

Bd. 2 [Der Reichstag zu Worms 1521]. Bearb. v. A. WREDE. Gotha 1896, Ndr. Göttingen 1962.

Bd. 3 [Reichstage zu Nürnberg 1522/23]. Bearb. v. A. WREDE. Gotha 1901, Ndr. Göttingen 1963.

Bd. 4 [Reichstag zu Nürnberg 1524]. Bearb. v. A. WREDE. Gotha 1905, Ndr. Göttingen 1963.

Bd. 7 [Tagungen 1527–1529]. Bearb. v. J. KÜHN. Stuttgart 1935, Ndr. Göttingen 1963.

Bd. 8 [Tagungen 1529 bis zum Beginn des Reichstags 1530]. Bearb. v. W. STEGLICH. Göttingen 1970.

Bd. 10 [Der Reichstag in Regensburg und die Verhandlungen über einen Friedstand mit den Protestanten in Schweinfurt und Nürnberg 1532]. Bearb. v. R. AULINGER. Göttingen 1992.

Bd. 12: Der Reichstag zu Speyer 1542. Bearb. v. S. SCHWEINZER-BURIAN. München 2003.

Bd. 13: Der Reichstag zu Nürnberg 1542. Bearb. v. S. SCHWEINZER-BURIAN. München 2010.

Bd. 15: Der Speyrer Reichstag von 1544. Bearb. v. E. ELTZ. München 2001.

Bd. 16: Der Reichstag zu Worms 1545. Bearb. v. R. AULINGER. 2 Teilbde. München 2003.

Bd. 17: Der Reichstag zu Regensburg 1546. Bearb. v. R. AULINGER. München 2005.

Bd. 18: Der Reichstag zu Augsburg 1547/48. Bearb. v. U. MACHOCZEK. München 2006.

Bd. 19: Der Reichstag zu Augsburg 1550/51. Bearb. v. E. ELTZ. München 2005.

Bd. 20: Der Reichstag zu Augsburg 1555. Bearb. v. R. AULINGER u. a. München 2009.

Deutsche Reichstagsakten, Reichsversammlungen 1556–1662:

Der Reichstag zu Augsburg 1566. Bearb. v. M. LANZINNER/D. HEIL. München 2002.

Der Reichstag zu Regensburg und der Reichskreistag zu Erfurt 1567. Bearb. v. W. Wagner/J. Leeb/A. Strohmeyer. München 2007.
Der Reichstag zu Speyer 1570. Bearb. v. M. Lanzinner. Göttingen 1988.
Der Reichstag zu Augsburg 1582. Bearb. v. J. Leeb. München 2007.
Der Reichsdeputationstag zu Worms 1586. Bearb. v. T. Fröschl. Göttingen 1994.
Documenta Bohemica bellum tricennale illustrantia. Hrsg. v. J. Polišenský u. a. Bisher 7 Bde. Prag/Wien 1971–1981.
V.H. Drecoll, Der Passauer Vertrag (1552). Einleitung und Edition. Berlin/ New York 2000.
E. Fabian (Hrsg.), Die Schmalkaldischen Bundesabschiede [1530–1536]. 2 Bde. Tübingen 1958.
G. Franz (Hrsg.), Quellen zur Geschichte des Bauernkrieges (1524/25). München/Wien 1963.
K. Ganzer/K.-H. Zur Mühlen (Hrsg.), Das Hagenauer Religionsgespräch (1540). 2 Teilbde. Göttingen 2000.
A. Laube u. a. (Hrsg.), Flugschriften vom Bauernkrieg zum Täuferreich (1526–1535). Berlin 1992.
G. Lorenz (Hrsg.), Quellen zur Geschichte Wallensteins. Darmstadt 1987.
G. Lorenz (Hrsg.), Quellen zur Vorgeschichte und zu den Anfängen des Dreißigjährigen Krieges. Darmstadt 1991.
A.P. Luttenberger (Hrsg.), Katholische Reform und Konfessionalisierung. Ausgewählte Quellen zur Deutschen Geschichte der Neuzeit. Darmstadt 2006.
H. Lutz/A. Kohler (Hrsg.), Das Reichstagsprotokoll des kaiserlichen Kommissars Felix Hornung vom Augsburger Reichstag 1555, mit einem Anhang: Die Denkschrift des Reichsvizekanzlers, G.S. Seld für den Augsburger Reichstag. Wien 1971.
E.F.K. Müller (Hrsg.), Die Bekenntnisschriften der reformierten Kirche. In authentischen Texten mit geschichtlicher Einleitung und Register. Neudruck der Ausgabe von 1903. Waltrop 1999.
H. Rabe (Hrsg.), Karl V. Politische Korrespondenz. Brieflisten und Register. 20 Bde. Konstanz 1999.
G. Seebass/E. Wolgast (Hrsg.), Die evangelischen Kirchenordnungen des XVI. Jahrhunderts. Baden-Württemberg II. Tübingen 2004.
N. Tamburini/L. Schmugge (Hrsg.), Häresie und Luthertum. Quellen aus dem Archiv der Poenitentiarie in Rom (15. und 16. Jahrhundert). Paderborn 2000.
V. von Tetleben, Protokoll des Augsburger Reichstages 1530. Hrsg. v. H. Grundmann. Göttingen 1958.
R. Wohlfeil (Hrsg.), Quellen zur Reformation. Darmstadt 1993.

1.1.3 Kultur- und Wirtschaftsgeschichte

W. BRAUNE (Hrsg.), Flugschriften aus der Reformationszeit, in: Neudrucke deutscher Literaturwerke des 16. und 17. Jahrhunderts. Halle 1876ff.

Die Chroniken der deutschen Städte vom 14. bis ins 16. Jahrhundert. 32 Bde. Leipzig 1862–1917.

O. CLEMEN (Hrsg.), Flugschriften aus den ersten Jahren der Reformation. 4 Bde. Halle 1906–1911.

H. DUCHHARDT (Hrsg.), Politische Testamente und andere Quellen zum Fürstenethos der frühen Neuzeit. Darmstadt 1987.

A. KERN (Hrsg.), Deutsche Hofordnungen des 16. und 17. Jahrhunderts. 2 Bde. Berlin 1905/07.

A. LAUBE u. a. (Hrsg.), Flugschriften der frühen Reformationsbewegung. 2 Bde. Berlin 1983.

A. LAUBE/U. WEISS (Hrsg.), Flugschriften gegen die Reformation (1518–1524). Berlin 1997.

A. LAUBE/U. WEISS (Hrsg.), Flugschriften gegen die Reformation (1525–1530). Berlin 2000.

R. VON LILIENCRON (Hrsg.), Die historischen Volkslieder der Deutschen. Bde. 3, 4. Leipzig 1867/69.

Monumenta Germaniae Paedagogica. Begründet v. A. KEHRBACH. 62 Bde. Berlin 1886–1939.

K.G. SCHMELZEISEN (Hrsg.), Polizei- und Landesordnungen. 2 Bde. Köln 1968/69.

W. SELLERT (Hrsg.), Die Ordnungen des Reichshofrates 1550–1766. 1. Halbbd. [bis 1626]. Köln/Wien 1980.

H.-W. STRÄTZ (Hrsg.), Landtafel des Erzherzogtums Österreich ob der Enns. Bd. 1: Verfasste Landtafel von 1616 und corrigierte Landtafel von 1629. Linz 1990.

1.1.4 Karl V., Habsburg

W. BAUER u. a. (Hrsg.), Die Korrespondenz Ferdinands I., Familienkorrespondenz. Bisher 4 Bde. [bis 1534]. Wien u. a. 1912–2000.

V. BIBL (Hrsg.), Die Korrespondenz Maximilians II. 1564–1567. 2 Bde. Wien 1916/21.

C. BORNATE (Hrsg.), Historia vite et gestorum per dominum magnum cancellarium (Mercurino Arborio di Gattinara), in: Miscellanea di storia italiana, 3. Ser. 17, 1915, 231–585.

F. EDELMAYER u. a. (Hrsg.), Die Krönungen Maximilians II. zum König von Böhmen, Römischen König und König von Ungarn (1562/63) nach der Beschreibung des Hans Habersack. Wien 1990.

M. FERNÁNDEZ ÁLVAREZ (Hrsg.), Corpus documental de Carlos V. 5 Bde. [1516–1548.] Salamanca 1973–1981.

I. Kodek, Der Großkanzler Kaiser Karls V. zieht Bilanz. Die Autobiographie Mercurino Gattinaras aus dem Lateinischen übersetzt. Münster 2004.
A. Kohler (Hrsg.), Quellen zur Geschichte Karls V. Darmstadt 1990.
K. Lanz (Hrsg.), Correspondenz des Kaisers Karl V. 3 Bde. Leipzig 1844–1846.
K. Lanz (Hrsg.), Staatspapiere zur Geschichte des Kaisers Karl V. Stuttgart 1845.
Die Reichsregisterbücher Kaiser Karls V. Hrsg. v. Haus-, Hof- und Staatsarchiv Wien. 2 Bde. Wien/Leipzig 1913/30.
C. Weiss (Hrsg.), Papiers d'État du Cardinal de Granvelle. 9 Bde. Paris 1841–1852. [Die ersten vier Bände betreffen die Regierungszeit Karls V.]

1.1.5 Einzelne Reichsstände

G. Blarer, Briefe und Akten. Hrsg. v. H. Guenter. Stuttgart 1914/21.
Die politische Correspondenz der Stadt Straßburg im Zeitalter der Reformation. Hrsg. v. H. Virck u. a. 5 Bde. Straßburg/Heidelberg 1882–1933.
V. Ernst (Hrsg.), Briefwechsel des Herzogs Christoph von Wirtemberg. 4 Bde. Stuttgart 1899–1907.
Fontes Rerum Austriacarum. Österreichische Geschichtsquellen. Hrsg. v. Historische Kommission der Österreichischen Akademie der Wissenschaften. Bisher 96 Bde. Wien 1855ff. [Zahlreiche Bände betreffen die Zeit 1520 bis 1648.]
W. Friedensburg (Hrsg.), Kurmärkische Ständeakten aus der Regierungszeit Kurfürst Joachims II. 1535–1570. 2 Bde. München/Leipzig 1913/16.
F. Gess (Hrsg.), Akten und Briefe zur Kirchenpolitik Herzog Georgs von Sachsen. 2 Bde. Leipzig 1905/17.
Ältere Pfälzische Korrespondenzen. Hrsg. v. Historische Kommission bei der Königlichen Akademie der Wissenschaften:
Briefe Friedrich des Frommen, Kurfürsten von der Pfalz mit verwandten Schriftstücken, 1559–1576. Bearb. v. A. Kluckhohn. 2 Bde. Braunschweig 1867/72.
Briefe des Pfalzgrafen Johann Casimir mit verwandten Schriftstücken, 1576–1592. Bearb. v. F. von Bezold. 3 Bde. München 1882–1903.
M. Lenz (Hrsg.), Briefwechsel Landgraf Philipps des Großmüthigen von Hessen mit Martin Bucer. 3 Bde. Berlin 1880–1891.
Publicationen aus den preußischen Staatsarchiven. 94 Bde. Leipzig 1878–1938. [Darin zahlreiche Quellenbände für die Zeit von 1520–1650, betreffend Territorien, die damals und später zu Brandenburg-Preußen gehörten.]
Moritz von Sachsen, Politische Korrespondenz. Hrsg. v. E. Brandenburg u. a. 6 Bde. Leipzig 1900–1904, Berlin 1978–2006.

1.2 ENGLAND

Calendar of State Papers [zahlreiche Bände in mehreren Serien; für die Epoche Karls V. am wichtigsten]:
Calendar of letters, foreign and domestic, relating to the Reign of Henry VIII. 21 Bde. London 1882ff.
Calendar of Letters, Despatches and State Papers, relating to the negotiations between England and Spain. 13 Bde. London 1862–1954.
P.L. HUGHES/J.F. LARKIN (Hrsg.), Tudor Royal Proclamations. 3 Bde. New Haven/London 1964–1969.
R.H. TAWNEY/E. POWER (Hrsg.), Tudor Economic Documents. 3 Bde. London 1924.
C. WILLIAMS (Hrsg.), English Historical Documents. Bd. 5: 1485–1558. London 1967.

1.3 FRANKREICH

H. DE BEAUCAIRE (Hrsg.), Memoires du Cardinal de Richelieu. 10 Bde. Paris 1907–1931.
Collection de documents inédits sur l'histoire de France. Paris 1835ff. [zahlreiche Einzelreihen, besonders wichtig]:
Negotiations diplomatiques de la France avec la Toscane. Hrsg. v. A. DESJARDINS. 6 Bde. Paris 1859–1886.
Negotiations de la France dans le Levant. Hrsg. v. E. CHARRIÈRRE. 4 Bde. Paris 1848–1860.
Lettres de Catherine de Médicis. Hrsg. v. G. BAGUENAULT DE PUCHESSE. 11 Bde. Paris 1880–1943.
Lettres, Instructions diplomatiques et papiers d'État du Cardinal de Richelieu. Hrsg. v. D.L.M. AVENEL. 8 Bde. Paris 1853–1877.
Negotiations diplomatiques entre la France et l'Autriche, durant les trente premieres années du XVIe siècle. Hrsg. v. A.D. LE GLAY, 2 Bde. Paris 1845.
P. GRILLON (Hrsg.), Les Papiers de Richelieu. Section politique intérieure, correspondance et papiers d'État. 5 Bde. Paris 1975–1982.
Ordonnances des rois de France. Règne de François Ier. 9 Bde. Paris 1902–1973.

1.4 SPANIEN

Colección de documentos inéditos para la historia de España. Madrid 1842–1895. [Enthält zahlreiche Bände zur Geschichte des 16. und 17. Jahrhunderts.]
Colección de documentos para la historia de la formación social de Hispanoamerica 1493–1810. Hrsg. v. R. KONETZKE. 3 Bde. Madrid 1953–1962.

1.5 Italien

E. Alberi (Hrsg.), Le Relazioni degli ambasciatori Veneti al senato durante il secolo 16. 15 Bde. Florenz 1839–1863.

R. Ciasca (Hrsg.), Istruzioni e relazioni degli ambasciatori genovesi. 6 Bde. [Spanien 1494–1745]. Rom 1951–1967.

J. Fiedler (Hrsg.), Die Relationen der venezianischen Botschafter über Deutschland und Osterreich im 16. Jahrhundert. Wien 1870.

Fonti per la storia d'Italia. Hrsg. v. Istituto Storico Italiano per l'età moderna e contemporanea. Bologna/Rom 1935ff. [zahlreiche Einzelserien, u. a. Nunziature d'Italia, siehe 1.6]

Carteggi di Francesco Guicciardini. Hrsg. v. R. Palmarocchi, 13 Bde. Bologna/Rom 1938–1968.

G. Turba (Hrsg.), Venetianische Depeschen vom Kaiserhof. Dispacci di Germania. 3 Bde. Wien 1889–1896.

1.6 Quellen zur Kirchen- und Religionsgeschichte

Acta Nuntiaturae Gallicae. Hrsg. v. Faculté d'Histoire Ecclesiastique de l'Université Pontificale Grégorienne et l'École Française de Rome. Bisher 14 Bde. Rom/Paris 1961ff. [ab 1535, geplant bis zur Französischen Revolution]

Die Bekenntnisschriften der evangelisch-lutherischen Kirche. 8. Aufl. Göttingen 1979. [u. a. Confessio Augustana, Apologie, Konkordienformel]

Concilium Tridentinum. Diariorum, actorum, epistularum, tractatuum nova collectio. Hrsg. v. Societas Goerresiana [Görres-Gesellschaft]. 18 Bde. Freiburg 1901ff., Teilndr. als 2. Aufl. Freiburg 1963ff.

Corpus catholicorum. Werke katholischer Schriftsteller im Zeitalter der Glaubensspaltung. Bisher 32 Bde. Münster 1919ff. [u. a. Schriften von J. Eck, J. Cochlaeus, H. Emser, K. Schatzgeyer, G. Contarini, B. Latomus, J. Fisher, Th. de Vio Caietanus, Augustin von Alfeld, N. Herborn, G. Witzel, J. Hoffmeister, Th. Murner, J. Fabri (Faber), A. Catharinus, G. Seripando, A. Engelbrecht, J. Gropper]

Epistulae et Acta nuntiorum apostolicorum apud imperatorem 1592–1628, curis Instituti historici Bohemo-slovenici Romae et Pragae. 5 Bde. [für die Jahre 1604–1611] Prag 1932–1946; 5 Bde. [für die Jahre 1592–1598.] Brescia 1966–1967.

K. Jaitner (Hrsg.), Die Hauptinstruktionen Clemens' VIII. für Nuntien und Legaten an europäischen Fürstenhöfen 1592–1605. 2 Bde. Tübingen 1984.

K. Jaitner (Hrsg.), Die Hauptinstruktionen Gregors XV. für Nuntien und Legaten an europäischen Fürstenhöfen 1621–1623. Tübingen 1997.

Monumenta Historica Societatis Jesu. Bisher 75 Bde. in mehreren Reihen. Madrid/Rom 1894ff. [beste Übersicht bei H. Rahner (Hrsg.), Ignatius Loyola. Briefwechsel mit Frauen. Freiburg 1956, 563f.]

Monumenta Poloniae Vaticana. Bde. 4–7. Krakau 1915–1950. [Enthalten Nuntiaturberichte aus Polen.]
Nuntiaturberichte aus Deutschland:
Erste Abteilung (1533–1559). Hrsg. v. Deutsches [früher Preußisches] Historisches Institut in Rom. 18 Bde., 2 Erg.-Bde. Gotha, dann Tübingen 1892–1981, teilweise Ndr. Frankfurt 1968.
Zweite Abteilung (1560–1572). Hrsg. v. Historische Kommission der österreichischen Akademie der Wissenschaften. 8 Bde. Wien 1897–1967.
Dritte Abteilung (1572–1585). Hrsg. v. Deutsches [früher Preußisches] Historisches Institut in Rom. Bisher 6 Bde. Berlin 1892ff.
Vierte Abteilung [17. Jahrhundert]. Hrsg. v. Deutsches [früher Preußisches] Historisches Institut in Rom. Bisher 3 Bde. Gotha 1895–1913.
Nuntiaturberichte aus Deutschland. Hrsg. v. Görres-Gesellschaft. Bisher 8 Bde., teilweise in Halbbänden. Paderborn/München 1895ff., teilweise Ndr. Paderborn 1969ff. [Nicht in die Allgemeine Abteilungszählung eingereiht, betrifft die Nuntiatur am Kaiserhof 1585 bis 1592 – 3 Bde. – und, mit fortgesetzter Bandzählung, die Kölner Nuntiatur ab 1584.]
Nuntiaturberichte Giovanni Morones vom deutschen Königshofe 1539, 1540. Hrsg. v. E. DITTRICH. Paderborn 1892. [Nuntiaturedition der Görres-Gesellschaft, die außerhalb der Reihe „Nuntiaturberichte aus Deutschland" erschienen sind.]
Nuntiaturberichte, Sonderreihe: Grazer Nuntiatur. Hrsg. v. Österreichisches Kulturinstitut in Rom und Österreichische Akademie der Wissenschaften. Bisher 2 Bde.:
Bd. 1: Nuntiatur des Germanico Malaspina, Sendung des Antonio Possevino 1580–1582. Bearb. v. J. RAINER. Wien 1973.
Bd. 2: Nuntiatur des Germanico Malaspina und des Giovanni Andrea Caligari 1582–1587. Bearb. v. J. RAINER. Wien 1981.
Nunziature de Flandre. Hrsg. v. Institut historique belge de Rome. Bisher 14 Bde. Brüssel/Rom 1924ff. [beginnt 1596]
Nunziature d'Italia. Secoli XVI–XVIII. Hrsg. v. Istituto Storico Italiano per l'età moderna et contemporanea. Bisher 9 Bde. Rom 1958ff. [Nuntiaturen in Venedig, Neapel, Savoyen]
G. PFEILSCHIFTER (Hrsg.), Acta Reformationis catholicae ecclesiam Germaniae concernentia saec. XVI. Die Reformverhandlungen des deutschen Episkopats von 1520 bis 1570. 6 Bde. Regensburg 1959–1974.
Quellen zur Geschichte der Täufer. Bisher 15 Bde. Leipzig/Gütersloh 1930ff.
Quellen zur Geschichte der Täufer in der Schweiz. Bisher 4 Bde. Zürich 1952ff.
Repertorium der Kirchenvisitationsakten aus dem 16. und 17. Jahrhundert in Archiven der Bundesrepublik Deutschland:
Bd. 1: Hessen. Hrsg. v. C. REINHARDT/H. SCHNABEL-SCHÜLE. Stuttgart 1982.
Bd. 2: Baden-Württemberg. Hrsg. v. E.W. ZEEDEN/P.T. LANG. Stuttgart 1984.
E. SEHLING (Hrsg.), Die evangelischen Kirchenordnungen des 16. Jahrhunderts. Leipzig/Tübingen 1920ff., zuletzt Bd. 17/1. Tübingen 2007.

1.7 Werkausgaben und Korrespondenzen

1.7.1 Théodore De Bèze

Correspondance de Théodore De Bèze. Hrsg. v. H. Aubert u. a. Bisher 25 Bde. Genf 1960ff.

J. Dennert (Hrsg.), Beza, Brutus, Hotman. Calvinistische Monarchomachen. Übersetzt v. H. Klingenhöfer. Köln/Opladen 1968.

1.7.2 Giovanni Botero

Giovanni Botero, Della Ragion di Stato. Hrsg. v. L. Firpo. Turin 1948.

1.7.3 Martin Bucer/Butzer

C. Augustijn u. a. (Hrsg.), Martini Buceri Opera latina. Bd. 1. Leiden 1982.

R. Friedrich u. a. (Hrsg.), Martin Bucer – Briefwechsel – Correspondance 4 (Januar–September 1530). Leiden 2000. Correspondance 5 (September 1530 Mai 1531). Leiden 2001.

R. Stupperich u. a. (Hrsg.), Martin Bucers Deutsche Schriften. Bisher 11 Bde. Gütersloh 1960ff.

1.7.4 Heinrich Bullinger

H.U. Bächtold/R. Henrich (Hrsg.), Heinrich Bullinger, Werke. Zweite Abteilung: Briefwechsel 10: Briefe des Jahres 1540. Zürich 2003.

H.-G. vom Berg u. a. (Hrsg.), Heinrich Bullingers unveröffentlichte Werke der Kappeler Zeit. Theologica. Zürich 1991.

E. Campi u. a. (Hrsg.), Heinrich Bullinger, Schriften. 7 Bde. Zürich 2004–2007.

R. Henrich u. a. (Hrsg.), Heinrich Bullinger, Werke. Zweite Abteilung: Briefwechsel 12: Briefe des Jahres 1542. Zürich 2006.

U.B. Leu/S. Weidmann (Hrsg.), Heinrich Bullinger, Werke. Erste Abteilung: Bibliographie 3: Heinrich Bullingers Privatbibliothek. Zürich 2004.

P. Opitz (Hrsg.), Heinrich Bullinger, Werke. Dritte Abteilung: Theologische Schriften 3: Sermonum Decades quinque de potissimis Christianae religionis capitis (1552). Zürich 2008.

1.7.5 Johannes Calvin

J.W. Baum u. a. (Hrsg.), Calvini Opera. 59 Bde. Braunschweig/Berlin 1863–1900.

E. Busch u. a. (Hrsg.), Calvin-Studienausgabe. 4 Bde. Neukirchen-Vluyn 1994–2002.

H. FELD (Hrsg.), Johannes Calvin. In Evangelium Secundum Johannem Commentarius. Pars Altera, Ioannis Calvini Opera Exegetica 11/2. Genf 1998.

H. J. SELDERHUIS u. a. (Hrsg.), Calvini Opera Database 1.0. Apeldoorn 2005, CD-Rom.

M. VAN VEEN (Hrsg.), Ioannis Calvini Scripta Didactica et Polemica II. Genf 2007.

A. ZILLENBILLER (Hrsg.), Ioannis Calvini Scripta Ecclesiastica Volumen II – Instruction et Confession de Foy dont on use en l'Église de Genève. Genf 2002.

1.7.6 Petrus Canisius

O. BRAUNSBERGER (Hrsg.), Beati Petri Canisii Epistolae et Acta. 8 Bde. Freiburg 1896–1923.

1.7.7 Albrecht Dürer

H. RUPPRICH (Hrsg.), Albrecht Dürers schriftlicher Nachlaß. 3 Bde. Berlin 1956–1969.

1.7.8 Erasmus von Rotterdam

P.S. ALLEN (Hrsg.), Opus Epistolarum Des. Erasmi Roterodami. 12 Bde. Oxford 1906–1958.

Collected Works of Erasmus. Hrsg. v. University of Toronto. Bisher 18 Bde. Toronto 1974ff.

P.F. HOVINGH (Hrsg.), Opera Omnia Desiderii Erasmi Roterodami. Recognita et adnotatione critica instructa notisque illustrata. Ordinis Sexti Tomus Sextus: Annotationes in Novum Testamentum (pars secunda). Amsterdam 2004.

M.L. VAN POLL-VAN LISDONK (Hrsg.), Opera Omnia Desiderii Erasmi Roterodami. Recognita et adnotatione critica instructa notisque illustrata. Ordinis Sexti Tomus Octavus: Annotationes in Novum Testamentum (pars quarta). Amsterdam 2004.

J.H. WASZINK u. a. (Hrsg.), Opera Omnia Desiderii Erasmi Roterodami, recognita et adnotatione critica instructa notisque illustrata. Bisher 16 Bde. Amsterdam/Oxford 1968–1987.

W. WELZIG (Hrsg.), Erasmus von Rotterdam, Ausgewählte Schriften in acht Bänden, Lateinisch und Deutsch. 2. Aufl. Darmstadt 1995.

1.7.9 Hugo Grotius

P.C. MOLHUYSEN (Hrsg.), Briefwisseling van Hugo Grotius. Bisher 10 Bde. 's.-Gravenhage [= Den Haag] 1928–1976.

1.7.10 Martin Luther

H.-U. DELIUS (Hrsg.), Martin Luther, Studienausgabe. 6 Bde. Berlin/Leipzig 1979–1999.

P. FABISCH/E. ISERLOH (Hrsg.), Dokumente zur Causa Lutheri (1517–1521). Bd. 1: Das Gutachten des Prierias und weitere Schriften gegen Luthers Ablaßthesen (1517–1518). Münster 1988.

Martin Luther, Werke. Kritische Gesamtausgabe. 115 Bde. in 4 Reihen. Weimar 1883–1970.

1.7.11 Niccolò Machiavelli

F. FLORA/C. CORDIÉ (Hrsg.), Tutte le Opere di Niccolò Machiavelli. 2 Bde. 2./3. Aufl. Verona 1967/68.

1.7.12 Philipp Melanchthon

C.G. BRETSCHNEIDER/H.E. BINDSEIL (Hrsg.), Philippi Melanchthonis Opera quae supersunt omnia. 28 Bde. Halle 1834–1852.

H. SCHEIBLE (Hrsg.), Melanchthons Briefwechsel, Kritische und kommentierte Gesamtausgabe. Bisher 7 Bde. Stuttgart/Bad Cannstatt 1977ff.

G.R. SCHMIDT (Hrsg.), Philipp Melanchthon, Glaube und Bildung: Texte zum christlichen Humanismus, lateinisch-deutsche Auswahl. Ndr. Stuttgart 1989.

H.J. SELDERHUIS/W. DEN BOER (Hrsg.), Melanchthonis Opera Database. Apeldoorn 2005, CD-Rom.

Supplementa Melanchthoniana. 5 Bde. Leipzig 1910–1928.

1.7.13 Thomas Müntzer

W. HELD/S. HOYER (Hrsg.), Quellen zu Thomas Müntzer. Leipzig 2004.

P. KIRN/G. FRANZ (Hrsg.), Thomas Müntzer, Schriften und Briefe. Kritische Gesamtausgabe. Gütersloh 1968.

1.7.14 Caspar Schwenckfeld

Corpus Schwenkfeldianorum. 19 Bde. Leipzig 1907–1961.

1.7.15 Täufer

G. BARING/W. FELLMANN (Hrsg.), Quellen zur Geschichte der Täufer, Bd. 6 (in 3 Teilen): Hans Denck, Schriften. Gütersloh 1955–1960.

1.7.16 Huldrych Zwingli

E. EGLI u. a. (Hrsg.), Huldrich Zwinglis sämtliche Werke. 14 Bde. Berlin/Zürich 1905–1963.

1.8 Europäische Expansion

U. BITTERLI (Hrsg.), Die Entdeckung und Eroberung der Welt. Dokumente und Berichte. 2 Bde. München 1980/81.

K. MAHLKE, Offenbarung im Westen. Frühe Berichte aus der Neuen Welt. Frankfurt am Main 2005.

Peter MARTYR von Anghiera, Acht Dekaden über die Neue Welt. Hrsg. v. H. KLINGELHÖFER. 2 Bde. Darmstadt 1972/73.

M. MEYN u. a. (Hrsg.), Dokumente zur Geschichte der europäischen Expansion. Bd. 2: Die großen Entdeckungen. München 1984.

2. DARSTELLUNGEN

2.1 Hilfsmittel, Epoche, Interpretation

2.1.1 Hilfsmittel

Archiv für Reformationsgeschichte (ARG), Beihefte (Literaturberichte). Redigiert von H.-C. Rublack, M. Wriedt. Gütersloh 1972ff.
Bibliographie zum Westfälischen Frieden. Hrsg. v. H. Duchhardt. Münster 1996.
Bibliographie de la Réforme, 1450–1648. Hrsg. v. Commission Internationale d'Histoire Ecclesiastique. 7 Bde. Leiden 1958–1970. [Nach Ländern geordnet, für die Jahre 1940 bis 1955/60: Deutschland, Niederlande, Belgien, Schweden, Norwegen, Dänemark, Irland, USA, Italien, Spanien, Portugal, Frankreich, England, Schweiz, Polen, Ungarn, Tschechoslowakei, Finnland, Österreich, Schottland.]
H.J. Köhler, Bibliographie der Flugschriften des 16. Jahrhunderts. Teil 1: Das frühe 16. Jahrhundert (1501–1530). Bd. 1, 2. Tübingen 1991/92.
Quellenkunde zur deutschen Geschichte der Neuzeit von 1500 bis zur Gegenwart. Bd. 1: Das Zeitalter der Glaubensspaltung (1500–1618). Hrsg. v. W. Dotzauer. Darmstadt 1987.
F. Schnabel, Deutschlands geschichtliche Quellen und Darstellungen in der Neuzeit. Erster Teil: Das Zeitalter der Reformation 1500–1550. Leipzig/Berlin 1931, Ndr. Darmstadt 1972.
K. Schottenloher, Bibliographie der deutschen Geschichte im Zeitalter der Glaubensspaltung 1517–1585. 7 Bde. 2. Aufl. Stuttgart 1956–1966.

2.1.2 Epoche, Interpretation, 15. Jahrhundert

R. Beck (Hrsg.), 1492. Die Welt zur Zeit des Kolumbus. Ein Lesebuch. München 1992.
P. Feldbauer/J.P. Lehners (Hrsg.), Die Welt im 16. Jahrhundert. Wien 2008.
W.K. Ferguson, The Church in a Changing World: A Contribution to the Interpretation of the Renaissance, in: AHR 59, 1953, 1–18.
E. Hassinger, Die weltgeschichtliche Stellung des 16. Jahrhunderts, in: GWU 2, 1951, 705–718.
A. Kohler, Columbus und seine Zeit. München 2006.
H. Lutz, „Ursprung der Spaltung in der Nation". Bemerkungen zu einem Kapitel aus Rankes Reformationsgeschichte, in: Festschrift für Hermann Heimpel zum 70. Geburtstag am 19. September 1971. Bd. 1. Göttingen 1971, 140–160.
I. Mieck, Die Frühe Neuzeit. Definitionsprobleme, Methodendiskussion, Forschungstendenzen, in: N. Boškovska Leimgruber (Hrsg.), Die Frühe

Neuzeit in der Geschichtswissenschaft. Forschungstendenzen und Forschungserträge. Paderborn/München/Wien/Zürich 1997, 17–38.

H.-H. NOLTE, Weltgeschichte. Imperien, Religionen und Systeme, 15. bis 19. Jahrhundert. Wien/Köln/Weimar 2005.

H.A. OBERMAN, Reformation: Epoche oder Episode, in: ARG 68, 1977, 56–111.

S. SKALWEIT, Der Beginn der Neuzeit. Epochengrenzen und Epochenbegriff. Darmstadt 1982.

2.2 ALLGEMEINES: REIHENWERKE UND HANDBÜCHER

M. ARTOLA (Hrsg.), Historia de Europa. 2 Bde. Madrid 2007.

W. BLOCKMANS, Geschichte der Macht in Europa. Völker, Staaten, Märkte. Frankfurt am Main/New York 1998.

The New Cambridge Modern History:
Bd. 2: G.R. ELTON (Hrsg.), The Reformation 1520–1559. Neuaufl. Cambridge 1975.
Bd. 3: R.B. WERNHAM (Hrsg.), The Counter-Reformation and Price Revolution 1559–1610. Cambridge 1968.

EVROPA. El pensamiento y la identidad europea de la antiqua Grecia hasta el siglo XXI. Hrsg. v. E. BUSSIÈRE/M. DUMOULIN/G. TRAUSCH. Antwerpen 2001.

Handbuch der europäischen Geschichte. Hrsg. v. T. SCHIEDER:
Bd. 3: J. ENGEL (Hrsg.), Die Entstehung des neuzeitlichen Europa. Stuttgart 1971.

Handbuch der Geschichte der Internationalen Beziehungen. Hrsg. v. H. DUCHHARDT/F. KNIPPING:
Bd. 1: A. KOHLER, Expansion und Hegemonie. Internationale Beziehungen 1450–1559. Paderborn 2008.
Bd. 2: H. SCHILLING, Konfessionalisierung und Staatsinteressen. Internationale Beziehungen 1559–1660. Paderborn 2007.

Handbuch der Geschichte Lateinamerikas:
Bd. 1: Mittel-, Südamerika und die Karibik bis 1780. Hrsg. v. W.L. BERNECKER/R.T. BUVE. Stuttgart 1994.

Handbuch der mittelalterlichen und neueren Geschichte. Hrsg. v. G.V. BELOW/F. MEINECKE:
Bd. 2: E. FUETER, Geschichte des europäischen Staatensystems von 1492–1559. München/Berlin 1919.

E. HASSINGER, Das Werden des neuzeitlichen Europa 1300–1600. 2. Aufl. Braunschweig 1964.

Historia mundi. Begründet v. F. KERN u. a. Hrsg. v. E. VALJAVEC.

A History of Europe. Hrsg. v. H.G. KOENIGSBERGER/A. BRIGGS.

H. G. KOENIGSBERGER, Early modern Europe 1500–1789. London 1989.

M. SALEWSKI, Geschichte Europas. Staaten und Nationen von der Antike bis zur Gegenwart. 2. Aufl. München 2004.
H. SCHILLING, Die neue Zeit. Vom Christenheitseuropa zum Europa der Staaten. 1250 bis 1750. Berlin 1999.
W. SCHMALE, Geschichte Europas. Wien u. a. 2000.

2.3 ALLGEMEINES: ÜBERGREIFENDE DARSTELLUNGEN UND SAMMELBÄNDE

J. BURKHARDT, Das Reformationsjahrhundert. Deutsche Geschichte zwischen Medienrevolution und Institutionenbildung 1517–1617. Stuttgart 2002.
E. CAMERON, The European Reformation. Oxford 1991.
P. CLARK (Hrsg.), The European Crisis of the 1590s. Essays in Comparative History. London 1985.
M. ERBE, Frühe Neuzeit. Grundkurs Geschichte. Stuttgart 2007.
R. VON FRIEDEBURG/L. SCHORN-SCHÜTTE (Hrsg.), Politik und Religion: Eigenlogik oder Verzahnung? Europa im 16. Jahrhundert. München 2007.
K. VON GREYERZ, Religion und Kultur. Europa 1500–1800. Göttingen 2000.
H. HROCH/J. PETRÁŇ, Das 17. Jahrhundert – Krise der Feudalgesellschaft? Hamburg 1981 (tschechische Originalausgabe Prag 1976).
G. KLINGENSTEIN/H. LUTZ (Hrsg.), Spezialforschung und „Gesamtgeschichte": Beispiele und Methodenfragen zur Geschichte der frühen Neuzeit. Wien 1982.
H. KLUETING, Das konfessionelle Zeitalter 1525–1648. Stuttgart 1989.
H.G. KOENIGSBERGER, The Habsburgs and Europe 1516–1660. Ithaca/London 1971.
H. LUTZ, Reformation und Gegenreformation. Bearb. v. A. KOHLER. 5. Aufl. München 2002.
I. MIECK, Europäische Geschichte der Frühen Neuzeit. Eine Einführung. 4. Aufl. Stuttgart 1989.
G. PARKER/L.M. SMITH (Hrsg.), The General Crisis of the Seventeenth Century. London 1978.
L. VON RANKE, Über die Epochen der Neueren Geschichte, in: L. VON RANKE, Aus Werk und Nachlaß. Bd. 2. Hrsg. v. T. SCHIEDER/H. BERDING. München 1971.
U. RUBLACK, Die Reformation in Europa. 2. Aufl. Frankfurt am Main 2006.
H. SCHILLING (Hrsg.), Religion als politischer Faktor im europäischen Mächtesystem um 1600. München 2007.
H.R. SCHMIDT, Konfessionalisierung im 16. Jahrhundert. München 1992.
L. SCHORN-SCHÜTTE (Hrsg.), Aspekte der politischen Kommunikation im Europa des 16. und 17. Jahrhunderts. Politische Theologie – Res Publica-Verständnis – konsensgestützte Herrschaft. München 2004.
W. SCHULZE, Einführung in die Neuere Geschichte. Stuttgart 1987.

H.R. TREVOR-ROPER, Religion, Reformation und sozialer Umbruch. Die Krisis des 17. Jahrhunderts. Frankfurt/Berlin 1970.
A. VÖLKER-RASOR (Hrsg.), Frühe Neuzeit. 3. Aufl. München 2010.

2.4 WIRTSCHAFTS-, SOZIAL- UND VERFASSUNGSGESCHICHTE

2.4.1 Wirtschaft und Finanzen

J. BURKHARDT (Hrsg.), Die Fugger und das Reich. Eine neue Forschungsperspektive zum 500jährigen Jubiläum der ersten Fuggerherrschaft Kirchberg-Weißenhorn. Augsburg 2008.
C.M. CIPOLLA/K. BORCHARDT (Hrsg.), Europäische Wirtschaftsgeschichte. Bd. 2: Sechzehntes und siebzehntes Jahrhundert. Stuttgart/New York 1979.
F. EDELMAYER u. a. (Hrsg.), Finanzen und Herrschaft. Materielle Grundlagen fürstlicher Politik in den habsburgischen Ländern und im Heiligen Römischen Reich im 16. Jahrhundert. Wien/München 2003.
M. HÄBERLEIN, Die Fugger. Geschichte einer Augsburger Familie (1367–1650). Stuttgart 2006.
H. KELLENBENZ (Hrsg.), Europäische Wirtschafts- und Sozialgeschichte vom ausgehenden Mittelalter bis zur Mitte des 17. Jahrhunderts. Stuttgart 1986.
H. KELLENBENZ, Die Fugger in Spanien und Portugal bis 1560. 3 Bde. München 1990.
P. RAUSCHER, Zwischen Ständen und Gläubigern. Die kaiserlichen Finanzen unter Ferdinand I. und Maximilian II. (1556–1576). Wien 2004.
E.E. RICH/C.H. WILSON (Hrsg.), The Cambridge Economic History of Europe. Bd. 5: The Economic Organization of Early Modern Europe. Cambridge 1977.
U. SCHIRMER, Kursächsische Staatsfinanzen (1456–1656). Strukturen, Verfassung, Funktionseliten. Stuttgart 2006.
J. WALLERSTEIN, Das moderne Weltsystem I: Die Anfänge kapitalistischer Landwirtschaft und die europäischen Weltökonomie im 16. Jahrhundert. Wien 2004 (englische Originalausgabe New York 1974, erste deutsche Ausgabe Frankfurt 1986).

2.4.2 Gesellschaft

R.J. MOLS, Die Bevölkerung im 16. und 17. Jahrhundert, in: C.M. CIPOLLA/K. BORCHARDT (Hrsg.), Bevölkerungsgeschichte Europas. München 1971, 58–122.
H. SCHILLING (Hrsg.), Institutionen, Instrumente und Akteure sozialer Kontrolle und Disziplinierung im frühneuzeitlichen Europa. Frankfurt am Main 1999.
L. STONE, The Crisis of Aristocracy 1558–1641. Oxford 1965.

T. STROHM/M. KLEIN (Hrsg.), Die Entstehung einer sozialen Ordnung Europas. Bd. 1: Historische Studien und exemplarische Beiträge zur Sozialreform im 16. Jahrhundert. Bd. 2: Europäische Ordnungen zur Reform der Armenpflege im 16. Jahrhundert. Heidelberg 2004.

2.4.3 Stände

J. BAHLCKE, Regionalismus und Staatsintegration im Widerstreit. Die Länder der Böhmischen Krone im ersten Jahrhundert der Habsburgerherrschaft, 1526–1619. München 1994.
H. BOOCKMANN (Hrsg.), Die Anfänge der ständischen Vertretungen in Preußen und seinen Nachbarländern. München 1992.
W. EBERHARD, Monarchie und Widerstand. Zur ständischen Oppositionsbildung im Herrschaftssystem Ferdinands I. in Böhmen. München 1985.
D. GERHARD, Regionalismus und ständisches Wesen als ein Grundthema europäischer Geschichte, in: D. GERHARD, Alte und Neue Welt in vergleichbarer Geschichtsbetrachtung. Göttingen 1962, 13-39.
G. HEILINGSETZER, Ständischer Widerstand und Unterwerfung. Erasmus von Starhemberg und seine Rechtfertigungsschrift (1621), in: MOÖLA 14, 1984, 268–289.
O. HINTZE, Typologie der ständischen Verfassung des Abendlandes, in: O. HINTZE, Gesammelte Abhandlungen. Bd. 1. Hrsg. v. G. OESTREICH. Göttingen 1962, 120–139 (zuerst 1930).
Der Horner Bund 1608. Adelige Macht und Religionsfreiheit, Sonderausstellung Museen Horn 2008/2009. Horn 2008.
H.G. KOENIGSBERGER, Dominium regale or dominium politicum et regale? Monarchies and Parliaments in Early Modern Europe, in: K. BOSL/K. MÖCK (Hrsg.), Der moderne Parlamentarismus und seine Grundlagen in der ständischen Repräsentation. Berlin 1977, 43–68.
H.G. KOENIGSBERGER (Hrsg.), Republiken und Republikanismus im Europa der Frühen Neuzeit. München 1988.
K. KRÜGER, Die ständischen Verfassungen in Skandinavien in der frühen Neuzeit. Modelle einer europäischen Typologie, in: ZHF 10, 1983, 129–148.
J. MAŁŁEK, Bikameralismus in Ordenspreußen, Königlich Preußen und Herzogtum Preußen vom 15.–18. Jahrhundert, in: H.W. BLOM u. a. (Hrsg.), Bikameralisme. s'-Gravenhage [= Den Haag] 1992, 175–187.
J. PÁNEK, Das Ständewesen und die Gesellschaft in den Böhmischen Ländern in der Zeit der Schlacht auf dem Weißen Berg (1526–1620), in: Historica 25, 1985, 73–120.
W. SCHULZE (Hrsg.), Europäische Bauernrevolten der frühen Neuzeit. Frankfurt 1982.
A. STROHMEYER, Konfessionskonflikt und Herrschaftsordnung. Widerstandsrecht bei den österreichischen Ständen (1550–1650). Mainz 2006.

R. Vierhaus (Hrsg.), Herrschaftsverträge, Wahlkapitulationen, Fundamentalgesetze. Göttingen 1977.

2.4.4 Staat und Regierung, Verwaltung und Rechtswesen

P. Baumgart (Hrsg.), Ständetum und Staatsbildung in Brandenburg-Preußen. Ergebnisse einer internationalen Fachtagung. Berlin 1983.

H. Coing (Hrsg.), Handbuch der Quellen und Literatur der neuen europäischen Privatrechtsgeschichte. Bd. 2: Neuere Zeit (1500–1800). Das Zeitalter des gemeinen Rechts. 2. Teilbd.: Gesetzgebung und Rechtsprechung. München 1976.

B. Diestelkamp (Hrsg.), Forschungen aus Akten des Reichskammergerichts. Köln/Wien 1984.

K. von Greyertz (Hrsg.), Religion, Politics and Social Protest. Three Studies on Early Modern Germany. London 1984.

J. Kunisch/H. Neuhaus (Hrsg.), Der dynastische Fürstenstaat. Zur Bedeutung der Sukzessionsordnungen für die Entstehung des frühmodernen Staates. Berlin 1982.

P. Landau/F. Schroeder (Hrsg.), Strafrecht, Strafprozeß und Rezeption: Grundlagen, Entwicklung und Wirkung der Constitutio Criminalis Carolina. Frankfurt 1984.

A.E. de Maddalena/H. Kellenbenz (Hrsg.), Finanzen und Staatsräson in Italien und Deutschland in der frühen Neuzeit. Berlin 1992.

G. Oestreich, Geist und Gestalt des frühmodernen Staates. Berlin 1965.

H. Ragotzky/H. Wenzel (Hrsg.), Höfische Repräsentanz. Das Zeremoniell und die Zeichen. Tübingen 1990.

I. Ranieri, Recht und Gesellschaft im Zeitalter der Rezeption. Eine rechts- und sozialgeschichtliche Analyse der Tätigkeit des Reichskammergerichts im 16. Jahrhundert. Köln/Wien 1985.

W. Reinhard, Geschichte der Staatsgewalt. Eine vergleichende Verfassungsgeschichte Europas von den Anfängen bis zur Gegenwart. 3. Aufl. München 2002.

W. Reinhard, Geschichte des modernen Staates. Von den Anfängen bis zur Gegenwart. München 2007.

R. Schnur (Hrsg.), Die Rolle der Juristen bei der Entstehung des modernen Staates. Berlin 1986.

M. Stolleis, Pecunia Nervus Rerum. Zur Staatsfinanzierung in der frühen Neuzeit. Frankfurt 1983.

G. Strauss, Law, Resistance, and the State. The Opposition to Roman Law in Reformation Germany. Princeton 1986.

H. Sturmberger, Kaiser Ferdinand II. und das Problem des Absolutismus. München/Wien 1957.

2.4.5 Kriegswesen

F. BRENDLE/A. SCHINDLING (Hrsg.), Religionskriege im Alten Reich und in Alteuropa. Münster 2006.

H. DELBRÜCK, Geschichte der Kriegskunst im Rahmen der politischen Geschichte. Bde. 3, 4. Berlin 1907/1920.

J.R. HALE, Armies, Navies and the Art of War, in: The New Cambridge Modern History. Bd. 3. Cambridge 1968, 171–208.

A. KOHLER, Kriegsorganisation und Kriegführung in der Zeit Karls V., in: HJb 111, 1991, 433–451.

G. PARKER, The Military Revolution: Military Innovation and the Rise of the West 1500–1800. Cambridge 1988.

K. REPGEN, Kriegslegitimationen in Alteuropa. Entwurf einer historischen Typologie, in: HZ 241, 1985, 27–49.

B. STOLLBERG-RILINGER/J. KUNISCH (Hrsg.), Staatsverfassung und Heeresverfassung in der europäischen Geschichte der frühen Neuzeit. Berlin 1986.

2.4.6 Städte

R. JÜTTE, Obrigkeitliche Armenfürsorge in deutschen Reichsstädten der frühen Neuzeit. Städtisches Armenwesen in Frankfurt am Main und Köln. Köln/Wien 1984.

B. ROECK, Lebenswelt und Kultur des Bürgertums in der frühen Neuzeit. München 1991.

K. SIEH-BURENS, Oligarchie, Konfession und Politik im 16. Jahrhundert. Zur sozialen Verflechtung der Augsburger Bürgermeister und Stadtpfleger 1518–1618. München 1986.

2.5 KIRCHEN- UND RELIGIONSGESCHICHTE

2.5.1 Allgemeines

W. DILTHEY, Gesammelte Schriften. Bd. 2: Weltanschauung und Analyse des Menschen seit Renaissance und Reformation. 6. Aufl. Stuttgart/Göttingen 1960.

T. KAUFMANN, Komparatistische Reformations- und Konfessionsgeschichte Deutschlands 1500–1650, in: HJb 121, 2001, 431–470.

V. LEPPIN/U.A. WIEN (Hrsg.), Konfessionsbildung und Konfessionskultur in Siebenbürgen in der Frühen Neuzeit. Stuttgart 2005.

W. REINHARD, Glaube und Macht. Kirche und Politik im Zeitalter der Konfessionalisierung. Freiburg 2004.

E. TROELTSCH, Gesammelte Schriften. Bd. 1: Die Soziallehren der christlichen Kirchen und Gruppen. Tübingen 1919.

2.5.2 Humanismus und Reformation

C. AUGUSTIJN, Erasmus von Rotterdam. Leben – Werk –Wirkung. München 1986.

C. AUGUSTIJN, Humanismus. Göttingen 2003.

A. BUCK, Humanismus. Seine europäische Entwicklung in Dokumenten und Darstellungen. München 1987.

C. CHRIST-VON WEDEL/U.B. LEU (Hrsg.), Erasmus in Zürich. Eine verschwiegene Autorität. Zürich 2007.

E. VAN GELDER, The two Reformations in the 16th Century. A Study of the Religious Aspects and Consequences of Renaissance and Humanism. Den Haag 1961.

J. HELMRATH u. a. (Hrsg.), Diffusion des Humanismus. Studien zur nationalen Geschichtsschreibung europäischer Humanisten. Göttingen 2002.

H. LUTZ, Humanismus und Reformation, in: Wort und Wahrheit 27, 1972, 65–77.

M. ROTZOLL, Artikel „Humanismus", in: Enzyklopädie der Neuzeit. Bd. 5. Stuttgart/Wetzlar 2007, 665–701.

A. SCHMID, Humanistenbischöfe. Untersuchungen zum vortridentinischen Episkopat in Deutschland, in: RQA 87, 1992, 159–192.

P. SIMONITI, Humanismus bei den Slovenen. Slovenische Humanisten bis zur Mitte des 16. Jahrhunderts. Hrsg. und bearb. v. M. WAKOUNIG. Übers. v. J. WAKOUNIG. Wien 2008.

2.5.3 Reformation und Reformatoren

P. BLICKLE, Gemeindereformation. Die Menschen des 16. Jahrhunderts auf dem Weg zum Heil. München 1985.

P. BLICKLE (Hrsg.), Zugänge zur bäuerlichen Reformation. Zürich 1987.

P. BLICKLE, Die Reformation im Reich. 2. Aufl. Stuttgart 1992.

F. CONRADS, Reformation in der bäuerlichen Gesellschaft. Zur Rezeption reformatorischer Theologie im Elsaß. Stuttgart 1984.

S. EHRENPREIS/U. LOTZ-HEUMANN, Reformation und konfessionelles Zeitalter. Darmstadt 2002.

H.-J. GOERTZ, Pfaffenhaß und groß Geschrei. Die reformatorischen Bewegungen in Deutschland 1517–1529. München 1987.

K. VON GREYERZ u. a. (Hrsg.), Interkonfessionalität – Transkonfessionalität – binnenkonfessionelle Pluralität. Neue Forschungen zur Konfessionalisierungsthese. Gütersloh 2001.

H.R. GUGGISBERG/G.G. KRODEL (Hrsg.), Die Reformation in Deutschland und Europa. Interpretationen und Debatten. Beiträge zur gemeinsamen Konferenz der Society for Reformation Research und des Vereins für Reformationsgeschichte, 25.–30.9.1990 im Deutschen Historischen Institut, Washington D.C. Gütersloh 1993.

B. Hamm, Reformation als normative Zentrierung von Religion und Gesellschaft, in: Jahrbuch für Biblische Theologie 7, 1992, 241–279.

B. Hamm, Von der spätmittelalterlichen reformatio zur Reformation: der Prozeß normativer Zentrierung von Religion und Gesellschaft in Deutschland, in: ARG 84, 1993, 7–82.

T. Kaufmann, Die Konfessionalisierung von Kirche und Gesellschaft. Sammelbericht über eine Forschungsdebatte, in: Theologische Zeitschrift 121, 1996, Sp. 1008–1025, 1112–1121.

T. Kaufmann, Konfession und Kultur. Lutherischer Protestantismus in der zweiten Hälfte des Reformationsjahrhunderts. Tübingen 2006.

T. Kaufmann, Geschichte der Reformation. Frankfurt am Main/Leipzig 2009.

H.-J. Koehler (Hrsg.), Flugschriften als Massenmedium der Reformationszeit. Beiträge zum Tübinger Symposion 1980. Stuttgart 1981.

B. Kümin (Hrsg.), Landgemeinde und Kirche im Zeitalter der Konfessionen. Zürich 2004.

H. Klueting, Gab es eine ‚Zweite Reformation'? Ein Beitrag zur Terminologie des Konfessionellen Zeitalters, in: GWU 38, 1987, 261–279.

O. Mörke, Die Reformation. Voraussetzungen und Durchsetzung. München 2004.

H.A. Oberman, Werden und Wertung der Reformation. Vom Wegestreit zum Glaubenskampf. Tübingen 1977.

O.K. Olson, Matthias Flacius and the Survival of Luther's Reform. Wiesbaden 2002.

W. Reinhard, Gegenreformation als Modernisierung? Prolegomena zu einer Theorie des konfessionellen Zeitalters, in: ARG 68, 1977, 226–252.

W. Reinhard, Zwang zur Konfessionalisierung? Prolegomena zu einer Theorie des konfessionellen Zeitalters, in: ZHF 10, 1983, 257–277.

H. Schilling (Hrsg.), Die reformierte Konfessionalisierung in Deutschland – Das Problem der ‚Zweiten Reformation'. Gütersloh 1986.

H. Schilling, Die Konfessionalisierung im Reich. Religiöser und gesellschaftlicher Wandel im Deutschland zwischen 1555 und 1620, in: HZ 246, 1988, 1–45. [Wiederabgedruckt in: H. Schilling, Ausgewählte Abhandlungen zur europäischen Reformations- und Konfessionsgeschichte. Hrsg. v. L. Schorn-Schütte/O. Mörke. Berlin 2002, 504–540.]

H. Schilling, Die Konfessionalisierung von Kirche, Staat und Gesellschaft – Profil, Leistung, Defizite und Perspektiven eines geschichtswissenschaftlichen Paradigmas, in: W. Reinhard/H. Schilling (Hrsg.), Die katholische Konfessionalisierung. Gütersloh 1995.

A. Schindling, Konfessionalisierung und Grenzen der Konfessionalisierbarkeit, in: A. Schindling/W. Ziegler (Hrsg.), Die Territorien des Reichs im Zeitalter der Reformation und Konfessionalisierung. Bd. 7: Bilanz – Forschungsergebnisse – Register. Münster 1997, 9–44.

A. Schindler/H. Stickelberger (Hrsg.), Die Zürcher Reformation. Ausstrahlungen und Rückwirkungen. Bern 2001.

H. Schnabel-Schüle, Die Reformation 1495–1555. Politik mit Theologie und Religion. Stuttgart 2006.

L. Schorn-Schütte, Die Reformation. Vorgeschichte – Verlauf – Wirkung. München 1996.

Schwerpunkt Tirol, in: Jahrbuch für die Geschichte des Protestantismus in Österreich 123, 2007.

R.W. Scribner, For the Sake of the Simple Folk. Popular Propaganda for the German Reformation. Cambridge 1981.

E. Troeltsch, Die Bedeutung des Protestantismus für die moderne Welt. München 1906.

P. Veit/J.-M. Valentin (Hrsg.), La confessionalisation dans le Saint Empire XVIe–XVIIe siècles. Paris 2002.

G. Wartenberg, Wittenberger Reformation und territoriale Politik. Gesammelte Aufsätze. Hrsg. v. J. Flöter/M. Hein. Leipzig 2003.

R. Wohlfeil, Einführung in die Geschichte der deutschen Reformation. München 1982.

2.5.3.1 Martin Bucer/Butzer

M. Greschat, Martin Bucer. Ein Reformator und seine Zeit, 1491–1551. München 1990.

2.5.3.2 Heinrich Bullinger

F. Büsser, Heinrich Bullinger (1504–1575). Leben, Werk und Wirkung. 2 Bde. Zürich 2004/05.

2.5.3.3 Johannes Calvin

W.J. Bouwsma, John Calvin: a sixteenth-century portrait. Oxford 1989.

B. Cottret, Calvin. Eine Biographie. Stuttgart 1998.

B. Gordon, Calvin. New Haven 2009.

W.H. Neuser (Hrsg.), Calvinus Ecclesiae Genevensis Custos. Die Referate des Congrès International des Recherches Calviniennes. Frankfurt am Main/Bern/New York 1984.

V. Reinhardt, Die Tyrannei der Tugend. Calvin und die Reformation in Genf. München 2009.

H.J. Selderhuis (Hrsg.), Calvin Handbuch. Tübingen 2008.

W. van't Spijker, Calvin, in: Die Kirche in ihrer Geschichte. Ein Handbuch. Bd. 3, Lieferung J 2. Hrsg. v. B. Moeller. Göttingen 2001, J 101–J 236.

2.5.3.4 Konrad Grebel

H.-J. Goertz, Konrad Grebel. Ein Radikaler in der Zürcher Reformation. Eine biografische Skizze. Zürich 2004.

2.5.3.5 Martin Luther

M. Brecht, Martin Luther. 3 Bde. Stuttgart 1981–1986.

C. BULTMANN u. a. (Hrsg.), Luther und das monastische Erbe. Tübingen 2007.
P. FABISCH/E. ISERLOH (Hrsg.), Dokumente zur Causa Lutheri (1517–1521). 2 Bde. Münster 1988/91.
I. HÖSS, Das Lutherjahr 1983. Versuch einer Bilanz, in: ZHF 15, 1988, 316–345.
E. ISERLOH, Luthers Thesenanschlag – Tatsache oder Legende? Wiesbaden 1962.
H. JUNGHANS (Hrsg.), Leben und Werk Martin Luthers von 1526 bis 1546. Festgabe zu seinem 500. Geburtstag. 2 Bde. Berlin 1983.
T. KAUFMANN, Martin Luther. München 2006.
V. LEPPIN, Martin Luther. Darmstadt 2006.
B. LOHSE, Martin Luther. Eine Einführung in sein Leben und sein Werk. München 1981.
Martin Luther, 1483–1546. Dokumente seines Lebens und Wirkens. Weimar 1983.
H. LUTZ, Zum Wandel der katholischen Lutherinterpretation, in: R. KOSELLECK u. a. (Hrsg.), Objektivität und Parteilichkeit. München 1977, 173–198.
M. OTT/M. TREU (Hrsg.), Luthers Thesenanschlag – Faktum oder Fiktion. Leipzig 2008.

2.5.3.6 Philipp Melanchthon

S. WIEDENHOFER, Formalstrukturen humanistischer und reformatorischer Theologie bei Philipp Melanchthon. 2 Bde. Bern/Frankfurt am Main 1976.

2.5.3.7 Thomas Müntzer

W. ELLIGER, Thomas Müntzer. Leben und Werk. Göttingen 1975.
E. WOLGAST, Thomas Müntzer. Ein Verstörer der Ungläubigen. Göttingen/Zürich 1981.

2.5.3.8 Huldrych Zwingli

F. BÜSSER, Huldrych Zwingli. Reformation aus prophetischem Auftrag. Göttingen 1973.
U. GÄBLER, Huldrych Zwingli. Leben und Werk. 3. Aufl. Zürich 2004.
G.W. LOCHER, Die zwinglische Reformation im Rahmen der europäischen Kirchengeschichte. Göttingen 1979.

2.5.4 Täufer

H.S. BENDER, Täufer und Religionsfreiheit im 16. Jahrhundert, in: H. LUTZ (Hrsg.), Zur Geschichte der Toleranz und Religionsfreiheit. Darmstadt 1977, 111–134.
C.-P. CLASEN, Medieval Heresies in the Reformation, in: Church History 32, 1963, 392–414.
H.-J. GOERTZ, Die Täufer. Geschichte und Deutung. München 1980.

M. Lienhard (Hrsg.), The Origins and Characteristics of Anabaptism. Proceeding of the Colloquium organized by the Faculty of Protestant Theology of Strasbourg (20.–22. Februar 1975). Den Haag 1977.

G. Seebass, Müntzers Erbe. Werk, Leben und Theologie des Hans Hut. Gütersloh 2002.

G.H. Williams, The Radical Reformation. Philadelphia 1962.

2.5.5 Papsttum/Kurie

D. Albrecht, Die deutsche Politik Papst Gregors XV., 1621–1623. München 1956.

K. Gouwens/S.E. Reiss (Hrsg.), The Pontificate of Clement VII. Politics, Culture, Catholic Cristendom, 1300–1700. Aldershot 2005.

G. Lutz, Kardinal Giovanni Francesco Guidi di Bagno. Politik und Religion im Zeitalter Richelieus und Urbans VIII. Tübingen 1971.

G. Lutz, Rom und Europa während des Pontifikats Urbans VIII. Politik und Diplomatie – Wirtschaft und Finanzen – Kultur und Religion, in: R. Elze u. a. (Hrsg.), Rom in der Neuzeit. Politische, kirchliche und kulturelle Aspekte. Wien/Rom 1976, 72–185.

G. Müller, Die römische Kurie und die Reformation 1523–1534. Gütersloh 1969.

Nuntiaturberichte und Nuntiaturforschung. Kritische Bestandaufnahme und neue Perspektiven. Tübingen 1976, 152–275.

L. von Pastor, Geschichte der Päpste seit dem Ausgang des Mittelalters. 16 Bde. Freiburg 1886–1933.

P. Prodi, Il sovrano pontefice. Un corpo e due anime: la monarchia papale nella prima età moderna. Bologna 1982.

L. von Ranke, Die römischen Päpste in den letzten vier Jahrhunderten. Neuausgabe Stuttgart 1953.

W. Reinhard, Freunde und Kreaturen. ‚Verflechtung' als Konzept zur Erforschung historischer Führungsgruppen. Römische Oligarchie um 1600. München 1979.

K. Repgen, Die römische Kurie und der Westfälische Friede. Idee und Wirklichkeit des Papsttums im 16. und 17. Jahrhundert. Bd. 1, 1 und 1, 2: Papst, Kaiser und Reich 1521–1644. Tübingen 1962/65.

2.5.6 Katholische Reform, Gegenreformation

J.A. Bossy, The Counter-Reformation and the People of Catholic Europe, in: P & P 47, 1970, 51–70.

J. Deventer, Gegenreformation in Schlesien. Die habsburgischen Rekatholisierungspolitik in Glogau und Schweidnitz 1526–1707. Köln u. a. 2003.

D. Fenlon, Heresy and Obedience in Tridentine Italy. Cardinal Pole and the Counter Reformation. Cambridge 1972.

A. HERZIG, Der Zwang zum Glauben. Rekatholisierung vom 16. bis zum 18. Jahrhundert. Göttingen 2000.
H. JEDIN, Katholische Reformation oder Gegenreformation? Ein Versuch zur Klärung der Begriffe. Luzern 1946.
R. PO-CHIA HSIA, Gegenreformation. Die Welt der katholischen Erneuerung, 1540–1770. Frankfurt am Main 1998.
K. UNTERBURGER, Das bayerische Konkordat von 1583. Die Neuorientierung der päpstlichen Deutschlandpolitik nach dem Konzil von Trient und deren Konsequenzen für das Verhältnis von weltlicher und geistlicher Gewalt. Stuttgart 2006.
C. VOLKMAR, Reform statt Reformation. Die Kirchenpolitik Herzog Georgs von Sachsen, 1488–1525. Tübingen 2007.
E.W. ZEEDEN, Die Entstehung der Konfessionen. Grundlagen und Formen der Konfessionsbildung im Zeitalter der Glaubenskämpfe. München/Wien 1965.
E.W. ZEEDEN (Hrsg.), Gegenreformation. Darmstadt 1973.
E.W. ZEEDEN/H. MOLITOR (Hrsg.), Die Visitation im Dienst der kirchlichen Reform. Mit einer Bibliographie gedruckter und einem archivalischen Verzeichnis ungedruckter Visitationsquellen. 2. Aufl. Münster 1977.

2.5.7 Konzil von Trient

H. JEDIN, Geschichte des Konzils von Trient. 4 Bde. Freiburg 1949–1975.
P. PRODI/W. REINHARD (Hrsg.), Das Konzil von Trient und die Moderne. Berlin 2001.
G. SCHREIBER (Hrsg.), Das Weltkonzil von Trient, sein Werden und Wirken. 2 Bde. Freiburg 1951.

2.5.8 Jesuitenorden

B. DUHR, Geschichte der Jesuiten in den Ländern deutscher Zunge. 4 Bde. Freiburg 1907–1928.
H. FELD, Ignatius von Loyola. Gründer des Jesuitenordens. Köln u. a. 2006.
C. MADONIA, La compagnia di Gesù e la riconquista cattolica dell'Europa Orientale nella seconda metà del Cinquecento. Genua 2002.
G. MARON, Ignatius von Loyola. Mystik – Theologie – Kirche. Göttingen 2001.
J. WRIGHT, Die Jesuiten. Mythos – Macht – Mission. Essen 2005.

2.5.9 Inquisition

M. FIROCH/A. SKYBOVÁ, Die Inquisition im Zeitalter der Gegenreformation. Stuttgart 1985.
M. FIRPO/D. MARCATTO (Hrsg.), Il Processo Inquisitoriale del Cardinale Giovanni Morone. 3 Bde. Rom 1981–1985.

S. Haliczer (Hrsg.), Inquisition and Society in Early Modern Europe. Beckenham 1986.

J. Pérez Villanueva (Hrsg.), La inquisicion española: nueva visión, nuevos horizontes. Madrid 1980.

J.I. Tellechea Idígoras, Fray Bartolomé Carranza y el Cardenal Pole. Un Navarro en la restauración católica de Inglaterra (1554–1558). Pamplona 1977.

2.5.10 Calvinismus

S. Bildheim, Calvinistische Staatstheorien. Historische Fallstudien zur Präsenz monarchomachischer Denkstrukturen im Mitteleuropa der Frühen Neuzeit. Frankfurt am Main u. a. 2001.

M. Fata/A. Schindling (Hrsg.), Calvin und Reformiertentum in Ungarn und Siebenbürgen. Helvetisches Bekenntnis, Ethnie und Politik vom 16. Jahrhundert bis 1918. Münster 2010.

P.A. Mellet, Les traités Monarchomaques. Confusion des temps, résistance armée et monarchie parfaite (1560–1600). Genf 2007.

C. Seyfart/W.M. Sprondel (Hrsg.), Seminar Religion und gesellschaftliche Entwicklung: Studien zur Protestantismus-Kapitalismus-These Max Webers. Frankfurt 1973.

R.H. Tawney, Religion and the Rise of Capitalism. A Historical Study. New York 1947 (englische Originalausgabe 1926; deutsche Übersetzung unter dem Titel „Religion und Frühkapitalismus" Bern 1946).

M. Weber, Die protestantische Ethik und der Geist des Kapitalismus. Hrsg. v. D. Käsler. München 2006.

2.5.11 Toleranz

J. Lecler, Geschichte der Religionsfreiheit im Zeitalter der Reformation. 2 Bde. Stuttgart 1965.

H. Lutz (Hrsg.), Zur Geschichte der Toleranz und Religionsfreiheit. Darmstadt 1977.

W.W. Schnabel, Oberösterreichische Protestanten in Regensburg. Materialien zur bürgerlichen Immigration im ersten Drittel des 17. Jahrhunderts, in: MOÖLA 16, 1990, 65–133.

2.6 Kultur-, Bildungs- und Wissenschaftsgeschichte

2.6.1 Buchdruck

R. Chartier, Lesewelten. Buch und Lektüre in der frühen Neuzeit. Frankfurt am Main/New York 1990.

R. ENGELSING, Analphabetentum und Lektüre. Zur Sozialgeschichte des Lesens in Deutschland zwischen feudaler und industrieller Gesellschaft. Stuttgart 1973.

M. GIESECKE, Der Buchdruck in der frühen Neuzeit. Eine historische Fallstudie über die Durchsetzung neuer Informations- und Kommunikationstechnologie. Frankfurt am Main 1991.

H. SCHILLING/S. EHRENPREIS (Hrsg.), Erziehung und Schulwesen zwischen Konfessionalisierung und Säkularisierung. Forschungsperspektiven, europäische Fallbeispiele und Hilfsmittel. Münster 2003.

2.6.2 Universität, Schule

M. ASCHE, Von der reichen hansischen Bürgeruniversität zur armen mecklenburgischen Landeshochschule. Das regionale und soziale Besucherprofil der Universitäten Rostock und Bützow in der Frühen Neuzeit (1500–1800). Stuttgart 2000.

N. CONRADS, Ritterakademien der Frühen Neuzeit. Bildung als Standesprivileg im 16. und 17. Jahrhundert. Göttingen 1982.

H. ENGELBRECHT, Geschichte des österreichischen Bildungswesens. Erziehung und Unterricht auf dem Boden Österreichs. Bd. 2: Das 16. und 17. Jahrhundert. Wien 1983.

W. KÜHLMANN/A. SCHINDLING (Hrsg.), Deutschland und Ungarn in ihren Bildungs- und Wissenschaftsbeziehungen während der Renaissance. Stuttgart 2004.

E. MASCHKE/J. SYDOW (Hrsg.), Stadt und Universität im Mittelalter und in der frühen Neuzeit. Sigmaringen 1977.

A. SCHINDLING, Humanistische Hochschule und Freie Reichsstadt. Gymnasium und Akademie in Straßburg 1538–1621. Wiesbaden 1977.

2.6.3 Politische Ideen, Völkerrecht, Diplomatie, Nationen, Stereotypen

M. BEHNEN, „Arcana – haec sunt ratio status". Ragion di Stato und Staatsraison. Probleme und Perspektiven (1589–1651), in: ZHF 14, 1987, 129–195.

W.F. CHURCH, Richelieu and Reason of State. Princeton 1972.

K.-W. DAHM u. a. (Hrsg.), Politische Theorie des Johannes Althusius. Berlin 1988.

E.-L. ETTER, Tacitus in der Geistesgeschichte des 16. und 17. Jahrhunderts. Basel 1966.

A. HELMCHEN, Die Entstehung der Nationen im Europa der Frühen Neuzeit. Ein integraler Ansatz aus humanistischer Sicht. Bern 2005.

C. HIRSCHI, Wettkampf der Nationen. Konstruktionen einer deutschen Ehrgemeinschaft an der Wende vom Mittelalter zur Neuzeit. Göttingen 2005.

D. HOEGES, Niccolò Machiavelli. Die Macht und der Schein. München 2000.

W. Janssen, Die Anfänge des modernen Völkerrechts und der neuzeitlichen Diplomatie. Ein Forschungsbericht. Stuttgart 1965.

A. Kohler, „Tu felix Austria nube…" Vom Klischee zur Neubewertung dynastischer Politik in der neueren Geschichte Europas, in: ZHF 21, 1994, 461–482.

H.-J. König u. a. (Hrsg.), Die Eroberung einer neuen Welt. Präkolumbische Kulturen, europäische Eroberung, Kolonialherrschaft in Amerika. 2. Aufl. Schwalbach 2008.

M. Lunitz, Diplomatie und Diplomaten im 16. Jahrhundert. Studien zu den ständigen Gesandten Kaiser Karls V. in Frankreich. Konstanz 1988.

H. Lutz, Ragione di Stato und christliche Staatsethik im 16. Jahrhundert. Mit einem Textanhang: Die Machiavellikapitel aus Kardinal Reginald Pole's ‚Apologia ad Carolum Quintum Caesarem'. 2. Aufl. Münster 1977.

H. Lutz, Antimachiavellismus im Italien des 16. Jahrhunderts, in: MOÖLA 14, 1984, 5–12.

H. Lutz, Erasmus – Machiavelli: Krieg und Frieden im Werden der neuzeitlichen Staaten, in: Tätigkeitsbericht der Österreichischen Akademie der Wissenschaften 1984/85. Wien 1986, 21–35.

G. Mattingly, Renaissance Diplomacy. 2. Aufl. London 1962.

F. Meinecke, Die Idee der Staatsräson in der neueren Geschichte. 4. Aufl. München 1976 (zuerst 1924).

H. Münkler, Machiavelli. Die Begründung des politischen Denkens der Neuzeit aus der Krise der Republik Florenz. Frankfurt 1984.

B. Picard, Das Gesandtschaftswesen Ostmitteleuropas in der frühen Neuzeit. Beiträge zur Geschichte der Diplomatie in der ersten Hälfte des sechzehnten Jahrhunderts nach den Aufzeichnungen des Freiherrn Sigmund von Herberstein. Graz/Wien/Köln 1967.

M. Rivero Rodríguez, Diplomacia y relaciones exteriores en la Edad Moderna. De la cristiandad al sistema europeo, 1453–1794. Madrid 2000.

R. Saage, Herrschaft, Toleranz, Widerstand. Studien zur politischen Theorie der Niederländischen und Englischen Revolution. Frankfurt am Main 1981.

M. Scattola, Das Naturrecht vor dem Naturrecht. Zur Geschichte des ‚ius naturae' im 16. Jahrhundert. Tübingen 1999.

H. Schilling, Nationale Identität und Konfession in der europäischen Neuzeit, in: G. Giesen (Hrsg.), Nationale und kulturelle Identität. Studien zur Entwicklung des kollektiven Bewußtseins. Frankfurt am Main 1991, 192–252.

R. Schnur (Hrsg.), Staatsräson. Studien zur Geschichte eines politischen Begriffs. Berlin 1975.

E. Thuau, Raison d'État et pensée politique à l'époque de Richelieu. Paris 1966.

J. Žontar, Obveščevalna služba in diplomacija avstrijskih habsburgzanov v boju proti Turkom v 16. stoletju. Ljubljana 1973. [Mit einer deutschen Zusammenfassung, S. 191–242.]

2.6.4 Mediengeschichte, Bildpublizistik und Bildpropaganda

M. DLUGAICZYK, Der Waffenstillstand (1609–1621) als Medienereignis. Politische Bildpropaganda in den Niederlanden. Münster 2005.

W. FAULSTICH, Medien zwischen Herrschaft und Revolte. Die Medienkultur der frühen Neuzeit (1400–1700). Göttingen 1998.

W. FAULSTICH, Mediengeschichte von den Anfängen bis 1700. Göttingen 2006.

W. HOFMANN (Hrsg.), Luther und die Folgen für die Kunst. Ausstellung in der Hamburger Kunsthalle vom 11. November 1983 bis 8. Januar 1984. München 1983.

T. KAUFMANN, „Türckenbüchlein". Zur christlichen Wahrnehmung „türkischer Religion" in Spätmittelalter und Reformation. Göttingen 2008.

A. KOHLER, Reformatorische Bildpropaganda, in: M. FUCHS/A. KOHLER/R. ANDRASCHEK-HOLZER (Hrsg.), Geschichte in Bildern? Innsbruck 2006 (= Wiener Zeitschrift zur Geschichte der Neuzeit 6, H. 2), 35–48.

V. LEPPIN, Antichrist und Jüngster Tag. Das Profil apokalyptischer Flugschriftenpublizistik im deutschen Luthertum, 1548–1618. Gütersloh 1999.

Martin Luther und die Reformation in Deutschland. Ausstellung zum 500. Geburtstag Martin Luthers. Veranstaltet vom Germanischen Nationalmuseum Nürnberg in Zusammenarbeit mit dem Verein für Reformationsgeschichte. Nürnberg 1983.

Luther. 1483-1546. Dokumente seines Lebens und Wirkens Weimar 1983.

M. NIEMETZ (Hrsg.), Antijesuitische Bildpublizistik in der Frühen Neuzeit. Geschichte, Ikonographie und Ikonologie. Regensburg 2008.

B. ROECK, Visual turn? Kulturgeschichte und die Bilder, in: GG 29, 2003, 294–315.

C. VOGEL (Hrsg.), Bilder des Schreckens. Die mediale Inszenierung von Massakern seit dem 16. Jahrhundert. Frankfurt am Main/New York 2006.

2.7 EUROPÄISCHE EXPANSION

U. BITTERLI, Die „Wilden" und die „Zivilisierten". Grundzüge einer Geistes- und Kulturgeschichte der europäisch-überseeischen Begegnung. München 1976.

U. BITTERLI, Alte Welt – neue Welt. Formen des europäischen-überseeischen Kulturkontakts vom 15. bis zum 18. Jahrhundert. München 1986.

M. DELGADO (Hrsg.), Las Casas, Bartolomé de: Werkauswahl. Bd. 1. Paderborn 1994.

B.W. DIFFIE/G.D. WINIUS, Foundations of the Portuguese Empire, 1415–1580. Minneapolis 1977.

F. EDELMAYER/M. GRANDNER, Santa Catalina – Old Providence. Eine Insel in der Karibik zwischen Mikro- und Globalgeschichte, in: F. EDELMAYER u. a.

(Hrsg.), Plus ultra. Die Welt der Neuzeit. Festschrift für Alfred Kohler zum 65. Geburtstag. Münster 2008, 549–592.

P. FELDBAUER, Estado da India. Die Portugiesen in Asien. 1498–1620. Wien 2003.

J. FISCH, Die europäische Expansion und das Völkerrecht. Die Auseinandersetzungen über den Status der überseeischen Gebiete vom 15. Jahrhundert bis zur Gegenwart. Stuttgart 1984.

F. GEWECKE, Wie die neue Welt in die alte kam. München 1992.

M. GIMENEZ FERNÁNDEZ, Bartolomé de Las Casas. 2 Bde. Sevilla 1953/60.

H. GRÜNDER, Welteroberung und Christentum. Ein Handbuch zur Geschichte der Neuzeit. Gütersloh 1992.

D.F. LACH, Asia in the Making of Europe. 4 Teilbde. Chicago 1965–1977.

L. NAVARRO GARCIA (Hrsg.), Historia de las Américas. 2 Bde. Madrid 1991.

G.T. RAYNAL/D. DIDEROT, Histoire des deux Indes, Genf 1780 (deutsche Auswahlausgabe in einem Band unter dem Titel „Die Geschichte beider Indien", ausgewählt und erläutert von H.-J. LÜSEBRINK. Nördlingen 1988).

W. REINHARD, Geschichte der europäischen Expansion. 2 Bde. Stuttgart/Berlin/Köln/Mainz 1983/85.

W. REINHARD (Hrsg.), Humanismus und Neue Welt. Weinheim 1987.

F. SCHILLER, Was heißt und zu welchem Ende studiert man Universalgeschichte?, in: F. SCHILLER, Sämtliche Werke. Bd. 4. 4. Aufl. München 1966, 749–767.

S. SUBRAHMANYAM, The Portuguese Empire in Asia, 1550–1700. A Political and Economic History. London 1993.

2.8 HEILIGES RÖMISCHES REICH

2.8.1 Überblicksdarstellungen

A. GOTTHARD, Das Alte Reich, 1495–1806. Darmstadt 2003.

P.C. HARTMANN, Das Heilige Römische Reich deutscher Nation in der Neuzeit 1486–1806. Stuttgart 2005.

Heiliges Römisches Reich Deutscher Nation 962 bis 1806. Altes Reich und neue Staaten 1495 bis 1806. 2 Bde. Dresden 2006.

K. HERBERS/H. NEUHAUS, Das Heilige Römische Reich. Schauplätze einer tausendjährigen Geschichte (843–1806). Köln u. a. 2005.

J. JANSSEN, Geschichte des deutschen Volkes seit dem Ausgang des Mittelalters. 8 Bde. Freiburg 1878–1894.

A. KOHLER, Das Reich im Kampf um die Hegemonie in Europa, 1521–1648. 2. Aufl. München 2010.

M. LANZINNER, Konfessionelles Zeitalter 1555–1618 (= Gebhardt. Handbuch deutscher Geschichte. Bd. 10.) 10., völlig neu bearb. Aufl. Stuttgart 2001, 1–203.

H. LUTZ, „Ursprung der Spaltung in der Nation". Bemerkungen zu einem Kapitel aus Rankes Reformationsgeschichte, in: Festschrift für Hermann Heimpel zum 70. Geburtstag am 19. September 1971. Bd. 1. Göttingen 1971, 140–160.

H. LUTZ, Das Ringen um deutsche Einheit und kirchliche Erneuerung. Von Maximilian I. bis zum Westfälischen Frieden 1490 bis 1648. Frankfurt am Main/Berlin/Wien 1983 (Studienausgabe Frankfurt am Main/Berlin/Wien 1987).

P. MORAW, Von offener Verfassung zu gestalteter Verdichtung. Das Reich im späten Mittelalter, 1250–1490. Berlin 1985.

V. PRESS, Kriege und Krisen. Deutschland 1600–1715. München 1991.

H. RABE, Reich und Glaubensspaltung. Deutschland 1500–1600. München 1989.

W. REINHARD, Probleme deutscher Geschichte 1495–1806/Reichsreform und Reformation 1495–1555 (= Gebhardt. Handbuch deutscher Geschichte. Bd. 9) 10., völlig neu bearb. Aufl. Stuttgart 2001.

M. RITTER, Deutsche Geschichte im Zeitalter der Gegenreformation und des Dreißigjährigen Krieges 1555–1648. 3 Bde. Stuttgart 1889–1908.

H. SCHILLING, Aufbruch und Krise. Deutschland 1517–1648. Berlin 1988.

G. SCHMIDT, Geschichte des alten Reiches. Staat und Nation in der Frühen Neuzeit, 1495–1806. München 1999.

G. SCHORMANN, Dreißigjähriger Krieg 1618–1648 (= Gebhardt. Handbuch deutscher Geschichte. Bd. 10.) 10., völlig neu bearb. Aufl. Stuttgart 2001, 205–279.

W. SCHULZE, Deutsche Geschichte im 16. Jahrhundert. 1500–1618. Frankfurt am Main 1987.

B. STOLLBERG-RILINGER, Das Heilige Römische Reich Deutscher Nation. Vom Ende des Mittelalters bis 1806. München 2006.

2.8.2 Verfassungs- und Institutionengeschichte

H. ANGERMEIER (Hrsg.), Säkulare Aspekte der Reformationszeit. München/Wien 1983.

H. ANGERMEIER, Die Reichsreform 1410–1555. Die Staatsproblematik in Deutschland zwischen Mittelalter und Gegenwart. München 1984.

A. BEGERT, Böhmen, die böhmische Kur und das Reich vom Hochmittelalter bis zum Ende des Alten Reiches. Studien zur Kurwürde und zur staatsrechtlichen Stellung Böhmens, Husum 2003.

H. DUCHHARDT, Protestantisches Kaisertum und altes Reich. Die Diskussion über die Konfession des Kaisers in Politik, Publizistik und Staatsrecht. Wiesbaden 1977.

A. GOTTHARD, Der Augsburger Religionsfrieden. Münster 2004.

G. GRAF u. a. (Hrsg.), Der Augsburger Religionsfrieden. Leipzig 2006.

K. Härter, Entwicklung und Funktion der Policeygesetzgebung des Heiligen Römischen Reiches Deutscher Nation im 16. Jahrhundert, In: Ius Commune. Zeitschrift für Europäische Rechtsgeschichte 20, 1993, 61–141.

H. Heckel, Autonomia und Pacis Compositio. Der Augsburger Religionsfrieden in der Deutung der Gegenreformation, in: ZRG KA 45, 1959, 141–248.

H. Heckel, Parität, in: ZRG KA 49, 1963, 261–420.

C.A. Hoffmann u.a (Hrsg.), Als Frieden möglich war. 450 Jahre Augsburger Religionsfrieden. Regensburg 2005.

G. Kleinheyer, Die kaiserlichen Wahlkapitulationen. Geschichte, Wesen und Funktion. Karlsruhe 1968.

P. Moraw/V. Press, Probleme der Sozial- und Verfassungsgeschichte des Heiligen Römischen Reiches im späten Mittelalter und in der frühen Neuzeit, in: ZHF (1975) 95–108.

G. Müller (Hrsg.), Die Religionsgespräche der Reformationszeit. Gütersloh 1980.

G. Oestreich, Verfassungsgeschichte vom Ende des Mittelalters bis zum Ende des alten Reiches (= Gebhardt. Handbuch deutscher Geschichte. Bd. 11.) 9. Aufl. München 1974.

E. Ortlieb, Die Entstehung des Reichshofrats in der Regierungszeit der Kaiser Karl V. und Ferdinand I. (1519–1564), in: Frühneuzeit-Info 17, 2006, 11–26.

H. Schilling/H. Smolinsky (Hrsg.), Der Augsburger Religionsfrieden 1555. Wissenschaftliches Symposium aus Anlaß des 450. Jahrestages des Friedensschlusses, Augsburg 21. bis 25. September 2005. Münster 2007.

A. Schindling, Reichskirche und Reformation. Zu Glaubensspaltung und Konfessionalisierung in den geistlichen Fürstentümern des Reiches, in: ZHF Beiheft 3, 1987, 81–112.

K. Schlaich, Maioritas – protestatio – itio in partes – Corpus Evangelicorum, in: ZRG KA 61, 1977, 264–299.

P. Schmid, Reichssteuern, Reichsfinanzen und Reichsgewalt in der ersten Hälfte des 16. Jahrhunderts, in: H. Angermeier (Hrsg.), Säkulare Aspekte der Reformationszeit. München/Wien 1983.

B.C. Schneider, Ius reformandi. Die Entwicklung eines Staatskirchenrechts von seinen Anfängen bis zum Ende des Alten Reiches. Tübingen 2001.

T. Simon, „Gute Policey". Ordnungsleitbilder und Zielvorstellungen politischen Handelns in der Frühen Neuzeit. Frankfurt am Main 2004.

Deutsche Verwaltungsgeschichte. Bd. 1: Vom Spätmittelalter bis zum Ende des Reiches. Hrsg. v. K.G.A. Jeserich u. a. Stuttgart 1983.

L. Vogel, Das zweite Regensburger Religionsgespräch von 1546. Politik und Theologie zwischen Konsensdruck und Selbstbehauptung. Gütersloh 2009.

E. Wolff, Corpus Evangelicorum und Corpus Catholicorum auf dem Westfälischen Friedenskongreß. Die Einfügung der konfessionellen Ständeverbindungen in die Reichsverfassung. Münster 1966.

W. WÜST u. a. (Hrsg.), Der Augsburger Religionsfriede 1555. Ein Epochenereignis und seine regionale Verankerung. Augsburg 2005.

E.W. ZEEDEN, Die Einwirkung der Reformation auf die Verfassung des Heiligen Römischen Reiches Deutscher Nation, in: Trierer Theologische Zeitschrift 1950, 207–215.

2.8.3 Reichstag

R. AULINGER, Das Bild des Reichstages im 16. Jahrhundert. Beiträge zu einer typologischen Analyse schriftlicher und bildlicher Quellen. Göttingen 1980.

W. BECKER, Der Kurfürstenrat. Grundlagen seiner Entwicklung in der Reichsverfassung und seine Stellung auf dem Westfälischen Friedenskongreß. Münster 1973.

A. KOHNLE, Reichstag und Reformation. Kaiserliche und ständische Religionspolitik von den Anfängen der Causa Lutheri bis zum Nürnberger Religionsfrieden. Gütersloh 2001.

M. LANZINNER/A. STROHMEYER (Hrsg.), Der Reichstag 1486–1613: Kommunikation – Wahrnehmung – Öffentlichkeiten. Göttingen 2006.

H. LUTZ/A. KOHLER (Hrsg.), Aus der Arbeit an den Reichstagen unter Kaiser Karl V. Sieben Beiträge zu Fragen der Forschung und Edition. Göttingen 1986.

H. NEUHAUS, Reichstag und Supplikationsausschuß. Ein Beitrag zur Reichsverfassungsgeschichte der ersten Hälfte des 16. Jahrhunderts. Berlin 1977.

H. NEUHAUS, Reichsständische Repräsentationsformen im 16. Jahrhundert. Reichstag – Reichskreistag – Reichsdeputationstag. Berlin 1982.

E.H. SCHUBERT, Die deutschen Reichstage in der Staatslehre der frühen Neuzeit. Göttingen 1966.

2.8.4 Territorien und Reichskreise

K. BLASCHKE (Hrsg.), Moritz von Sachsen – Ein Fürst der Reformationszeit zwischen Territorium und Reich. Internationales wissenschaftliches Kolloquium vom 26. bis 28. Juni 2003 in Freiberg (Sachsen). Stuttgart 2007.

H. DOPSCH/H. SPATZENEGGER (Hrsg.), Geschichte Salzburgs. Stadt und Land. Bd. 2: Neuzeit und Zeitgeschichte. Salzburg 1991.

R.J.W. EVANS, Das Werden der Habsburgermonarchie 1550–1700. Gesellschaft, Kultur, Institutionen. Wien/Köln 1986.

J. HERRMANN, Moritz von Sachsen (1521–1553). Landes-, Reichs- und Friedenfürst. Beucha 2003.

K. KRÜGER, Finanzstaat Hessen 1500–1567. Staatsbildung im Übergang vom Domänenstaat zum Steuerstaat. Marburg 1980.

A. LAUFS, Der Schwäbische Kreis. Aalen 1971.

S. Laux, Reformationsversuche in Kurköln (1542–1548). Fallstudien zu einer Strukturgeschichte landstädtischer Reformation (Neuss, Kempen, Andernach, Linz). Münster 2001.

V. Press, Calvinismus und Territorialstaat. Regierung und Zentralbehörden der Kurpfalz 1559–1619. Stuttgart 1970.

V. Press, Herrschaft, Landschaft und „gemeiner Mann" in Oberdeutschland vom 15. bis zum frühen 17. Jahrhundert, in: ZFGO 123, 1975, 169-214.

V. Press, Die Reichsritterschaft im Reich der frühen Neuzeit, in: Nassauische Annalen 87, 1976, 101–122.

R. Reinhardt, Die Beziehungen von Hochstift und Diözese Konstanz zu Habsburg-Österreich in der Neuzeit. Gleichzeitig ein Beitrag zur archivalischen Erforschung des Problems „Kirche und Staat". Wiesbaden 1966.

A. Schindling/W. Ziegler (Hrsg.), Die Territorien des Reichs im Zeitalter der Reformation und Konfessionalisierung. Land und Konfession 1500–1650. Bd. 1: Der Südosten. Bd. 2: Der Nordosten. Bd. 3: Der Nordwesten. Bd. 4: Mittleres Deutschland. Münster 1991/92.

W. Schulze, Landesdefension und Staatsbildung. Studien zum Kriegswesen des innerösterreichischen Territorialstaates (1564–1619). Wien u. a. 1973.

M. Spindler (Hrsg.), Handbuch der bayerischen Geschichte. 4 Bde. Verbesserter Ndr. München 1971–1977.

A. Thieme/J. Vötsch (Hrsg.), Hof und Hofkultur unter Moritz von Sachsen (1521–1553). Beucha 2004.

M. Weber, Das Verhältnis Schlesiens zum Alten Reich in der Frühen Neuzeit. Köln u. a. 1992.

D. Willoweit, Rechtsgrundlagen der Territorialgewalt. Wien/Köln 1975.

T. Winkelbauer, Ständefreiheit und Fürstenmacht. Länder und Untertanen des Hauses Habsburg im konfessionellen Zeitalter. 2 Teilbde. Wien 2003.

E. Wolgast, Reformierte Konfession und Politik im 16. Jahrhundert. Studien zur Geschichte der Kurpfalz im Reformationszeitalter. Heidelberg 1998.

E. Wolgast, Hochstift und Reformation. Studien zur Geschichte der Reichskirche zwischen 1517 und 1648. Stuttgart 1995.

2.8.5 1500–1555: Reichsgeschichte

W. Becker (Hrsg.), Der Passauer Vertrag von 1552. Politische Entstehung, reichsrechtliche Bedeutung und konfessionsgeschichtliche Bewertung. Neustadt an der Aisch 2003.

G. Haug-Moritz, Der Schmalkaldische Bund 1530–1541/42. Leinfelden-Echterdingen 2002.

P. Joachimsen, Die Reformation als Epoche der deutschen Geschichte. Hrsg. v. O. Schottenloher. München 1951 (zuerst 1930).

A. Laufs, Die Reichskammergerichtsordnung von 1555. Köln/Wien 1976.

J. Lortz, Die Reformation in Deutschland. 2 Bde. 4 Aufl. Freiburg 1962.

A.P. LUTTENBERGER, Glaubenseinheit und Reichfriede. Konzeptionen und Wege konfessionsneutraler Reichspolitik (1530–1552) (Kurpfalz, Jülich, Kurbrandenburg). Göttingen 1982.

L. VON RANKE, Deutsche Geschichte im Zeitalter der Reformation. Hrsg. v. P. JOACHIMSEN. 6 Bde. München 1925/26.

F. REUTER (Hrsg.), Der Reichstag zu Worms 1521. Worms 1971.

G. SCHMIDT, Der Städtetag in der Reichsverfassung. Eine Untersuchung zur korporativen Politik der freien und Reichsstädte in der ersten Hälfte des 16. Jahrhunderts. Stuttgart 1984.

S. SKALWEIT, Reich und Reformation. Berlin 1967.

2.8.6 Stadt und Reformation

T.A. BRADY, Ruling Class, Regime and Reformation at Strasbourg, 1520–1555. Leiden 1978.

S. JAHNS, Frankfurt, Reformation und Schmalkaldischer Bund. Die Reformations-, Reichs- und Bündnispolitik der Reichsstadt Frankfurt am Main 1525–1536. Frankfurt 1976.

T. KAUFMANN, Das Ende der Reformation. Magdeburgs „Herrgotts Kanzlei" (1548–1551/2). Tübingen 2003.

H. LUTZ, Conrad Peutinger. Beiträge zu einer politischen Biographie. Augsburg 1958.

B. MOELLER (Hrsg.), Stadt und Kirche im 16. Jahrhundert. Gütersloh 1978.

B. MOELLER, Reichsstadt und Reformation. Gütersloh 1962, Neuausgabe Berlin 1987.

O. MÖRKE, Rat und Bürger in der Reformation. Soziale Gruppen und kirchlicher Wandel in den welfischen Hansestädten Lüneburg, Braunschweig und Göttingen. Hildesheim 1983.

S.E. OZMENT, The Reformation in the Cities: An Appeal of Protestantism to Sixteenth Century Germany and Switzerland. New Haven/London 1975.

G. PFEIFFER, Der Augsburger Religionsfrieden und die Reichsstädte, in: Zeitschrift des historischen Vereins für Schwaben 61, 1955, 211–320.

R. PO-CHIA HSIA, Gesellschaft und Religion in Münster 1535–1618. Münster 1989.

F. RAPP, Reforme et Réformation à Strasbourg. Église et Société dans le diocèse de Strasbourg (1450–1525). Paris 1974.

H.-C. RUBLACK, Die Einführung der Reformation in Konstanz von den Anfängen bis zum Abschluß 1531. Gütersloh 1971.

H. SCHILLING, Bürgerkämpfe in Aachen zu Beginn des 17. Jahrhunderts. Konflikte im Rahmen der alteuropäischen Stadtgesellschaft oder im Umkreis der frühbürgerlichen Revolution?, in: ZHF 1, 1974, 175–231.

R.W. SCRIBNER, Civic Unity and the Reformation in Erfurt, in: P & P 66, 1975, 29–60.

G. Vogler, Nürnberg 1524/25. Studien zur Geschichte der reformatorischen und sozialen Bewegung in der Reichsstadt. Berlin 1982.

E. Weyrauch, Konfessionelle Krise und soziale Stabilität. Das Interim in Straßburg, 1548–1562. Stuttgart 1978.

2.8.7 Bauernkrieg 1525

P. Blickle (Hrsg.), Revolte und Revolution in Europa. München 1975.

P. Blickle (Hrsg.), Bauer, Reich und Reformation. Festschrift für Günther Franz zum 80. Geburtstag am 23. Mai 1982. Stuttgart 1982.

P. Blickle, Die Revolution von 1525. 2. Aufl. München/Wien 1983.

P. Blickle (Hrsg.), Der Deutsche Bauernkrieg von 1525. Darmstadt 1985.

P. Blickle, Der Bauernkrieg. Die Revolution des Gemeinen Mannes. 3. Aufl. München 2006.

G. Brendler/A. Laube (Hrsg.), Der deutsche Bauernkrieg 1524/25. Geschichte – Traditionen – Lehren. Berlin 1977.

F. Dörrer (Hrsg.), Die Bauernkriege und Michael Gaismair. Protokoll des internationalen Symposions vom 15. bis 19. November 1976 in Innsbruck-Vill. Innsbruck 1982.

G. Franz, Der deutsche Bauernkrieg. 10. Aufl. Darmstadt 1975.

E.L. Kuhn/P. Blickle (Hrsg.), Der Bauernkrieg in Oberschwaben. Tübingen 2000.

B. Moeller (Hrsg.), Bauernkriegs-Studien. Gütersloh 1975.

M. Steinmetz (Hrsg.), Der Deutsche Bauernkrieg und Thomas Müntzer. Leipzig 1976.

M. Steinmetz (Hrsg.), Die frühbürgerliche Revolution in Deutschland. Berlin 1985.

A. Stella, La rivoluzione contadina del 1525 e l'utopia di Michael Gaismayr. Padua 1975.

G. Vogler (Hrsg.), Bauernkrieg zwischen Harz und Thüringer Wald. Stuttgart 2008.

H.-U. Wehler (Hrsg.), Der Deutsche Bauernkrieg 1524–1526. Göttingen 1975.

R. Wohlfeil (Hrsg.), Reformation oder frühbürgerliche Revolution? München 1972.

R. Wohlfeil (Hrsg.), Der Bauernkrieg 1524–1526. Bauernkrieg und Reformation. München 1975.

2.8.8 Täufer

G. Brendler, Das Täuferreich zu Münster 1534/35. Berlin 1966.

K.-H. Kirchhoff, Die Täufer in Münster. Untersuchungen zum Umfang und zur Sozialstruktur der Bewegung. Münster 1973.

E. LAUBACH, Reformation und Täuferherrschaft, in: F.-J. JAKOBI (Hrsg.), Geschichte der Stadt Münster. Bd. 1. Münster 1993, 145–216.
U.B. LEU/C. SCHEIDEGGER (Hrsg.), Die Zürcher Täufer, 1525–1700. Zürich 2007.
B. ROMMÉ (Hrsg.), Das Königreich der Täufer. Bd. 1: Reformation und Herrschaft der Täufer in Münster. Bd. 2: Die münsterischen Täufer im Spiegel der Nachwelt. Münster 2000.
A. STRÜBIND, Eifriger als Zwingli. Die frühe Täuferbewegung in der Schweiz. Berlin 2003.

2.8.9 Karl V.

D. ANTONY, Nicolas Perrenot de Granvelle. Premier conseiller de Charles Quint. Besançon 2006.
E. BELENGUER CEBRÍA (Hrsg.), De la unión de coronas al Imperio de Carlos V, Congreso Internacional, Barcelona, 21–25 de febrero de 2000. 3 Bde. Madrid 2001.
W. BLOCKMANS, Emperor Charles V, 1500–1558. London 2001.
K. BRANDI, Kaiser Karl V. Werden und Schicksal einer Persönlichkeit und eines Weltreiches. 2 Bde. München 1937/41.
R. CARANDE, Carlos V y sus banqueros. 3 Bde. 1. Aufl. Madrid 1943–1968, 2. Aufl. Barcelona 1987.
L. CARDAUNS, Von Nizza bis Crepy. Europäische Politik in den Jahren 1534 bis 1544. Rom 1923.
Carolus. Keizer Karel V, 1500–1558. Gent 1999. [Genter Ausstellung in der Kunsthal De Sint-Pietersabdij; auch in Französisch]
J.L. CASTELLANO CASTELLANO/E. SÁNCHEZ-MONTES GONZÁLEZ (Hrsg.), Carlos V. Europeísmo y universalidad, Congreso Internacional, Granada, mayo de 2000. 5 Bde. Madrid 2001.
Charles-Quint et son temps. Colloques internationaux de la recherche scientifique. Sciences humaines, Paris 20 septembre–3 octobre 1958. Paris 1959.
P. CHAUNU/M. ESCAMILLA, Charles Quint. Paris 2000.
I. DINGEL/G. WARTENBERG (Hrsg.), Politik und Bekenntnis: die Reaktionen auf das Interim von 1548. Leipzig 2006.
M. FERNÁNDEZ ÁLVAREZ, Carlos V, el Cesar y el Hombre. Madrid 1999.
J.M. HEADLEY, The Emperor and his Chancellor. A Study of the Imperial Chancellery under Gattinara. Cambridge 1983.
E. HONÉE, Der Libell des Hieronymus Vehus zum Augsburger Reichstag 1530. Untersuchung und Texte zur katholischen Concordia-Politik. Münster 1988.
H. IMMENKÖTTER, Um die Einheit des Glaubens. Die Unionsverhandlungen des Augsburger Reichstages im August und September 1530. 2. Aufl. Münster 1974.
E. ISERLOH (Hrsg.), Confessio Augustana und Confutatio. Der Augsburger Reichstag 1530 und die Einheit der Kirche. Münster 1980.

Kaiser Karl V. (1500–1558). Macht und Ohnmacht Europas. Bonn/Wien/ Mailand 2000. [Bonner Ausstellung in der Kunsthalle der Bundesrepublik Deutschland und Wiener Ausstellung im Kunsthistorischen Museum, letztere mit einem Sonderband: Der Kriegszug Kaiser Karls V. gegen Tunis. Kartons und Tapisserien]

E. KEVERLING BUISMAN u. a. (Hrsg.), Verdrag en Tractaat van Venlo. Herdenkingsbundel, 1543–1993. Hilversum 1993.

A. KOHLER, Antihabsburgische Politik in der Epoche Karls V. Die reichsständische Opposition gegen die Wahl Ferdinands I. zum römischen König und gegen die Anerkennung seines Königtums. Göttingen 1982.

A. KOHLER, Karl V., 1500–1558. 3. Aufl. München 2001.

A. KOHLER (Hrsg.), Carlos V/Karl V. 1500–2000. Madrid 2001.

A. KOHLER u. a. (Hrsg.), Karl V. 1500–1558. Neue Perspektiven seiner Herrschaft in Europa und Übersee. Wien 2002.

A. KOHNLE (Hrsg.), Das Vermächtnis Kaiser Karls V. Die Politischen Testamente. Darmstadt 2005.

I. LUDOLPHY, Die Voraussetzungen der Religionspolitik Karls V. Stuttgart 1965.

H. LUTZ, Christianitas afflicta. Europa, das Reich und die päpstliche Politik im Niedergang der Hegemonie Kaiser Karls V. 1552–1556. Göttingen 1964.

H. LUTZ, Karl V. – Biographische Probleme, in: G. KLINGENSTEIN u. a.(Hrsg.), Biographie und Geschichtswissenschaft. Aufsätze zur Theorie und Praxis biographischer Arbeit. Wien 1979, 151–182.

H. LUTZ, Kaiser, Reich und Christenheit. Zur weltgeschichtlichen Würdigung des Augsburger Reichstages 1530, in: HZ 230, 1980, 89–106.

H. LUTZ (Hrsg.), Das römisch-deutsche Reich im politischen System Karls V. München/Wien 1982.

J. MARTÍNEZ MILLÁN (Hrsg.), La Corte de Carlos V. 5 Bde. Madrid 2000.

J. MARTÍNEZ MILLÁN (Hrsg.), Carlos V y la quiebra del humanismo político en Europa (1530–1558), Congreso Internacional, Madrid, 3–6 de julio de 2000. 4 Bde. Madrid 2001.

R. MENÉNDEZ PIDAL, La idea imperial de Carlos V. Madrid 1945.

V. PRESS, Kaiser Karl V., König Ferdinand I. und die Entstehung der Reichsritterschaft. Wiesbaden 1976.

H. RABE, Reichsbund und Interim. Die Verfassungs- und Religionspolitik Karls V. und der Reichstag von Augsburg 1547/48. Köln/Wien 1971.

P. RASSOW, Die Kaiser-Idee Karls V., dargestellt an der Politik der Jahre 1528 bis 1540. Berlin 1932.

P. RASSOW/F. SCHALK (Hrsg.), Karl V. Der Kaiser und seine Zeit, Kölner Colloquium 26.–29.11.1958. Köln/Graz 1960.

M. RIVERO RODRÍGUEZ, Gattinara, Mercurino Arborio di, in: J. MARTÍNEZ MILLÁN (Hrsg.), La Corte de Carlos V. Segunda parte: Los consejeros de Carlos V. Madrid 2000, 167–172.

M. RIVERO RODRÍGUEZ, Memoria, escritura y Estado: la autobiografía de Mercurino Arborio di Gattinara, Gran Canciller de Carlos V, in: J. MARTÍNEZ

MILLÁN (Hrsg.), Carlos V y la quiebra del humanismo político en Europa (1530–1558), Congreso Internacional, Madrid, 3–6 julio de 2000. Bd. 3. Madrid 2001, 13–21.

M.J. RODRÍGUEZ-SALGADO, The Changing Face of Empire. Charles V, Philipp II and Habsburg Authority, 1551–1559. Cambridge 1988.

C. SCOTT DIXON/M. FUCHS (Hrsg.), The Histories of Emperor Charles V. Nationale Perspektiven von Persönlichkeit und Herrschaft. Münster 2005.

L. SCHORN-SCHÜTTE, Karl V. Kaiser zwischen Mittelalter und Neuzeit. München 2000.

L. SCHORN-SCHÜTTE (Hrsg.), Das Interim 1548/50. Herrschaftskrise und Glaubenskonflikt. Gütersloh 2005.

E. SCHULIN, Kaiser Karl V. Geschichte eines übergroßen Wirkungsbereiches. Stuttgart 1999.

H. SOLY (Hrsg.), Charles Quint, 1500–1558 and his Time. Antwerpen 1999.

C. STROSECKI (Hrsg.), Aspectos históricos y culturales bajo Carlos V/Aspekte der Geschichte und Kultur unter Karl V. Münster 2000.

R. TYLER, Kaiser Karl V. 3. Aufl. Stuttgart 1961.

E. WALSER, Die spanischen Zentralbehörden und der Staatsrat Karls V. Hrsg. v. R. WOHLFEIL. Göttingen 1959.

2.8.10 Ferdinand I., Maria von Ungarn

R. AULINGER u. a., Ferdinand I. und die Reichstage unter Kaiser Karl V., in: M. FUCHS/A. KOHLER (Hrsg.), Kaiser Ferdinand I. Aspekte eines Herrscherlebens. Münster 2003, 87–121.

F.B. VON BUCHOLTZ, Geschichte der Regierung Ferdinand des Ersten. 9 Bde. Wien 1831–1838, Ndr. mit Einleitung von B. SUTTER Graz 1968–1971.

B. FEDERINOV (Hrsg.), Marie de Hongrie: politique et culture sous la Renaissance aux Pays-Bas. Actes du colloque tenu au Musée Royal de Mariemont les 11 et 12 novembre 2005. Mariemont 2008.

M. FUCHS/T. OBORNI/G. UJVÁRY (Hrsg.), Kaiser Ferdinand I. Ein mitteleuropäischer Herrscher. Münster 2005.

M. FUCHS/O. RÉTHELY (Hrsg.), Maria von Ungarn (1505–1558). Eine Renaissancefürstin. Münster 2007.

G. HEISS, Politik und Ratgeber der Königin Maria von Ungarn in den Jahren 1521–1531, in: MIÖG 82, 1974, 119–180.

G. HEISS, Die ungarischen, böhmischen und österreichischen Besitzungen der Königin Maria (1505–1558), in: MÖStA 27, 1974, 61–100; 29, 1976, 52–121.

A. KOHLER, Ferdinand I. 1503–1564. Fürst, König und Kaiser. München 2003.

E. LAUBACH, Karl V., Ferdinand I. und die Nachfolge im Reich, in: MÖStA 29, 1976, 1–51.

P. PRODI (Hrsg.), Bernardo Clesio e il suo tempo. 2 Bde. Rom 1987.

G. RILL/C. THOMAS, Bernhard Cles als Politiker. Kriterien für das Verhaltensbild eines frühneuzeitlichen Staatsmannes. Graz 1987.

G. RILL, Fürst und Hof in Österreich von den habsburgischen Teilungsverträgen bis zur Schlacht von Mohács (1521/22 bis 1526). Bd. 1: Außenpolitik und Diplomatie. Wien/Köln/Weimar 1993.

C. THOMAS, „Moderación del poder". Zur Entstehung der geheimen Vollmacht für Ferdinand I., in: MÖStA 27, 1974, 102–140.

2.8.11 1555–1617

F. EDELMAYER/A. KOHLER (Hrsg.), Kaiser Maximilian II. Kultur und Politik im 16. Jahrhundert. Wien 1992.

K.W. EVANS, Rudolf II. Ohnmacht und Einsamkeit. Graz u. a. 1980 (englische Originalausgabe 1973).

M. HECKEL, Staat und Kirche nach den Lehren der evangelischen Juristen Deutschlands in der ersten Hälfte des 17. Jahrhunderts. München 1968.

W. HOLLWEG, Der Augsburger Reichstag von 1566 und seine Bedeutung für die Entstehung der Reformierten Kirche und ihres Bekenntnisses. Neukirchen-Vlynn 1964.

M. LANZINNER, Die Denkschrift des Lazarus von Schwendi zur Reichspolitik (1570), in: ZHF Beiheft 3, 1987, 141–185.

W. MOGGE, Nürnberg und der Landsberger Bund (1556–1598). Ein Beitrag zur Geschichte des konfessionellen Zeitalters. Nürnberg 1976.

J. MOLTMANN, Christoph Pezel (1539–1604) und der Calvinismus in Bremen. Bremen 1958.

H. SCHILLING, Konfessionskonflikt und Staatsbildung. Eine Fallstudie über das Verhältnis von religiösem und sozialem Wandel in der Frühneuzeit am Beispiel der Grafschaft Lippe. Gütersloh 1981.

R. SCHNUR, Lazarus von Schwendi (1522–1583). Ein unerledigtes Thema der historischen Forschung, in: ZHF 15, 1987, 27–46.

W. SCHULZE, Reich und Türkengefahr im späten 16. Jahrhundert. Studien zu den politischen und gesellschaftlichen Auswirkungen einer äußeren Bedrohung. München 1978.

H. STURMBERGER, Georg Erasmus Tschernembl. Religion, Libertät und Widerstand. Ein Beitrag zur Geschichte der Gegenreformation und des Landes ob der Enns. Graz/Köln 1953.

K. VOCELKA, Die politische Propaganda Kaiser Rudolfs II. 1576–1612. Wien 1981.

B. VOGLER, Le Monde Germanique et Helvétique à l'Époque des Réformes 1517–1618. Paris 1981.

2. Darstellungen

2.8.12 1618–1648

D. ALBRECHT, Die auswärtige Politik Maximilians von Bayern 1618–1635. Göttingen 1962.

M. ASCHE/A. SCHINDLING (Hrsg.), Das Strafgericht Gottes. Kriegserfahrungen und Religion im Heiligen Römischen Reich Deutscher Nation im Zeitalter des Dreißigjährigen Krieges. Beiträge aus dem Tübinger Sonderforschungsbereich „Kriegserfahrungen – Krieg und Gesellschaft in der Neuzeit". 2. Aufl. Münster 2002.

M. ASCHE, Neusiedler im verheerten Land. Kriegsfolgenbewältigung, Migrationssteuerung und Konfessionspolitik im Zeichen des Landeswiederaufbaus. Die Mark Brandenburg nach den Kriegen des 17. Jahrhunderts. Münster 2006.

R. BIRELEY, Religion and Politics in the Age of the Counterreformation. Emperor Ferdinand II., William Lamormaini S.J. and the Formation of Imperial Policy. Chapel Hill 1981.

R. BIRELEY, Maximilian von Bayern, Adam Contzen S.J. und die Gegenreformation in Deutschland 1624–1635. Göttingen 1975.

F. BOSBACH, Die Kosten des Westfälischen Friedenskongresses. Eine strukturgeschichtliche Untersuchung. Münster 1984.

J. BURKHARDT, Der Dreißigjährige Krieg. Frankfurt am Main 1992.

J. BURKHARDT, Das größte Friedenswerk der Neuzeit. Der Westfälische Frieden in neuer Perspektive, in: GWU 49, 1998, 592–618.

K. BUSSMANN/H. SCHLLLING (Hrsg.), 1648 – Krieg und Frieden in Europa. München 1998. [Ausstellung im Westfälischen Landesmuseum in Münster und im Kulturgeschichtlichen Museum sowie in der Kunsthalle Dominikanerkirche in Osnabrück]

F. DICKMANN, Der Westfälische Frieden. 3. Aufl. Münster 1972.

H. DUCHHARDT (Hrsg.), Der Westfälische Friede. Diplomatie – politische Zäsur – kulturelles Umfeld – Rezeptionsgeschichte. München 1998.

L. HÖBELT, Ferdinand III., 1608–1657. Friedenskaiser wider Willen. Graz 2008.

G. IMMLER, Kurfürst Maximilian I. und der Westfälische Friedenskongreß: die bayerische auswärtige Politik von 1644 bis zum Ulmer Waffenstillstand. Münster 1992.

M. KAISER, Politik und Kriegführung. Maximilian von Bayern, Tilly und die Katholische Liga im Dreißigjährigen Krieg. Münster 1999.

C. KAMPMANN, Europa und das Reich im Dreißigjährigen Krieg. Geschichte eines europäischen Konflikts. Stuttgart 2008.

U. KOBER, Eine Karriere im Krieg. Graf Adam von Schwarzenberg und die kurbrandenburgische Politik von 1619 bis 1641. Berlin 2004.

B. VON KRUSENSTJERN/H. MEDICK (Hrsg.), Zwischen Alltag und Katastrophe. Der Dreißigjährige Krieg aus der Nähe. Göttingen 1999.

G. LUTZ, Wallenstein, Ferdinand II. und der Wiener Hof. Bemerkungen zu einem erneuten Beitrag zur alten Wallensteinfrage, in: QuFiAB 48, 1968, 207–243.

G. Mann, Wallenstein. Frankfurt 1971.

O. Moormann van Kappen/D. Wyduckel (Hrsg.), Der Westfälische Frieden in rechts- und staatstheoretischer Perspektive. Berlin 1998.

G. Parker, Der Dreißigjährige Krieg. Frankfurt am Main/New York 1987 (englische Originalausgabe London 1984).

J. Pekař, Wallenstein 1630/34. Geschichte der Wallensteinschen Verschwörung. 2 Bde. Berlin 1937.

J.V. Polišensky, The Thirty Years War. London 1971.

R. Rebitsch, Matthias Gallas (1588–1647). Generalleutnant des Kaisers zur Zeit des Dreißigjährigen Krieges. Eine militärische Biographie. Münster 2006.

L. Rentzow, Die Entstehungs- und Wirkungsgeschichte der Vernewerten Landesordnung für das Königreich Böhmen von 1627. Frankfurt am Main u. a. 1998.

K. Repgen (Hrsg.), Krieg und Politik 1618–1648. Europäische Probleme und Perspektiven. München 1988.

K. Repgen, Dreißigjähriger Krieg und Westfälischer Friede. Studien und Quellen. Hrsg. v. F. Bosbach/C. Kampmann. 2. Aufl. Paderborn 1999.

M. Rohrschneider, Der gescheiterte Frieden von Münster. Spaniens Ringen mit Frankreich auf dem Westfälischen Friedenskongress (1643–1649). Münster 2007.

H.U. Rudolf (Hrsg.), Der Dreißigjährige Krieg, Perspektiven und Strukturen. Darmstadt 1977.

K. Ruppert, Die kaiserliche Politik auf dem Westfälischen Friedenskongreß (1643–1648). Münster 1979.

A. Schindling, Die Anfänge des Immerwährenden Reichstags zu Regensburg. Mainz 1991.

G. Schmidt, Der Dreißigjährige Krieg. 7. Aufl. München 2006.

H. Schmidt, Wallenstein als Feldherr, in: MOÖLA 14, 1984, 241–260.

M. Schröder (Hrsg.), 350 Jahre Westfälischer Frieden. Verfassungsgeschichte, Staatskirchenrecht, Völkerrechtsgeschichte. Berlin 1999.

E.H. Schubert, Ludwig Camerarius 1573–1651. Kallmünz 1955.

H. von Srbik, Wallensteins Ende. Ursachen, Verlauf und Folgen der Katastrophe. 2. Aufl. Salzburg 1952.

B. Stadler, Pappenheim und die Zeit des 30jährigen Krieges. Winterthur 1991.

H. Steinberg, Der Dreißigjährige Krieg und der Kampf um die Vorherrschaft in Europa, 1600–1660. Göttingen 1967.

H. Sturmberger, Aufstand in Böhmen. Der Beginn des 30jährigen Krieges. München 1959.

H. Sturmberger. Adam Graf Herberstorff. Herrschaft und Freiheit im konfessionellen Zeitalter. München/Wien 1976.

G. Teske (Hrsg.), Dreißigjähriger Krieg und Westfälischer Friede. Forschungen aus westfälischen Adelsarchiven. Münster 2000.

P.H. WILSON, Europe's Tragedy. A History of the Thirty Years War. London 2009.
P. WOLFF u. a. (Hrsg.), Der Winterkönig. Friedrich V. Der letzte Kurfürst aus der Oberen Pfalz. Amberg – Heidelberg – Prag – Den Haag. Katalog zur Bayerischen Landesausstellung. Augsburg 2003.

2.9 NIEDERLANDE

G. DARBY (Hrsg.), The Origins and Developments of the Dutch Revolt. London/New York 2001.
J.A. FÜHNER, Die Kirchen- und die antireformatorische Religionspolitik Kaiser Karls V. in den siebzehn Provinzen der Niederlande, 1515–1555. Leiden/Boston 2004.
M. VAN GELDEREN, The Political Thought of the Dutch Revolt, 1555–1590. Cambridge 1992.
M. VAN GELDEREN (Hrsg.), The Dutch Revolt. Cambridge 1993.
J.I. ISRAEL, The Dutch Republic and the Hispanic World 1606–1661. Oxford 1982.
C. DE JONGE/G. JANSSENS (Hrsg.), Les Granvelle et les Anciens Pays-Bas. Leuven 2000.
H.G. KOENIGSBERGER, Monarchies, States Generals and Parliaments. The Netherlands in the Fifteenth and Sixteenth Century. Cambridge 2001.
J.W. KOOPMANS, De Staten van Holland en de Opstand. De ontwikkeling van hun functies en organisatie in de periode 1544–1588. 's-Gravenhage [= Den Haag] 1990.
H. LADEMACHER, Geschichte der Niederlande. Politik – Verfassung – Wirtschaft. Darmstadt 1983.
O. MÖRKE, Wilhelm von Oranien (1533–1584). Fürst und „Vater" der Republik. Stuttgart 2007.
G. PARKER, Der Aufstand der Niederlande. Von der Herrschaft der Spanier zur Gründung der Niederländischen Republik 1549–1609. München 1979.
G. PARKER, Spain and the Netherlands 1559–1659. London 1979.
H. SCHILLING, Niederländische Exulanten im 16. Jahrhundert. Ihre Stellung im Sozialgefüge und im religiösen Leben deutscher und englischer Städte. Gütersloh 1972.
H. SCHILLING, Der Aufstand der Niederlande: Bürgerliche Revolution oder Elitenkonflikt?, in: H.-U. WEHLER (Hrsg.), 200 Jahre amerikanische Revolution und moderne Revolutionsforschung. Göttingen 1976, 177–231.
H. SCHILLING, Die Geschichte der nördlichen Niederlande und die Modernisierungstheorie, in: GG 8, 1982, 475–517.
H. SCHILLING/H. DIEDERIKS (Hrsg.), Bürgerliche Eliten in den Niederlanden und in Nordwestdeutschland. Studien zur Sozialgeschichte des europäischen Bürgertums im Mittelalter und in der Neuzeit. Köln/Wien 1985.

J.D. TRACY, Holland under Habsburg Rule, 1506–1566. The Formation of a Body Politic. Berkeley/Los Angeles 1990.
K. VETTER, Wilhelm von Oranien. Eine Biographie. Berlin 1987.

2.10 ENGLAND, SCHOTTLAND UND IRLAND

C. BRADY/R. GILLESPIE (Hrsg.), Natives und Newcomers. Essays and the Making of Irish Colonial Society, 1534–1641. Dublin 1986.
C. COLEMAN/D. STARKEM (Hrsg.), Revolution Reassessed. Revisions in the History of Tudor Government and Administration. Oxford 1986.
A.G. DICKENS, The English Reformation. 3. Aufl. London/Glasgow 1966.
S.G. ELLIS, Tudor Ireland. Crown, Community and the Conflict of Cultures, 1470–1603. London/New York 1985.
G.R. ELTON, England under the Tudors 1485–1603. 2. Aufl. London 1974 (deutsche Übersetzung München 1983).
G.R. ELTON, The Tudors Revolution in Government. Administrative Changes in the Reign of Henry VIII. Cambridge 1953.
A. FOX/J. GUY, Reassessing the Henrician Age. Humanism, Politics and Reform 1500–1550. Oxford 1986.
T.E. HARTLEY, Elizabeth's Parliaments: Queen, Lords and Commons 1559–1601. Manchester 1992.
H. HAMMERSCHMIDT-HUMMEL, William Shakespeare. Seine Zeit – Sein Leben – Sein Werk. Mainz 2003.
C. HILL, Puritanism and Revolution. Studies in Interpretation of the English Revolution of the 17th Century. London 1965.
R.W. HOYLE (Hrsg.), The Estates of the English Crown, 1558–1640. Cambridge 1992.
D. MACCULLOCH, Die zweite Phase der englischen Reformation (1547–1603) und die Geburt der anglikanischen Via Media. Münster 1998.
G. MATTINGLY, Die Armada. Sieben Tage machen Weltgeschichte. München 1960.
R. MCENTEGART, Henry VIII, the League of Schmalkalden, and the English Reformation. Suffolk 2002.
J.F. MCGREGOR/B. REAY (Hrsg.), Radical Religion in the English Revolution. Oxford 1984.
T.T. MEYER, Cardinal Pole in European Context, a via media in the Reformation. Aldershot 2000.
T.W. MOODY u. a. (Hrsg.), A New History of Ireland. Bd. 3: Early Modern Ireland 1534–1691. Oxford 1976.
D.M. PALLISER, The Age of Elisabeth under the later Tudors 1547–1603. London/New York 1983.
M. RÜDE, England und Kurpfalz im werdenden Mächteeuropa 1608–1632. Konfession – Dynastie – kulturelle Ausdrucksformen. Stuttgart 2007.

C. Russel (Hrsg.), The Origins of the English Civil War. London 1973.
J.J. Scarisbrick, Henry VIII. London 1968.
L. Stone, Ursachen der Englischen Revolution. Frankfurt am Main/Berlin/Wien 1983.
V. Treadwell, Buckingham and Ireland, 1616–1628. A Study in Anglo-Irish Politics. Dublin 1998.
R.M. Warnicke, The Rise and Fall of Anne Boleyn. Family Politics at the Court of Henry VIII. Cambridge 1989.
W. Wizeman, S.J., The Theology and Spirituality of Mary Tudor's Church. Aldershot 2006.

2.11 Frankreich

P. Benedict, The Huguenot Population of France 1600–1685: The Demographic Fate and Customs of a Religious Minority. Philadelphia 1991.
F. Bluche, Richelieu. Paris 2003.
G. Braun/S. Lachenicht, Hugenotten und deutsche Territorialstaaten / Les États allemands et les Huguenots. München 2007.
C.J. Burckhardt, Richelieu. 4 Bde. München 1967.
W.F. Church, Richelieu and Reason of State. Princeton 1972.
I. Cloulas, Henri II. Paris 1985.
H. Duchhardt/E. Schmitt (Hrsg.), Deutschland und Frankreich in der frühen Neuzeit. Festschrift für Hermann Weber zum 65. Geburtstag. München 1987.
F. Dickmann, Rechtsgedanke und Machtpolitik bei Richelieu. Studien an neu entdeckten Quellen, in: HZ 196, 1963, 265–319.
M. Haehl, Les Affaires étranchères au temps du Richelieu. Brüssel/Wien 2006.
Henri IV. Le roi et la reconstruction du royaume. Actes du colloque Pau-Nérac 1989. Pau 1989.
B. Kroener, Les Routes et les Étapes. Die Versorgung der französischen Armeen in Nordostfrankreich 1635–1641. Ein Beitrag zur Verwaltungsgeschichte des Ancien Régime. 2 Bde. Münster 1980.
H. Lutz u. a., Frankreich und das Reich im 16. und 17. Jahrhundert. Göttingen 1968.
C.M. Manetsch, Theodore Beza and the Quest for Peace in France, 1572–1598. Leiden 2000.
D.P. O'Connell, Richelieu. Kardinal – Staatsmann – Revolutionär. München 1978.
L. Racaut, Hatred in Print. Catholic Propaganda and Protestant Identity during the French Wars of Religion. Aldershot 2002.
R. Schnur, Die französischen Juristen im konfessionellen Bürgerkrieg des 16. Jahrhunderts. Ein Beitrag zur Entstehungsgeschichte des modernen Staates. Berlin 1962.

U. SCHULTZ, Richelieu. Der Kardinal des Königs. Eine Biographie. München 2009.
P. SONNINO, Mazarin's quest. The Congress of Westphalia and the coming of the Fronde. Cambridge 2008.
W.H. STEIN, Protection Royale. Eine Untersuchung zu den Protektionsverhältnissen im Elsaß zur Zeit Richelieus. Münster 1978.
V.-L. TAPIÉ, La France de Louis XIII et de Richelieu. Paris 1952.
H. WEBER, Frankreich, Kurtrier, der Rhein und das Reich 1623–1635. Bonn 1969.
G. ZELLER, La réunion de Metz à la France 1552/1648. 2 Bde. Paris 1926.

2.12 SPANIEN, PORTUGAL

W.L. BERNECKER/H. PIETSCHMANN, Geschichte Spaniens. Von der frühen Neuzeit bis zur Gegenwart. 4. Aufl. Stuttgart 2005.
F. EDELMAYER, Philipp II. (1527–1598). Die Biographie eines Weltherrschers. Stuttgart 2009.
J.H. ELLIOTT, The Count-Duke of Olivares. The Statesman in an Age of Decline. New Haven/London 1986.
A. KOHLER/F. EDELMAYER (Hrsg.), Hispania – Austria. Die Katholischen Könige, Maximilian I. und die Anfänge der Casa de Austria in Spanien. Akten des Historischen Gespräches – Innsbruck, Juli 1992. Wien/München 1993.
A.W. LOVETT, Early Habsburg Spain 1517–1598. Oxford 1986.
J. LYNCH, Spain 1516–1598, from Nation State to World Empire. Oxford 1992.
M.A. OCHOA BRUN, Historia de la diplomacia española. 6 Bde. und ein Apendice. Madrid 1990–2002.
C. PETRIE, Philipp II. von Spanien. Stuttgart/Berlin 1965.
P. PIERSON, Philipp II. Vom Scheitern der Macht. Graz/Wien/Köln 1985 (englische Originalausgabe London 1975).
P. SCHMIDT, Spanische Universalmonarchie oder „teutsche Libertet". Das spanische Imperium in der Propaganda des Dreißigjährigen Krieges. Stuttgart 2001.
P. SCHMIDT (Hrsg.), Kleine Geschichte Spaniens. Stuttgart 2002.
R.A. STRADLING, Europe and the Decline of Spain. A Study of the Spanish System 1580–1720. London 1981.
R.A. STRADLING, The Armada of Flanders. Spanish Maritime Policy and European War, 1568–1668. Cambridge 1992.
E. STRAUB, Pax et Imperium. Spaniens Kampf um eine Friedensordnung in Europa zwischen 1617 und 1635. Paderborn 1980.
M. TUÑON DE LARA (Hrsg.), Historia de España. Bd. 5: La frustración de un imperio (1476–1714). Barcelona 1982.

2.13 Italien

K.O. von Aretin, Reichsitalien von Karl V. bis zum Ende des Alten Reiches. Die Lehensordnungen in Italien und ihre Auswirkungen auf die europäische Politik, in: K.O. von Aretin, Das Reich. Friedensgarantie und europäisches Gleichgewicht 1648–1806. Stuttgart 1986, 76–163.

R. Bolzern, Spanien, Mailand und die katholische Eidgenossenschaft. Militärische, wirtschaftliche und politische Beziehungen zur Zeit des Gesandten Alfonso Casati (1594–1621). Luzern/Stuttgart 1983.

W. Bouwsma, Venice and the Defense of Republican Liberty: Renaissance Values in the Age of the Counter Reformation. Berkeley 1968.

E. Cochrane, Florence in the Forgotten Centuries 1527–1800. Chicago/London 1973.

F. Diaz, Il Granducato di Toscana – I Medici. Turin 1987.

F. Edelmayer, Maximilian II., Philipp II. und Reichsitalien. Die Auseinandersetzungen um das Reichslehen Finale in Ligurien. Stuttgart 1988.

K. Ganzer, Die religiösen Bewegungen im Italien des 16. Jahrhundert. Münster 2003.

E. Grendi, La repubblica aristocratica dei genovesi. Politica, carità e commercio fra Cinque e Seicento. Bologna 1987.

A. Koller (Hrsg.), Die Außenbeziehungen der römischen Kurie unter Paul V. Borghese (1605–1621). Tübingen 2008.

G. De Leva, Storia documentata di Carlo V. in correlazione all'Italia. 5 Bde. Padua 1863–1894.

V. Reinhardt, Blutiger Karneval. Der Sacco di Roma 1527 – eine politische Katastrophe. Darmstadt 2009.

E. Romero García, El imperialismo hispánico en la Toscana durante el siglo XVI. Lleida 1986.

D. Sella, Lo stato di Milano in età spagnola. Turin 1987.

2.14 Eidgenossenschaft

U. Im Hof, Geschichte der Schweiz. 4. Aufl. Stuttgart 1987.

M. Jorio (Hrsg.), 1648. Die Schweiz und Europa. Aussenpolitik zur Zeit des Westfälischen Friedens. Zürich 1999.

L. von Muralt, Renaissance und Reformation, in: Handbuch der Schweizer Geschichte. Bd. 1. Zürich 1972, 389–570.

V. Reinhardt, Geschichte der Schweiz. München 2006.

P. Stadler, Das Zeitalter der Gegenreformation, in: Handbuch der Schweizer Geschichte. Bd. 1. Zürich 1972, 571–672.

O. Vasella, Reform und Reformation in der Schweiz. Zur Würdigung der Anfänge der Glaubenskrise. Münster 1958.

2.15 Ungarn

M. Bucsay, Geschichte des Protestantismus in Ungarn. Bd. 1. Wien/Köln/Graz 1978.
M. Fata, Ungarn, das Reich der Stephanskrone, im Zeitalter der Reformation und Konfessionalisierung. Multiethnizität, Land und Konfession, 1500 bis 1700. Münster 2000.
P. Hanak (Hrsg.), Die Geschichte Ungarns. Von den Anfängen bis zur Gegenwart. Essen 1988.
F. Hauptmann, Ungarn, Habsburg und die kroatische Staatsidee im 16. und 17. Jahrhundert, in: Südostdeutsches Archiv 12, 1969, 62–72.
E. Roth, Die Reformation in Siebenbürgen. Ihr Verhältnis zu Wittenberg und der Schweiz. 2 Bde. Köln/Graz 1962/64.
I.G. Tóth, Geschichte Ungarns. Budapest 2005.

2.16 Skandinavien

M. Asche/A. Schindling (Hrsg.), Dänemark, Norwegen und Schweden im Zeitalter der Reformation und Konfessionalisierung. Nordische Königreiche und Konfession, 1500–1660. Münster 2003.
G. Barudio, Gustav Adolf – der Große. Eine politische Biographie. Frankfurt am Main 1982.
J.-P. Findeisen, Das Ringen um die Ostseeherrschaft. Schwedens Könige der Großmachtzeit. Berlin 1992.
L. Grane/K. Horby (Hrsg.), Die dänische Reformation vor ihrem internationalen Hintergrund. Göttingen 1990.
J. Lavery, Germany's Northern Challenge. The Holy Roman Empire and the Scandinavian Struggle for the Baltic, 1563–1576. Boston/Leiden 2002.
M. Roberts, Gustavus Adolphus. A History of Sweden 1611–1632. 2 Bde. London 1953/58.

2.17 Polen-Litauen

A. Bues, Die habsburgische Kandidatur für den polnischen Thron während des Ersten Interregnums in Polen 1572/73. Wien 1984.
A.K. Grassmann, Preußen und Habsburg im 16. Jahrhundert. Berlin 1986.
W. Leitsch, Das Leben am Hof König Sigismunds III. von Polen. 4 Bde. Wien 2010.
J. Małłek, Preußen und Polen. Politik, Stände, Kirche und Kultur vom 16. bis zum 18. Jahrhundert. Stuttgart 1992.
G. Rhode, Geschichte Polens. Ein Überblick. 3. Aufl. Darmstadt 1980.

C. SCHMIDT, Auf Felsen gesät. Die Reformation in Polen und Livland. Göttingen 2000.
G. SCHRAMM, Der polnische Adel und die Reformation 1548–1607. Wiesbaden 1965.

2.18 RUSSLAND

E. DONNERT, Das russische Zarenreich: Aufstieg und Untergang einer Weltmacht. München 1992.
M. HELLMANN (Hrsg.), Handbuch der Geschichte Rußlands. Bd. 1: Bis 1613. Stuttgart 1989.
A. KAPPELER, Russland als Vielvölkerreich. Entstehung, Geschichte, Zerfall. 2. Aufl. München 1993.
W. LEITSCH, Moskau und die Politik des Kaiserhofes im XVII. Jahrhundert. Teil 1: 1604–1654. Wien 1960.

2.19 OSMANISCHES REICH

F. BRAUDEL, Die Welt des Mittelmeeres. Zur Geschichte und Geographie kultureller Lebensformen. 3 Bde. Frankfurt am Main 1987 (französische 2. Aufl. Paris 1966).
S. FAROQI, Geschichte des osmanischen Reiches. 4. Aufl. München 2006.
C. FINKEL, The Administration of Warfare: the Ottoman Military Campaigns in Hungary, 1593–1606. Wien 1988.
S.A. FISCHER-GALATI, Ottoman Imperialism and German Protestantism 1521–1555. Cambridge 1959.
N. JORGA, Geschichte des Osmanischen Reiches. 5 Bde. Gotha 1908–1913.
M. KURZ u. a. (Hrsg.), Das Osmanische Reich und die Habsburgermonarchie. Akten des internationalen Kongresses zum 150-jährigen Bestehen des Instituts für Österreichische Geschichtsforschung, Wien, 22.–25. September 2004. Wien/München 2005.
J. MATUZ, Das Osmanische Reich. Grundlinien seiner Geschichte. Darmstadt 1985.
K. NEHRING, Adam Freiherr zu Herbersteins Gesandtschaftsreise nach Konstantinopel. Ein Beitrag zum Frieden von Zsitvatorok (1606). München 1983.
J.P. NIEDERKORN, Die europäischen Mächte und der ‚Lange Türkenkrieg' Kaiser Rudolfs II. (1593–1606). Wien 1993.
E.D. PETRITSCH, Der habsburgisch-osmanische Friedensvertrag des Jahres 1547, in: MÖStA 38, 1988, 49–80.
A.C. SCHAENDLINGER, Die Feldzugstagebücher des ersten und zweiten ungarischen Feldzugs Suleymans I. Wien 1978.

Anhang

ABKÜRZUNGEN

AHR	American Historical Review
ARG	Archiv für Reformationsgeschichte
GG	Geschichte und Gesellschaft
GWU	Geschichte in Wissenschaft und Unterricht
HJb	Historisches Jahrbuch
HZ	Historische Zeitschrift
MIÖG	Mitteilungen des Instituts für österreichische Geschichtsforschung
MOÖLA	Mitteilungen des Oberösterreichischen Landesarchivs
MÖStA	Mittelungen des Österreichischen Staatsarchivs
P & P	Past and Present
QuFiAB	Quellen und Forschungen aus italienischen Archiven und Bibliotheken
RQA	Römische Quartalschrift für christliche Altertumskunde und für Kirchengeschichte
ZFGO	Zeitschrift für die Geschichte des Oberrheins
ZHF	Zeitschrift für historische Forschung
ZRG KA	Zeitschrift der Savigny-Stiftung für Rechtgeschichte, Kanonistische Abteilung

ZEITTAFEL

1511	Eroberung Malakkas durch Portugal
1512	„Leyes de Burgos" für Hispanoamerika
1515	Regierungsantritt Franz' I. von Frankreich; Eroberung Mailands
	Karl als Herzog von Burgund für volljährig erklärt
1516	Tod Ferdinands II. von Aragón, Karl wird König von Kastilien und Aragón
1517	Abreise Karls aus den Niederlanden nach Spanien
	31. Oktober: Luthers Thesen gegen den Ablass
1519	28. Juni: Wahl Karls V. zum Römischen König
1519–1522	Eroberung des Aztekenreiches durch Hernán Cortés
1520	Aufstand der Comuneros, Karl V. verlässt Spanien
	Luthers drei bedeutende reformatorische Schriften
1521	Januar: Luther im Kirchenbann
	Februar–Mai: Reichstag zu Worms, Wormser Edikt
1521/22	Habsburgische Erbteilung: Ferdinand erhält die österreichischen Erblande und wird kaiserlicher Statthalter im Heiligen Römischen Reich
1521–1526	Erster Krieg Karls V. gegen Franz I.
1522/23	Sickingensche Fehde (Aufstand von Teilen der Reichsritterschaft)
1522/24	Drei Reichstage zu Nürnberg
1523	Zwinglis Disputationen in Zürich
1524/26	Bauernkrieg im Reich
1526	Friede von Madrid
	29. August: Schlacht bei Mohács; Tod Ludwigs II. von Ungarn; Ferdinand wird zum König von Böhmen und Ungarn gewählt
1526–1529	Zweiter Krieg Karls V. gegen Franz I.
1527	Sacco di Roma
1529	Zweiter Reichstag zu Speyer, Protestation
	Osmanen vor Wien
	Friede von Barcelona, Friede von Cambrai
1530	24. Februar: Kaiserkrönung Karls V. durch Clemens VII. in Bologna
	Reichstag zu Augsburg: Confessio Augustana
1531	Wahl Ferdinands zum Römischen König
	Gründung des Schmalkaldischen Bundes
	11. Oktober: Schlacht bei Kappel, Tod Zwinglis
1532	Nürnberger Anstand
1532/33	Eroberung des Inkareiches durch Gebrüder Pizarro
1533	Heinrich VIII. heiratet Anne Boleyn

1534	Die englische Kirche von Rom getrennt
	Täuferreich in Münster
	Loyola gründet die Gesellschaft Jesu
1534–1539	Papst Paul III.
1535	Karl V. erobert Tunis
1536	Erste Ausgabe der „Institutio Religionis Christianae" Calvins
1536–1538	Dritter Krieg Karls V. gegen Frankreich
1539	Frankfurter Anstand
1541	Regensburger Reichstag, Scheitern des Religionsgesprächs
1542	„Leyes nuevas" für Hispanoamerika
1542–1544	Vierter Krieg Karls V. gegen Franz I.
1543	Bündnis Karls V. mit Heinrich VIII., Sieg in Geldern
1544	Friede von Crépy
1545	Eröffnung des Konzils von Trient (erste Sessionsperiode in Trient bis 1547)
1546/47	Schmalkaldischer Krieg
1547	24. April: Schlacht bei Mühlberg
	Tod Heinrichs VIII., Regentschaft für Eduard VI. († 1553)
	Tod Franz' I., es folgt Heinrich II.
1547/48	„Geharnischter Reichstag" zu Augsburg: Interim, „Formula Reformationis"
1548	Burgundischer Vertrag: weitgehende Lösung der Niederlande aus dem Reichsverband
1549	„Consensus Tigurinus" (Verbindung Genfs mit der eidgenössischen Reformation)
1551/52	Zweite Sessionsperiode des Konzils von Trient (Julius III.)
1551–1559	Fünfter Krieg Karls V. gegen Frankreich (fortgesetzt von Philipp II.)
1552	Allianz Heinrichs II. mit den protestantischen „Kriegsfürsten"
	Erhebung und Sieg der „Kriegsfürsten" unter Moritz von Sachsen
	Passauer Vertrag (Ferdinand I. als Vermittler)
1552/53	Niederlage Karls V. vor Metz
1553	Maria Tudor Königin von England, Beginn der katholischen Restauration
1554	Heirat Philipps II. mit Königin Maria
1555	Augsburger Reichstag und Religionsfriede
1556	Abdankung Karls V., Abreise nach Spanien
1557	Sieg Philipps II. bei St. Quentin
1558	Ferdinand I. zum Kaiser proklamiert
	Zar Ivan IV. erobert Livland
	Elisabeth I. folgt Maria als Königin von England
	21. September: Tod Karls V.
1559	Friede von Cateau-Cambrésis
	Tod Heinrichs II., Regentschaft für Franz II.
	„Act of Uniformity" (anglikanische Staatskirche)

1560	Toleranzedikt in Frankreich, Regentschaft der Königinmutter Katharina von Medici für Karl IX.
1561	Religionsgespräch in Poissy
1562	Beginn des ersten Hugenottenkrieges
1562/63	Dritte und letzte Sessionsperiode des Konzils von Trient
1564	Tod Kaiser Ferdinands I., es folgt Maximilian II.
	Kardinal Granvella verlässt die Burgundischen Niederlande, Beginn der Unruhen
1566	Aufstand in den Burgundischen Niederlanden
1567	Herzog von Alba beginnt die Unterdrückungsmaßnahmen
1568	Hinrichtung von Egmont und Hoorn in Brüssel
	Aufstand der Moriscos in Granada
	Maria Stuart flieht aus Schottland nach England zu Elisabeth I.
1569	Union von Lublin (Polen-Litauen)
1570	Friede von St. Germain (Zugeständnisse an die Hugenotten)
	Pius V. exkommuniziert Elisabeth I.
1571	Seesieg einer christlichen Flotte bei Lepanto über die Osmanen
1572	Bartholomäusnacht
1573	Religionsfriede in Warschau (Warschauer Konföderation)
1575	Stephan Báthory zum König von Polen gewählt
1576	Genter Pazifikation
1576–1612	Kaiser Rudolf II.
1578	Wiederausbruch des Krieges in den Niederlanden, Alessandro Farnese als spanischer Oberbefehlshaber
1579	Union von Arras, Union von Utrecht
1580	Philipp II. erbt Portugal, Zusammenschluss des portugiesischen und spanischen Überseebesitzes
1581	Sieben nördliche Provinzen der Niederlande kündigen Philipp II. den Gehorsam auf
1584	Durch den Tod des Herzogs von Anjou wird der Hugenottenführer Heinrich von Navarra Anwärter auf den französischen Thron
1585	Bündnis Philipps II. mit der französischen Liga
1587	Hinrichtung Maria Stuarts
	Sigismund III. Wasa wird zum polnischen König gewählt
1588	Niederlage der spanischen Armada
	Heinrich III. lässt den Herzog von Guise, Führer der Liga, ermorden
1593	Heinrich IV. tritt zur katholischen Kirche über
	Beginn des Langen Türkenkrieges in Ungarn
1595	Absolution Heinrichs IV. durch Papst Clemens VIII., französische Kriegserklärung an Spanien
	Karl von Södermanland wird Regent in Schweden

1596	Bündnis Frankreichs mit England und den Vereinigten Niederlanden gegen Spanien
	Union von Brest (griechisch-katholische Kirche in Polen)
1598	Edikt von Nantes
	Frieden von Vervins zwischen Frankreich und Spanien
	Tod Philipps II.
	Tod Zar Fedors (Ende des Hauses Rurik), Beginn der „Zeit der Wirren"
1601	Friede von Lyon zwischen Frankreich und Spanien
1602	Gründung der V.O.C. (Niederländische Ostindische Handelskompanie)
1603	Auftreten des „Falschen Demetrius", Eingreifen Polens in Russland
1604	Karl von Södermanland wird als Karl X. König von Schweden
1695	Tod des Boris Godunov, Demetrius wird zum Zaren gekrönt
1606	Friede von Wien (Ende des ungarischen Aufstands unter Stefan Bocskay); Friede von Zsitva-Torok (Ende des Langen Türkenkrieges)
1607/08	Streit um Donauwörth
1608	Gründung der protestantischen Union
	Gründung von Quebec (Nouvelle France)
1609	Böhmischer Majestätsbrief (politische und konfessionelle Zugeständnisse des Kaisers an den Adel)
	Zwölfjähriger Waffenstillstand zwischen Spanien und den Niederlanden
	Gründung der katholischen Liga
1609/14	Jülich-klevischer Erbfolgekrieg
1610	Ermordung Heinrichs IV.
1611	In Schweden folgt auf Karl IX. sein Sohn Gustav II. Adolf
1612–1619	Kaiser Matthias
1613	Michail Fedorowič Romanow zum Zaren erhoben
1615/17	Österreichisch-venezianischer Krieg
1617	Oñate-Vertrag
	Friede von Stolbova (Schweden gewinnt von Russland Ingermanland)
	Friede von Paris (Ende des Gradisca-Krieges)
1618	Prager Fenstersturz
1619	Wahl Friedrichs V. von der Pfalz zum König von Böhmen
1619–1637	Kaiser Ferdinand II.
1620	08. November: Schlacht am Weißen Berg, Flucht des „Winterkönigs"
	Gründung von Plymouth (Pilgrim Fathers)
1621	Wiederbeginn des spanisch-niederländischen Krieges
	Intervention Frankreichs im Veltlin

1623	Eroberung der Pfalz durch Liga und Spanien, Übertragung der pfälzischen Kur an Maximilian von Bayern
1624	Richelieu führend im königlichen Rat
	Gründung von Neu Amsterdam (seit 1664 New York)
1625	Protestantisches Bündnis in Den Haag: England, Dänemark, Niederlande und Reichsfürsten
1625/28	Hugenottenkriege Richelieus
1627	Besetzung Jütlands durch Tilly und Wallenstein
1627/31	Mantuaner Erbfolgekrieg
1629	Friede von Lübeck zwischen dem Kaiser und Dänemark Restitutionsedikt
1630	Landung Gustav Adolfs in Pommern
	Regensburger Kurfürstentag (Entlassung Wallensteins)
1631	Vertrag von Bärwalde (französische Subsidien für Schweden)
	Sieg Gustav Adolfs bei Breitenfeld
1632	Zweites Generalat Wallensteins
	Schlacht bei Lützen: schwedischer Sieg, Tod Gustav Adolfs
1633	Heilbronner Bund
1634	Ermordung Wallensteins
	Spanisch-kaiserlicher Sieg bei Nördlingen
1635	Französische Kriegserklärung an Spanien
	Prager Friede
1637–1657	Kaiser Ferdinand III.
1640	Aufstände in Portugal und Katalonien
1641/44	Castro-Krieg Urbans VIII.
1642	Tod Richelieus, Mazarin als Nachfolger
1643	Sturz von Olivares
1644	Beginn der Friedensverhandlungen in Münster und Osnabrück
1644–1654	Königin Christine von Schweden
1645	Schwedische Siege in Böhmen unter Torstenson
1648	Westfälische Friedensverträge

Register

1. PERSONEN- UND GEOGRAPHISCHES REGISTER

Aachen 11, 58, 75, 230
Afrika 1–3, 6, 9, 53, 111, 115, 144
Agricola, Michael 46
Aiguesmortes 55
Alba, Fernando Alvarez de Toledo, Herzog von 64, 70, 72, 80, 232
Albrecht von Hohenzollern, Erzbischof von Mainz 22, 27
Albrecht von Hohenzollern, Hochmeister des Deutschen Ordens 46, 61f.
ALBRECHT, D. 170, 172f.
Albuquerque, Afonso de 3
Aldringen, Johann Graf 170
Aleander, Hieronymus 29
Alençon, Franz von 79
Alexander der Große 54
Alexander VI., Papst 3, 51
Algier 53f.
Allen, William 83
Allgäu 38
Alpujarras 71
ALVAR EZQUERRA, A. 149
Amboina 8
Amboise 77
Ambras 97
Amerbach, Bonifacius 67
Amerika 1–6, 9, 52, 70f., 84f., 111, 115, 148–150, 231
Amsterdam 7f., 87, 92
Anastasija Romanovna Zacharina 90
ANGERMEIER, H. 127f., 156f.
Anhalt 69
– Wolfgang Fürst von Anhalt 41
Anjou, Heinrich von 88, 232
Ansbach 95
Antillen 4, 7
Antwerpen 17f., 80, 87
Aragón 3, 10f., 23, 33, 71, 230
Arelat 12

Aristoteles 116, 124
Arras, Bischof von 154, *siehe auch* Granvella/Granvelle, Antoine Perrenot de
Artois 35f., 59, 62, 80, 83
ASCHE, M. 109, 157, 175
Asien 1–3, 7–9, 52, 89, 115
Astrachan 91
Atahualpa 4
Atlantik 3, 6, 85
Augsburg 42, 44, 63, 95, 129, 165
Auhausen 95
AULINGER, R. 151, 155
Aulus Gellius 124
Austria, Juan de 80
Aztekenreich 4, 230

Baden 12, 32, 95
Bagno, Giovanni Francesco Guidi di 173
BAHLCKE, J. 118
Balkan 17
Baltikum 18, 46, 89
Bamberg 12
– Weigand von Redwitz, Bischof 63f.
Banér, Johan 104
Bantam 8
Barbados 6
Barbaresken 54
Barcelona 11, 148
Basel 12, 30, 32, 67, 127
Batavia 8
Báthory, Stephan *siehe* Polen, Groß-, Kleinpolen
BAUER, J. 141
BAUER, W. 143
BAUMGART, P. 118
Bayern 12, 22, 24, 30, 33, 37, 43f., 48, 57f., 74, 108, 147, 156f., 160, 170, 172
– Albrecht V., Herzog 74
– Ernst, Erzbischof von Köln 75

- Maximilian I., Kurfürst 95, 99–101, 103, 168, 172, 234
- Wilhelm V., Herzog 74

Bazán, Don Alvaro de, Marqués de Santa Cruz 85
Beaujeu, Susanne de 34
Beaulieu 79
BECK, R. 115
BEGERT, A. 119
BEHNEN, M. 123
BEHRINGER, W. 175
BELENGUER CEBRÍA, E. 148
Belgrad 35, 114
Beneluxländer 17
Bermudas 7
Bern 32, 67f.
Besançon 12, 143
Beza, Theodor 68, 76
Biberach 42
BILDHEIM, S. 119
BIRELEY, R. 168, 172
BITTERLI, U. 4
BLASCHKE, K.H. 156
BLICKLE, P. 132, 134, 137–141
BLOCKMANS, W. 148f.
Bocskay, Stefan 47, 94, 233
Bodenstein, Andreas (gen. Karlstadt) 28, 141
Bodin, Jean 78
Böblingen 39
Böhmen 10–12, 68, 74, 94, 96–100, 106, 108, 117–119, 168, 230, 234
Boleyn, Anne 48f., 230
Bologna 12, 37, 53, 59, 125, 230
Bombay/Mumbai 8f.
Boris Godunov, Zar 91, 233
BORNATE, C. 145
BOSSY, J.A. 160
Boston 7
Botero, Giovanni 123
Boulogne 56
Bourbon 76, 85
- Charles, Connétable de France 34f., 145
Bourges 66
- Renaud de Becume, Erzbischof 86
Brabant 87
BRADY, T.A. 141
Braganza, Katharina von 9
Brandenburg 11f., 21, 27, 43, 58, 73, 96, 103, 108f., 118, 154, 175
- Küstrin, Hans von, Markgraf 61f.
- Kurfürst Johann Sigismund 96

- Markgraf Albrecht Alcibiades von Brandenburg-Kulmbach 63f.
- Markgraf Georg Friedrich von Brandenburg-Ansbach 41

BRANDI, K. 55, 143f., 146, 148
BRANDT, A. VON 92
Brasilien 3f.
Braunau/Böhmen 98
Braunschweig (Stadt, Haus) 12, 42, 73, 100, 141
BRECHT, M. 134
Breisach 105, 108
Breitenfeld 103, 234
Bremen 12, 42, 58, 60, 69, 100, 108
BRENDLE, F. 121
BRENDLER, G. 137, 142
Breslau 108
Bresse 97
Briçonnet, Guillaume 48
Britische Inseln 17, *siehe auch* Schottland, England
Brixen 12, 21, 39
Brüssel 17f., 65, 80, 143, 232
Buda 47
Budapest 143
Bugenhagen, Johann 45
Bugey 97
Bullinger, Heinrich 30, 67
Bundesrepublik Deutschland 133, 137, 139
Bundschuh 37
Buren, Idelette van 67
Burgundische Niederlande 10, 17–19, 79–81, 153, 232
- Freigrafschaft Burgund (Franche-Comté) 59, 70

BURKHARDT, J. 23, 162, 168, 176
Butzer/Bucer, Martin 50, 55, 67, 127, 141

Cádiz 85
Caesar 54
Cajetan, Thomas 28
Calais 34, 65, 70
Calvin, Gérard 66
Calvin, Johannes 26, 46, 48, 66–68, 127, 130–132, 135, 231
Cambrai 56
CAMPI, E. 127
Canisius, Petrus 70
Capito, Wolfgang 67
Caraffa, Gian Pietro *siehe* Paul IV., Papst
CARANDE, R. 144
CARDAUNS, L. 143, 153

1. Personen- und geographisches Register

Cartagena 6
Cartier, Jacques 7
Casale 101f.
CASTELLANO CASTELLANO, L. 148
Cauvin, Jean *siehe* Calvin, Johannes
Cecil, William, Lord Burleigh 81
Cellarius, Christoph 111–113
Cellini, Benvenuto 35
Celtis, Konrad 24, 125
Černigov 92
Cervia 36
Çeuta 2, 111
CHABOD, F. 148
Chaireddin Barbarossa 53f.
Champlain, Samuel de 7
Chancellor, Richard 91
Chartres 86
CHECA CREMADES, F. 149
Chemnitz, Martin 74
Cherchel 53
Chesapeake Bay 7
Chieregati, Francesco 50
Chigi, Fabio 106f.
China 3, 70, 117
Chièvres, Guillaume de Croy, Herr von 144
CHRIST-VON WEDEL, C. 127
CHURCH, W.F. 171f.
Chytraeus, David 74
Cisneros, Francisco Jiménez de 5, 153
Clapmarius, Arnold 123
CLARK, P. 168
CLASEN, C.-P. 142
Clemens VII., Papst 12, 35–37, 42f., 50, 53, 230
Clemens VIII., Papst 86, 232
Clément, Jacques 85
Cles, Bernhard 146
Cleve *siehe* Jülich-Kleve-Berg
Cochlaeus, Johannes 24, 163
COCHRANE, E. 160
Cognac 78
COING, H. 120
COLEMAN, C. 120
Coligny, Gaspard de 76–78
Condé, Louis I. de 76–78
CONRADS, F. 138
Conring, Hermann 123
Contarini, Alvise 106
Contarini, Gasparo 51, 55
Cop, Nicolas 66f.
Cortés, Hernán 4f., 230
Cranach, Lucas 163f.

Cranmer, Thomas, Erzbischof von Canterbury 49
Cromwell, Thomas 10, 48f.
Curaçao 6

Dänemark 10, 23, 43–45, 92, 106, 149, 177, 234
– Christian II. 45
– Christian III. 45
– Christian IV. 89, 100
– Friedrich I. 45
Danzig 46
Darnley, Lord Henry 82
DELGADO, M. 116
Demetrius der Falsche 91, 233
Den Haag 100, 234
Deutsche Demokratische Republik 133, 137, 139
Deutschland, Heiliges Römisches Reich 11f., 15–17, 19f., 23f., 28, 33, 37, 44, 59, 61, 63, 65f., 68, 72, 94, 105, 108f., 119, 121, 123, 129, 135, 137, 146f., 149, 153, 155, 157, 160, 162, 165, 168, 175f., 230f.
DICKMANN, F. 168, 171f.
DIDEROT, D. 115
DIEDERIKS, H. 141
DIESTELKAMP, B. 155
Dillingen 101
DILTHEY, W. 130, 142
DINGEL, I. 141
Diu-Insel 3
Dnepr 90
DÖRRER, F. 137f.
DOLLINGER, H. 156
Donau, Donauländer 17
Donauwörth 95f., 233
DOPSCH, H. 158
Doria, Andrea 36, 53, 146
Dorpat 91
Douai 83
Drake, Francis 6, 84f.
Drenthe 55
Duchhardt, H. 156, 176
Duprat, Antoine 34
Dvina 90f.

EBERHARD, W. 118
Eboli, Fürstin von 80
Eck, Johannes 28, 41
EDELMAYER, F. 19, 120, 151
Edinburgh 82
Eger 103

Egmont, Lamoral von 79, 232
Egmont, Maximilian von, Graf von Büren 58
EHRENBERG, R. 144
EHRENPREIS, S. 136, 160, 162, 165
Eichstätt 95
Eidgenossenschaft *siehe* Schweiz
Einbeck 42
Einsiedeln 30
Eisleben 26
El Escorial 71
EL KENZ, D. 166
Elbe 18, 58
ELLIOTT, J.H. 173
Elsass 38f., 97, 107f., 138, 172
ELTON, G.R. 120
ENGEL, J. 167
ENGELS, F. 137
England 3, 43, 48–50, 61, 68, 70, 72, 76f., 80–85, 87, 96, 100, 102, 117, 128, 141, 149, 151, 168f., 177, 232–234
– Arthur 48
– Eduard VI. 50, 231
– Elisabeth I. 6f., 81–84, 86, 231f.
– Heinrich VIII. 9, 36, 48–50, 56, 84, 120, 230f.
– Jakob I. 82, 99f.
– Katharina (von Aragón) 9, 36, 48f.
– Maria I. Tudor, die Katholische 50, 70, 231
Erasmus von Rotterdam 14, 29–31, 52, 124–128
ERBE, M. 113
Erfurt 26f., 140
Eriksson, Gustav 45
Esslingen 12, 42
Estland 89
ETTER, E.-L. 122
Europa 1–3, 6f., 9, 13f., 16–19, 23, 26, 34, 44f., 50, 52, 54f., 59f., 62, 68, 71f., 76, 81, 86, 88, 96, 102, 106, 109, 111–114, 117, 120f., 123, 125, 127, 129f., 132, 135, 137, 145f., 148, 153, 167f., 173f., 176
EVANS, R.W. 128

Fabri, Johannes 32
Fabrizius, Philipp 98
Farel, Guillaume 67
Farnese 55
– Alessandro, Kardinal 57, 80f., 85, 232
– Ottavio 55
FATA, M. 47, 157

FAULSTICH, W. 165
Fedor I. Ivanovic, Zar 91, 233
FELD, B. 52
FELDBAUER, P. 115
FERGUSON, W.K. 112
FERNÁNDEZ ÁLVAREZ, M. 143f., 148
Finale 97
Finnischer Meerbusen 90
Finnland 45f.
FISCH, J. 9
Flandern 35f., 57, 59, 62, 80, 85, 97, 172f.
Florenz 11, 17, 35f., 53, 123
Florida 6
Fontainebleau 77
Fox, A. 120
Franck, Sebastian 128
Franken 37f., 63
Frankfurt am Main 11f., 42, 63, 72, 99, 141
Frankreich 3, 14–18, 20, 23, 33–35, 41, 43, 48, 53, 55–57, 62, 65, 68–70, 73, 75–80, 82–84, 86–88, 96f., 101f., 104–109, 117, 123f., 128, 141, 144, 147, 149, 168–170, 173, 176f., 233
– Franz I. 14, 33–36, 43, 48–50, 54–56, 67, 111, 144f., 172, 230f.
– Franz II. 35f., 76f., 82, 231
– Heinrich II. 14, 35f., 43, 48, 56f., 60–62, 65, 69f., 144, 147, 172, 231
– Heinrich III. 76, 79, 84f., 232
– Heinrich IV. 76, 78f., 84–87, 96f., 172, 232f.
– Karl VIII. 111
– Karl IX. 76, 88, 232
– Karl X. 85
– Ludwig XIII. 102, 105f., 173
– Ludwig XIV. 106
FRANZ, G. 137f., 174f.
Freiberg/Sachsen 164
Freising 75
Friesland 81
FRÖSCHL, T. 132
Froschauer, Christoph 31
FUCHS, M. 143
FÜHNER, J.A. 153
Fugger (Familie) 19, 27

Gábor, Bethlen 98
GÄBLER, U. 31f., 140, 142
Gaismair, Michael 39, 137
Gallas, Matthias 170
Gallien 12

Gattinara, Mercurino 14f., 34–36, 144–146
Geizkofler, Zacharias 96
GELDER, E. VAN 127
Geldern, Gelderland 12, 55, 59, 79, 81, 231
Generalstaaten *siehe* Niederlande
Genf 32, 48, 66–68, 76, 82, 231
– Baume, Pierre de la, Bischof 67
Genua 35f., 53, 97, 146
GERHARD, D. 112, 117
Gerung, Matthias 164
Gewürzinseln 3, 8
Gex 97
Geyer, Florian 38
Gibraltar 2
Gilbert, Humphrey 7
Glarus 30
Goa 8
GOERTZ, H.-J. 142
Görz 74
Göttingen 42, 141
Götz von Berlichingen 38
Goleta 54
Gonzaga 101
– Guastalla, Ferrante 101
– Nevers, Karl I. 101f.
GORDON, B. 131
Goslar 42
GOTTHARD, A. 155
GRAF, G. 155
Granada 5, 71, 114, 148, 232
Granvella/Granvelle, Antoine Perrenot de 55, 79, 143, 154, 232
Granvella/Granvelle, Nicolas Perrenot de 143, 154
Graubünden 39, 101, 132
Graz 74
Grebel, Konrad 31, 142
Gregor XIII., Papst 69, 78, 88
GREYERTZ, K. VON 118
Groningen 55, 79, 81
Gropper, Johannes 55
Grotius, Hugo 6, 121
Grubenhagen 42
Grynaeus, Simon 67
Guadeloupe 6
Guevara, Antonio de 146
GUGGISBERG, H.R. 134
Guicciardini, Francesco 122
Guinea 5
Guise 76–78, 84, *siehe auch* Lothringen
– Franz von 77

– Heinrich von 77, 85, 232
– Karl von, Herzog von Mayenne 85
– Ludwig von 85
Gutenberg, Johannes 23, 165
GUY, J. 120

Habsburg, Habsburgermonarchie, habsburgische Länder 14, 20, 34–36, 47f., 59, 88, 94, 98, 101f., 108, 114, 118, 120f., 126, 140, 143, 147, 157, 168, 171–174, 177f., *siehe auch* Spanien, Österreich, österreichische Erbländer
– Anna, Erzherzogin 56, 70
– Eleonore, Schwester Karls V. 35f.
– Ernst, Erzherzog 70, 73
– Ferdinand I. 10, 12, 22, 24, 33, 38–41, 43, 48, 56, 61–63, 66, 69, 72–75, 79, 100, 118f., 126, 147, 153, 155, 230f.
– Ferdinand II. 74, 95–105, 118, 120f., 168, 170, 172f., 233
– Ferdinand III. 102, 105f., 176, 234
– Ferdinand, Erzherzog 95
– Friedrich III. 22
– Karl V. 5, 11, 14f., 22–24, 28f., 33–37, 41–44, 48, 50, 52–62, 64f., 70–72, 75, 79, 111, 116, 120, 122, 126, 142–151, 153–155, 157f., 230f.
– Karl, Herzog von Steiermark 74
– Leopold I. 107
– Maria von Ungarn 10, 63, 143
– Maria, Infantin 56
– Matthias 94–98, 100, 118, 233
– Maximilian I. 13
– Maximilian II. 61, 73f., 118, 120, 232
– Rudolf II. 47f., 73, 94, 96, 128, 232
Hadrian VI., Papst 50
Halberstadt 22, 100, 108
HALE, J.R. 120
Halle/Saale 58
Hamburg 104, 106
HAMM, B. 134
HAMMERSCHMIDT-HUMMEL, H. 83
Handel 8
Hannibal 54
Hannover 43
HARTMANN, P.C. 155
HASSINGER, E. 77f., 82, 86f., 112
Hawkins, John 6
HEADLEY, J.M. 145
HECKEL, H. 156
Hegel, Georg Wilhelm Friedrich 129
Heilbronn 12, 38, 42
HEILINGSETZER, G. 118

HEISS, G. 143
Hennegau 80
HERBERS, K. 155
Hessen, Hessen-Kassel 12, 43, 57, 95, 104, 120, 147
– Philipp, Landgraf 33, 39–43, 58, 62
– Wilhelm, Landgraf 63
Hildesheim 43, 75
Hinterpommern 108
HINTZE, O. 117
Hispaniola/Haiti 4f.
HOFFMANN, C.A. 155
Hofmann, Konrad 31
HOFMANN, W. 162–164
Holland 80f., *siehe auch* Niederlande
HOLLWEG, W. 151
Holstein 12, 43, 45, 73
HONÉE, E. 153
Hongkong 8
Honterus, Johannes 47
Hoorn, Philipp 79f., 232
Hottinger, Klaus 32
HROCH, M. 168
Huascar, Inkaherrscher 4
Hubmaier, Balthasar 37
Hus, Jan 28f.
Hutten, Ulrich von 24, 32
Huygen van Linschoten, Jan 8

Iberische Halbinsel 2, 16, 36
IMMENKÖTTER, H. 153
Indien 2f., 8, 117
Ingermanland 233
Inkareich 4, 230
Innerösterreich 96f.
Innozenz X., Papst 107
Innsbruck 39, 62, 74
ISERLOH, E. 133, 153, 155
Island 45
Isny 42
Istanbul 17, *siehe auch* Konstantinopel
Italien 11f., 14–17, 20, 22, 34–36, 41, 53f., 58–60, 65, 68, 70, 94, 97, 102, 120–124, 127–129, 144, 147, 149f., 169, 172, 174
Ittingen 32
Ivan IV., Zar (Ivan Vasilevič) 88, 90f., 231

Jagiellonen 10, 88
JAHNS, S. 141
Jamestown/Jamesfort 7
Jankau 106
JANSSEN, J. 129

Japan 3, 8, 117
Java 8
JEDIN, H. 51, 133, 154, 159–161
Jena 69, 72
JOACHIMSEN, P. 129
Juden 52
Jülich 43, 154
Jülich-Kleve-Berg 12, 96
– Johann Wilhelm von 95
Jütland 100, 234
Julius III., Papst 231
JUNGHANS, H. 133

Kärnten 74
Kalifornien 6
Kammin 108
KAMPMANN, C. 104f., 107
Kap der Guten Hoffnung 115
Kap Hoorn 6
KAPPELER, A. 91
Karibik 3–6, 84
Karl IV., Kaiser 119
Karlstadt, Andreas *siehe* Bodenstein, Andreas (gen. Karlstadt)
Kastilien 3, 10f., 16, 23, 52, 72, 149, 230
Katalonien 105, 177, 234
KAUFMANN, T. 26, 134f., 142, 166
Kazan 91
KELLENBENZ, H. 156
Kempten 38
Kiew 89
Kirchenstaat 34, 59, 174
KIRCHHOFF, K.-H. 142
Klesl, Melchior 96f.
Kleve, Wilhelm von 55
Klosterreichenbach 101
KLUETING, H. 131
Knox, John 68, 82
KODEK, I. 15, 145f.
KÖHLER, H.J. 163
Köln 11f., 106, 165
Königsberg 61
KOENIGSBERGER, H.G. 117, 132f.
KOHLER, A. 15, 18, 24, 41, 56, 111, 116, 120, 122, 126, 143, 146–149, 154f., 163
KOHNLE, A. 151
Kolumbus, Christoph 2–4
Komorn 48
Kongo 3
Konstantinopel 17, 111, 114
Konstanz 12, 31f., 42, 95, 141, 143, 158
Kopenhagen 45
Krain 74, 126f.

Krodel, G.G. 134
Kronstadt 47
Krüger, K. 117, 120
Krusenstjern, B. von 175
Kuba 4
Kunisch, J. 120
Kurbrandenburg 43, 95f., 101, 103, 108, siehe auch Brandenburg
Kurköln 75, siehe auch Köln
Kurpfalz 66, 68f., 75f., 79, 95, 100, 108, 158, siehe auch Pfalz
Kursachsen 40, 43, 57, 69, 101, 108, siehe auch Sachsen
Kurz, M. 114

La Caroline 6
La Charité 78
La Rochelle 78, 101
Lancashire 83
Landau, P. 155
Languedoc 77
Lannoy, Charles 145
Lanz, K. 143
Lanzinner, M. 73–75, 95, 151, 156
Lapide, Cornelius 123
Las Casas, Bartolomé de 4f., 116
Laubach, E. 142, 146
Laube, A. 137, 139
Lauffen am Neckar 43
Laufs, A. 158
Lausitzen 94, 104, 108
Lehners, J.P. 115
Leipzig 69, 72, 103, 163
Leo X., Papst 28, 34
Leppin, V. 27, 29, 133f., 164
Leu, U.B. 127, 142
Lieben 94
Liegnitz-Brieg-Wohlau 108
Lienhard, M. 142
Lindau 42
Linköping 89
Linz 62
Lippe 69, 130
Lissabon 16, 148
Litauen 10, 46, 88–91, 232
Livland 88f., 91f., 231
Löwen 153
London 16, 84, 141
Lorenz, G. 170
Lortz, J. 133
Lothringen 12, 17, siehe auch Guise
– Karl von, Kardinal 78
Lotzer, Sebastian 38

Lotz-Heumann, U. 136, 160, 162, 165
Loyola, Ignatius von 26, 52, 231
Lublin 232
Lucca 53
Ludolphy, I. 153
Lübeck 42, 92
Lüneburg 42, 141
– Herzog Ernst von 41
Lüttich 12, 22, 75
Lundkvist, S. 173
Luçon 101
Luther, Martin 20–24, 26–32, 37, 39f., 42, 46, 51f., 60, 69f., 127f., 130, 133f., 151, 153, 162–165, 230
Luttenberger, A. 150, 153f.
Lutz, G. 169, 173
Lutz, H. 9, 19, 27, 29, 40, 47, 50, 53, 69, 74, 83, 87, 89, 116, 122f., 127, 129–133, 140, 142, 144–146, 150f., 153f., 159f., 167, 171
Luxemburger, Geschlecht 119
Luzern 32
L'Hôpital, Michel de 77
Lynch, J. 143, 173

Maas 34
Macau/Macao 3, 8
Machiavelli, Niccolò 122
Machoczek, U. 155
Maddalena, A. de 156
Madrid 71, 83, 105, 143, 148
Mähren 94, 98f.
Magdeburg 12, 22, 42, 58, 60, 100, 103f., 108
Magellanstraße 8
Mailand 16f., 34–36, 53f., 56, 59, 62, 70, 97, 230
Mainz 11f., 23, 27, 43f., 103, 165
Makarij, Metropolit 90
Malakka 3, 8, 230
Malaya 8
Malta 53
Malvenda, Pedro 154
Manila 8
Mann, G. 169
Manns, P. 133
Manresa 52
Manrique de Lara, Alonso 15
Manrique de Lara, Antonio, Herzog von Nájera 52
Mansfeld 26, 42
Mansfeld, Ernst von 100
Mantua 53f., 101f., 172

Mar del Sur 4, *siehe auch* Pazifik
Marburg an der Lahn 33, 40
Marseille 34
MARTÍNEZ MILLÁN, J. 148f.
Martinique 6
Martinitz, Jaroslav von 98
MASCHKE, E. 128
Massachusetts 7
Mayenne, Karl von, Herzog *siehe* Guise
Mazarin, Jules, Kardinal 106, 234
Mecklenburg 12, 100, 108
– Albrecht, Herzog 61
Medici 11, 36, 123
– Katharina von 76–79, 232
– Maria von 97, 101
MEDICK, H. 175
Medina Sidonia, Herzog von 85f.
MEINECKE, F. 122
Meißen 12
Melanchthon, Philipp 41, 125, 128, 134
MELLET, P.A. 119
Memmingen 12, 42
MENÉNDEZ PIDAL, R. 146
Merseburg 12
Metz 12, 56, 61, 64, 67, 70, 108, 231
MEUTHEN, E. 127f.
Mexiko 4
Mézières 34
MIECK, I. 111
Minden 43, 108
Minturno, Antonio Sebastiano 149
Mittelamerika 3–5, 7, 19
Mitteldeutschland 16, 38, 42, 100, 102
Mitteleuropa 68, 98, 109
Mittelfrankreich 77
Mittelitalien 18, 35
Mittelmeer 16, 35f., 53f., 62, 71, 113f., 121
Mittelungarn 47
Modena 36
MOELLER, B. 137, 140f.
MÖRKE, O. 141
MOGGE, W. 141
MOLS, R.J. 17
MOLTMANN, J. 130
Molukken 3
Mongolenreich 91
Montauban 78
Montreal 7
MORAW, P. 23, 119, 135, 155
Morone, Giovanni 51, 69
Morus, Thomas 49, 124
Moskau 88–92

Mühlhausen 101
München 63, 103, 150
Münster 12, 40, 106, 142, 170, 176, 234
Münster, Sebastian 15, 67
Münsterberg 108
Müntzer, Thomas 39, 133, 141
Muley Hassan, Bey 53

Nantes 77
Narwa 91
Nassau 69
Nassau-Dillenburg 43
Naumburg 12
Navarra 34, 77
– Heinrich von 76, *siehe auch* Frankreich/ Heinrich IV.
– Margarete von 48, 78
Naves, Johann 154
Neapel 14, 16, 35f., 59, 62, 70, 105, 111, 148
Neu-Amsterdam *siehe* New York
Neue Welt *siehe* Amerika
Neuengland 7
Neufundland 7
NEUHAUS, H. 120, 151, 155
Neumarkt 47
NEUSER, W. 130
Neustift bei Brixen 21
New York 7, 234
Niederlande 3, 6–8, 16, 18, 22, 40, 50, 56, 58–60, 65, 68, 70f., 73, 75f., 79–81, 85, 87, 99f., 106, 109, 117, 126, 132, 141, 146, 149–151, 153, 169, 173, 177, 230–232, 234, *siehe auch* Burgundische Niederlande
– Generalstaaten 92, 96, 100, 105f., 109, 172
– Spanische Niederlande 99, 105
– Vereinigte Republik der Niederlande 20, 109, 132, 233
Niederösterreich 74, 94, 96, 98f., 118
Niederrhein 96
NIEMETZ, M. 166
Nikolaus V., Papst 125
Nördlingen 12, 104, 234
Nombre de Díos 6
Nordafrika 2, 54, 60, 70f., 114
Nordamerika 7
Norddeutschland 60f., 89, 100
Nordengland 49, 83
Nordeuropa 17, 88
Nordfrankreich 78
Nordostfrankreich 172

Nordwestdeutschland 40
Normandie 7
Norwegen 45
Nouvelle France 7, 233
Novgorod 89
Noyon 66
Nürnberg 11f., 64, 103, 141, 165, 169, 230
Núñez de Balboa, Vasco 4

Ob 90
Oberdeutschland *siehe* Süddeutschland
Oberitalien 18, 96f., 102, 105, 126, 173
OBERMAN, H.A. 127
Oberösterreich 74, 94, 96, 99, 118
Oberpfalz 100, 108
Oberrhein 73, 105, 173
Oberungarn 47
OCHOA BRUN, M. 14, 120, 149
Österreich, österreichische Erbländer 12, 18, 20, 33, 40, 59, 68, 94f., 107, 126, 144, 147, 149, 157, 177
OESTREICH, G. 119
Oettingen 95
Oldenbarnevelt, Johann von 87
Olivares, Gaspar de Guzmán, Herzog von San Lucar 105, 173, 234
Oñate, Íñigo, Graf von 97
Oranien-Nassau
- Moritz von 87
- Wilhelm von 73, 79f., 87
Orient 2
Orléans 66, 77
- Herzog von 56f.
Ortenau 97
ORTLIEB, E. 155
Osmanenreich, Osmanen 1, 35f., 47, 56, 59, 61, 63, 71, 88, 111, 114, 121, 146, 166, 177, 230, 232
- Ahmed I., Sultan 47f., 94
- Mehmed II., Sultan 114
- Suleyman II., Sultan 34f., 53
Osnabrück 12, 100, 106, 108, 170, 234
Osteuropa 1, 17, 68, 88, 98
Ostindien 6, 8, 115
Ostsee 88
O'CONNEL, D.P. 172
Overijssel 81
Oxenstierna, Axel G. 92, 103, 173
OZMENT, S.E. 141

Padua 125, 127
PAGDEN, A. 116

Pamplona 52
Panamá 4, 6
PÁNEK, J. 118
Paris 16, 48, 52, 56, 66f., 77–79, 86, 143
PARKER, G. 120, 149, 173
Parma 34
- Margarete von 55, 73, 79f.
Passau 12, 62f., 95
PASTOR, L. VON 159
Paul III., Papst 50f., 54f., 57, 59, 231
Paul IV., Papst 51, 70, 72, 79
Paul V., Papst 97
Pazifik 4
Peipussee 90
PEKAŘ, J. 169
Perosa 102
Peru 6
PETRÁŇ, J. 168
Petrarca, Francesco 125
Petri, Olavus 45
Peutinger, Conrad 140
Pfalz 11f., 38, 43f., 100, 154, 234
- Friedrich V. von der 76, 96, 99f., 233
Pfalz-Neuburg 95f.
Pfalz-Zweibrücken 73, 95
PFANDL, L. 151
PFEIFFER, G. 141
PFEILSCHIFTER, G. 154
Philippinen 8
Philippsburg 108
Piacenza 34
Picardie 66
Piccolomini, Octavio 170
Piemont 54
Piemont-Savoyen 97
PIEPER, R. 149
Pieterszoon Coen, Jan 8
PIETSCHMANN, H. 116, 146, 150
Pinerolo 102, 172
Piombino 97
Pius II., Papst, Enea Silvio Piccolomini 125
Pius IV., Papst 69, 82
Pius V., Papst 69, 83
Pizarro, Brüder 4, 230
Plymouth 6f., 233
Poissy 77, 232
Poitou 101
Pole, Reginald 51, 65
Polen, Groß-, Kleinpolen 10, 16–18, 46, 68, 88–92, 102, 117, 141, 177, 232f.
- Báthory, Stephan 89, 232
- Sigismund I. 46

244 Register

- Sigismund II. 46
- Sigismund III. 89, 91f., 232
POLIŠENSKY, J. 169
Polock 88, 90
Pommern 12, 43, 100, 103, 173, 234
Portugal 2-6, 8-11, 16f., 70f., 81, 84, 105, 111, 117, 177, 230, 232, 234
Possevino, Antonio 88
Prag 65, 98f., 128, 170, 233
Přemysliden, Geschlecht 119
PRESS, V. 117, 155, 158
Preßburg 94
Preußen 46f., 92, 118
PRODI, P. 146, 159
Provence 77
Pütter, Stephan 159

Quebec 7, 233
Quiroga, Vasco de 116

RABE, H. 32, 37-40, 42, 139, 143, 151, 154
Rabelais, François 128
Rain am Lech 103
Raleigh, Walter 7
RANIERI, I. 155
RANKE, L. VON 129, 150, 157, 159
RAPP. F. 141
RASSOW, P. 143f., 147, 154
Ratzeburg 108
RAUSCHER, P. 120
Ravaillac, François 76
Ravenna 36
Ravensberg 96
RAYNAL, G.T. 115
REBITSCH, R. 170
RECH, B. 116
Regensburg 12, 33, 55, 95, 102, 108
Reggio 36
Reich siehe Deutschland, Heiliges Römisches Reich
REINHARD, W. 5, 8f., 112, 114, 116f., 120, 123, 135, 148, 150, 155, 159f.
REINHARDT, V. 125, 131f., 135, 158
Reinkingk, Dietrich 123
REPGEN, K. 120, 168, 170, 173, 177
Requesens y de Zúñiga, Luis de 80
RÉTHELY, O. 143
REUTER, F. 151
Reutlingen 42
Rhein 61, 87, 96f., 103, 108
Rhodos 35
Rhône 97

Riccio, Matteo 82
Richelieu, Armand Jean du Plessis de 101f., 104-106, 123, 170-173, 234
RILL, G. 146
RITTER, M. 167
RIVERO RODRÍGUEZ, M. 146
Roanoke Island 7
ROBERTS, M. 120, 173
Rocroi 105
Rodríguez-Salgado, M.J. 147
ROECK, B. 162
RÖMER, F. 149
Rom 11, 21, 23f., 27, 35, 42, 46, 48f., 51, 54, 57, 69f., 76, 83, 89, 107, 122, 153, 164, 173f., 231
Romanov, Michail Fedorovič, Zar 91, 233
ROMÉE, B. 142
Rothenburg 38
ROTZOLL, M. 122, 124f.
Rubiera 36
RUBLACK, H.-C. 141
Rügen 108
Rurik, Dynastie 91, 233
Russland 16f., 88-92, 177, 233
Rye, Joachim de 62

SAAGE, R. 132
Sachs, Hans 163
Sachsen 11f., 37, 43, 58, 72, 102-104, 120, 139, 156
- August, Kurfürst 64, 72, 74f.
- Christian I., Kurfürst 75
- Georg, Herzog 28, 39
- Johann Friedrich I., Kurfürst 28, 30, 41, 58, 72
- Johann Friedrich II. 58, 72f.
- Johann Friedrich III. 21, 58, 72
- Johann Wilhelm I. 58, 72
- Johann, Kurfürst 21
- Moritz, Kurfürst 57f., 60-62, 72, 147, 231
SALEWSKI, M. 111
Salutati, Coluccio 124
Salzburg 12, 22, 30, 33, 37-39, 95, 158
SÁNCHEZ-MONTES GONZÁLEZ, E. 148
Santo Domingo 4, 6
Sardinien 70
Savoyen 12, 17, 59, 96f.
- Karl Emanuel I. 97
- Karl III. 67, 70
SAXER, E. 130
SCHALK, F. 147, 154
Schappeler, Christoph 38

1. Personen- und geographisches Register

SCHEIDEGGER, C. 142
Schelde 34
Scheyern 43
SCHILLING, H. 97, 107, 113, 120f., 130–132, 134f., 141, 149, 155, 160f., 176
SCHINDLING, A. 107, 121, 128, 141, 157f., 175
SCHIRMER, U. 120
SCHLACHTA, A.V. 142
Schladming 39
SCHLAICH, K. 156
Schlesien 94, 99
Schleswig 43, 45
Schmalkalden 42, 147
SCHMID, A. 129
SCHMID, P. 156
SCHMIDT, G. 13, 122, 175f.
SCHMIDT, H. 169
SCHMIDT, H.R. 134
SCHMIDT, P. 19, 120, 152, 166
SCHNABEL-SCHÜLE, H. 135
SCHNUR, R. 119, 156
SCHORMANN, G. 174, 177
SCHORN-SCHÜTTE, L. 134f., 141
Schottland 81–84, 117, 232
– Jakob V. 81
– Maria Stuart 81–85, 232
– Stuart (Haus) 81
SCHROEDER, F. 155
SCHULIN, E. 84, 148
SCHULTZ, U. 173
SCHULZE, W. 112, 117, 138, 177
Schumann, Valentin 163
Schwaben 38
Schwäbisch Hall 42
Schwarzes Meer 18, 91
Schwarzwald 37
Schweden 10, 23, 45, 88f., 92, 100, 102–105, 107f., 168, 172f., 177, 232
– Christina 103, 234
– Gustav I. Adolf 92f.
– Gustav II. Adolf 102f., 233f.
– Johann III. 89
– Karl IX. 91f., 233
– Karl X. 233
Schweinfurt 44
SCHWEINZER-BURIAN, S. 155
Schweiz 16f., 30, 40, 68, 109, 132, 134, 137f., 141, 177
Schwendi, Lazarus, Freiherr 156
Schwerin 108
Scipio Africanus 54
SCRIBNER, R.W. 140

Seckendorff, Veit Ludwig von 123
Sedan 34
Seeland 80f.
Seld, Georg Sigmund 62, 154
SELLERT, W. 155
Seneca 66
Sepúlveda, Juan Ginés de 116
Servet, Michael 68
Sevilla 16, 72, 144
Sforza, Francesco 54
Shakespeare 83
– John 83
– William 83
Sibirien 91
Sickingen, Franz von 32
Siebenbürgen 47, 88, 94, 98
SIEH-BURENS, K. 141
Siena 53, 70
Sierra Leone 6
Sievershausen 64
Simancas 143f.
SIMON, M. 120
SIMONITI, P. 126
Sitten 132
Sixtus V., Papst 69, 84–86
Sizilien 16, 18, 36, 70, 105
SKALWEIT, S. 112, 129
Skandinavien 16
Skytte, Marten 46
Slawata, Wilhelm von 98
Slowenien 126, *siehe auch* Krain
Smolensk 92
SMOLINSKY, H. 155
Södermanland, Karl von 89, 232f., *siehe auch* Schweden
São Jorge da Mina 2
SOLY, H. 148
Soto, Domingo de 72
Soto, Pedro de 154
Spalatin, Georg von 127
Spanien 3–10, 15–20, 33f., 52f., 65, 69–73, 76–79, 81, 83–87, 96f., 99, 101f., 104–106, 109, 117, 120, 128, 143, 146–152, 169, 172f., 177, 232–234
– Don Carlos 70
– Ferdinand von Aragón 10, 52f., 71f., 114
– Isabella Clara Eugenia 70, 86
– Isabella von Kastilien 10, 52f., 71f., 114
– Maria die Katholische 81
– Philipp II. 8, 54, 56, 60f., 64f., 69–73, 77–81, 84f., 87, 146f., 151, 231f.
– Philipp III. 95, 97, 101

246 *Register*

– Philipp IV. 106
Spatzenegger, H. 158
Speyer 12, 40
Spínola, Gonzalo Ambrosio 100
Srbik, H. von 169
St. Denis 86
St. Gallen 67
St. Germain 79, 232
St. Quentin 70, 231
Stapulensis, Faber 48
Starkem, D. 120
St.-Dizier 56
Steiermark 38, 74
Stein, W.H. 172
Steinberg, H. 167f., 174
Steinmetz, M. 137
St. Germain 77f.
Stockholm 45, 103
Stökl, G. 91
Stollberg-Rilinger, B. 155
Stotternheim 26
Stradling, R.A. 173
Stralsund 173
Straßburg 12, 32, 42, 48, 50, 67, 128, 141, 165
Straub, E. 173
Straube, M. 139
Strauss, G. 155
Strohmeyer, A. 118, 151
Strosecki, C. 146, 148
Stühlingen 37
Sturm, Jakob 67
Sturmberger, H. 118, 120, 168
Suárez, Francisco 72
Südamerika 3f., 7, 19
Süddeutschland 38, 40, 61, 139
Südeuropa 1, 9, 16
Südfrankreich 34
Süditalien 36
Südostasien 2f., 8
Südosteuropa 35
Südtirol 39
Südwestdeutschland 37
Sund 89
Surat 9
Sydow, J. 128
Szapolyai, Johann *siehe* Ungarn

Tacitus 24, 122
Tataren 1
Temesvar 61
Ternate 8
Tetzel, Johann 21

Thomas, C. 146
Thuau, E. 171
Thüringen 37–39, 101, 139
Thurn und Taxis, Familie 20
Thurn, Heinrich Matthias, Graf 98, 169
Tidore 8
Tilly, Johann Tserclaes von 100, 103, 234
Timbuktu 2
Tirol 18, 37–39, 74, 97, 139, 142
Tizian, Vercelli 58
Tlaxcalteken 4
Tlemcen 53
Torstenson 234
Torstenson, Lennart 106
Toul 12, 61, 70, 108
Tournai 34
Tracy, J.D. 149
Trautmansdorff, Maximilian 108
Trevor-Roper, H.R. 168
Trient 12, 51, 56f., 69, 133, 146, 159, 231
Trier 11f.
Troeltsch, E. 130, 142
Tschechoslowakei/Tschechischen Republik 149
Tschernembl, Georg Erasmus 118
Tudor, Haus 48, 81
Türkei, Türken *siehe* Osmanenreich, Osmanen
Tunis 53f., 231
Turin 54
Tver 89
Tyler, R. 143f.

Ulm 12, 42, 165
Ungarn 10, 18, 35, 47, 58f., 61, 68, 94, 97, 114, 117, 143, 157, 230, 232
– Johann Szapolyai 35, 43
– Ludwig II. 35, 230
Unterburger, K. 160
Uppsala 89
Ural 90f.
Urban VIII., Papst 100–102, 174, 234
Ursinus Velius 149
USA 149
Usedom 103
Utrecht 12, 22, 79, 81

Vadianus, Joachim 67
Valdés, Alfonso 146
Valencia 11
Valla, Lorenzo 125
Valladolid 72, 143
Valois 76, *siehe* Frankreich

VANHULST, H. 149
VAN'T SPIJKER, W. 67f.
Vasco da Gama 2f.
Vasilij IV., Sujskij, Zar 91
Vaucelles 65
Velásquez de Cuellar, Juan 52
Veltlin 101, 172, 233
Venedig 16, 35, 53, 97
Venezuela 6
Verböczy, Stefan 18
Verden 100, 108
Verdun 12, 61, 70, 109
Vervins 87
Vienne 68
Villach 62f.
Virginia 7
Vitoria, Francisco de 72
Vives, Juan Luis 52
VÖLKER-RASOR, A. 113
VOGEL, C. 166
VOGLER, G. 139, 141
Vorlande 74
Vorpommern 108

Waldburg, Gebhard von, Truchseß 39, 75
Waldshut 37
Wallenstein, Albrecht von 100–103, 120, 169f., 173f., 234
WALLERSTEIN, I. 114f., 149
Wallis 132
WALSER, F. 145
Warschau 232
Wartburg 30, 163
WARTENBERG, G. 141
Wasa, Dynastie 89, 232, *siehe auch* Schweden
Washington 134
WEBER, H. 171f.
WEBER, M. 131f.
WEHLER, H.-U. 137
Weingarten 37
WEISS, C. 143
Welser 19
WELZIG, W. 126

Weser 75
Westafrika 2, 6
Westeuropa 3, 9, 16, 98, 112
Westfrankreich 77
Westfriesland 79
Westindien 6, *siehe auch* Karibik
WEYRAUCH, E. 141
Wien 30, 35, 53, 65, 94, 97f., 103, 114, 125f., 143, 149, 230
WILLIAMS, G.H. 142
WILLOWEIT, D. 158
Wilna 46
Wimpfeling, Jakob 24
WINKELBAUER, T. 157
Wismar 108
Wittelsbacher 74
Wittenberg 21, 23, 27, 29, 45–47, 58, 69, 72, 134, 165
Wittstock 104
WOHLFEIL, R. 130, 137f.
WOLGAST, E. 158
Wolsey, Thomas 34, 48f.
Worms 12, 29f.
Württemberg 12, 37–39, 42f., 60, 95, 101
– Christoph, Herzog 74
– Ulrich, Herzog 43
Würzburg 12, 64, 95
– Melchior Zobel von Giebelstadt, Bischof 63
WÜST, W. 155

York, Herzog von 7

Zabern/Elsass 39
ZEEDEN, E.W. 155
ZELLER, G. 172
ZIEGLER, W. 157
Zürich 30–32, 230
Zütphen 55, 59
Zúñiga, Baltasar 97
Zwingli, Huldrych 26, 30–32, 37, 40, 42, 127f., 130, 135, 140f., 230

2. SACHREGISTER

Abendmahlstreit 42
Aberglaube 66, 132
Ablass, Ablasshandel 21, 27, 163
Absolutismus 99, 120, 170
Adel 9–11, 17f., 20, 22, 28, 38, 45–47, 49, 76f., 82f., 87–89, 99, 101, 118f.
Agrarstruktur 17
Aktiengesellschaft 20
Allodifikation 13
Alphabetisierung 23f.
Alteuropa 1, 53, 112, 120
Alumbrados 52
Anglikanische Kirche 81
Antike 22, 24, 26, 116, 121f., 124, 146
Antimachiavellismus 122
Antitrinitarier 47, 68
Aristotelismus 123
Armada (1587/1588) 81, 86, 232
Armer Konrad (1514) 37
Arras, Union von (1579) 80, 232
Arras, Vertrag von (1435) 35
Assekurationsakte (1571) 73
Aufklärung 72, 112, 126, 130
Aufstieg, sozialer 17
Augsburg 12, 16, 19
Augsburger Konfession, Bekenntnis 41f., 46, 74, 94, 107, 134, 153, 230
Augsburger Religionsfriede (1555) 63–66, 72–75, 87, 100f., 107, 111, 129, 141, 155, 231
Augustinereremiten 27

Bärwalde, Vertrag von (1631) 103, 234
Barcelona, Friede von (1529) 36, 146, 230
Barock 88
Bartholomäusnacht 35, 76–79, 88, 232
Bauern, Bauerntum 10, 17f., 29, 37–39, 77, 92, 109, 116, 138
Bauernkrieg 32, 37–39, 137–139, 230
Bergbau, Bergwerksrechte 4, 19, 23, 39
Bevölkerung 3, 16f., 23, 28, 46f., 49, 68, 71, 80, 84, 89, 109, 150, 167, 174
Bevölkerungsrückgang, -verlust 4, 109
Bevölkerungswachstum, -vermehrung 15f., 23
Bikonfessionalismus, Bikonfessionalität 64, 87, 156
Böhmische Brüder 46

Böhmischer Majestätsbrief (1609) 94, 98, 233
Breitenfeld, Schlacht (1631) 103, 234
Brest, Union von (1596) 89, 233
Buchdruck, Buchwesen 19, 23f., 128, 162, 165
Buchführung, doppelte 20
Bürger, Bürgertum *siehe* Städte, Stadtbürgertum
Burgundischer Vertrag (1548) 59, 79, 231

Calvinismus, Calvinisten 47, 52, 66, 68, 74, 79–82, 88, 107, 130–132, 135, 137, 158
Cambrai, Friede von (1529) 36, 53, 56, 230
Castro-Krieg 174, 234
Cateau-Cambrésis, Friede von (1559) 65, 69f., 231
Chambord, Vertrag von (1552) 62
Cherasco, Frieden von (1631) 102
Christenheit, *Christianitas* 1, 22, 29, 33, 36, 56, 112, 117, 127, 129, 134, 144–146, 151, 153f., 159, 165, 176
Cognac, Liga von (1526) 35
Concordia (kirchlicher Ausgleich) 41, 65, 69, 128
Confessio Augustana *siehe* Augsburger Konfession, Bekenntnis
Conflans, Vertrag (1465) 35
Confutatio (1530) 41, 153
Conquista 2, 4f., 116
Consejos, Räte in Spanien 11, 71
Consensus Tigurinus 67
Corpus Catholicorum 108
Corpus Evangelicorum 108
Cortes, spanische 11
Crépy, Friede von (1544) 56f., 61, 231

Debrecen, Nationalsynode von (1567) 68
Declaratio Ferdinandea 64, 75, 77
Demokratie 132
Dessauer Brücke, Schlacht (1626) 100, 169
Deulino/Divilino, Waffenstillstand von (1618) 92
Devotio moderna 125
Diplomatie, Gesandtenwesen 2, 14, 99, 108, 117, 120, 149, 159

2. Sachregister

Dispacci 14
Dispensgebühren 27
Dominium maris Baltici 88
Domkapitel 20, 66, 75
Dreikuriensystem 9
Dreißigjähriger Krieg 1, 48, 66, 71, 92, 94, 96, 98, 120f., 151, 164, 166–169, 171, 174f., 177
Dynastische Politik 13, 126, 144

Einblattdrucke 24
Encomienda 5, 150
Erasmianer 55, 154
Erbrecht, Erbansprüche 13, 55, 65, 70, 97, 103
Ernährung 4
Erster Weltkrieg 110
Estado da India 3, 8
États généraux 10, 18, 77, 117
États provinciaux 10
Europäisierung, Europäische Expansion 1f., 4, 9, 111, 114–116

Familie 4f., 16f., 26, 52f., 55, 66f., 76, 83, 90, 99, 118, 134
Fehderecht 12
Feinmechanik 23
Finalrelation 14
Finanzen, Finanzwesen 6, 10f., 13f., 71, 81, 103f., 116, 119f., 144, 147, 149, 151, 156f., 159, 174
Flugschriften 24, 57, 120, 135, 162–164, 166
Formula Reformationis (1548) 231
Frankenhausen/Thüringen, Schlacht (1525) 39, 139
Frankfurter Anstand (1539) 55, 231
Französische Revolution 1, 111f.
Friedensidee 170
Friedenskonferenz von Marcq bei Calais (1555) 65
Frühabsolutismus 120
Frühkapitalismus 39, 111f., 131
Fürstenaufstand (1552) 48, 58, 61f., 154, 231
Fürstenhöfe, Hofkultur 14, 21, 128, 169
Fürstenrat 12

Geistlicher Vorbehalt *siehe Reservatum Ecclesiasticum*
Geistlichkeit 9, 50, 89, 164
Gemeiner Pfennig 156f.
Generalstände *siehe* États généraux

Generalstände der Niederlande 80
Genter Pazifikation 80, 232
Gesandtschaftswesen *siehe* Diplomatie
Getreidepreise 18
Geusen 80
Gewerbe 17–19, 71, 90, 92, 175
Gleichgewicht/bilancia 14
Goldene Bulle (1356) 11
Grafen und Herren, Grafenbank 9, 12
Gravamina nationis Germanicae/ Gravaminabewegung 24, 28, 160, 165
Griechisch-orthodoxe Kirche 47
Grundherrschaft 17f., 37f.
Gutsherrschaft 18, 109

Handel 3, 8, 17–19, 36, 84f., 90, 115, 175
Handelsgesellschaft, Handelskompanie 6–8, 84
Handelskapitalismus 19
Handelskolonialismus 8
Handelsmonopol 5
Handelsrouten, Handelswege 2, 6, 16, 174
Handelsstützpunkt 2–4
Hanse 42, 141
Heerwesen, Kriegswesen 14, 92, 102, 120f., 157, 174
Hegemonie, Hegemoniekampf 14, 30, 33, 36, 86, 111, 145, 153
Heidelberger Katechismus 68
Heilbronner Bund (1633) 103f., 234
Hof *siehe* Fürstenhöfe, Hofkultur
Hüttenwesen 38
Hugenotten, -kriege 6, 68, 73, 75–79, 81, 84–87, 101, 166, 232, 234
Humanismus, Humanisten 15, 22, 24, 69, 72, 88, 111, 115f., 121f., 124–128, 130, 146, 154, 169

Imperialismus 144
Indianer, Indios 4f., 116
Inquisition 11, 48, 51f., 68, 71–73, 79f.
Interim 46, 60, 64f., 74, 107, 141, 231
Internationale Beziehungen 2, 13, 111, 113, 117
Ius reformandi 64, 75

Jesuiten, Gesellschaft Jesu, Jesuitenschulen 47, 51–53, 70, 74, 83, 88f., 95, 101, 128, 160, 231
Johanniter 53
Jülich-klevischer Erbfolgestreit 95f., 233

Kaiseridee 144
Kaiserkrönung (1530) 36, 41, 146, 230
Kaiserproklamation (1558) 72, 231
Kaiserwahl/Königswahl 24, 28f., 33, 43, 62, 72, 119, 230
Kalmarer Krieg 92, 100
Kalmarer Union 10, 45
Kapitalismus 131f.
Kappel, Schlacht (1531) 30, 230
Katechismus 24, 67, 70
Ketzerkrieg 41, 57, *siehe auch* Religionskrieg
Kindersterblichkeit 16
Kirchenbann 230
Kirchenordnung (Gemeindeordnung) 46, 67
Kirchenpatronat 18
Kirchenreform *siehe* Reform
Klöster 20, 22, 37, 40, 49, 75, 101
Knäred, Friede von (1613) 92
Kolonien, Kolonisation, Kolonialismus, Kolonialreiche 3, 6–9, 114f.
Konfessionalisierung 1, 13, 42, 107, 124, 130f., 134f., 157, 161
Konkordat (1516) 23
Konkordat (1583) 160
Konkordienformel 74
Konkubinat 21
Konzil, Konzilspolitik 24, 28–33, 36f., 40–45, 51, 54, 56f., 60, 79, 147, 154
– Konzil von Trient (1545–1563) 51, 57–59, 69, 73f., 133, 159, 231
– Konzil, Erstes Vatikanisches (1869/70) 159
– Konzil, Zweites Vatikanisches (1962-1965) 133
Kreuzzüge 2
Kriegsfürsten 61–63, 231
Kriegswesen *siehe* Heerwesen
Kryptocalvinisten 69
Kulturkampf 129, 159, 164
Kurfürsten 11f., 33f., 58, 61f., 72, 101f., 104, 107, 119
Kurfürstenrat (Kurfürstenkolleg) 12
Kurfürstentag 101–104
Kuriatstimmen 12
Kurie, römische (Rom) 28, 33, 36, 47f., 50f., 69, 73f., 95, 107, 157, 173, *siehe auch* Papst, Papsttum

Laienbruderschaften 20
Landadelige 77
Landesfürst 18, 22, 29, 39f., 64, 99, 118, 157
Landesherrschaft 13
Landfriede 12, 32, 42, 63–65, 95, 107, 119, 121
Landsberger Bund 141
Landtag/e 18, 39, 47, 98f., 157
Landwirtschaft 4, 18, 71, 174
Lateinschulen 24
Lehensrecht 13
Leipziger Disputation (1519) 28
Leipziger Interim 60
Lepanto, Schlacht (1571) 114, 232
Leyes de Burgos (1512) 5, 230
Leyes nuevas (1542) 5, 231
Liga (1609) 95, 99f., 102–104, 121, 172, 233f.
Liga, Katholische (in Frankreich) 84f., 232
Lodi, Friede von (1454) 14, 124
Löhne 16
Lübeck, Friede von (1629) 100, 234
Lützen, Schlacht (1632) 103, 169, 234
Lutheraner, Luthertum 45, 50, 72, 77, 79, 88, 118, 146
Lutter am Barenberge, Schlacht (1626) 100
Lyon, Friede von (1601) 97, 233

Machiavellismus 122
Madrid, Friede von (1526) 35f., 53, 56, 230
Mantuaner Erbfolgekrieg (1627/31) 98, 234
Marburger Gespräch (1529) 33, 40
Marignano, Schlacht (1515) 30, 33
Marxistische Geschichtsauffassung 2, 138f., 168
Medienrevolution, neuzeitliche 162
Mehrheitsprinzip (am Reichstag) 156
Methodismus 131
Meudon, Geheimvertrag (1544) 56
Mission 2f., 5, 14, 52, 70, 83
Mitteleuropa 113, 126
Mittelgruppen, konfessionelle (Via media) 127, 154
Modernisierung 12, 69, 88, 90f., 145, 156, 160
Mohács, Schlacht (1526) 35, 47, 114, 230
Monarchia universalis 14, 33f., 53, 59, 61, 143f., 146, 151
Monarchomachen 76, 118
Morisken (*Moriscos*) 71, 232
Mühlberg, Schlacht (1547) 58, 231

Muslime 2, 71

Nachrichtenwesen 14, 20
Nantes, Edikt von (1598) 78, 86, 233
Nation/en 3, 5, 15, 24, 121f., 129f., 148, 157, 166
Nationalkonzil 33, 46
Nationalstaat 145, 176
Nationsbildung 117
Neoghibellinismus 145
Nepotismus 51
Nizza, Waffenstillstand von (1538) 55
Nordwestpassage 7
Novara, Schlacht (1513) 30
Noyon, Frieden von (1516) 14
Nürnberger Religionsfriede (1532) 43f., 55
Nuntiaturberichte 159
Nuntiaturen, Nuntien 14, 29, 50, 69, 74, 106f., 159

Oliva, Friede von (1660) 109, 167
Oñate-Vertrag (1617) 96, 233
Osmanenabwehr *siehe* Türkenabwehr, Türkengefahr, Türkenhilfe

Papst, Papsttum 11, 24, 28, 31, 33, 36, 48–51, 53, 55, 60, 66, 69, 97, 107, 144, 153f., 157, 159f., 163f., 168, 173f., 176, *siehe auch* Kurie, römische (Rom)
Papstgeschichte 159
Paris, Friede von (1617) 233
Pariser Vorortverträge 110
Parität 64, 108, 156
Parlament, englisches 9f., 49, 82f., 117
Parlamente (in Frankreich) 77, 85, 87
Passauer Vertrag (1552) 63f., 101, 231
Pastoralorganisation, Pfarrorganisation 21f., 40
Pavia, Schlacht (1525) 34, 36, 145
Periodisierung 111–113
Péronne, Vertrag (1468) 35
Pietismus 131
Politiques, Parti des 78, 85f.
Polizeiwesen 120
Postverkehr 20
Prädestinationslehre 52
Prager Friede (1635) 103f., 107, 167, 169f., 174, 177, 234
Prayer Book 82
Preisentwicklung 15
Preisrevolution 16, 19

Propaganda 9, 15, 25, 27, 33, 54, 57f., 61, 86, 103, 122, 135, 149, 162–166
Protestation (Speyer, 1529) 230
Provinzialstände *siehe* États provinciaux
Puritaner 131
Pyrenäenfriede (1659) 106, 109, 167

Quäker 142

Rationalisierung 69, 131
Refeudalisierung 168
Reform 59, 90, *siehe auch* Reichsreform
– Katholische 33, 51, 89, 101, 158f., 161
– Kirchliche (vorreformatorische und allgemein) 28, 36, 50f.
– Tridentinische 66, 69
Reformkonzilien *siehe* Konzil, Konzilspolitik
Regensburger Bund (1524) 33
Regensburger Kurfürstentag (1630) 102f., 234
Regensburger Kurfürstentag (1636/37) 104
Reichsabschiede 160
Reichsacht 30, 57, 95, 100
Reichsdeputationstag 73, 76, 151
Reichsfürsten (allgemein) 21f., 30, 39–41, 48, 60–62, 64, 73f., 77, 93, 102, 151, 153, 176f.
Reichsfürsten (geistliche) 30, 64, 153
Reichsgründung 167
Reichshofrat 13, 95, 101, 155
Reichskammergericht 12f., 42, 44, 59, 75, 155
Reichskanzlei 15, 145
Reichskreise 12, 59, 65, 73, 100, 158
Reichskreistag 74, 151
Reichsmatrikel 156
Reichsreform 12, 59, 156f.
Reichsregiment 12, 34
Reichsritterschaft 12, 158, 230
Reichsstädte 12, 17, 19, 22, 30, 32, 38, 40–42, 60, 64, 75, 95, 101, 109, 140f., 158, 165, *siehe auch* Städtebank, Städtekurie, Städterat
Reichsstände 11–13, 25, 29f., 34, 39, 41–44, 50, 53, 55, 57, 59–63, 73f., 96, 99f., 103–107, 147, 154, 156, 170f., 173
Reichssteuern 119, 156f.
Reichstag 11f., 18f., 29, 44f., 60, 63, 100, 119, 135, 150f., 158
– Immerwährender Reichstag zu Regensburg 108

- Reichstag zu Augsburg (1518) 24, 28
- Reichstag zu Augsburg (1530) 41f., 55, 153, 155, 230
- Reichstag zu Augsburg (1547/48) 59, 231
- Reichstag zu Augsburg (1555) 64, 155, 231
- Reichstag zu Augsburg (1566) 73
- Reichstag zu Nürnberg 1522/24 50, 230
- Reichstag zu Regensburg (1532) 151
- Reichstag zu Regensburg (1541) 55, 153, 231
- Reichstag zu Regensburg (1546) 57
- Reichstag zu Regensburg (1594) 75
- Reichstag zu Regensburg (1608) 95
- Reichstag zu Regensburg (1613) 96
- Reichstag zu Regensburg (1640/41) 106
- Reichstag zu Speyer (1526) 39f., 44, 139
- Reichstag zu Speyer (1529) 41, 156, 230
- Reichstag zu Speyer (1544) 55, 57
- Reichstag zu Worms (1495) 12
- Reichstag zu Worms (1521) 29, 34, 51, 150f., 230
- Reichstag zu Worms (1545) 57, 119

Reichstagsakten 141, 150
Reichsverfassung 59, 107, 155
Reichsvizekanzlers 154
Religionsfreiheit 46f., 80, 94, 142
Religionsfrieden siehe Augsburger Religionsfriede (1555)
Religionsgespräche
- Poissy (1561) 77, 232
- Regensburg (1541) 55, 154, 231
Religionskonzession (1568) 73, 94
Religionskrieg 57, 61, 121, 166
Reliquienkult 21
Renaissance 22, 35, 111f., 130, 132, 146
Repartimiento 5
Republikanismus 132f.
Reservatum Ecclesiasticum 64, 66, 75
Restitutionsedikt (1629) 98, 100–102, 104, 107, 173, 234
Revolution, Englische 132
Revolution, Frühbürgerliche 137, 139
Ritterschaft 32, 38, 64

Sacco di Roma (1527) 35, 50, 166, 230
Säkularisierung 20, 45, 61, 64, 66, 75, 131, 176
Scheyern, Vertrag von (1532) 43

Schmalkaldischer Bund 42, 57, 141, 230
Schmalkaldischer Krieg 25, 48, 57–60, 72, 150, 166, 231
Scholastik 69, 124, 126
Schulen, Schulwesen 22f., 66, 94, 125, 128, 141
Schwäbischer Bund 39
Silberproduktion 19
Sklaven, Sklavenhandel, Sklaverei 2, 4–6, 54, 116
Souveränität 36, 123, 170
Spätmittelalter 20, 26, 37, 45, 47, 49, 52, 74, 113, 126, 133, 140, 144, 156
Spanische Sukzession 60f., 147
Spiritualisten 130
Staat, Staatensystem 1, 9, 117, 135, 143, 156, 158, 170, 176
Staatsbankrott 20, 71
Staatsräson 117, 122f., 156
Städte, Stadtbürgertum 9f., 16f., 45–47, 57, 77, 140f., 150
Städtebank, Städtekurie, Städterat 12
Stände, Ständewesen 9, 13, 22, 24, 40–42, 56, 62, 94f., 98f., 104, 107, 117–120, 151, 153f., 156f.
Ständeforschung 117
Stereotypen 9, 15, 68, 122, 177
Steuern 11, 80
Stolbova, Friede von (1617) 92, 233
Suprematsakte (1534) 82
Synodalwesen 69

Tacitismus 122
Täufer, Täuferbewegung 31, 40, 79, 131, 140, 142
Territorien, Territorialstaat 13, 22, 30, 64, 68, 75f., 87, 95, 102, 118, 130, 138, 153, 157f., 160, 170
Textilgewerbe 18f.
Toleranz 44, 47, 73, 87, 128, 142, 153, 177
Tordesillas, Vertrag von (1494) 3
Transportwesen 14, 19
Tridentinische Reform, Tridentinum 21, 66, 69, 74, 80, 160f.
Tripartitum (1514) 10, 18
Türkenabwehr, Türkengefahr, Türkenhilfe 53, 59, 73, 95, 148, 157
Türkenkrieg 94, 121, 232f.

Uniformitätsakte 82
Union (1608) 95, 233
Unitarier 47

Universalmonarchie (*Monarchia universalis*)
33, 120, 152, 166, 177
Universitäten 26f., 40, 67, 69, 72, 74,
112, 124–126, 143, 153
Utrecht, Union von (1579) 80, 232

Västeras, Reichsversammlung (1527) 46
Vaucelles, Waffenstillstand von (1556) 65
Venlo, Vertrag (1543) 55
Vervins, Friede von (1598) 87
Vervins, Frieden von (1598) 233
Via media *siehe* Mittelgruppen, konfessionelle (Via media)
Vierkuriensystem 9
Virilstimmen 12
Visitation 22
Völkerrecht 6, 72, 107, 117, 177

Waffenstillstand Niederlande-Spanien (1609) 8, 87, 96, 100, 233
Wahlkapitulation 11, 24, 34
Warschauer Konföderation (1573) 88, 232
Weißer Berg, Schlacht 98f.
Welthandel 20

Weltherrschaft (*Dominium mundi*) 14, 144
Westeuropa 131
Westfälischer Friede, Friedensverträge 98, 105, 107, 109, 113, 167, 170, 176f., 234
Widerstandsrecht 42, 118, 132
Wiener Friede (1606) 47, 233
Wiener Kongress 109
Wiener Konkordat (1448) 22
Wittenberger Kapitulation (1547) 58
Wormser Edikt (1521) 24, 29f., 40f., 151, 230
Wormser Matrikel (1521) 12

Xanten, Vertrag von (1614) 96

Zentralismus, römischer 69
Zölibat 31
Zölle 11
Zsitva-Torok, Friede von (1606) 48, 94, 233
Zürcher Disputationen (1523) 32
Zweite Reformation 130
Zweiter Weltkrieg 110

OLDENBOURG GRUNDRISS DER GESCHICHTE

Herausgegeben von Lothar Gall, Karl-Joachim Hölkeskamp und Hermann Jakobs

Band 1a: *Wolfgang Schuller*
Griechische Geschichte
6., akt. Aufl. 2008. 275 S.,
4 Karten
ISBN 978-3-486-58715-9

Band 1b: *Hans-Joachim Gehrke*
Geschichte des Hellenismus
4. durchges. Aufl. 2008. 328 S.
ISBN 978-3-486-58785-2

Band 2: *Jochen Bleicken*
Geschichte der Römischen Republik
6. Aufl. 2004. 342 S.
ISBN 978-3-486-49666-6

Band 3: *Werner Dahlheim*
Geschichte der Römischen Kaiserzeit
3., überarb. und erw. Aufl. 2003. 452 S.,
3 Karten
ISBN 978-3-486-49673-4

Band 4: *Jochen Martin*
Spätantike und Völkerwanderung
4. Aufl. 2001. 336 S.
ISBN 978-3-486-49684-0

Band 5: *Reinhard Schneider*
Das Frankenreich
4., überarb. und erw. Aufl. 2001. 224 S.,
2 Karten
ISBN 978-3-486-49694-9

Band 6: *Johannes Fried*
Die Formierung Europas 840–1046
3., überarb. Aufl. 2008. 359 S.
ISBN 978-3-486-49703-8

Band 7: *Hermann Jakobs*
Kirchenreform und Hochmittelalter
1046–1215
4. Aufl. 1999. 380 S.
ISBN 978-3-486-49714-4

Band 8: *Ulf Dirlmeier/Gerhard Fouquet/Bernd Fuhrmann*
Europa im Spätmittelalter 1215–1378
2. Aufl. 2009. 390 S.
ISBN 978-3-486-58796-8

Band 9: *Erich Meuthen*
Das 15. Jahrhundert
4. Aufl., überarb. v. Claudia Märtl 2006. 343 S.
ISBN 978-3-486-49734-2

Band 11: *Heinz Duchhardt*
Barock und Aufklärung
4., überarb. u. erw. Aufl. des Bandes „Das Zeitalter des Absolutismus" 2007. 302 S.
ISBN 978-3-486-49744-1

Band 12: *Elisabeth Fehrenbach*
Vom Ancien Régime zum Wiener Kongreß
5. Aufl. 2008. 323 S., 1 Karte
ISBN 978-3-486-58587-2

Band 13: *Dieter Langewiesche*
Europa zwischen Restauration und Revolution
1815–1849
5. Aufl. 2007. 260 S., 3 Karten
ISBN 978-3-486-49765-6

Band 14: *Lothar Gall*
Europa auf dem Weg in die Moderne
1850–1890
5. Aufl. 2009. 332 S., 4 Karten
ISBN 978-3-486-58718-0

Band 15: *Gregor Schöllgen/Friedrich Kießling*
Das Zeitalter des Imperialismus
5., überarb. u. erw. Aufl. 2009. 326 S.
ISBN 978-3-486-58868-2

Band 16: *Eberhard Kolb*
Die Weimarer Republik
7., durchges. u. erw. Aufl. 2009. 343 S.,
1 Karte
ISBN 978-3-486-58870-5

Band 17: *Klaus Hildebrand*
Das Dritte Reich
7., durchges. Aufl. 2009. 474 S., 1 Karte
ISBN 978-3-486-59200-9

Band 18: *Jost Dülffer*
Europa im Ost-West-Konflikt 1945–1991
2004. 304 S., 2 Karten
ISBN 978-3-486-49105-0

Band 19: *Rudolf Morsey*
Die Bundesrepublik Deutschland
Entstehung und Entwicklung bis 1969
5., durchges. Aufl. 2007. 343 S.
ISBN 978-3-486-58319-9

Band 19a: *Andreas Rödder*
Die Bundesrepublik Deutschland 1969–1990
2003. 330 S., 2 Karten
ISBN 978-3-486-56697-0

Band 20: *Hermann Weber*
Die DDR 1945–1990
5., aktual. Aufl. 2011. Ca. 372 S.
ISBN 978-3-486-70440-2

Band 21: *Horst Möller*
Europa zwischen den Weltkriegen
1998. 278 S.
ISBN 978-3-486-52321-8

Band 22: *Peter Schreiner*
Byzanz
4., aktual. Aufl. 2011. 340 S., 2 Karten
ISBN 978-3-486-70271-2

Band 23: *Hanns J. Prem*
Geschichte Altamerikas
2., völlig überarb. Aufl. 2008. 386 S., 5 Karten
ISBN 978-3-486-53032-2

Band 24: *Tilman Nagel*
Die islamische Welt bis 1500
1998. 312 S.
ISBN 978-3-486-53011-7

Band 25: *Hans J. Nissen*
Geschichte Alt-Vorderasiens
2., überarb. u. erw. Aufl. 2011. Ca. 340 S., 4 Karten
ISBN 978-3-486-59223-8

Band 26: *Helwig Schmidt-Glintzer*
Geschichte Chinas bis zur mongolischen Eroberung 250 v. Chr.–1279 n. Chr.
1999. 235 S., 7 Karten
ISBN 978-3-486-56402-0

Band 27: *Leonhard Harding*
Geschichte Afrikas im 19. und 20. Jahrhundert
2., durchges. Aufl. 2006. 272 S., 4 Karten
ISBN 978-3-486-57746-4

Band 28: *Willi Paul Adams*
Die USA vor 1900
2. Aufl. 2009. 294 S.
ISBN 978-3-486-58940-5

Band 29: *Willi Paul Adams*
Die USA im 20. Jahrhundert
2. Aufl., aktual. u. erg. v. Manfred Berg 2008.
302 S.
ISBN 978-3-486-56466-0

Band 30: *Klaus Kreiser*
Der Osmanische Staat 1300–1922
2., aktual. Aufl. 2008. 262 S., 4 Karten
ISBN 978-3-486-58588-9

Band 31: *Manfred Hildermeier*
Die Sowjetunion 1917–1991
2. Aufl. 2007. 238 S., 2 Karten
ISBN 978-3-486-58327-4

Band 32: *Peter Wende*
Großbritannien 1500–2000
2001. 234 S., 1 Karte
ISBN 978-3-486-56180-7

Band 33: *Christoph Schmidt*
Russische Geschichte 1547–1917
2. Aufl. 2009. 261 S., 1 Karte
ISBN 978-3-486-58721-0

Band 34: *Hermann Kulke*
Indische Geschichte bis 1750
2005. 275 S., 12 Karten
ISBN 978-3-486-55741-1

Band 35: *Sabine Dabringhaus*
Geschichte Chinas 1279–1949
2. Aufl. 2009. 282 S., 1 Karte
ISBN 978-3-486-59078-4

Band 36: *Gerhard Krebs*
Das moderne Japan 1868–1952
2009. 249 S.
ISBN 978-3-486-55894-4

Band 37: *Manfred Clauss*
Geschichte des alten Israel
2009. 259 S., 6 Karten
ISBN 978-3-486-55927-9

Band 38: *Joachim von Puttkamer*
Ostmitteleuropa im 19. und 20. Jahrhundert
2010. 353 S., 4 Karten
ISBN 978-3-486-58169-0

Band 39: *Alfred Kohler*
Von der Reformation zum Westfälischen Frieden
2011. 253 S.
ISBN 978-3-486-59803-2

Bei Fragen zur Produktsicherheit wenden Sie sich bitte an:
If you have any questions regarding product safety,
please contact:

Walter de Gruyter GmbH
Genthiner Straße 13
10785 Berlin
productsafety@degruyterbrill.com